HERZ-BOTSCHAFTEN

Liebeserklärungen an die Steiermark

leykam: *seit 1585*

Copyright
© Leykam Buchverlagsges.m.b.H. & Co.KG,
Graz – Wien – Berlin 2024

Kein Teil des Werkes darf in irgendeiner Form (durch Fotografie, Mikrofilm oder ein anderes Verfahren) ohne schriftliche Genehmigung des Verlages reproduziert oder unter Verwendung elektronischer Systeme verarbeitet, vervielfältigt oder verbreitet werden.

Gesamtherstellung: Leykam Buchverlag
Druck: Medienfabrik Graz
Erste Auflage: Juni 2024

ISBN 978-3-7011-0555-7

uni.leykamverlag.at

Herausgeber:
Steirische Tourismus und Standortmarketing GmbH – STG
Michael Feiertag (Geschäftsführer und Ideengeber der Aktion „Botschafter mit Herz")

Autoren:
Gerhard Felbinger, Gerhard Nöhrer

Fotos der Herzbotschafter:
Jesse Streibl, Harry Schiffer, Christian Jausovec, Josef Pail, Robert Sommerauer, Jakob Glaser, Jorj Konstantinow
Coverfotos: STG/Harry Schiffer, photo-austria.at, Spanische Hofreitschule

Videoproduktion: Penta Media, Graz

Lektorat: Mag.ª Elisabeth Kodolitsch

Projekt-Team:
Prok. René Kronsteiner (Projektleiter)
Anja Leitner (BA), Elisabeth Perl (MA)
sowie weitere MitarbeiterInnen der STG

Gestaltung und Satz: Robert Rothschädl (roro-zec.com)

Unterstützt wurde dieses Buch-Projekt von
Landeshauptmann Mag. Christopher Drexler
Landeshauptmann-Stellvertreter Anton Lang
Landesrätin Mag.ª Barbara Eibinger-Miedl

Herzlichen Dank an die großartigen Persönlichkeiten, die uns für Interviews zur Vefügung standen!

Gelöste Stimmung bei den Interviews wie hier mit Weltsteirer Klaus Maria Brandauer. Die Autoren Gerhard Felbinger (re.) und Gerhard Nöhrer freuen sich über die unglaubliche Zuwendung der Interviewten zum „schönsten Land der Welt", der Steiermark ...

HERZ-BOTSCHAFTEN
Liebeserklärungen an die Steiermark

Dietrich Mateschitz †	4
Arnold Schwarzenegger	6
Arvid Auner	8
Nadja Bernhard	11
Klaus Maria Brandauer	15
Boris Bukowski	18
Stefanie Dvorak	23
Nava Ebrahimi	27
Anita Frauwallner	30
Barbara Frischmuth	34
Andreas Gabalier	38
Michael Gregoritsch	43
Susanne Höggerl	47
Robert Holzmann	51
Lena Hoschek	54
Conny Hütter	58
Andi Kolb	62
Hans Knauß	65
Simone Kopmajer	69
Peter Kraus	73
Johann Lafer	77
Helmut List	80
Helmut Marko	85
Gottfried Math	89
Franz Mayr-Melnhof-Saurau	92
Maximilian Missoni	95
Marion Mitterhammer	98
Thomas Muster	101
Michael Ostrowski	105
Ewald Pfleger	109
Stefan Pierer	112
Johanna Pirker	116
Bernd Pischetsrieder	119
Paul Pizzera	123
Georg Pölzl	127
Eva Poleschinski	131
Heinz Reitbauer	134
Claudia Reiterer	138
Claudia Rossbacher	140
Hans Roth	144
Rudi Roth	147
Friedrich Santner	150
Nicole Schmidhofer	153
Gregor Seberg	157
Johannes Silberschneider	162
Peter Simonischek †	165
Thomas Spitzer	170
Frank Stronach	173
Aglaia Szyszkowitz	176
Manfred Tement	180
Swen Temmel	183
Lisa-Lena Tritscher	187
Christian Wehrschütz	189
Carina Wenninger	193
Christina Wilfinger	195
Erwin Wurm	198
Josef Zotter	202

Video-Versionen der Interviews

Durch Scannen dieses QR-Codes gelangen Sie auf die Internetseite von „Botschafter mit Herz":
https://www.steiermark.com/de/LP/Botschafter-mit-Herz
Hier finden Sie auch die Video-Versionen der Interviews.

> „Wenn mich jemand fragt, was ich für einer bin, werde ich immer sagen: ein Steirer."

Dietrich Mateschitz †

Ein Erzherzog Johann unserer Zeit

Gründer eines Weltkonzerns, ein großer und wahrlich großzügiger Steirer. Der zu früh verstorbene Dietrich Mateschitz, im Mürztal geboren, hat seine Wurzeln gepflegt, seine Heimat – obwohl im Salzburger „Exil" lebend, wie er selbst gerne und augenzwinkernd deponierte – tief im Herzen bewahrt. „Man hat nur eine im Leben", war sein Bekenntnis. Diese Liebe und Verwurzelung manifestierte sich in einem großartigen Engagement. Mit dem „Red Bull"-Ring hat Mateschitz das Aichfeld wieder auf die Motorsport-Weltkarte gezeichnet, Hotels renoviert, Restaurants gegründet, Bauernhöfen neues Leben eingehaucht. Ja, er hat Teilen der Steiermark neues Selbstbewusstsein gegeben. Ein „Erzherzog-Johann"-Syndrom zu haben, ließ er sich gerne unterstellen.

Wir möchten diesem Buch einleitend einen Text voranstellen, der den berührenden Bezug Mateschitz', dieses großen Steirers, zu „seiner Steiermark" manifestiert ...

Eine Liebeserklärung an die Steiermark

Dietrich Mateschitz genoss die Besuche in seiner Heimat.
Was dieses Land so besonders macht, erzählt er hier.

„Ich lebe ja seit vielen Jahren im Exil. Verstehen Sie mich nicht falsch, ich hätte es kaum besser treffen können, Salzburg ist gut zu mir, es ist ein großartiger Lebensmittelpunkt, ein wunderbares Zuhause, Kultur, Berge, Seen, alles da. Aber Salzburg ist nicht meine Heimat. Denn Heimat hat man nur eine im Leben. Und meine Heimat ist die Steiermark. Wenn mich jemand fragt, was ich für einer bin, werde ich immer sagen: ein Steirer.

Ein bekennender Steirer

Und ich werde es mit Stolz sagen. Denn ich bin, so drücke ich das immer aus, wenn mich jemand nach meiner Beziehung zur Heimat fragt, ich bin ein bekennender Steirer. Steirer sein, das geht auf die verschiedensten Arten. So wie Peter Rosegger, der die Liebe zur Heimat in die einfachsten und gerade deshalb treffendsten Worte gefasst hat. So wie Arnold Schwarzenegger, der so sehr Steirer ist, dass er unseren Dialekt sogar auf Englisch beherrscht. So wie Jochen Rindt, der lässigste Superstar in der Geschichte des Sports, und wie Thomas Muster, der unbeugsamste. So wie Nikolaus Harnoncourt, bei dem sogar Mozart noch mehr nach Mozart klang, und wie Klaus Maria Brandauer, vor dem man sich in der einen Minute schrecklich fürchten kann und den man in der nächsten Minute umarmen möchte.

Heimatbesuch

Oder so wie die vielen Leute, die ich jedes Mal treffe, wenn ich auf Heimatbesuch bin: die gastfreundlichsten Wirtinnen und Wirte, die fleißigsten Bäuerinnen und Bauern, die klügsten Wissenschaftlerinnen und Wissenschaftler, die kreativsten Künstlerinnen und Künstler, die genialsten Technikerinnen und Techniker, die ehrlichsten Arbeiterinnen und Arbeiter. Leute, vor denen ich meinen Hut ziehe, allesamt.
Und da red ich noch gar nicht von dem Gefühl, das nur der kennt, der schon einmal in einer Buschenschank mit Blick über die Hügel der Südoststeiermark gesessen ist, vor sich auf dem Tisch einen Teller Käferbohnensalat mit Kernöl und ein Glas Muskateller.

Erzherzog-Johann-Syndrom

Sie merken schon, ich tu mir ein bisschen schwer mit der Objektivität, wenn es um Angelegenheiten des Steirischen geht.
Man sagt mir ja hin und wieder sogar eine Art Erzherzog-Johann-Syndrom nach. Sollte die Diagnose zutreffen, gibt es kein Krankheitsbild, mit dem ich mich wohler fühle. Viel Vergnügen beim Erkunden meiner Heimat."

Dietrich Mateschitz hat diesen Text selbst verfasst und für das Magazin „Innovator Steiermark" (ein gemeinsames Projekt von der Steirischen Tourismus und Standortmarketing GmbH – STG und dem Red Bull Media House) zur Verfügung gestellt.

Foto: Philip Platzer/Red Bull Content Pool

Fotos: STG Christian Jauschowetz

Arnold Schwarzenegger
Die „Steirische Eiche" und das „Grüne Herz"

Nähe, auch wenn man tausende Kilometer von der Heimat entfernt lebt, Verbundenheit, Vertrautheit, Stolz auf die Herkunft. Alles das vermittelt Arnold Schwarzenegger, der in Thal bei Graz geborene Weltsteirer. Hollywood-Star, Gouverneur von Kalifornien, erfolgreicher Businessmann, hat seine Wurzeln nie vergessen.
Zitate über die Heimat, die das Herz warm werden lassen.

„Amerika ist zwar das Land der unbegrenzten Möglichkeiten, aber hier in Österreich hat alles begonnen."

„Wie kann man die Steiermark vergessen? Es ist der schönste Platz der Welt. Es ist immer wunderschön zurückzukommen."

„I werd' immer a Steirerbua bleiben."

„Steiermark: Der schönste Ort der Welt, der beste Wein der Welt, der beste Schnaps der Welt."

„Es ist immer wieder fantastisch, nach Hause zu kommen. Das Haus meiner Kindheit ist jetzt ein Museum, aber es behält noch immer all die Erinnerungen."

„Ich habe zwei Heimaten. Eine Heimat ist hier, wo ich geboren wurde. Und die andere Heimat ist, wo ich sozusagen gemacht wurde. Ich bin born in Austria, made in America."

„Wo auch immer ich auf der Welt unterwegs bin oder zu Dreharbeiten reise – nach Graz kommen, heißt für mich nach Hause kommen. Graz wird immer meine Heimat sein."

Diese Zitate stammen aus Interviews von Arnold Schwarzenegger mit nationalen und internationalen Medien.

Fotos: STG/Christian Jauschowetz, Carrie Kizuka

Arvid Auner
„Heimkommen, das ist ein geiles Gefühl"

Arvid Auner ist Snowboarder. Der Vizeweltmeister hat reichlich Selbstbewusstsein und große Ziele. Er will bei den kommenden Weltmeisterschaften und Olympischen Spielen ganz oben am Stockerl stehen. Im „Surf Service" in St. Peter sprachen wir mit dem sympathischen Grazer über seine Wurzeln, Emotionen im Sport und Kraftplätze.

> „Es braucht Gesichter für unseren Sport, es braucht Persönlichkeiten."

Wie kommt man eigentlich als Flachländer – Sie sind ja Grazer – zum alpinen Snowboard-Sport?

>> **Arvid Auner:** Ich habe ganz klassisch beim Winterurlaub mit der Familie mit dem Skifahren begonnen. Bereits mit fünf, sechs Jahren ist mir dann das Snowboarden ins Auge gesprungen. Und dann habe ich meine Mama einfach so lange genervt, bis sie mir ein Snowboard unter den Christbaum gezaubert hat. Inklusive Privatstunde bei einem Snowboard-Lehrer. Das habe ich dann voll ausgekostet. Und ab da war ich, wo es nur gegangen ist, mit dem Snowboard unterwegs.

Also die Frage „Ski Alpin" hat sich nie gestellt? Obwohl es von der Einkommensseite um einiges attraktiver wäre?

>> **Arvid Auner:** Ich glaube, man muss das ein bisschen differenzieren. Es gibt viele Sportarten, wo man viel mehr verdienen kann. Aber es sind immer die paar Prozent, die viel verdienen. Bei anderen ist es oft nur ein Nullsummenspiel. Ich denke, wenn man der Beste ist, kann man in allen Sportarten gut verdienen. Für mich war das aber nie eine Einkommensfrage, sondern etwas, was ich aus Leidenschaft und von ganzem Herzen mache.

Vom Start Ihrer Karriere bis zum ersten Sieg hat es doch knapp 10 Jahre gedauert. Wie beißt man sich durch?

>> **Arvid Auner:** Ja, das ist alles ein Prozess. Man fängt mit einem Ziel an und bricht das dann auf mehrere kleine Ziele herunter. Als ich in Bad Gastein mein erstes Weltcup-Rennen gefahren bin, dachte ich mir, ich will das einmal gewinnen dort. Also ich will einmal ganz oben stehen. Und ziemlich schnell bin ich dann draufgekommen, dass ich noch meilenweit davon entfernt bin. Aber man setzt sich dann wie gesagt Ziele: Man will einmal ein FIS-Rennen gewinnen, man will im Europa-Cup Fuß fassen, dort aufsteigen, gewinnen. Den Gesamt-Sieg holen. Im Weltcup unter die Top 16 reinfahren. Ins Finale kommen. Gegen arrivierte Fahrer wie den Benji Karl oder den Andreas Prommegger einmal aufzeigen. Und irgendwann ergibt sich dann die Möglichkeit und dann muss man zuschlagen. Und das habe ich gemacht.

Snowboard ist aber immer noch eine Winterrandsportart. Wie kann sie attraktiver werden?

>> **Arvid Auner:** Meiner Meinung nach muss da sehr viel passieren, dass der Snowboard-Sport wieder an Attraktivität gewinnen kann. Es braucht Gesichter für den Sport, es braucht Persönlichkeiten, die den Sport weitervermitteln. Es sprechen mich immer mehr Leute an und sagen, dass sie mich kennengelernt haben und jetzt alle Weltcup-Rennen anschauen. Die schauen sich das nicht an, weil sie den alpinen Snowboard-Sport so feiern, sondern die schauen, weil sie eine Person kennen.

Gibt es eigentlich noch andere Sportarten, die den Arvid Auner begeistern? Aktiv oder als Fan.

>> **Arvid Auner:** Im Winter ist es abseits des Snowboardens natürlich der gesamte Wintersport. Ich stehe auch jetzt noch gerne auf zwei Brettln, auf den Skiern. Im Sommer bin ich dann sehr gerne auf dem Surfbrett bzw. am Kiteboard unterwegs. Auch viel am Mountainbike. Ich übe sehr viele Ballsportarten gerne aus. Padel-Tennis ist jetzt neu in mein Repertoire dazu gekommen, das mache ich jetzt echt gerne.

> **Ich gehe sehr gerne gut essen. In Graz gibt es dafür sehr viele Möglichkeiten.**

Fühlen Sie sich in der Steiermark als Sportler gut aufgehoben?
>> **Arvid Auner:** Ich muss sagen, wir bräuchten da vielleicht eine offizielle Trainingsstätte wie zum Beispiel so ein Olympia-Zentrum. In den umliegenden Bundesländern funktioniert das ganz gut. Spitzenathletinnen haben dort einen Stützpunkt, wo sie betreut werden. Das fehlt leider in der Steiermark bzw. in Graz, das eigentlich so ein Sportler-Hotspot ist. Auf der anderen Seite kann man in der Steiermark sportlich so viel machen. In Graz habe ich mir meine eigene Base geschaffen. Und hier fühle ich mich sehr gut aufgehoben.

Was nehmen Sie an Lebensmitteln mit, wenn Sie längere Zeit nicht in der Steiermark sein können?
>> **Arvid Auner:** Es kommt natürlich immer darauf an, wo wir hinreisen. Wenn wir in Mitteleuropa sind, dann sind die Lebensmittel eigentlich relativ gleich. Was es z. B. weiter weg nicht gibt, ist das Kürbiskernöl. Das packe ich dann meistens ein, weil ich brauche meinen Salat immer mit Kernöl.

Wie tief sind Ihre steirischen Wurzeln? Welche Emotionen weckt die Steiermark in Ihnen?
>> **Arvid Auner:** Also ich bin ein geborener Grazer, ich bin hier aufgewachsen und lebe noch immer da. Zum Thema Emotionen: Ich verbinde meine ganze Kindheit mit der Siedlung, in der ich aufgewachsen bin. Selbst wenn ich jetzt dort durchspaziere, sehe ich mich mit dem Rad irgendwo drüber springen. Einmal sind wir die Rutsche mit dem Bike hinuntergefahren. Wir haben dort Blödsinn mit den anderen Kids gemacht. Ich habe meine Schulzeit hier erlebt. Ich habe mich aktiv dazu entschieden, auf ein Leistungssport-BORG zu gehen. Ich habe hier meine Familie, meine Freunde. Es ist einfach ein geiles Gefühl, wenn ich in den Flieger oder ins Auto steige und wieder heimkomme.

Was ist denn Ihr Kraftplatz? Der Ort, an dem Sie richtig auftanken können?
>> **Arvid Auner:** Lange Zeit war das der Grazer Schlossberg. Jedes Mal, wenn ich mich dort auf die Steinmauer setze und auf die Stadt hinunterblicke, geht so ein Kraft- und Energiegefühl durch meinen Körper.

Mögen Sie uns fünf Orte nennen, die Sie Freunden zeigen würden, die zum ersten Mal in die Steiermark kommen?
>> **Arvid Auner:** Also auf jeden Fall einmal den Grazer Schlossberg mit dem Ausblick, weil dann weiß man gleich einmal, wo die Reise hingeht. Dann der Hauptplatz mit der Herrengasse. Das ist immer ein Highlight, wenn ich jemandem die Stadt zeige. Dann noch den Südtirolerplatz mit dem Kunsthaus und weiter zur Murinsel. Und natürlich meinen Heimatbezirk Andritz.

Welchen Luxus gönnen Sie sich?
>> **Arvid Auner:** Ich gehe sehr gerne gut essen. In Graz gibt es sehr viele Möglichkeiten, um gut essen zu gehen. Eine gute Zeit haben, mit meinem engsten Umfeld auch einmal feiern gehen, einfach die Zeit mit Freunden und Familie genießen.

Was steht sportlich noch am Plan?
>> **Arvid Auner:** Also sportlich habe ich noch einiges geplant. Es steht jetzt zwar ein Vizeweltmeistertitel vor meinem Namen, aber es brennt das Feuer für viel, viel mehr. Wir haben 2026 in Mailand die Olympischen Spiele, wir haben 2025 in St. Moritz die nächste Weltmeisterschaft. Im Gesamtweltcup zählt jedes einzelne Rennen. Da werden die Ziele für jedes Rennen neu gesetzt. Und ich gehe davon aus, dass ich mit bestem Wissen und Gewissen daran arbeiten werde, jedes Ziel auch zu erreichen. ∎

Wordrap
Arvid Auner

Lebensmotto?
Bleib locker und mach die Haare auf.

Irdisches Glück?
Die Stadt.

Charaktereigenschaft?
Wertschätzend.

Ihr größter Fehler?
Bei der WM nicht als erster ins Ziel gekommen zu sein.

Größtes Vorbild?
Benjamin Karl.

Welche Gabe möchten Sie haben?
In die Zukunft schauen zu können.

Lieblingsmusik?
Deutsch-Rap.

Lieblingsessen?
Wiener Schnitzel.

Lieblingsmaler?
Carola Deutsch.

Lieblingswort im steirischen Dialekt?
Oida.

Typisch steirisch?
Kernöl.

Das Grüne Herz bedeutet für mich …
Sehr, sehr, sehr viel Emotion und Kraft.

Nadja Bernhard

„Südsteiermark: Ehrlich, authentisch – ein Magnet"

Nadja Bernhard ist in allen österreichischen Wohnzimmern daheim, das „Gesicht Österreichs" wenn man so will. Die Star-Moderatorin des ORF im Gespräch über Karriere, ihr „Heimkommen", steirische Kulinarik und Kraftorte, die man nicht versäumen sollte. Und die Menschen, die sie gerne noch einmal vor dem Mikrofon hätte.

Wie ist das denn, wenn man das Gesicht Österreichs ist. Kann man da überhaupt noch privat sein?
>> **Nadja Bernhard:** Man muss sein Privatleben wohl etwas konkreter abstecken und sich bewusst machen, wo das Privatsein beginnt und wo es endet. Wobei die Begegnungen mit Zuschauerinnen und Zuschauern, die einen erkennen, durchwegs positiv sind. Ich empfinde es als Privileg, wenn sich Menschen mit uns identifizieren und uns quasi als Inventar ihres Wohnzimmers empfinden, weil wir fast jeden Abend bei ihnen zuhause präsent sind.

> „Als ich jung war, habe ich immer versucht, die Steirerin rauszubekommen, aber je älter ich werde, desto stärker schlägt sie durch. Ich glaube, dass für viele der Heimatbegriff mit dem Älterwerden wichtiger wird."

Kann die Popularität auch zur Last werden?
>> **Nadja Bernhard:** Vielleicht wird sie nachher zur Last, wenn sie nicht mehr da ist. Man muss sich stets bewusst sein, dass es eine geborgte Popularität ist. In dem Moment, in dem man nicht mehr am Schirm ist, ist sie weg. Es ist eine Popularität mit Ablaufdatum – die man genießen darf und wofür man dankbar sein muss.

Sind Sie beruflich also derzeit „on the top"?
>> **Nadja Bernhard:** Ich bin vielleicht „on the top" was das Moderieren im Informationsbereich betrifft. Alleine wenn man sich die Einschaltquoten der Zeit im Bild vor Augen hält – ich darf jetzt etwas Werbung für unsere Sendung machen (lacht). Wir haben im Schnitt mehr als eine Million Zuseherinnen und Zuseher.

Welcher Moment war eigentlich der prägendste in Ihrer Karriere?
>> **Nadja Bernhard:** Es waren auf jeden Fall die Auslandseinsätze. Ich denke noch immer oft an das Erdbeben in Haiti. Ich war damals eine relativ junge Reporterin. Es gab kein Internet, keine Agenturmeldungen. Ich war dort alleine inmitten unendlichen Leids. Ich konnte also nur berichten, was ich selbst hörte und sah und erfahren habe – das war eine sehr ursprüngliche Form des Journalismus. Haiti hat mich journalistisch geprägt – und natürlich auch menschlich.

Wie geht es einem dabei, wenn man so tragische Ereignisse in die Wohnzimmer bringen muss?
>> **Nadja Bernhard:** Haiti war einschneidend. Das Leid, das ich dort gesehen habe, verfolgt mich bis heute. Manche Berichte gehen einem auch beim Moderieren sehr nahe. Wie viel Emotionen darf man zulassen, wenn man etwa von einer Flüchtlingstragödie vor Lampedusa, bei der Hunderte ertrunken sind, berichtet? Wenn man von den vielen Toten im Ukrainekrieg berichtet? Oder dem Leid im Nahostkonflikt? Das ist für mich jedes Mal eine emotionale Herausforderung. Viele Krisen fühlen sich plötzlich sehr nahe an, das hat freilich auch mit den sozialen Medien zu tun. Wir sind eine überinformierte Gesellschaft – eine sehr gefährliche Entwicklung. Meine Hoffnung bleibt, dass die Menschen sich letztlich an den traditionellen Medien orientieren und sich nicht von dubiosen Informationsblasen verängstigen lassen.

Wen hätten Sie noch gerne einmal vor der Kamera?
>> **Nadja Bernhard:** Wenn ich mir etwa wünsche darf, dann würde ich wahnsinnig gerne ein Gespräch abseits der Kamera führen. Ich hatte etwa einmal eine wunderbare Begegnung mit dem ehemaligen deutschen Wirtschaftsminister Peter Altmaier im Rahmen eines Kongresses. Wir sind am Abend gemütlich zusammengesessen, bei einem Glaserl Wein – er ist, so wie ich, der Kulinarik nicht abgeneigt (lacht). Anders als im Interviewstudio waren die Rollen an diesem Abend nicht klar zugeteilt und diese Form des Gesprächs hat einen unglaublichen Mehrwert. Eine solche Begegnung würde ich mir etwa mit Barack Obama wünschen. Er hat mich journalistisch immens geprägt. Ich habe damals, zu seiner ersten Präsidentschaft, in Washington als Korrespondentin gearbeitet. Es waren sehr intensive Jahre. Sehr viele hatten große Hoffnungen in Obama gesetzt, dachten, seine Präsidentschaft würde weltpolitisch eine Zäsur darstellen. Die Bilanz fällt leider mau aus. Ich würde ihn gerne fragen, wie er es rückblickend empfindet und was er allenfalls anders machen würde.

Auch Journalisten sind nicht gefeit vor Hoppalas. Können Sie sich an eines erinnern?
>> **Nadja Bernhard:** Da gibt es so viele! Bei aller Seriosität ist es auch wichtig, dass man den Humor behält. Ich weiß aus Erfahrung, dass Hoppalas beim Publikum immer gut ankommen, wenn es also im Zib-Studio menschelt! Da bin ich dankbar, dass Tarek Leitner im ZIB-Studio nicht nur als Kollege, sondern auch als Freund neben mir sitzt.

> „Ich merke natürlich, dass die Entwicklung etwa hier in der Südsteiermark in den letzten zehn, fünfzehn Jahren eine wahnsinnige Dynamik angenommen hat."

Die Steiermark kann man zwar verlassen, aber die Steirerin bekommt man nicht wirklich aus einem heraus, oder?
>> **Nadja Bernhard:** Als ich jung war, habe ich immer versucht, die Steirerin rauszubekommen, aber je älter ich werde, desto stärker schlägt sie durch. Ich glaube, dass für viele der Heimatbegriff mit dem Älterwerden wichtiger wird. Für mich hatte der Begriff früher etwas Negatives und Begrenzendes. Das hat sicherlich auch damit zu tun, dass ich in Kanada aufgewachsen bin und Kanada immer mein Sehnsuchtsort der Kindheit geblieben ist. Daher habe ich mich lange Zeit mit der Südsteiermark sehr schwer getan. Aber jetzt zieht sie mich wie ein Magnet an. Es ist ein Heimkommen.

Was wäre eigentlich aus Ihnen geworden, wenn Sie auf dem Weg zum Journalismus anders abgebogen wären?
>> **Nadja Bernhard:** So wie die meisten Mädchen, die Tiere lieben, war mein allererster Berufswunsch Tierärztin. Meine Ausbildung habe ich in Hetzendorf (Modeschule in Wien) begonnen. Ich habe aber sehr schnell realisiert, dass ich zum Schneidern absolut keine Begabung habe, sondern viel lieber über Mode und Kultur schreiben würde. Daher habe ich mein Publizistikstudium begonnen. Während eines Erasmus-Semesters in Rom habe ich im ORF-Korrespondentenbüro „reingeschnuppert". Und der Journalismus hat mich dann nicht mehr losgelassen.

Ist die Steiermark generell am richtigen Weg? Wie ist Ihr Blick aufs Land?
>> **Nadja Bernhard:** Die Entwicklung der Steiermark hat in den letzten zehn, fünfzehn Jahren eine unglaubliche Dynamik angenommen. Als ich Jugendliche war, hat es uns nach Graz gezogen, weil die Südsteiermark dermaßen verschlafen war. Heute ist das anders. Ich freue mich, dass zum Beispiel einige meiner Freunde es zu Winzern von internationalem Renommee geschafft haben. Wir haben aber einen Punkt erreicht, an dem wir aufpassen müssen, dass Entwicklungen nicht nur von außen zur persönlichen Gewinnmaximierung herangetragen werden. Wenn Investitionen hauptsächlich von Personen getätigt werden, die wenig bis keinen Bezug zur Region haben und, dann hält die Beliebigkeit Einzug. Freilich, man muss die Südsteiermark weiterentwickeln, aber sie muss sich nicht neu erfinden.

Liebeserklärungen an die Steiermark

> „Was die Südsteiermark auszeichnet, sind die weichen Hügel, die ineinander übergehen und diese typische Lieblichkeit formen. Und auf den Hügeln wiederum stehen die – wie mit einem Lineal gezogenen – Weingärten. Das ergibt diese einzigartige Musterung der Südsteiermark."

Das heißt, die Südsteiermark darf nicht Kitzbühel oder der Wörthersee werden?

>> **Nadja Bernhard:** Diese Gefahr sehe ich durchaus. Ohne despektierlich klingen zu wollen – der Wörthersee ist fantastisch, aber der Tourismus ist dort ganz anders gewachsen. So auch in Kitzbühel.

Gibt es in der Steiermark einen Lieblingsplatz?

>> **Nadja Bernhard:** Mein Lieblingsplatz ist mein Garten zu Hause, der einen wunderschönen Blick über die südsteirischen Weinhügeln bis nach Slowenien bietet. Am Nachbarsgrund steht einer der letzten Klapotetze der Region. Wenn der losgeht, dann hat das für mich fast etwas Meditatives. Das ist mein Kraftort.

Wie würden Sie einem Blinden die Südsteiermark erklären?

>> **Nadja Bernhard:** Was die Südsteiermark auszeichnet, sind die weichen Hügel, die ineinander übergehen und diese typische Lieblichkeit formen. Und auf den Hügeln wiederum stehen die – wie mit einem Lineal gezogenen – Weingärten. Das ergibt diese einzigartige Musterung der Südsteiermark. Und natürlich das steirische Grün! Das ist ein intensives und lebendiges Grün.

Was sind ihre fünf steirischen Highlights, wo Sie Ihre Freunde hinschicken würden?

>> **Nadja Bernhard:** Ich würde sie auf eine Flasche Wein in meinen Garten einladen. Bevor es weitergeht auf die südsteirische Weinstraße, würde ich sie zum Mausoleum in Ehrenhausen schicken, einem der bedeutendsten manieristischen Bauwerke Österreichs. Ebenso beeindruckend ist das Stift Admont mit seiner einzigartigen Bibliothek. Und bei einem Best-of-Styria darf natürlich eine Plättenfahrt über den Altausseer See nicht fehlen. ■

Wordrap
Nadja Bernhard

Ihr Motto?
Alles halb so schlimm.

Irdisches Glück?
Gesundheit.

Hauptcharakterzug?
Eine Leichtigkeit.

Ihr größter Fehler?
Chaos, Chaos, Chaos.

Ihr Vorbild?
Meine Mutter.

Welche Gabe möchten Sie haben?
Disziplin würde nicht schaden.

Lieblingsmaler?
Francis Bacon.

Lieblingsmusik?
Soul.

Lieblingsessen?
Cucina italiana.

Lieblings-Buschenschank?
Buschenschank Bernhard, nicht mit mir verwandt. Eines der letzten Fleckerl abseits der Touristenpfade, wo man wirklich noch die Südsteiermark sehr ursprünglich erleben kann.

Das Grüne Herz der Steiermark bedeutet für mich?
Herzlichkeit.

Klaus Maria Brandauer

„Altaussee ist meine Heimat, da komme ich her, da gehöre ich hin."

Klaus Maria Brandauer stand auf allen großen Bühnen dieser Welt, er schrieb Theatergeschichte und machte in Hollywood Karriere. Wir sprachen mit dem steirischen Schauspiel-Giganten über Altersmilde, dem ewigen Sehnsuchtsort Burgtheater, seine Liebe zu Altaussee und was ihm der Ehrenring des Landes Steiermark bedeutet.

Sie sind das, was man einen Weltstar nennt. Wie lebt man eigentlich mit so einer Bezeichnung?
>> **Klaus Maria Brandauer:** Ich kann damit nicht so richtig viel anfangen, ich bin Schauspieler, aus Altaussee, aus Österreich, aus Europa. Und ich hatte das Glück, dass ich einige große, internationale Filme machen durfte, mit ganz fantastischen Kolleginnen und Kollegen. Das macht mich aber nicht als der Mensch aus, der ich bin. Wenn ich am Morgen in den Spiegel schaue, dann denke ich gewiss an andere Sachen.

Sie beherrschen seit Jahrzehnten Theater und Film wie kein anderer Schauspieler. Wie schwierig oder wie leicht ist der Spagat, und wie steht's mit Ihren Prioritäten?
>> **Klaus Maria Brandauer:** Ehrlich gesagt mache ich beides sehr gern, aber ich weiß genau, dass es sich um zwei sehr unterschiedliche Dinge handelt. Im Theater kommt es darauf an, die Sachen in aller Klarheit zu denken und dann zu veröffentlichen, also das Publikum direkt mitzunehmen. Beim Film ist das anders, da muss man so gut wie möglich bei sich bleiben und der Kamera und der Regie vertrauen, dass die sich das Nötige abholen. Das ist etwas vollkommen anderes. Meine Priorität ist immer das, was ich gerade tue, jetzt, in diesem Moment, hier und jetzt. Weil ich gut sein möchte, sonst kann ich es gleich lassen. Und wenn ich mich grundsätzlich entscheiden müsste, dann wäre das nicht einfach, aber ich würde wohl das Theater wählen.

Worauf kommt es generell beim Schauspiel an, was macht einen großen Schauspieler aus?
>> **Klaus Maria Brandauer:** Das ist eigentlich ganz einfach, aber wie alle einfachen Sachen nicht ganz einfach zu erklären. Ich muss etwas von mir selber in die Waagschale werfen können, es muss einen Bezug zu mir, zu meinem eigenen Leben geben. Ansonsten funktioniert das nicht, weil es für das Publikum komplett uninteressant bleibt. Talent ist das eine, aber es braucht dazu in der Tat noch Lebenserfahrung, mit welcher man das geschriebene und dann auch das gesprochene Wort anreichert. Und man muss auf diese Emotionen im entscheidenden Moment zurückgreifen können. Dann entsteht etwas, was groß und besonders ist und zwar jeden Abend neu. Mehr braucht es nicht und meistens läuft das alles auch ganz ruhig und automatisch so ab.

Ihren weltweiten Bekanntheitsgrad verdanken Sie zweifellos der Leinwand, die siebenfach Oscar-gekrönte Hollywood-Produktion „Jenseits von Afrika" zählt zu den absoluten Film-Klassikern. Die Rolle als Gegenspieler von James Bond in „Sag niemals nie" hat ebenso zu Ihrer Popularität beigetragen. Dennoch scheint Sie Hollywood nie besonders gejuckt zu haben. Wieso eigentlich?
>> **Klaus Maria Brandauer:** Ich war damals über das Angebot im James Bond mitzuspielen nicht sehr erfreut, eher im Gegenteil. Mit meinem Freund Istvan Sazbo hatte ich gerade Hanussen gedreht, eine komplexe, zutiefst europäische Geschichte über unsere Vergangenheit, ein weiterer Film mit ihm stand in Aussicht. Es war für mich ziemlich schwer zu akzeptieren, jetzt in so einer schwarz-weiß gezeichneten Kalter-Kriegs-Operette mitzuspielen. So ein klares Freund-Feind-Schema ist mir bis heute fremd geblieben. Ich habe also erstmal abgelehnt. Wie die Geschichte weiterging habe ich schon oft erzählt: Es war dann Sean Connery persönlich, der mich am Telefon erst überredet und dann überzeugt hat. Ich werde ihm ewig dankbar sein dafür, denn diese Rolle hat mir danach ermöglicht, wirklich auszusuchen, was ich machen möchte. Sean Connery wurde ein Lebensfreund, hat mich in Altaussee besucht und kam auch zum Jedermann nach Salzburg auf den Domplatz. Wenige Jahre später haben wir im damaligen Leningrad „Das Russland-Haus" gedreht, wir sind stundenlang gemeinsam durch die Stadt gelaufen und am Set mussten sie immer wieder auf uns warten.

> „Das Burgtheater ist und bleibt meine künstlerische Heimat und darüber bin ich sehr froh."

Wie kamen Sie zur Schauspielerei?
>> **Klaus Maria Brandauer:** Korvettenkapitän Renner war regelmäßig zu Gast in der Sommerfrische im Haus meiner Großeltern. Der hat mich sehr gemocht und der war auch der erste, der mich gesiezt hat. Und der hat mir immer wieder vom Burgtheater erzählt und er hat mich gefragt, was ich lese und was für Gedichte ich lerne. „Es wird Ihnen keiner besonders helfen, hier in Altaussee" hat er gesagt. Da hat er recht gehabt. „Was willst du, zum Theater? Kannst du ohne Weiteres." Der Rest war viel Bestätigung von der einen Seite und manche Steine im Weg von der anderen Seite. Dank beidem bin ich meinen Weg gegangen.

Sie sind seit 50 Jahren Mitglied des Ensembles des Wiener Burgtheaters. Ein ewiger Sehnsuchtsort?
>> **Klaus Maria Brandauer:** Sehnsuchtsort, ich bin mir nicht sicher – manche warnen ja vor den Sehnsüchten, die sich erfüllen. Das Burgtheater ist und bleibt aber meine künstlerische Heimat und darüber bin ich sehr froh. Ich bin ja schon sehr früh dort gelandet, wenn auch nicht als Anfänger. Die ersten Stufen der Leiter waren Tübingen, Salzburg, Düsseldorf und die Josefstadt. Als wir in den Achtzigern

"Jenseits von Afrika" gedreht haben bin ich zwischendurch immer wieder nach Wien zurückgeflogen um ein paar Vorstellungen Hamlet zu spielen. Das stand für mich außer Frage, ich spiele jetzt diese wichtige Rolle an diesem bedeutenden Haus, also muss das auch regelmäßig stattfinden, für das Publikum.

> **Wenn die Wolken tief im Dachstein hängen und der Schnürlregen auf die Fensterbank trommelt, dann komme ich zur Ruhe und bin ganz bei mir."**

Sie leben mit Ihrer Familie in Wien und in Ihrem Geburtsort Altaussee. „Alles Wichtige erlebte ich in Altaussee", sagten Sie im deutschen Fernsehen. Was müsste passieren, dass Sie der Heimat den Rücken kehren?
>> **Klaus Maria Brandauer:** Das müsste so extrem sein, dass ich mir die Gedanken daran verbiete. Altaussee ist meine Heimat, da komme ich her und da gehöre ich hin. Ich kann mir einfach nicht vorstellen, nicht mehr hier her zurück kommen zu können. Wenn die Wolken tief im Dachstein hängen und der Schnürlregen auf die Fensterbank trommelt, dann komme ich zur Ruhe und bin ganz bei mir. Das kann ich nur hier!

Es heißt, Journalisten haben sich vor Interviews mit Ihnen gedrückt. Weshalb musste man sich vor Ihnen fürchten? Sind Sie altersmilde geworden?
>> **Klaus Maria Brandauer:** Niemand musste sich vor mir fürchten, wirklich nicht. Es ist im Laufe der Jahrzehnte sicher ein paar Mal vorgekommen, dass ich ein Gespräch vorzeitig beendet habe. Aber ich hatte dann immer einen guten Grund, zumindest in der Situation. Wenn einfach zu viel Spekulation im Spiel war oder wenn ich das Gefühl hatte, man will mir oder der von mir vertretenen Sache wirklich nicht Gutes, dann wurde ich sicher auch mal deutlich. Und gewiss war ich da auch ab und zu ungerecht. So ist es eben, die drei schief gelaufenen Interviews hängen einem Jahrzehnte lang an, die hunderten tollen Gespräche, die ich mit großartigen Leuten hatte, von denen redet kaum noch einer.

Wie begegnen die Einheimischen dem „großen Brandauer" in Altaussee?
>> **Klaus Maria Brandauer:** Der „große Brandauer" war mein Onkel Hans, der war 1 Meter 89 cm groß und ein fabelhafter Laien-Schauspieler. Und als ich den ersten Jedermann gespielt habe, habe ich den Hansi mitgenommen und habe gesagt, ich möchte gerne, dass mein Onkel da mitspielt. Da hat er sich als Statist der Tischgesellschaft in der Schneiderei ein Kostüm ausgesucht. Mit einem großen Hut und einem Mantel, auf dem stand hinten „Curd Jürgens" drauf. Er ist dann drei oder vier Jahre mit mir immer von Altaussee nach Salzburg gefahren.

Was macht das steirische Salzkammergut aus? Wie würden Sie die Eigenheiten der dort lebenden Menschen bezeichnen? Sind Sie tatsächlich so hermetisch, wie es immer heißt?
>> **Klaus Maria Brandauer:** Das fällt mir schwer zu beurteilen, da ich ja auch dazugehöre. Ich bin da ja ganz natürlich reingewachsen, da fällt einem nicht unbedingt auf, was besonders ist. Und wenn man lange oder weit weg ist, dann romantisiert man die Heimat natürlich. Es hat sich hier seit meiner Kindheit wirklich sehr viel geändert. Natürlich, die Welt hat sich weitergedreht und das ist ja gut so. Aber so ein Stammtisch, wie wir das hier lange Zeit hatten, ist heute kaum mehr wirklich hinzukriegen. Mit Originalen, mit älteren und jüngeren Leuten, die sich treffen und das ganze nachdenklich oder auch „streiterisch" bereden, was in der Gemeinde so los ist. Wer mit wem streitet und warum. Und das Beste ist bei uns – und das ist wahrscheinlich im Rest der Steiermark auch nicht anders – was haben wir uns zu sagen, nach einem Streit? „Samma wieder guat". Ich habe das sehr gern, man könnte sagen hart, aber herzlich. So bin ich ja auch manchmal.

Was Preise und Auszeichnungen betrifft, sind Sie ausdekoriert. Sie haben alle Würdigungen erhalten, die Kultur und Entertainment zu bieten haben. Die Steiermark hat Ihnen den Ehrenring verliehen, die höchste Auszeichnung, die das Land zu vergeben hat. Was bedeutet Ihnen der Ring?
>> **Klaus Maria Brandauer:** Was soll ich sagen? Es ist eine Ehre und es freut einen. Ich war mein Leben lang viel unterwegs, aber mir war nie egal, was zu Hause passiert ist, also nicht nur im Persönlichen, in der Familie, auch im größeren Zusammenhang. Und wenn ich es für nötig gehalten habe, dann habe ich mich auch eingemischt. Wenn dann so etwas zurückkommt, dann ist das ein gutes Zeichen dafür, dass einiges richtig gelaufen ist.

> **Und das Beste ist bei uns – und das ist wahrscheinlich im Rest der Steiermark auch nicht anders – was haben wir uns zu sagen, nach einem Streit? ‚Samma wieder guat'."**

Was haben Sie noch alles vor?
>> **Klaus Maria Brandauer:** Ich habe gerade zwei größere Tourneen gemacht, mit Lesungsprojekten. In sehr großen Hallen, nur das Publikum im Saal und ich allein auf der Bühne. Das hat mir sehr große Freude gemacht, ich habe alles unter Kontrolle, aber es hängt auch alles von mir selber ab. Das wird auch noch weiter laufen, es gibt jede Menge Einladungen. Ich möchte sehr gern noch auftreten, und wenn sich auch am Burgtheater noch ein neues Stück ausgeht, dann habe ich auch nichts dagegen. Ich spüre schon eine gewisse Arbeitswut, mein Schreibtisch ist voll.

Worum geht es im Leben?
>> **Klaus Maria Brandauer:** Um uns und dabei um den Versuch, nicht nur vom Ich zum Du zu kommen, sondern eher zum „Du, weißt Du was, sag es mir auch." Also jemanden finden, der einem etwas beibringt, der einen ein bisschen unterstützt, der einem etwas von sich erzählt – und auf diese Weise gemeinsam eine Riesengaudi haben. Und wenn wir zu zweit sind, dann suchen wir uns einen dritten. Und einen vierten. Und dann kommen wir sicher einmal zu spät nach Hause. Aber das macht nichts, das ist das Leben. ∎

Boris Bukowski
„Die Steiermark ist immer gut mit ihren Künstlern umgegangen."

Boris Bukowski, Doktor der Rechte, ist eine österreichische Musik-Ikone. Der populäre Oststeirer, der seine Karriere als Schlagzeuger bei „Music Machine" und „Magic 69" startete, feierte als Solokünstler am Mikrofon große Erfolge und landete zahlreiche Hits. Wir plauderten mit dem in Wien lebenden Ausnahme-Musiker über Kultsongs, Preise und Ehrungen und warum gerade Fürstenfeld ein besonderer Boden für Musik-Heros ist.

Sie gelten als Austro-Pop-Legende und Kult-Figur. Was machen diese Bezeichnungen eigentlich aus einem?
\>> **Boris Bukowski:** Also als Songschreiber ist mir auch klar, dass man immer ein bisserl dick auftragen muss, damit es ein wenig spektakulärer klingt. So nehme ich das. Ich glaube nicht, dass es mich überheblich macht.

Sie haben ursprünglich Jus studiert, aber nie als Jurist gearbeitet. Ist Ihnen das Studium jemals zugutegekommen?
\>> **Boris Bukowski:** Natürlich konnte und kann ich einen Vertrag sofort lesen und verstehen, aber auch aufsetzen. Aber dafür hätte ich nicht so lange studieren müssen.

Wir glauben uns erinnern zu können, dass Sie einst mit „Music Machine" Rolling-Stones-Songs trommelten. Die spielen heute auch noch. Ein Vorbild?
\>> **Boris Bukowski:** Ich schätze die natürlich sehr. Etwas so Einzigartiges und Unverkennbares zu machen ist ganz große Klasse. Ich möchte jetzt nicht sein wie irgendjemand, also es gibt irrsinnig viele Musiker, von denen ich mir was abschauen kann. Aber genauso sein wie jemand anderer möchte ich nicht.

Sie schrieben eine Reihe von Songs, die Pop-Geschichte sind und die Charts eroberten. Wie die Kult-Nummer „Kokain", „Fritze mit der Spritze", „Fandango" oder „Trag meine Liebe wie einen Mantel."
Welcher Titel ist der nachhaltigste? Und der, den Sie heute noch am liebsten spielen?
\>> **Boris Bukowski:** Also ich muss sagen, es stimmt, dass sich Songs nicht gleichermaßen abnützen oder gar nicht abnützen. Gott sei Dank gibt es jetzt nicht nur den einen, den ich noch am liebsten singe. Ich könnte jetzt nicht sagen, ob ich jetzt lieber „Fritze mit der Spritze" oder „Kokain" spiele.

> „In einer Riesenstadt wie Wien werden die Menschen ein bisschen gnadenloser beurteilt, in einer kleineren Stadt wie Graz muss man gnädiger mit seinen Mitmenschen sein, sonst gibt es schön langsam niemanden mehr, den man nicht schon ausgeschlossen hat."

Mit wem würden Sie in Ihrem Leben gerne noch auf der Bühne stehen?
>> **Boris Bukowski:** Ich habe mir für mein drittes Album einen großen Wunsch erfüllt und Tony Levin – den Bassisten von der Peter-Gabriel-Band – engagiert, um zusammen mit dem Weltklasse-Schlagzeuger Kurt Cress in dessen Studio in München aufzunehmen. Und der ist für mich unter allen Weltklasse-Bassisten einfach der sensationellste Bassist. Und der bewegt sich so unfassbar gut und schaut so gut aus – und dabei ist er nur ein paar Monate jünger als ich. Mit dem würde ich gerne auf der Bühne stehen.

Sie haben ein Buch geschrieben und sich auch in der Schauspielerei versucht. Hätten Sie da gerne mehr in diese Richtungen gemacht?
>> **Boris Bukowski:** Ich glaube jetzt nicht, dass ich morgen abdanke. Vielleicht schreibe ich noch das eine oder andere Buch – keine Ahnung. Schauspielerei – da war ich mir in jüngeren Jahren sehr unsicher und habe einmal einen tollen Film von Reinhard Schwabenitzky abgelehnt, weil ich ihn mir nicht zugetraut habe. Heutzutage täte ich gerne was spielen, nur in so einem biblischen Alter gibt es ja keine Angebote, oder? Gibt es überhaupt so alte Rollen? (lacht)

Hätten Sie eigentlich gerne einmal Ihren Namensvetter Charles Bukowski getroffen?
>> **Boris Bukowski:** Als ich in München mit Kurt Cress und Tony Levin im Studio war, ist aus Wien ein Redakteur gekommen, der für den ORF gerne so ein Special gemacht hätte mit Charles Bukowski und mir. Der Bukowski war aber damals schon relativ alt und zumindest den Fans gegenüber hatte er die fixe Einstellung: Am liebsten sind mir diejenigen, die mich mit ihrer Abwesenheit beehren.

Sie stammen aus einer Ecke, die großartige Musiker hervorbrachte. Ist Fürstenfeld und Umgebung ein besonderer Boden dafür?
>> **Boris Bukowski:** Wenn ich mir rückblickend anschaue, wer da alles herausgekommen ist, dann muss ich sagen: Irgendwo muss es ein Geheimnis dieses Bodens geben. Aber ich kenne es nicht.

Sie haben zahlreiche Preise und Auszeichnungen erhalten. Goldene Schallplatte, Josef Krainer-Preis, Amadeus Award für das Lebenswerk. Wo ordnen Sie die ein, was bedeuten sie Ihnen?
>> **Boris Bukowski:** Ich habe – glaube ich – das Selbstwertgefühl nicht mit dem großen Löffel abgekriegt. Wenn ich mir so anschaue, wer meine Vorgänger beim großen Josef-Krainer-Preis, beim Amadeus-Award sind, dann denke ich mir, ok, heute hat mein Selbstwertgefühl vielleicht wieder ein bisserl mehr Boden gekriegt.

> „Was mir damals sehr gut gefallen hat war, dass die Steiermark immer irrsinnig nett mit ihren Künstlern umgegangen ist. Wir haben von den Journalisten wirklich großes Entgegenkommen gekriegt."

Sie haben einmal bei Dancings Stars mitgemacht. Wie konnte Ihnen das passieren?
>> **Boris Bukowski:** Bei der Anfrage am Telefon haben sie mir gleich dazugesagt, ich wäre der Älteste, der das je gemacht hat. Und da habe ich mir gedacht, das reizte mich schon einmal vom Sportlichen her. Ich möchte sehen, ob ich das noch hinkriege. Ich war damals 76. Weil das ist eine Aufgabe, die noch einmal um Längen darüberliegt über dem, was ich seit dem letzten Jahrhundert so täglich mache, nämlich fast immer eine Stunde Gymnastik oder Sport. Aber drei Stunden am Tag tanzen und das sieben Tage in der Woche – und das monatelang, das reizt mich einfach. Ich habe zwar gut eingeschätzt, dass ich fit genug bin, um mich das zu trauen, also ich habe nicht mehr gekeucht als die, die 40 Jahre jünger waren. Man macht so Bewegungen, die man eigentlich überhaupt nicht macht. Und da fängt man sich dann ziemlich bald irgendein Weh-Wehchen ein. So auch bei mir. Ich habe die Hälfte geschafft. Am letzten Abend bei der Sendung habe ich mir gedacht: Das verdammte Knie tut mir jetzt schon so weh, was wäre mir jetzt lieber, dass ich heute rausfliege oder noch einmal weiterkomme? Und an dem Abend bin ich rausgeflogen. Und das war genau in der Zeit, wo meine Frau und ich immer unsere Hochzeitsreise nach Kreta wiederholen. Meine Frau hat sofort in Griechenland angerufen …

Sie leben seit vielen Jahren in Wien. Wie sind Sie noch der Heimat verbunden, was ist das Steirische an Ihnen?
>> **Boris Bukowski:** Man wird wahrscheinlich auch in 30 Jahren am Bellen noch hören, woher ich komme. Das lässt sich nicht ablegen, so wie es ausschaut. Wichtig ist der Unterschied zwischen einer kleineren Stadt wie Graz und einer Millionenstadt wie Wien. Und zwar bin ich draufgekommen: In einer Riesenstadt werden die Menschen ein bisschen gnadenloser beurteilt, in einer kleineren Stadt wie Graz muss man gnädiger mit seinen Mitmenschen sein, sonst gibt es schön langsam niemanden mehr, den man nicht schon ausgeschlossen hat. Und das finde ich sehr sympathisch. Man kriegt sozusagen leichter eine zweite Chance, jeder ist gezwungen, anderen auch eine zweite oder dritte Chance zu geben, wenn sie einmal einen Blödsinn gemacht haben.

Wie ist aus der Distanz der Blick auf die Steiermark?
>> **Boris Bukowski:** Ich habe erstens einmal eine großartige Erinnerung an meine Kindheit in Neudorf bei Ilz. Meine Geschwister und ich haben in den Ferien oft gleich nach dem Frühstück gesagt, heute gehen wir wieder „auf Ende". Das hat bedeutet, wir schauen, wo die Welt aus ist. Niemand hindert uns daran, es gibt keine Grenzen, alles zu entdecken, was es gibt. Wir sind in Wälder gegangen, in denen wir noch nie waren und haben uns oft stundenlang nicht ausgekannt. Wir wussten nicht, wie wir da jetzt wieder rauskommen. Aber genau das und die Tatsache, dass wir dann doch immer wieder heimgefunden haben, hat uns so eine Sicherheit gegeben. In spannenden Momenten, in nicht gekannten Situationen – wir finden schon unseren Weg, wir machen das schon.

"Die Steiermark ist wunderschön. Es gibt irrsinnig viele Platzerl, auch viele, die ich noch nicht kenne."

Und die steirische Musik-Szene?
>> **Boris Bukowski:** Was mir damals sehr gut gefallen hat ist, dass die Steiermark immer irrsinnig nett mit ihren Künstlern umgegangen ist. Wir haben von den Journalisten wirklich großes Entgegenkommen gekriegt. Die waren interessiert und damals gab es in jeder Zeitung so etwas wie eine Pop-Seite. Und auch das zeigt noch den Umgang mit den Künstlern, dass nämlich in der Steiermark so ein geiles Avantgarde-Festival wie der „Steirische Herbst" entstanden ist.

Haben Sie noch so etwas wie einen Sehnsuchtsort in der Steiermark? Wohin verschlägt es Sie, wenn Sie wieder einmal da sind?
>> **Boris Bukowski:** Die Steiermark ist wunderschön. Es gibt irrsinnig viele Platzerl, auch viele, die ich noch nicht kenne. Deswegen kann ich gar kein einzelnes nennen. Aber was ich auf jeden Fall demnächst endlich machen muss, ist in der Oststeiermark Schwammerl suchen zu gehen.

Wie würden Sie einem Blinden die Steiermark beschreiben?
>> **Boris Bukowski:** Als ich das erste Mal in Jamaika war, habe ich mir gedacht – geil, sehr schön, aber schade, dass die Landschaft nicht ganz so üppig ist wie in der Oststeiermark. Und das hat mich total gewundert, weil ich habe es mir eigentlich noch üppiger vorgestellt. Nein, die Oststeiermark ist üppiger. ∎

Wordrap
Boris Bukowski

Ihr Lebensmotto?
Der Sinn des Lebens ist es, dem Leben immer wieder einen Sinn zu geben.

Irdisches Glück?
Ist immer mit lieben Menschen verbunden.

Hauptcharakterzug?
Meine Neugier glaube ich.

Ihr größter Fehler?
Ich habe nicht einen größten Fehler, der sich durch mein Leben zieht, sondern immer wieder neue.

Hatten Sie je ein Vorbild?
Es gibt viele Vorbilder, aber nicht in dem Sinne, dass ich so sein möchte wie jemand anderer.

Welche Gabe möchten Sie haben?
Es gibt Menschen, die ein bisher unbekanntes Musikinstrument in die Hand nehmen und sofort etwas damit anfangen können. Ich gehöre nicht dazu.

Lieblingsbuch?
Gibt es auch viele. Einer meiner Lieblingsautoren ist Yuval Noah Harari, z.B. „Homo Deus" und viele andere.

Lieblingskomponist?
Wolfgang Amadeus Mozart.

Lieblingsmaler?
Maria Lassnig.

Lieblingsessen?
Vieles. Ob jetzt eine Goldbrasse oder eine steirische Bachforelle – gerne Fisch.

Typisch steirisch?
Kernöl.

Das Grüne Herz bedeutet für mich …?
Gerade jetzt zur Zeit der Klimaerwärmung. Die schöne Welt, die schöne Steiermark zu erhalten.

HERZ-BOTSCHAFTEN

Stefanie Dvorak
„Hier hat die Luft Vitamine ..."

Sie ist seit mehr als 20 Jahren Mitglied des Ensembles des Wiener Burgtheaters. Stefanie Dvorak, geboren und aufgewachsen in Gleisdorf, ist auch in vielen Fernseh- und Kinoproduktionen zu sehen. Wir sprachen mit der in Wien lebenden Schauspielerin über ihr Fremdeln in der Bundeshauptstadt, über Hollywood und warum die Luft in ihrem steirischen Heimatort Vitamine hat.

Ihr Lehrer, der große Klaus Maria Brandauer, hat kürzlich geschwärmt und Sie als tolle, ungeheuer begabte Kollegin gelobt.
>> Stefanie Dvorak: Von ihm, das ist Wahnsinn. Als Jugendliche habe ich mir alle Filme mit ihm angeschaut und mir so gedacht: „Einmal nur in seine Nähe zu kommen ...". Und dann war ich eben am Max-Reinhardt-Seminar vorsprechen und ich wusste zum Glück nicht, dass er in der Jury sitzt. Ich habe ihn wirklich erst ganz am Schluss gesehen, als ich schon aufgenommen war. Da kam er zu mir her und hat mich beglückwünscht. Und ich bin aus allen Wolken gefallen. Dann wurde er auch mein Lehrer. Ich glaube, ich war nicht immer ganz einfach als Schülerin. Und vieles, was er uns gesagt hat, habe ich erst viel später im Laufe der Zeit verstanden. Also so nach und nach ist dann bei mir der Groschen gefallen. Er hat mit uns ganz tolle Sachen auch in Altaussee gemacht. „Spiel im Berg" oder „Sommernachtstraum". Wenn jemand wie er so etwas über einen sagt, dann ist das ganz toll.

Sie sind gut gebucht, arbeiten viel, Sie machen Theater- als auch Fernseh- und Kinoproduktionen. Was ist die größere Challenge?
>> Stefanie Dvorak: Es sind zwei grundverschiedene Berufe, würde ich sagen. Für mich ist beides nach wie vor eine Challenge. Gott sei Dank, weil ich glaube, sonst wäre mir schon langweilig in meinem Beruf. Drehen ist im Moment eher wenig, die Haupt-Challenge ist Theater. Und da kommen immer wieder neue Projekte auf mich zu, mit verschiedenen Arbeitsweisen der Regisseure, sodass ich durchaus gefordert bin.

Wie war für Sie die Zeit in der Pandemie, als im Burgtheater die Lichter ausgingen. Als mehr oder weniger die ganze Kulturszene stillstand?
>> Stefanie Dvorak: Sehr ambivalent. Also es war ja für uns alle eine komplett neue Erfahrung. Und es gab einen Teil in mir, der diesen Stillstand, also dass man nirgends hinmusste und man auch das Gefühl hatte, dass man nichts verpasst, durchaus als positiv empfand. Also, dass keine Autos mehr gefahren sind, keine Flugzeuge unterwegs waren. Dieses Innehalten hatte auch etwas Positives. Und draufzukommen, ich muss nicht dauernd irgendetwas konsumieren. Dieses Innehalten war einmal gut, eine Sicht darauf zu haben, was brauche ich eigentlich wirklich zum Glücklichsein und zum Leben. Das Beängstigende war natürlich, dass keiner wusste, wann es wieder weitergeht. Wird es überhaupt weitergehen, in welcher Weise? Das war das Beunruhigende dran. Existenzängste hatte ich keine, weil wir in Kurzarbeit waren. Da war ich einfach extrem dankbar dafür. Weil viele Kolleginnen und Kollegen von mir, die freiberuflich unterwegs sind, die hatten es sehr schwer.

Gibt es eine Rolle, die Sie unbedingt einmal spielen wollen? Wie wäre es mit der Buhlschaft?
>> Stefanie Dvorak: Bei der Buhlschaft wäre mir, glaube ich, ehrlich gesagt der Rummel zu viel. Ich bin privat eher ein scheuer, ein schüchterner Mensch. Das wäre mir zu viel. Ich glaube, es wird noch so viel geschrieben in den nächsten Jahren, die ich noch aktiv bin. Ich könnte gar nicht sagen, was da jetzt noch eine Lieblingsrolle wird, weil vielleicht ist die noch gar nicht geschrieben. Ich hatte schon ein paar, die ich sehr gerne gespielt habe und die sehr prägend waren, für meine Karriere oder für mein Wachstum. Aber so eine ganz gezielte Lieblingsrolle könnte ich nicht festlegen.

> **Bei der Buhlschaft wäre mir, glaube ich, ehrlich gesagt, der Rummel zu viel. Ich bin privat eher ein scheuer, ein schüchterner Mensch."**

Liebeserklärungen an die Steiermark

> ... Ich würde sie in die Raabklamm führen. Und dann zu einer Buschenschank in die Südsteiermark. Nach Graz natürlich. Unbedingt auch zum Frankowitsch.

Unvermeidliche Frage: Hat Hollywood schon angerufen?
>> Stefanie Dvorak: Der Holly, der Hollywood. Der hat natürlich schon angerufen, aber leider war ich da gerade verhindert. Und seither hat er sich nicht mehr gemeldet. Also Holly, wenn Du das hörst, ich wäre jetzt bereit. Ruf mich an. (lacht).

Wie kamen Sie eigentlich zur Schauspielerei? Es heißt, Sie hatten ursprünglich vor, Nonne zu werden.
>> Stefanie Dvorak: Ja, das war so eine kurze Phase. Ich weiß nicht, wie ich zu diesem Bild kam. Mit einem Kloster und Klostergarten und die ganzen Nonnen waren so im Garten und die haben friedlich dahingearbeitet in so einer Gemeinschaft. Und das hat mich angesprochen. In gewisser Weise habe ich im Theater jetzt auch so eine Familie gefunden, die so vor sich hinarbeitet – gemeinsam im besten Fall. Zur Schauspielerei kam ich durch das Gymnasium Gleisdorf mit der Bühnenspielgruppe „Zeitgeist", die dort ein Professor gegründet hatte. Ich war damals 13. Da habe ich so Theaterluft geschnuppert. Es gibt auch die Geschichte, dass meine Mutter behauptet, ich hätte schon mit 5 Jahren gesagt, dass ich Schauspielerin werden will. Aber an das kann ich mich ehrlich gesagt nicht erinnern.

Gibt es einen Kollegen oder eine Kollegin, mit dem/der Sie gerne auf der Bühne oder vor der Kamera stehen würden?
>> Stefanie Dvorak: Ich würde sagen, ich stehe jeden Tag mit so großartigen Leuten auf der Bühne. Eigentlich bin ich sehr, sehr glücklich, wie es momentan ist.

In einem Interview haben Sie gesagt, Wien war anfangs für Sie ein Kulturschock.
>> Stefanie Dvorak: Es ist halt eine Großstadt. Wahrscheinlich kann man es gar nicht so direkt vergleichen mit dem Leben auf dem Land. Aber so ein bisschen mehr Leichtigkeit und Humor oder eine Freude im Alltag wäre ganz schön – weil eigentlich haben wir es so gut. Wir leben in einem sicheren Land, wir haben alles an Ressourcen zur Verfügung. Also wir könnten uns alle einfach ein bisschen mehr freuen, denk ich mir. Das fällt mir in Wien halt extrem auf. Ich weiß nicht, manchmal renne ich selbst schon so durch die Straßen. Vielleicht ist Wien so. Muss man hier so sein.

Fremdeln Sie nach 24 Jahren immer noch?
>> Stefanie Dvorak: Nein, inzwischen nicht mehr. Also es ist zu einer größeren Liebe geworden. Ich kann das hier jetzt auch schon als zu Hause beschreiben – das Wien und die Wiener. Am Anfang habe ich etwas gebraucht – diesen Wiener ... ich würde es einmal als Charme bezeichnen – zu verstehen. Das war anfangs etwas gewöhnungsbedürftig für mich.

Sie sind in Graz geboren, in Gleisdorf aufgewachsen. „Hier habe ich das Gefühl, die Luft hat Vitamine", haben Sie einmal gesagt. Das ist so ein poetischer, so ein schöner Satz. Wie wirkt sich das Einatmen der Vitamine aus?
>> Stefanie Dvorak: Na eben sehr positiv. Also immer, wenn ich nach Hause fahre und vor die Tür trete. Wenn man in Wien ist, merkt man ja nicht, wie die Luft ist. Aber immer wenn ich dann nach Gleisdorf komme und dann rausgehe, dann denke ich mir jedes Mal – Ah, so könnte auch Luft sein. Ich tu so einen Atemzug und innerlich einen Jubelschrei würde ich sagen.

Wie verfolgen Sie die steirische Kunst- und Kulturszene, wie ist generell Ihr Blick auf das Land?
>> Stefanie Dvorak: Letztens habe ich wieder irgendwo über das „Theater im Bahnhof" gelesen. Da habe ich mich wahnsinnig gefreut, weil das waren unsere Heroes, als

> „Ich glaube schon, dass man erst weggehen muss, um das zu schätzen, was man zu Hause hat."

wir da die „Zeitgeister" waren in Gleisdorf. Das „Theater im Bahnhof" war für uns „Poah", die können es wirklich. Und da gab es immer ganz tolle Produktionen. Und jetzt habe ich da irgendeine Theaterkritik gesehen und mir gedacht, „Hey, das ist wirklich toll". Die gibt es jetzt schon so lange als kulturelle Institution in Graz und das finde ich richtig beeindruckend. Das etwas auch die ganze Pandemie überlebt hat. Das spricht sehr für die Qualität dieser Bühne. Ich war zwar jetzt lange nicht mehr dort, aber das waren echt unsere Helden. Und aufs Land generell: Manchmal mache ich mir Sorgen, so wie wir inzwischen alle glaube ich, bei Themen wie etwa Trockenheit und Klimawandel.

Wird der Blick auf das, woher man kommt, anders oder milder, je länger man weg ist?
>> **Stefanie Dvorak:**
Auf jeden Fall, ja, das glaube ich ganz fest. Das erste Mal habe ich so etwas wie Heimweh empfunden, als ich in England war. Da bin ich mit 18 hin. Natürlich, mit 18 will man nichts wie weg. Und dann ist man weg und denkt sich – „Ohhh, eigentlich war es zu Hause ganz schön". Da ist es mir erst aufgefallen. Und als ich dann nach Wien kam und das Studium am Max-Reinhardt-Seminar gemacht habe. Ich glaube schon, dass man erst weggehen muss, um das zu schätzen, was man zu Hause hat. Ich weiß nicht, ob ich es so schätzen würde, wenn ich jetzt immer zu Hause gelebt hätte. Der Mensch ist halt ein bisschen so. Ich bin zwar froh, hier und am Burgtheater zu sein und trotzdem fahre ich dann auch gerne nach Hause. Ich konnte das über die Jahre wirklich schätzen lernen, was das heißt – zu Hause sein, bei den Eltern sein – dort zu sein, wo man einfach sein kann, wie man ist.

Könnten Sie sich vorstellen, wieder in der Steiermark zu leben?
>> **Stefanie Dvorak:** Ja, könnte ich mir durchaus vorstellen.

Eine Freundesrunde kommt zu Besuch in die Steiermark – an welche fünf Plätze würden Sie sie bringen?
>> **Stefanie Dvorak:** Ich würde sie in die Raabklamm führen. Und dann zu einer Buschenschank in die Südsteiermark. Nach Graz natürlich. Unbedingt auch zum Frankowitsch. Und vielleicht noch in eine Therme. ■

Wordrap
Stefanie Dvorak

Ihr Motto?
Die Kunst ist, nach dem Hinfallen wieder aufzustehen.

Irdisches Glück?
Mit anderen zusammen lachen.

Hauptcharakterzug?
Neugierde.

Ihr größter Fehler?
Ungeduld.

Hatten sie je ein Vorbild?
Romy Schneider und Pumuckl.

Welche Gabe möchten sie haben?
Mich unsichtbar machen.

Lieblingsbuch?
Wassermusik von T. C. Boyle.

Lieblingsmaler?
Die Impressionisten.

Lieblingsmusik?
Je nach Laune alles aus der ganzen Welt.

Lieblingssport?
Laufen gehen.

Typisch steirisch?
Kernöl.

Das Grüne Herz bedeutet für mich … ?
Heimat.

Nava Ebrahimi
„Die Steirer wissen, was sie hier haben!"

Nava Ebrahimi, in Teheran geboren und in Deutschland aufgewachsen, zählt zu den aufregendsten Stimmen der deutschsprachigen Literatur. Die Autorin, die in Köln Journalismus und Volkswirtschaftslehre studierte und seit mehr als zehn Jahren in Graz lebt, wurde mit dem Ingeborg-Bachmann-Preis ausgezeichnet. Wir sprachen mit Nava Ebrahimi über guten Journalismus, Auszeichnungen und ihr Leben in der Steiermark.

Sie sind in Teheran geboren und haben in Deutschland studiert und gearbeitet. Wie landet man dann in der Steiermark?
>> **Nava Ebrahimi:** Ich habe mich in der Nähe von Berlin in einen Grazer verliebt.

Sie leben seit mehr als zehn Jahren in Graz. Wie war das Weggehen aus Deutschland und das Ankommen hier?
>> **Nava Ebrahimi:** Also grundsätzlich bin ich immer offen für Neues. Ich mag Veränderung. Ein bisschen wehmütig war ich dann schon, als ich Köln verlassen habe. Weil Köln war sowas wie – ja, Heimatstadt würde ich nicht sagen, aber ich habe relativ viel Zeit meines Lebens in Köln verbracht. Aber ich war auch sehr neugierig auf das Neue. Ich hatte immer ein gewisses Faible für Österreich und mochte Graz von den Besuchen.

> **Als Schreibende bin ich permanent auch Zweifelnde.**

Wie geht es Ihnen heute mit der Stadt, wie wohl fühlen Sie sich mittlerweile hier?
>> **Nava Ebrahimi:** Ich fühle mich sehr wohl. Also ich bin ja viel unterwegs, aber ich freue mich wirklich immer zurückzukommen. Graz gibt mir schon ein Gefühl von zu Hause inzwischen. Ja, ich lebe total gerne hier.

Wie viel von der neuen Heimat steckt schon in Nava Ebrahimi? Und wie viel noch von der alten persischen Heimat?
>> **Nava Ebrahimi:** Persische Heimat kann ich eigentlich gar nicht sagen, weil ich ja mit drei Jahren den Iran mit meinen Eltern verlassen habe. Natürlich wurde ich von zwei iranischen Eltern erzogen, also ich habe viel persisches in mir. Aber Iran habe ich nie als Heimat bezeichnet. Wie viel Graz oder Steiermark oder Österreich schon in mir steckt, das merke ich eigentlich immer erst, wenn ich nach Deutschland fahre. Weil diese Klischees, die es eben in Österreich gibt, bezüglich der Deutschen, die fallen mir jetzt auch total auf. Also, mir kommt wirklich vor, das ist schon fast ein Witz, dass ich, sobald ich deutschen Boden betrete, relativ schnell zurechtgewiesen werde wegen irgendwas. Dann denke ich mir – sitze ich jetzt auch schon den Klischees auf oder ist da am Ende wirklich was dran? Ja, ich finde, man merkt das ja immer erst rückblickend. Oder erst, wenn man wieder mit dem Alten konfrontiert wird, merkt man, wie sehr man eigentlich schon im Neuen zu Hause ist. Ja, ich bin immer irgendwie dazwischen und zu dem, was immer so zwischen Deutschland und Iran war, ist jetzt noch Österreich dazugekommen.

Wenn man Sie um drei Uhr morgens aus dem Schlaf rütteln und nach Ihrer Heimat fragt, was würden Sie spontan antworten?
>> **Nava Ebrahimi:** Die Antwort auf die Frage nach der Heimat ist total schwierig für mich

> **Ich habe es von Anfang an als unglaublich vielfältig wahrgenommen. Also was das Landschaftliche angeht. Die verschiedenen Regionen. Was Lebensqualität und Freizeitgestaltung betrifft, finde ich es ganz toll.**

– eigentlich nicht zu beantworten. Wenn Sie mich dann um drei Uhr morgens noch wecken, wo ich sowieso keinen geraden Satz sprechen kann, würden Sie, glaube ich, von mir keine sinnvolle Antwort kriegen.

Schon ein Trachtenkleid im Kleiderschrank?
>> **Nava Ebrahimi:** Nein. Ich fürchte, das werde ich auch nie haben.

Wie ist Ihr Blick auf die Entwicklung der Steiermark? Wie nehmen Sie das Land wahr?
>> **Nava Ebrahimi:** Ich habe es von Anfang an als unglaublich vielfältig wahrgenommen. Also was das Landschaftliche angeht. Die verschiedenen Regionen. Was Lebensqualität und Freizeitgestaltung betrifft, finde ich es ganz toll. Dass man schnell richtig in den Bergen ist, finde ich schön. Die Südsteiermark wiederum ist wieder eine ganz andere Landschaft, die habe ich auch sehr gerne. Dann das urbane Graz. Ich mache immer viel Werbung bei meinen Freundinnen und Freunden,

> „Ich gehe immer gerne auf den Grazer Schlossberg."

und die sind auch immer begeistert. Zur Entwicklung könnte ich jetzt eigentlich gar nichts sagen, dafür war ich vielleicht in den letzten Jahren zu viel unterwegs. Aber mir kommt schon vor, dass vor allem die Südsteiermark in Deutschland zunehmend an Bekanntheit gewinnt. Unter Weinkennern ist die Südsteiermark schon eine Adresse, würde ich sagen.

Fühlen Sie sich gut aufgehoben im Land?
>> **Nava Ebrahimi:** Ja, ich fühle mich sehr wohl.

Sie haben Volkswirtschaftslehre und Journalismus studiert und arbeiteten unter anderem als Redakteurin bei der Financial Times und der Kölner StadtRevue sowie als Nahost-Referentin für die Bundesagentur für Außenwirtschaft. Hat es in dieser Zeit in der Medienbranche einen Job gegeben, der Sie ungeheuer gereizt hätte?

>> **Nava Ebrahimi:** Der Job, den ich zuletzt bei der Kölner StadtRevue hatte, war – kann man fast sagen – mein Traumjob. Auch wenn das jetzt nicht so wahnsinnig renommiert klingt. Das Magazin gibt es seit über 50 Jahren, das letzte Stadtmagazin – glaube ich – das noch wirklich unabhängig ist. Also so ein kleiner, unabhängiger Verlag. Wir hatten alle Freiheiten, es gab keine Hierarchien, keine Chefredaktion. Wir waren sehr frei und konnten alle Geschichten machen, die wir machen wollten. Ich mochte immer Lokaljournalismus, weil man da wirklich vor Ort sein und mit den Leuten reden kann. Kurze Wege, kurzer Draht – man kann sich selbst ein Bild machen.

Was macht denn guten Journalismus aus?
>> **Nava Ebrahimi:** Für mich auf jeden Fall – da bin ich noch so ein bisschen alte Schule – dieses Zitat von Hanns Joachim Friedrichs, dem verstorbenen deutschen Anchorman der ARD: „Distanz halten, sich nicht gemein machen mit einer Sache, auch nicht mit einer guten". Das heißt auch, im sozialen und gesellschaftlichen Leben nicht zu eng verbandelt zu sein mit Entscheidungsträgern. Was in Österreich natürlich oft schwieriger ist, weil es einfach kleiner ist. Und gute Journalistinnen und Journalisten sollten auch die Fähigkeit besitzen, Interviewpartner mit unangenehmen Fragen zu konfrontieren. Also Dinge zu fragen, die den anderen in eine unangenehme Situation bringen – und das auch auszuhalten. Diese Fähigkeit fehlt mir, daher bin ich auch ausgestiegen. Aber das wären meine Ansprüche an Journalismus.

Schriftstellerisch sind Sie relativ spät in Erscheinung getreten. Was gab den Anstoß, wie beeinflusste Ihre Arbeit als Journalistin Ihr literarisches Schreiben?
>> **Nava Ebrahimi:** Eigentlich wollte ich schon immer Schriftstellerin werden. Und Journalismus war ein bisschen Kompromiss für mich, weil ich mich nach dem Abitur nicht so ganz getraut habe. Ich hatte Respekt davor, mit einem künstlerischen Beruf auf Anhieb Geld verdienen zu müssen. Und als ich Abitur gemacht hatte, gab es noch keine Institute, die das literarische Schreiben gelehrt haben. Das journalistische und das literarische Schreiben sind schon sehr unterschiedlich. In der Journalistenausbildung habe ich aber gelernt, Kritik einzustecken.

> "Wie viel Graz oder Steiermark oder Österreich schon in mir steckt, das merke ich eigentlich immer erst, wenn ich nach Deutschland fahre."

Sie wurden mit dem Österreichischen Buchpreis und dem Morgenstern-Preis ausgezeichnet, 2021 erhielten Sie für Ihren Text „Der Cousin" den Ingeborg-Bachmann-Preis, eine der wichtigsten literarischen Auszeichnungen im deutschen Sprachraum. Was bedeuten Ihnen diese Würdigungen?
>> **Nava Ebrahimi:** Zuallererst ist es natürlich eine Bestätigung. Als Schreibende bin ich permanent auch Zweifelnde. Und es ist schön zu wissen, dieser Text löst etwas aus. In einer Jury, bei Lesenden wie auch immer. Das ist schön. Und natürlich ist es fast notwendig, wenn man vom Schreiben leben will. Wir Schreibenden sind auf Stipendien und Preise angewiesen. Und das ist jedes Mal wieder ein bisschen Luft, um in Ruhe zu schreiben.

Welche Plätze haben es Ihnen persönlich angetan, wohin verschlägt es Sie gerne?
>> **Nava Ebrahimi:** Ich gehe immer gerne auf den Grazer Schlossberg. Ich bin total gerne im Bezirk Lend bei meiner Freundin Maria. Sie betreibt dort einen tollen Kiosk, da gehe ich immer gerne hin. Da fährt immer jemand mit dem Fahrrad vorbei, den man kennt. Es sind dort viele zufällige Begegnungen möglich. Ich schreibe auch manchmal gerne im „Tribeka". Und wenn ich Besuch habe und Zeit ist, mit den Kindern wandern zu gehen, zieht es mich in die Südsteiermark. Dort ist es sehr schön.

Was haben Sie noch alles vor?
>> **Nava Ebrahimi:** Jetzt schreibe ich einmal meinen nächsten Roman. Und das ist kein kleines Unterfangen.

Wie würden Sie einem Blinden die Steiermark erklären?
>> **Nava Ebrahimi:** Landschaftlich sehr abwechslungsreich. Von schroffen, alpinen Gegenden bis zur sehr lieblichen, hügeligen Südsteiermark. Dann würde ich die Menschen beschreiben, weil ich finde, das macht eine Gegend erst so richtig lebenswert. Und da finde ich Steirerinnen und Steirer oft sehr interessiert, offenherzig, auch mit einer gewissen Zufriedenheit würde ich sagen. Und sehr heimatverbunden. Vor allem offen und zufrieden. Sie wissen schon, was sie hier haben. ■

Wordrap
Nava Ebrahimi

Lebensmotto?
Mach bessere Fehler.

Irdisches Glück?
Freunde, Familie, gute Beziehungen und ab und zu ein gutes Gläschen Wein.

Hauptcharakterzug?
Ausgeglichenheit.

Ihr größter Fehler?
Harmoniesucht.

Hatten Sie je ein Vorbild?
Eigentlich nicht. Ich fand meine Mutter immer toll.

Welche Gabe möchten Sie haben?
Streitlustiger zu sein.

Lieblingsmaler?
Das ist schwer. Ich war kürzlich auf einer Yves-Klein-Ausstellung, das hat mich sehr beeindruckt.

Lieblingsmusik?
Arcade Fire

Lieblingsessen?
Auf jeden Fall etwas mit Hülsenfrüchten.

Lieblingswort im steirischen Dialekt?
Hawi.

Typisch steirisch?
Kernöl, Käferbohnen, all das. Aber ich würde auch sagen Heimatverbundenheit.

Das Grüne Herz bedeutet für mich…
… eine schöne Abwechslung zum roten Herz.

Liebeserklärungen an die Steiermark

Fotos: STG/Jesse Streibl

Anita Frauwallner

„Wenn ich im Auto das Steiermark-Schild sehe, beginne ich zu lächeln."

Anita Frauwallner ist eine Selfmade-Frau im besten Sinne des Wortes. Die Unternehmerin hat aus dem Nichts das Institut AllergoSan, das mittlerweile europaweit größte Unternehmen für Darmgesundheit, aufgebaut. Und sie will noch mehr, in ein paar Jahren soll man weltweit die Nummer 1 in der Branche sein. Die Steiermark sieht die Powerfrau als innovativen und besonderen Standort.

Wie würden Sie das sehr Komplexe, das Ihr Unternehmen macht, aufs Einfache herunterbrechen? Oder anders gefragt: Was macht das Institut AllergoSan?
>> **Anita Frauwallner:** Also, das Institut AllergoSan arbeitet mit Bakterien. Und die meisten Menschen können sich gar nichts darunter vorstellen, weil noch niemand Bakterien gesehen hat. Aber im Körper bestimmen sie tatsächlich alles, was wir tun. Ob wir intelligent sind, ob wir gut sehen, ob unsere Lunge gut arbeitet, ob jemand schwanger werden kann oder nicht – über all das bestimmen Bakterien. Und wir versuchen, sie so zu kombinieren, dass wir das Optimale herausholen und es für jeden Menschen anwenden können.

Wenn wir es richtig verstehen, dann vernetzen Sie medizinische Forschung und Pharmazie. Wie passiert das?
>> **Anita Frauwallner:** Es ist verhältnismäßig einfach, weil wir auf der einen Seite Forschung betreiben. Sie müssen sich vorstellen, wir verwenden Bakterien auch, um sie einer schwangeren Frau zu geben, die vielleicht allergische Reaktionen hat – damit man das dann nicht auf das Kind überträgt. Oder bei uns bekommen auch Babys vom ersten Tag an bereits im Krankenhaus das OMNi-BiOTiC®. Das heißt, wir müssen wirklich intensiv forschen. Aber gleichzeitig möchten wir auch tun, was man aus der Pharmazie kennt, nämlich zu einem gesünderen Leben beitragen. Sowohl in der Prävention als auch in der Behandlung. Und ich glaube, es gelingt uns sehr gut, weil ich natürlich für beides eine Leidenschaft habe.

Darmgesundheit war lange ein Tabuthema, mittlerweile ist sie sogar „trendy". Warum?
>> **Anita Frauwallner:** Ich glaube, Darmgesundheit hat man immer mit dem assoziiert, was da hinten rauskommt. Also braun, der Geruch nicht immer so positiv. Mittlerweile weiß man aus der Forschung aber, dass der Darm für die Lebensqualität ganz entscheidend ist. Ich glaube, wir alle möchten mit 80 dann nicht nur mehr im Pflegeheim liegen. Man ist draufgekommen, dass tatsächlich die Bakterien in unserem Körper dafür zuständig sind, wie wir altern, ob wir gesund altern und ich selbst kann das wunderbar bestätigen, ich bin „offiziell" seit sechs Jahren in Pension.

Bakterien produzieren zum Beispiel Energie, das finde ich unglaublich schön. Hat sich schon einmal jemand gefragt, warum einer 40 Tage fasten kann? Weil die Bakterien die Energie produzieren. Und all diese Ergebnisse, dieses Wissen, das kam in den letzten 20 Jahren zustande, dass man die gesunden Bakterien im Körper braucht, damit man überhaupt gesund leben kann.

> **„Die meisten Menschen können sich gar nichts darunter vorstellen, weil noch niemand Bakterien gesehen hat. Aber im Körper bestimmen sie tatsächlich alles, was wir tun."**

Am Anfang stand ein Drama. Ihr Mann verstarb an Darmkrebs, das war offensichtlich Animo für Ihren Einstieg in die probiotische Medizin. Was hat sich seither entwickelt?
>> **Anita Frauwallner:** Wenn du so ein Erlebnis hast, dass du das Liebste, was du auf Erden hast, nicht am Leben erhalten kannst, egal, wie viel du tust ... mein Mann war ja selbst Arzt. Wir haben alles getan, ich habe dann auch noch Ernährungswissenschaften studiert und diese Dinge – es hat nichts genützt. Und dann hast du irgendwann den Gedanken, speziell wenn du da am Grab stehst und dir denkst, wer ist der nächste? Dann überlegst du, was haben all diese Ärzte übersehen? Wir waren bei den besten Wissenschaftlern in ganz Europa und trotzdem hat keiner helfen können. Und dann denkst du auch daran, was, wenn es deinen eigenen Sohn erwischt, was, wenn es genetisch ist. Ich habe einfach Leute gesucht, die Erfahrungen mit Dingen haben, die wir nicht angewendet hatten. Und das erste Mal, als ich durch ein Mikroskop geschaut und diese Bakterien gesehen habe, da wusste ich: Das wäre es vielleicht gewesen. Und ich habe sehr große Unterstützung gehabt, das muss ich wirklich sagen. Von Professoren, die eigentlich froh waren, dass sich endlich jemand für diese Bakterien interessiert. Wenn ich von etwas begeistert bin, dann rede ich auch darüber. Und dieses Reden darüber war eigentlich der Beginn des Unternehmens. Und dann haben sich auch hier in der Steiermark sehr schnell Professoren gefunden, die gesagt haben: „Das könnte was sein." Und so gehst du Schritt für Schritt und irgendwann sieht dann die halbe Welt, dass das tatsächlich eine Möglichkeit ist, um gesünder zu bleiben.

Sie haben einmal in einem Interview gesagt, Sie wollen in Ihrer Branche weltweit die Nummer 1 werden. Wie weit sind Sie auf diesem Weg?
>> **Anita Frauwallner:** Das war glaube ich damals, als wir es gerade geschafft hatten, in allen deutschsprachigen Ländern Nummer 1 zu werden, also in Österreich, in Deutschland und in der Schweiz. Und dann siehst du einfach, dass, wenn du es zu Hause schaffst,

du auch das Rüstzeug hast, hinauszugehen in die Welt. Wir sind heute in den USA genauso wie in China erfolgreich vertreten. Derzeit sind wir weltweit die Nummer 3.

Wann wird es so weit sein?
>>**Anita Frauwallner:** In einigen Jahren.

Ihr Motto ist also weiter, weiter, immer wieder weiter. Was motiviert Sie, das Werkl läuft doch sehr gut?
>>**Anita Frauwallner:** Ich glaube, das, was mich am meisten motiviert, sind die Menschen, die auf mich zukommen und sagen: „Es ist unglaublich, was OMNi-BiOTiC® bei mir bewirkt hat". Oder auch sehr oft, wenn Forscher kommen und sagen: „Ich könnte mir vorstellen, dass bei dieser oder jener Erkrankung Bakterien eine Rolle spielen könnten". Diese interessanten Gespräche mit den Wissenschaftlern und dann auch der Erfolg, wenn du Menschen siehst, denen du helfen kannst. Das ist die Motivation.

> „Ich glaube, das, was mich am meisten motiviert, sind die Menschen, die auf mich zukommen und sagen: „Es ist unglaublich, was OMNi-BiOTiC® bei mir bewirkt hat."

Woher kommen die Ideen? Wir haben bei unserer Recherche 69 Produkte gefunden, die vom Institut AllergoSan entwickelt worden sind.
>>**Anita Frauwallner:** Das ist eine interessante Frage. Wissen Sie, wo die meisten Ideen herkommen? Wenn ich Menschen kenne, die tatsächlich gesundheitliche Probleme haben, die man mit der heutigen Medizin nicht in den Griff bekommt. Und das war so bei meiner Schwester, bei meiner Mutter oder bei Freunden. Es sind immer die Menschen, die mich dazu bewegen, nachzudenken, ob man hier über Bakterien etwas erreichen könnte. Und dann auch mit innovativen Forschern auf der ganzen Welt zu sprechen. Es ist toll wenn man so ein Netzwerk hat. Es kann aber auch sein, dass die Idee von den Forschern selbst kommt. Und wir sind dann gefragt, das auch tatsächlich umzusetzen.

Kommen wir in die Steiermark. Ein guter Standort für Forschung oder überhaupt für innovative Unternehmen?
>>**Anita Frauwallner:** Ja, würde ich sagen. Aber wissen Sie weshalb? Das liegt hauptsächlich an den Menschen, die hier sind. Und ich sehe das bei meinen Mitarbeitern. Wenn es um etwas wirklich Wichtiges geht, dann wird nicht auf die Uhr geschaut. Ich habe Mitarbeiter, die ihre Ideen miteinbringen. Sie sind gut ausgebildet, ich glaube, das ist einer der wichtigsten Punkte, die man auch der Politik sagen muss. Wir brauchen Leute, die gut ausgebildet wurden, aber auch die Möglichkeit für Zuzug von jenen, die vielleicht etwas mitbringen, was es hier noch nicht gibt. Und es ist entscheidend, Menschen dazu zu motivieren, hier in der Steiermark zu bleiben. Viele studieren zwar da, bekommen dann aber nicht gleich den richtigen Job und dann sind sie weg. Und das tut mir besonders leid. Also, die zu halten, das sehe ich als meine vorderste Aufgabe. Etwa 40 % unserer Mitarbeiter kommen direkt von diversen Unis. Das Schönste für mich ist, wenn ich mit Leuten aus Deutschland durch die Steiermark fahre – und wenn die dieses schöne Land sehen, dann öffnet sich bei denen das Herz.

An welchen Stellschrauben würden Sie drehen, wenn es um die Entwicklung der Steiermark geht? Oder ist eh alles palletti?
>>**Anita Frauwallner:** Was ich sehe, ist, dass tatsächlich sehr viele gute Ideen einfließen. Es ist auch so, dass Politiker auch zuhören. Wieviel dann tatsächlich umgesetzt wird, das kann ich noch gar nicht sagen, weil bisher habe ich es immer ohne Politik geschafft. Aber die Ideen sind gut. In der Politik muss man auch zusammenarbeiten. Man muss das Miteinander über die Verpflichtungen gegenüber einer Partei stellen. Es ist viel wichtiger zu schauen, was tun wir gemeinsam für das Land und wie ziehen wir den Karren gemeinsam.

Welche Emotionen weckt die Steiermark in Ihnen?
>>**Anita Frauwallner:** Für mich ist die Steiermark einfach Heimat. Es ist da, wo ich aufgewachsen bin, da, wo ich unglaublich gefördert wurde von meinen Lehrern, meinen Eltern. Es ist da, wo ich auch eines Tages begraben sein möchte. Hier habe ich meine Freunde, hier spüre ich, wieviel wirklich noch aus der Natur kommt. Ich merke das immer, wenn ich z. B. von Wien mit dem Auto hereinfahre und das Steiermark-Schild sehe, dann merke ich, wie ich zu lächeln beginne. Und das ist für mich das beste Zeichen – hier bin ich zu Hause.

> „Für mich ist die Steiermark einfach Heimat. Es ist da, wo ich aufgewachsen bin, da, wo ich unglaublich gefördert wurde von meinen Lehrern, meinen Eltern. Es ist da, wo ich auch eines Tages begraben sein möchte."

Ihre liebsten Plätze, zu denen Sie Freunde mitnehmen würden?
>>**Anita Frauwallner:** Ich fahre sehr gerne auf den Kulm. Da schau ich dann auf den Stubenbergsee runter. Das ist einfach ein schönes, beruhigendes Gefühl, es bringt mich zurück auf die Erde. Auch der Dachstein ist wunderschön. Ich freue mich schon auf den Neuausbau der Bergstation: diese Weite, dieser Blick. Weil du siehst, was die Steiermark verbindet. Auf der einen Seite „Steirerbluat is koa Himbeersoft" – also durchaus eine gewisse Härte, auch sich selbst gegenüber, und auf der anderen Seite schaust du dann in dieses wunderschöne, entspannte Land. Deswegen fahre ich auch immer mit unseren Gästen in die Weingegend. Wenn die die steirische Hügellandschaft sehen, sind sie jedes Mal begeistert und können nachempfinden, warum ich die Steiermark so liebe.

Zum Schluss: Was kann Sie noch überraschen?
>>**Anita Frauwallner:** Was mich zum Glück immer wieder überrascht, das sind unsere Studienergebnisse. Wir arbeiten ja mit Forschern auf der ganzen Welt zusammen.

Und ich halte es oft selbst nicht für möglich, was Bakterien bewirken können. Und wenn dann unsere Forscher kommen und mir was zeigen, da ist es bei mir oft so, dass ich es fast nicht glauben kann, dass diese winzigen Lebewesen tatsächlich bei Menschen etwas bewirken, die einen Schlaganfall oder eine schwere Arthritis hatten. Ja, diese Überraschungen, die schätze ich ganz besonders. ∎

> „Das Schönste für mich ist, wenn ich mit Leuten aus Deutschland durch die Steiermark fahre – und wenn die dieses schöne Land sehen, dann öffnet sich bei denen das Herz."

Liebeserklärungen an die Steiermark

Wordrap
Anita Frauwallner

Lebensmotto?
Frag dich nicht, weshalb du scheitern könntest, sondern frage dich, wie du es machen kannst, um erfolgreich zu sein.

Irdisches Glück?
Wenn ich von irgendjemanden sogar in den Arm genommen werde, weil wir mit OMNi-BiOTiC® helfen konnten.

Hauptcharakterzug?
Mutig und glücklich.

Ihr größter Fehler?
Zu schnell entschlossen.

Gab es je ein Vorbild?
Ja, Martin Luther King. Er sagte „I have a dream" – und so einen Traum habe ich auch, nämlich Menschen zu helfen.

Welche Gabe möchten Sie haben?
Ich würde gerne die Bakteriensprache verstehen, weil dann könnte ich im Bereich der Probiotika noch besser arbeiten.

Lieblingsmusik?
Der Bolero von Maurice Ravel.

Lieblingsessen?
Kronprinz-Rudolf-Äpfel.

Lieblingswort im steirischen Dialekt?
Dahoam.

Typisch steirisch?
Ist die Herzlichkeit.

Das Grüne Herz bedeutet für mich …
Zu Hause zu sein, in einem Bereich, wo jeder Mensch dich mag.

Barbara Frischmuth
„Der See ist für mich das Größte"

Barbara Frischmuth, geboren in Altaussee, zählt zu den renommiertesten österreichischen Schriftstellerinnen. Die studierte Dolmetscherin lebte in der Türkei und in Ägypten, in Ungarn und England und hat seit 1999 wieder ihren Wohnsitz im Salzkammergut. Wir sprachen mit ihr über Auszeichnungen, ihre Heimkehr nach Altaussee und ihren Kraftort.

Sie stammen aus einer Hoteliersfamilie, ihre Eltern betrieben ein Hotel am Altausseer See. Ihre Mutter führte später das Brauhaus Reininghaus in Graz. Wird einem da nicht der Gastro-Beruf in die Wiege gelegt?

>> Barbara Frischmuth: Man entscheidet sich schon als Kind „dafür" oder „dagegen". Und ich habe mich von Haus aus dagegen entschieden, weil ja die Großeltern, der Onkel, meine Mutter und die alle … Und nach dem Krieg war das ja gar nicht so einfach. Die Amerikaner waren zweimal in dem Hotel und es hat nachher furchtbar ausgeschaut. Denen war halt auch schon fad, der Krieg war vorbei und die sind in diesen verschiedenen Pensionen und Hotels untergebracht worden. Meine Mutter hat sich dann finanziell nie mehr erfangen. Der Gastro-Beruf war also nie eine Option für mich.

> „Ich habe auch schon in der Volksschule kleine Geschichten geschrieben. Die erste war über eine Wasserleiche."

Sie studierten in Graz am Dolmetsch-Institut Türkisch und Englisch, später Ungarisch und begannen danach in Wien ein Doktorat-Studium der Turkologie, Iranistik und Islamkunde. Wie viele Sprachen beherrschen Sie tatsächlich?

>> Barbara Frischmuth: So gut wie keine mehr. Nein, es ist so, das Türkische und das Ungarische sind agglutinierende Sprachen. Wenn man da nicht dabeibleibt und immer wieder mit jemanden in dieser Sprache spricht, versickert es. Und das geht halt in Aussee nicht. Ich war neulich wieder einmal in Istanbul – nach ein, zwei Wochen ist man wieder drinnen. Aber wenn Sie mich jetzt plötzlich fragen würden, was heißt das und so, es wäre weg. Und es ist wahrscheinlich auch deswegen weg, weil ich mich seit Jahren mit ganz anderen Themen beschäftige. Eher mit der Natur und mit Tieren. Mit den anderen Welten in der Welt.

> „Es war halt so, dass mich dann später alle gefragt haben, „mein Gott, die einzige Frau im Forum Stadtpark" – mir ist das gar nicht aufgefallen. Es ging ja um die Gedichte, die man geschrieben hat. Nicht, ob man Frau oder Mann war."

Wie kamen Sie zum Schreiben? Wer oder was hat Sie inspiriert?

>> Barbara Frischmuth: Ich habe schon als Kind gerne gelesen. Zuerst wollte ich immer, dass man mir vorliest, dann habe ich sehr früh zu Lesen begonnen. Und ich hatte eine Tante, die auch Schriftstellerin war. Leider nicht sehr erfolgreich, aber da wusste ich schon, dass man das machen kann. Also Bücher schreiben und so. Ich habe auch schon in der Volksschule kleine Geschichten geschrieben. Die erste war über eine Wasserleiche. Naja, wir haben ganz nah am See gewohnt und das war für uns etwas, was natürlich schon immer wieder einmal passiert ist. Während der Pubertät hatte ich anderes zu tun. Ich habe dann erst so um die 17 wieder angefangen und ich war noch nicht 19, als das „Forum Stadtpark" langsam entstanden ist. Ich weiß nur noch, dass der Kolleritsch mich immer an der Hand genommen hat, weil ich so aufgeregt war. Naja, und dann bin ich für ein Jahr in die Türkei gegangen. Und als ich zurückkam, war das „Forum Stadtpark" sozusagen schon in Arbeit.

Erste Gedichte von Ihnen erschienen 1962 in der Zeitschrift „manuskripte", Sie waren Gründungsmitglied des Forum Stadtpark. Wie sind die Erinnerungen an damals, zum Beispiel an den jungen Peter Handke?

>> Barbara Frischmuth: Der Handke ist ja erst nach uns gekommen. Den habe ich erst kennengelernt, als ich dann wieder aus der Türkei zurückgekommen bin. Ja, wir waren eine Zeit lang sogar sehr gut befreundet. Es war halt so, dass mich dann später alle gefragt haben, „mein Gott, die einzige Frau" – mir ist das gar nicht aufgefallen. Es ging ja um die Gedichte, die man geschrieben hat. Nicht, ob man Frau oder Mann war. Ich war halt die Einzige, die wirklich geschrieben hat. Es waren viele Mädels dort, aber das waren dann eher Groupies oder Leute, die sich dafür interessiert haben. Aber beim Schreiben war ich eine Zeit lang die Einzige.

Sie lebten in der Türkei und in Ägypten, in Ungarn und England, Ihre Auslandsaufenthalte führten Sie aber auch nach China, Japan und in die USA, wo Sie in Ohio und St. Louis Vorlesungen hielten. War diese Rastlosigkeit der Neugierde auf fremde Kulturen geschuldet?

>> Barbara Frischmuth: Es stimmt nicht ganz. Weil z. B. in Ägypten war ich nicht so lange, sondern immer nur eine kürzere Zeit. Ich habe mich aber sehr für die Kultur interessiert und auch ein Buch geschrieben – das hieß „Vergiss Ägypten". Ich meinte damit, dass man sich für die Ägypter interessieren soll und nicht nur für die Kunst und Kultur. Am öftesten war ich natürlich in der Türkei, weil da habe ich ja eine Zeit lang studiert. Und ich bin mindestens zwölf Mal zu Lesungen in Amerika gebeten worden. Dort gab es an den Universitäten ja viele Germanisten. Von denen sind sogar Bücher über mich geschrieben worden. In England war ich schon sehr früh, weil der beste Freund meines Vaters Engländer war. Mit 14 bin ich allein nach London, weil meine Großmutter gesagt hat, sie muss Englisch lernen. Ansonsten war ich halt immer lesend unterwegs – in Indien, in Japan, in China und vielen, vielen Ländern. Es war für mich eigentlich sehr interessant, weil ich sehr schnell draufgekommen bin, dass das Lesen dort wenig Sinn hat. Weil die Studenten die Bücher nicht haben oder sich auch keine leisten können. Und genau wissen, dass sie höchstens Kellner werden können. Ich habe dann immer sehr schnell die Texte liegenlassen und mit ihnen gesprochen. Und da habe ich viel gelernt.

Stand für Sie jemals zur Debatte, für immer in einem anderen Land zu leben. Wenn ja, in welchem?

>> Barbara Frischmuth: Die Türkei wäre beinahe so etwas geworden. Aber ich wollte mich nicht mit irgendjemanden verbinden, sondern ich wollte in erster Linie schreiben. Und dann bin ich halt wieder zurück. Ich war sehr neugierig als Kind und weil ich in einem

Hotel aufgewachsen bin, habe ich natürlich viele Leute kennengelernt. Vor allem Kinder. Die Gäste sind gekommen und wir hatten eine Kinderfrau. Und diese sollte sich mit uns Kindern beschäftigen. Und da haben wir sehr schnell ein paar Wörter Englisch und Französisch gelernt. Das hat schon gereicht, damit wir uns verständigen konnten. Ich bin ja bis zu meinem 10. Lebensjahr nur in Altaussee gewesen. Und da kommt einem das dann schon so vor – Berge, Berge, Berge. Man will aber mehr wissen als bei Schneewittchen. Man möchte ein bisserl drübergehen. Dann war ich bald in England und auch in Schweden. Meine Großmutter hat schon immer geschaut, dass ich in die Welt hinaus komme.

> **Beim Altausseer See ist es so – da muss ich immer wieder rein. Der See ist für mich – wenn schon Magie – der magische Ort."**

Sie sind Schöpferin vitaler Frauenfiguren und bemühen sich unter anderem stets um Vermittlung zwischen Orient und Okzident. Die Bandbreite ihrer Werke erstreckt sich über Romane, Erzählungen, Essays, Hör- und Fernsehspiele bis hin zu Kinderbüchern und literarischen Gartenbüchern. Womit wir wieder in Altaussee wären, in Ihrem Garten, der Stoff für Ihre Gartengeschichtenbücher lieferte. War klar, dass Ihre Heimkehr nach Altaussee eine Rückkehr für immer sein sollte?

>> Barbara Frischmuth: Nein, das war eher so, dass mein zweiter Mann und ich dachten, so ein Sommerhaus wäre eigentlich ganz gut. Und aus dem Sommerhaus ist dann ein Haus geworden. Und nachdem ich dann immer hin und her gependelt bin – mein Mann war ja Arzt in München – habe ich mir gedacht: Jetzt habe ich eh schon mehr als die Hälfte der Bücher in Altaussee geschrieben. Und es wäre auch für ihn besser, weil es nicht so weit ist. Und irgendwie war mir dann klar – also Aussee.

Was macht die Magie von Altaussee aus? Was macht die Gegend und die Menschen so besonders?

>> Barbara Frischmuth: Also von der Magie würde ich ein bisschen absehen. Weil die meisten Altausseer sehen halt die Kramperl oder sonst irgendetwas als Magie an. Die Magie muss man sich selbst im Kopf darstellen. Von Magie habe ich in meiner Heimat nicht allzu viel wahrgenommen. Für mich war der See immer das Größte und das Wichtigste. Nicht die Berge. Ich habe die Berge gerne angeschaut, aber ich bin nicht viel auf die Berge gekommen. Erstens, weil in meinem Umfeld fast nie Leute waren, die gerne klettern. Ich finde sie wunderschön, aber ich muss nicht unbedingt rauf. Während beim See ist es so – da muss ich immer wieder rein. Der See ist für mich – wenn schon Magie – der magische Ort.

Gibt es – abgesehen von Ihrem Garten – einen ganz besonderen Kraftort für Sie?

>> Barbara Frischmuth: Ja, es ist die Weststeiermark, wo wir seit über 20 Jahren auf Urlaub hinfahren. Da gehe ich immer schon sehr früh schwimmen, weil da der Teich beim Rauchhof noch klar ist. Erstens sind die Leute sehr nett, zweitens ist die Gegend einfach sehr schön. Ich bin übers Lesen hingekommen. Da gab es einen sehr literaturaffinen Bürgermeister und die haben jedes Jahr im Sommer einen Schriftsteller eingeladen. Das war für mich überhaupt das Paradies. Das war der erste Urlaub, den ich je in meinem Leben hatte.

Wie würden Sie einem Blinden ihren Heimatort erklären?

>> Barbara Frischmuth: Blinde können ja gut riechen und gut tasten. Also ich würde ihn auf jeden Fall zum See führen. Zum Wasser. Auch wenn er nicht schwimmen kann, würde ich ihn bitten, mit den Beinen hineinzugehen. Und der Geruch – es ist ja fast alles Wald rundherum.

Wie nehmen Sie als kritischer Geist die Steiermark wahr?

>> Barbara Frischmuth: Aussee hat ja bis 1948 zu Oberösterreich gehört. Ich muss sagen, ich bin lieber in der Steiermark. Nur keine Hymnen, aber ich finde, die Steiermark ist auch sehr divers. Es ist ja nicht alles so wie in Aussee, nur Berge. Es gibt auch flache Gegenden. Ich bin gerne in der Steiermark. Aber ich denke nicht immer darüber nach, was besonders ist. Man erlebt es ja, wenn man dort lebt. Graz ist eine meiner Lieblingsstädte. Ich finde es schöner als Salzburg.

Sie haben alle wesentlichen Literaturpreise und Auszeichnungen erhalten, aber auch das Land hat Sie für ihr Lebenswerk gewürdigt. 2019 erhielten Sie den

> **Graz ist eine meiner Lieblingsstädte. Ich finde es schöner als Salzburg."**

Ehrenring des Landes Steiermark. Wie sehr fühlen Sie sich geehrt?

>> Barbara Frischmuth: Ich muss ehrlich sagen, dass ich früher einmal gesagt habe, ich brauche so etwas nicht. Und dann ist mir aufgefallen, dass ich, wenn ich so etwas entgegennehme, die Chance habe, auch etwas dazu zu sagen. Und zwar direkt zu den Leuten, die es betrifft. Also Politiker. Und das habe ich mir dann angewöhnt und habe dann doch immer ja gesagt. Ich bin keine Aktivistin, aber über gewisse Dinge will ich reden, weil sie mich sehr stören. Wenn man ausgezeichnet wird, darf man auch sagen, was einem nicht gefällt. Und das war die beste Chance dafür. ■

> „Ich bin gerne in der Steiermark. Aber ich denke nicht immer darüber nach, was besonders ist. Man erlebt es ja, wenn man dort lebt."

Wordrap

Barbara Frischmuth

Ihr Lebensmotto?
Leben.

Irdisches Glück?
Garten.

Hauptcharakterzug?
Neugierde.

Ihr größter Fehler?
Es gibt einige.

Hatten sie je ein Vorbild?
Jede Menge.

Welche Gabe möchten sie haben?
Singen können.

Lieblingsmaler?
Herbert Beck.

Lieblingsessen?
Garnelen.

Lieblingsblume?
Lilie.

Typisch steirisch?
Die Äpfel.

Das Grüne Herz bedeutet für mich …?
Der Wald.

Fotos: STG, Josef Pail, Christian Jauschowetz

Andreas Gabalier
„Ein Glück, hier geboren zu sein ..."

Der Volks-Rock'n'Roller Andreas Gabalier ist ein Phänomen und eine Naturgewalt, er begeistert und polarisiert und lässt keinen kalt. Wir sprachen mit Österreichs populärem Musiker über Erfolg, Missgunst, Vorbilder und das, was in seiner Karriere noch alles passieren könnte.

Sie haben als Musiker im deutschsprachigen Raum so ziemlich alles erreicht. Streamings im Milliardenbereich, Gold-, Platin- und Diamant-Awards, ausverkaufte Hallen- und Stadien. Was kann da noch kommen? Madison Square Garden, ein Konzert im Central Park?

>> Andreas Gabalier: Ja, das Schöne war, dass ich mir zum damaligen Zeitpunkt die Ziele eigentlich immer viel höher gesteckt habe, als sie möglich erschienen sind. Und das hat mich immer angetrieben. Und dieser Antrieb ist ein schöner. Die Welt – auf gut steirisch – niederzureißen. Es ist wichtig, dass es solche Leute gibt, weil man Vorbildwirkung hat, zum fleißig Sein, für Motivation. Dass man den Leuten da draußen zeigt, es ist viel möglich – auch als kleiner Steirerbua. Wie das viele vor mir in unserem Land schon vorgezeigt und praktiziert haben.

Ein absoluter Höhepunkt war das Konzert im Olympiastadion von München. Vor 100.000 Leuten auf die Bühne zu gehen, was macht das mit einem?

>> Andreas Gabalier: Das werde ich oft gefragt und ich sage dazu immer das Gleiche: Es erfüllt mich. Es ist so schön zu sehen, was aus diesem ursprünglichen familiären Rückschlag durch den Verlust meines Vaters, meiner kleinen Schwester, wurde. Dieses Predigen von meiner Mama in unserer Kindheit, dass jedes von uns vier Kindern ein Instrument lernen muss. Über dieses Liederschreiben zu meiner Bundesheerzeit, wo mir oft langweilig war an der Grenze. Wenn ich so schaue, wie das über die Jahrzehnte entstanden ist, dann ist es total schön, zu sehen, wie da seit Jahren Millionen von Menschen in die Stadien pilgern – wegen einem Lausbuam.

Wie geht es Ihnen mit politischer Korrektheit, oder formulieren wir es so, mit der Intoleranz der Toleranten?

>> Andreas Gabalier: Ja. Mein Gott, ich glaube, das weiß die ganze Nation und weit

> „Wenn ich so schaue, wie das über die Jahrzehnte entstanden ist, dann ist es total schön, zu sehen, wie da seit Jahren Millionen von Menschen in die Stadien pilgern – wegen einem Lausbuam."

darüber hinaus. Was es da über Jahre für mediale Aufreger, Schlagzeilen oder Ähnliches gegeben hat. Ich habe das immer ein bisserl in der Waage gehalten, weil ich mir gesagt habe, wie viel Gewichtung soll man dem wirklich schenken? Wir neigen in der heutigen Zeit halt leider einfach ein bisschen dazu, dass man vereinzelten Meinungsmachern und -schürern oft mehr Bühne schenkt als einem Millionenpublikum, das mit großer Freude friedlich in die Stadien pilgert. Was

Liebeserklärungen an die Steiermark

ich schade finde und was seit einigen Jahren passiert ist eine Spaltung in der Gesellschaft, die nicht sein müsste.

„No Pain – no gain" steht auf Ihrem Armband, kein Schmerz, kein Gewinn. Ansporn oder Motto?
>> **Andreas Gabalier:** Ja, habe ich sehr oft beim Sport um, dieses Armband. Wird mir auch regelmäßig abgenommen von Trainingspartnern in den unterschiedlichen Hotel-Gyms. Das sind schon auch vielleicht ein paar so Grundregeln vom Arnold Schwarzenegger gewesen.

> **Ich habe in meinem Leben riesengroßes Glück mitbekommen. Warum auch immer. Ich habe von Kindheit an immer liebe Leute um mich gehabt, unglaublich herzliche familiäre Verhältnisse erleben dürfen."**

Schmerzt Sie die gelegentliche Geringschätzung der Kultur-Schickeria oder wiegt der Erfolg das locker auf?
>> **Andreas Gabalier:** Ich würde das nicht so pauschal sagen. Es gibt ganz viele Kollegen, die das sehr, sehr schätzen und jahrein jahraus mit mir mitreisen, schöne Berichte quer durch die Medien bringen. Deswegen möchte ich das nicht ganz so stehen lassen. Es hat über diese vielen Erfolgsjahre hinweg viele Preise gegeben. Ein paar vielleicht auch nicht. Es muss aber irgendwie gar nicht mehr sein. Deswegen sage ich Nein.

Wie gehen Sie mit Ihrer Popularität um? Wo sind die Grenzen?
>> **Andreas Gabalier:** Ja, die gibt es nicht. Ich glaube aber, dass das für die Außenstehenden oft mühsamer ausschaut als es für einen selbst ist. Der Mensch ist ein Gewohnheitstier, man wächst über die Jahre in das, was man macht, hinein. Auch in ein Leben in der Öffentlichkeit mit einem Kopf, den man halt so kennt, wenn man herumspaziert. Im Regelfall setzte ich in der Freizeit auch gern einmal ein Kapperl und eine Sonnenbrille auf. Auf der anderen Seite genieße ich es.

Wie haben Sie aus Ihren persönlichen Tiefs wieder herausgefunden?
>> **Andreas Gabalier:** Das ist das Leben. Auch in meinem Fall. Je älter du wirst, desto mehr siehst du, dass es eigentlich in fast allen Familien irgendwo Probleme gibt. Man muss nur ein paar Jahre am Buckel haben, um zu erkennen, dass dem so ist. Dass es nirgendwo ganz rund läuft. Die Verluste meines Vaters und meiner kleinen Schwester waren natürlich hart. Das hat Zeit gebraucht, viele Freunde, vielleicht auch die Musik. Dieses musikalische Hobby, das es bis zu diesem Zeitpunkt gewesen ist. Aus dem ich dann meine Berufung gemacht habe. Und vielleicht diese Trauer, diesen Verlust, diesen Schmerz so wettgemacht habe. Meine Aufgabe für mich gefunden habe, vielleicht doch Musiker zu werden. Das gehört zum Leben einfach dazu.

Wer sind Ihre Lebensmenschen?
>> **Andreas Gabalier:** Ich habe in meinem Leben riesengroßes Glück mitbekommen. Warum auch immer. Ich habe von Kindheit an immer liebe Leute um mich gehabt, unglaublich herzliche familiäre Verhältnisse erleben dürfen. Eine Großverwandtschaft, Großeltern, mit so unterschiedlicher Vielfalt in deren Charakterzügen, geographischen Beheimatungen und Freundeskreisen, die bis heute da sind. Prägende Lehrer aus der Schulzeit, die mir sehr viel mitgegeben haben. Ich habe einfach immer nur liebe Leute an mich herangelassen, die es gut mit mir gemeint haben. Auf die ich auch höre, die nach wie vor da sind. Viele sind auch nicht mehr da. Wenn ich einen vielleicht erwähne – den Didi Mateschitz, der ein unglaublich lieber Weggefährte war.

Sie gelten als sehr bodenständig, mögen Sie für uns Ihren Heimatbegriff definieren?
>> **Andreas Gabalier:** Das definiere ich seit vielen Jahren über die Lieder, über viele Interviews, Geschichten, Statements. Auch das ist ein großes Glück, in diesen Breitengraden geboren worden, hier aufgewachsen zu sein. Ich genieße das. Es ist einzigartig schön. Ich darf die Welt das ganze Jahr bereisen rund um meine Konzerte und meine musikalischen Wege und komme unglaublich gerne wieder nach Hause.

Könnten Sie sich vorstellen auch woanders als in der Steiermark zu leben?
>> **Andreas Gabalier:** Puh, das haben sich schon viele wirtschaftlich Erfolgreiche aus steuerlichen Gründen überlegt (lacht). Da hoffe ich schon stark, dass auch da wieder ein bisserl Vernunft walten wird, was jetzt unsere politischen Spitzen anbelangt. Und dass man wieder aufhört, auf die Fleißigen mit den Fingern zu zeigen und die eher so ein bisserl als Buhmänner der Nation zu sehen. Dass man das Reichen-Bashing schön langsam, aber sicher wieder einstellen wird. Das ist der Grund, dass die einen oder anderen in der Vergangenheit schon abgewandert sind. Und nichts leichter als das. Es liegt mir aber prinzipiell fern.

Wie viele Lederhosen besitzen Sie?
>> **Andreas Gabalier:** Das sind gar nicht so viele. Das werden so an die zehn bis fünfzehn sein. Weil ich die auch regelmäßig

versteigere oder dann auch manchmal beim Osterfeuer einheize, weil ja doch verdammt viel Sport darin gemacht wird. Ich schmeiße sie sehr wohl in die Waschmaschine mit 20 Grad und lasse sie dann tagelang im Schatten trocknen. Und dann wuzle ich sie wieder weich. Aber irgendwann sind sie dann doch reif für die Insel.

> "Gut bei uns ist auf jeden Fall die Lebensqualität. Die Bildungsmöglichkeiten, die wir hier haben. Diesen Weitblick, den wir Steirer trotz vieler Berge haben. Dieses internationale Denken gepaart mit den traditionellen Werten."

Mögen Sie uns fünf Plätze sagen, zu denen Sie Freunde, die noch nie in der Steiermark waren, schicken würden?
>> **Andreas Gabalier:** Fünf sind viel zu wenig. Am Pogusch muss man einmal einen Speck gegessen haben. Die Südsteiermark ist mittlerweile international beliebt. Viele Großkonzerne oder Erfolgsgeschichten, die bei uns in Graz beheimatet sind, führen ihre Kunden gerne in die Südsteiermark auf eine gute Jause. Raus in diese südsteirische Toskana. Du hast die Möglichkeit, auf den Gletscher hinaufzufahren. Ein besonderes, schroffes Bergsteiger-Erlebnis. Und was für mich beim Motorradfahren immer so ein Fixpunkt war, ist der Gellsee am Lachtal oben. Ein ganz ein verstecktes Platzerl. Der Grüne See, der seine Farbvielfalt spielt. Was haben wir noch? Du musst einmal am Ring gewesen sein, wenn wir international schon mitspielen durften dank einem großen Steirer.

Wenn Sie im Land an Verbesserungs-Schrauben drehen könnten, wo würden Sie ansetzen? Oder anders gefragt: was ist gut, was ist nicht so gut in der Steiermark?
>> **Andreas Gabalier:** Gut bei uns ist auf jeden Fall die Lebensqualität. Die Bildungsmöglichkeiten, die wir hier haben. Diesen Weitblick, den wir Steirer trotz vieler Berge haben. Dieses internationale Denken gepaart mit den traditionellen Werten. Die Anbindungen, wir liegen geografisch sehr, sehr gut. Wir haben ein großes soziales Engagement. Ich glaube, wir Steirer oder überhaupt wir in Österreich haben die Möglichkeit, sehr viel abzufedern, aufzufangen, zu helfen. Auch dafür sind wir bekannt. Was ich momentan nicht so gut finde, ist diese Spaltung der Gesellschaft.

Sie haben ein Hochglanz-Magazin über Andreas Gabalier auf den Markt gebracht, in dem Sie – als Chefredakteur – viel Privates preisgeben. Lust auf mehr? Darf es vielleicht demnächst ein Filmprojekt sein?
>> **Andreas Gabalier:** Ja, wie gesagt, man weiß nie, was kommt, welche Anfragen daher flattern. Ich bin so ein Gemüt, das sich alles immer anhört. Ab und zu ein paar Tagerl oder Wochen gewisse Projekte, Vorschläge, Ideen liegen lässt und dann abwiegt, ob es die Zeit oder die Möglichkeiten zulassen. Sich diesen Herausforderungen zu stellen. Da gibt es immer wieder etwas Neues. Ja, Visionen sind da, natürlich, auch einmal in Richtung Film. Vielleicht liegt das auf der Hand.

Wo sehen Sie sich in zehn Jahren?
>> **Andreas Gabalier:** Eine Frage, die ich nicht beantworten kann. ■

Wordrap
Andreas Gabalier

Ihr Lebensmotto?
In der Gegenwart eine gute Zeit haben.

Irdisches Glück?
Zufriedenheit.

Hauptcharakterzug?
Großzügig.

Ihr größter Fehler?
Den behalte ich für mich.

Gab oder gibt es ein Vorbild?
Dietrich Mateschitz.

Welche Gabe möchten Sie haben?
Ich bin vom lieben Herrgott mit Gaben reichlich beschenkt worden. Für einen Menschen genügt es.

Lieblingsmaler?
Peter Krawagna.

Lieblingsmusik?
Swing.

Lieblingsessen?
Eine herrliche Bachforelle.

Lieblingswort im steirischen Dialekt?
Sterz.

Typisch steirisch?
Aufsteirern.

Das Grüne Herz bedeutet für mich …
Daheim.

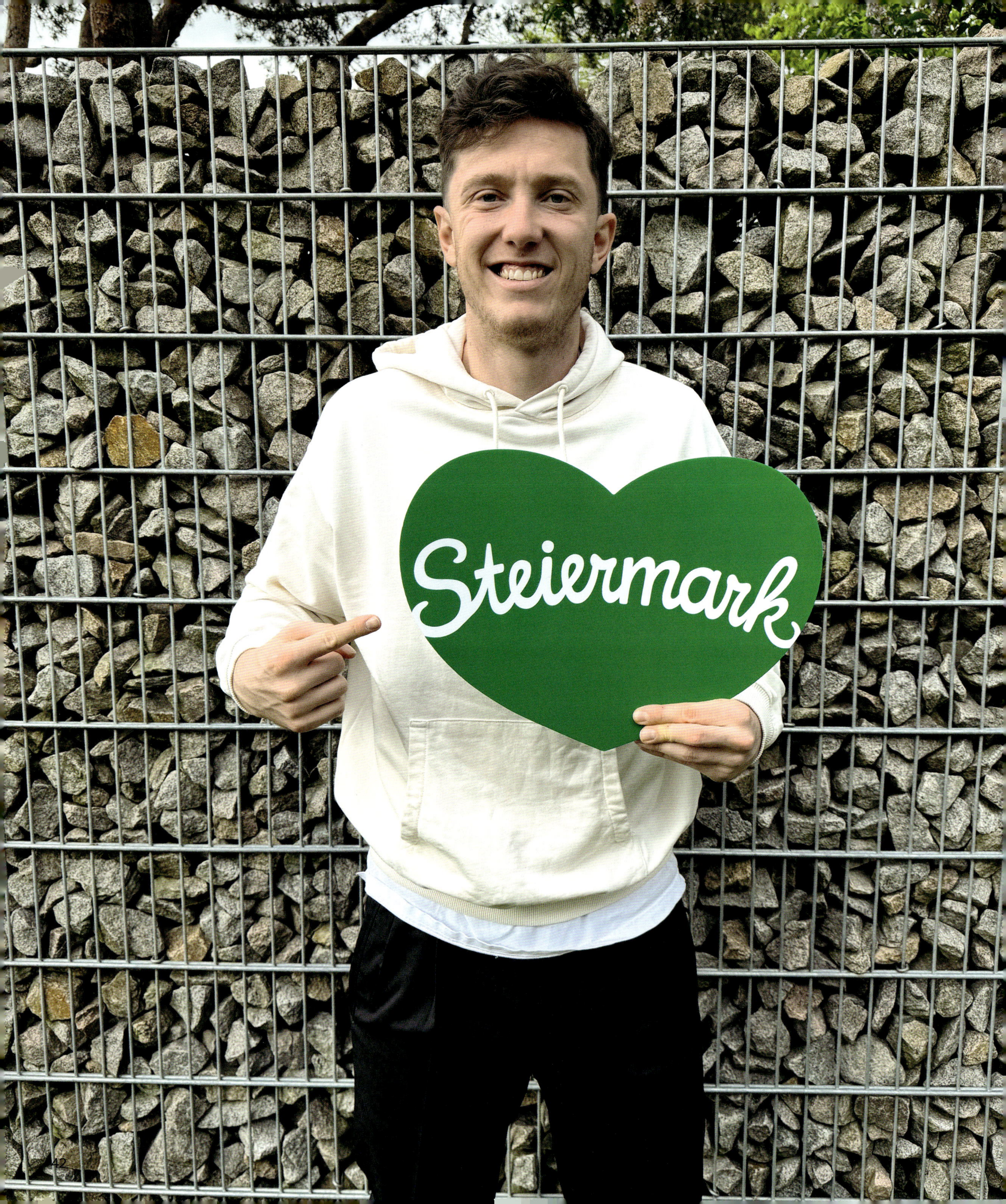
Steiermark

Michael Gregoritsch
„Sobald ich in die Steiermark komme, hupe ich einmal kurz"

Michael Gregoritsch ist einer der besten und erfolgreichsten steirischen Fußballer. Vom GAK aus startete der gebürtige Grazer seine Karriere, die ihn bis in die deutsche Bundesliga und ins österreichische Fußball-Nationalteam führte. Wir sprachen mit dem 1,93 Meter großen Stürmer-Hünen über seine Wurzeln in Graz, was man aus Tiefschlägen lernt und sein Leben nach dem Fußball.

Der Fußball wurde Ihnen von väterlicher Seite in die Wiege gelegt. Gab es jemals eine Alternative dazu?
>> Michael Gregoritsch: Ja, deswegen musste ich die Matura machen. Nein Spaß, deswegen habe ich die Matura gemacht. Die Idee, Fußballer zu werden, war zwar schon da, aber natürlich kann man das nicht fix-fertig durchplanen.

In Österreich galten Sie schon früh als Wunderkind. Sie erzielten vor ihrem 16. Geburtstag für den KSV ein Tor, das österreichische Fußballgeschichte schrieb. Wie sind die Erinnerungen?
>> Michael Gregoritsch: Eigentlich nicht mehr so richtig präsent. Ich kann mir das alles nur mehr irgendwie zusammenstecken. Gleichzeitig könnte ich aber sehr viele Details erzählen, die über diesen Tag verteilt passiert sind. Es war ein Zufallsprodukt, ich bin irgendwie in den Kader gerutscht, weil so viele Spieler ausgefallen sind. Es war ein Spiel unter der Woche und ich war in der Schule. An das Match selbst kann ich mich gar nicht erinnern, außer an die Situation kurz vor meiner Einwechslung und kurz vor meinem Tor. Aber durch viele Erzählungen von Leuten, die dabei waren, hat sich das dann wieder aufgefrischt.

Dennoch verlief Ihre Karriere durchaus turbulent mit Höhen und Tiefen. „Meine Karriere war eigentlich schon zu Ende", sagten Sie einmal. Was lernt man aus Tiefschlägen?

> **„Ich hatte eigentlich keine Lust auf irgendein Auslandsabenteuer. Außer in die Top-5-Ligen wollte ich eigentlich nirgends hin."**

>> Michael Gregoritsch: Sie war nicht am Ende, sie war am Scheideweg. Ob es jetzt eine Karriere ist, wie sie letztendlich geworden ist oder ob ich sie eben in Österreich fertig gespielt hätte. Ich hatte eigentlich keine Lust auf irgendein Auslandsabenteuer. Außer nach Deutschland oder in die Top-5-Ligen wollte ich eigentlich nirgends hin. Ich hatte zu diesem Zeitpunkt auch gar nicht die Möglichkeit dazu. Ich wollte auch nicht in die 2. Liga gehen und habe dann Österreich als sehr gute Alternative gesehen. Ich habe das eher so gemeint, dass die Karriere dann vermutlich nicht so Fahrt aufgenommen hätte, wie es Gott sei Dank dann passiert ist.

Es fällt auf, dass Sie den Spuren Ihres Vaters Werner folgten. GAK, Kapfenberg, ÖFB – ihr Vater als U-21-Trainer, Sie als Nationalteamspieler. Und wie zu Ihrem Vater sagen auch alle „Gregerl" zu Ihnen. Was ist Ihr Vater für Sie?
>> Michael Gregoritsch: In erster Linie ein unglaublich super Papa. Er zählt zu meinem engsten Freundeskreis. Und trotzdem steht er eine Stufe über mir, weil er für mich doch eine gewisse Verantwortung hat. Oder zumindest die ersten 18 Jahre in meinem Leben gehabt hat.

Gab es auf dem grünen Rasen sonst ein großes Vorbild?
>> Michael Gregoritsch: Eigentlich mehrere. Angefangen beim originalen Ronaldo über Zlatan Ibrahimovic bis hin zu Mario Gomez oder Edin Dzeko. Meinen Papa habe ich deshalb nicht so als Vorbild auf dem Fußballplatz gehabt, weil ich ihn ja nicht spielen gesehen habe. Bis auf ein paar 5-Minuten-Videoausschnitte habe ich leider nicht viel von ihm gesehen.

Wovon träumt jeder Fußballer?
>> Michael Gregoritsch: Ich glaube einen Titel zu gewinnen. Da kann ich mir nichts Besseres vorstellen. Man träumt davon, aber bis auf ein paar Mitspieler im Nationalteam haben das noch nicht viele erreicht. Da sieht man, wie schwer das ist.

> **Mein schönstes Tor von der Ästhetik her war mein erstes Bundesliga-Tor. Ein Freistoß-Tor gegen Ingolstadt."**

Liebeserklärungen an die Steiermark

> "Wenn ich einen Ort nennen darf, dann ist das der Grazer Schlossberg, gleich neben dem Uhrturm. Ich bin ein großer Fan, ich habe diesen Ort auch schon einigen deutschen Mitspielern gezeigt."

Ihr schönstes Tor – immer das nächste?
>> Michael Gregoritsch: Nein. Mein schönstes Tor von der Ästhetik her war mein erstes Bundesliga-Tor. Ein Freistoß-Tor gegen Ingolstadt. Von der Emotion her ist auch mein Tor bei der Europameisterschaft sehr hoch einzuschätzen.

Abgesehen von Ihrem brutalen linken Schlegel: Was zeichnet Sie als Spieler aus?
>> Michael Gregoritsch: Ich glaube eine hohe körperliche Präsenz, welche durch meine körperlichen Voraussetzungen automatisch gegeben ist. Ich habe, denke ich, auch eine hohe Spielintelligenz, weil ich das Spiel meistens komplett sehe. Aber meine größte Stärke ist meine Freude am Spiel.

Wie gehen Sie mit Kritik und Druck um?
>> Michael Gregoritsch: Konstruktive Kritik aus dem „Inner Circle" ist in Ordnung. Da versuche ich auch, das anzunehmen, obwohl das klarerweise immer schwierig ist. Druck ist nicht einfach. Den größten Druck mache ich mir selbst, meistens dann, wenn meine Familie und meine Freunde im Stadion sind. Weil ich dann ja extra gut spielen möchte. Aber man hat da verschiedene Szenerien, wie man das bewältigen kann.

> "Ich habe, denke ich, auch eine hohe Spielintelligenz, weil ich das Spiel meistens komplett sehe. Aber meine größte Stärke ist meine Freude am Spiel."

Abseits vom Fußball. Wie sehr verfolgen Sie die Geschehnisse in der Heimat, wie nehmen Sie aus der Distanz daran teil?
>> Michael Gregoritsch: Ich glaube, dass ich einer der größten Botschafter der Steiermark bin, weil überall wo ich hingehe, erzähle ich, wie schön es bei uns daheim ist. Und dass ich nach meiner Karriere so schnell wie möglich wieder nach Hause zurückgehe. Ich versuche auch, so viel wie möglich in der Steiermark zu sein. Ich bin natürlich sehr gern in der Gegend

rund um Graz und auch in der Obersteiermark, weil meine Mutter kommt ja aus Bruck. Ich habe da auch ein lustiges Ritual, das ich von meinem Papa übernommen habe. Sobald ich in die Steiermark komme, hupe ich einmal kurz. Ich bin sehr froh, Österreicher und Steirer zu sein. Hier in meinem Kühlschrank in Deutschland habe ich immer mindestens einen Liter Kernöl. Bezüglich teilnehmen: Ich weiß natürlich die wichtigsten Eckdaten, aber vom täglichen Leben bekomme ich nur das mit, was mir meine Eltern und meine Freunde erzählen.

Wenn wir von Heimat reden: Welche Rolle spielt dabei der GAK?
>> **Michael Gregoritsch:** Er ist natürlich mein Herzensverein. Ich habe dort mit dem Fußballspielen begonnen. Für mich ist er „noch immer" der größte Verein in Graz. Es wäre eine wunderschöne Sache, wenn der GAK wieder aufsteigt, weil er riesiges Potenzial hat. Das sieht man ja auch daran, wie schnell sich dieser Verein von ganz unten wieder nach oben gearbeitet hat.

Hoffenheim, St. Pauli, Bochum, Hamburger SV, Augsburg, Schalke, Freiburg: Seit mehr als einem Jahrzehnt stürmen Sie bei unserem nördlichen Nachbarn. Was an der Steiermark vermissen Sie in Deutschland am meisten?
>> **Michael Gregoritsch:** Die Kulinarik. Das Erste, was ich mache, wenn ich nach Graz komme, ist ins „Gösser Bräu" essen gehen. Das typisch steirische Essen ist herausragend. Wir waren kürzlich auch in einer Buschenschank bei Stainz. Es freut mich immer, diese heimischen Gerichte zu essen. Das heißt jetzt nicht, dass das deutsche Essen schlecht ist. Aber ich bin eben so traditionell aufgewachsen. Bis 18 hatte ich kein anderes Dressing für meinen Salat als das Kürbiskernöl. Daher vermisse ich neben meiner Familie und meinen Freunden eigentlich die Kulinarik am meisten.

Wir würden Sie ihr Heimatland jemanden erklären, der noch nie da war?
>> **Michael Gregoritsch:** Total weltoffen. Die Menschen sind hier sehr herzlich. Meistens schönes Wetter. Und es ist ein sehr vielfältiges Land, man hat hier alle Möglichkeiten.

> „Das Erste, was ich mache, wenn ich nach Graz komme, ist ins „Gösser Bräu" essen gehen. Das typisch steirische Essen ist herausragend."

Wenn Sie Fremdenführer spielen müssten: Was sollte man in der Steiermark gesehen haben?
>> **Michael Gregoritsch:** Wenn ich einen Ort nennen darf, dann ist das der Grazer Schlossberg, gleich neben dem Uhrturm. Ich bin ein großer Fan, ich habe diesen Ort auch schon einigen deutschen Mitspielern gezeigt. Immer wenn ich über den Grazer Hauptplatz gehe, mache ich ein Foto vom Uhrturm. Ich finde das jedes Mal aufs Neue immer wieder sehr schön.

Welche Dinge aus der Steiermark würden Sie auf die berühmte einsame Insel mitnehmen?
>> **Michael Gregoritsch:** Kürbiskernöl.

Wie soll das Leben nach dem Fußball ausschauen?
>> **Michael Gregoritsch:** Ich würde gerne wieder nach Hause kommen, am besten zurück in die Steiermark, zurück nach Graz. Es hängt natürlich davon ab, wie das Leben nach der Karriere weitergeht. Im Fußballgeschäft möchte ich weiterhin bleiben, die Frage ist, ob im Profifußball oder im Nachwuchsbereich. Oder vielleicht im Medienbereich. Das ist noch alles offen. ■

> „Ich glaube, dass ich einer der größten Botschafter der Steiermark bin, weil überall wo ich hingehe, erzähle ich, wie schön es bei uns daheim ist."

Wordrap
Michael Gregoritsch

Ihr Lebensmotto?
Geben und nehmen.

Irdisches Glück?
Gesundheit.

Hauptcharakterzug?
Herzlichkeit.

Ihr größter Fehler?
Mein Interview in Augsburg damals.

Welche Gabe möchten Sie haben?
Fliegen können.

Lieblingsmaler?
Arnela Trimmel, die Frau von Christopher Trimmel

Lieblingsmusik?
STS.

Lieblingsessen?
Wiener Schnitzel.

Lieblingswort im steirischen Dialekt?
Oida.

Typisch steirisch?
Kernöl.

Der Grüne Herz bedeutet für mich ...
Wunderschöne Natur.

Fotos: STG/Jakob Glaser, Graz-Tourismus – René Walter

Susanne Höggerl

„Mein Daheim, meine Wurzeln – da komm' ich her"

Susanne Höggerl zählt zu den bekanntesten TV-Gesichtern Österreichs: Als Zeit-im-Bild-1-Moderatorin ist sie Stammgast in den heimischen Wohnzimmern und genießt dabei die Aufmerksamkeit eines Millionenpublikums. Wir sprachen mit der gebürtigen Grazerin über Popularität, ihr Leben jenseits der Seitenblicke und ihre Lieblingsplätze.

Sie sind das, was man eine Marke nennt, man kennt und erkennt Sie. Wie gehen Sie damit um?
>> Susanne Höggerl: Danke für die Marke. Ich mache das inzwischen ja schon ein paar Jahre. Also, ich bin da so hineingewachsen, ich könnte jetzt gar nicht sagen, dass das so etwas Schwieriges ist, mit dem ich umgehen muss. Es ist jetzt schon ein bisserl mein Alltag und die Menschen sind meistens sehr höflich und lassen mich auch meistens sozusagen ungestört. Also, es ist gut damit umzugehen.

Es fällt auf, dass Sie sich abseits Ihrer Präsenz in den Hauptnachrichten medial ziemlich abkapseln. Ein Selbstschutz?
>> Susanne Höggerl: Das weiß ich gar nicht. Nein, ich glaube nicht, dass es ein Selbstschutz ist. Erstens bin ich keine öffentliche Person, sondern mein Beruf ist öffentlich und dadurch stehe ich in der Öffentlichkeit. Aber ich selbst empfinde mich nicht als öffentliche Person. Und das ist jetzt gar nicht eine Entscheidung gegen die Öffentlichkeit, sondern es ist eine Entscheidung für meine Familie und für mein Leben.

Wie darf man sich bei Ihnen die Sekunden vor dem Auftritt vor einem Millionenpublikum vorstellen? Lockere Routine oder immer noch Anspannung?
>> Susanne Höggerl: Ich sage immer, an einem normalen Dienstag-Abend ist es lockere Routine. Aber der normale Dienstag-Abend kann natürlich ganz schnell umschlagen. Beim aktuellen Dienst kann immer alles

> **„Ich empfinde es wirklich als Privileg, dass es immer noch Situationen gibt, in denen ich echt Herzklopfen habe."**

passieren. Grundsätzlich sind die letzten zehn Minuten natürlich schon recht intensiv. Fernsehen braucht viele Menschen, es gibt viele, die da noch an einem herumfrisieren, herumzupfen, den Ton einrichten. Also eine Grundanspannung ist immer da. Das ist auch gut. Es sind auch die Tage lustig, wo die Nachrichtenlage so im „flow" ist, wo noch was passiert. Da merkt man, dass man dann aufgeregt ist. Ich mache das jetzt Jahrzehnte, es ist fast ein Luxus, wenn ich inzwischen noch so aufgeregt bin. Das ist ja ein gutes Gefühl, dann spürt man sich auch. Und danach fühlt man sich gut. Ich empfinde es wirklich als Privileg, dass es immer noch Situationen gibt, in denen ich echt Herzklopfen habe.

In diesem Beruf ist man keineswegs gefeit vor Hoppalas. Live, vor laufender Kamera, haben kleine Pannen eine noch viel höhere Brisanz. Können Sie uns eine Begebenheit erzählen, über die Sie heute lachen können?
>> Susanne Höggerl: Ich kann generell über sehr viel lachen, weil ich es selbst nicht so ernst nehme. Und selbst das Fernsehen nicht so ernst nehme. Es ist immer noch Fernsehen, es geht nicht ums Überleben. Ich kann Ihnen jetzt leider gar kein konkretes Hoppala nennen. Es ist offenbar immer alles ziemlich glatt gegangen. Oder ich habe das nicht so schlimm empfunden und auch wieder vergessen.

> **„Früher war im Sommer immer etwas weniger los und man konnte einmal durchschnaufen – auch emotional. Das hat sich geändert."**

In Zeiten wie diesen beginnen die Nachrichten meist mit Negativmeldungen, oft auch mit Hiobsbotschaften. Wie geht es Ihnen persönlich damit?
>> Susanne Höggerl: Ja, es ist schon schwer zwischendurch. Aber erstens kann man die Wahrheit nicht verschweigen, es ist so, wie es ist. Ich finde schon, dass die Schlagzahl der Katastrophen zugenommen hat. Also mir kommt vor, seit 2015 eigentlich ohne Pause. Ich frage mich immer, wo ist das gepflegte Sommerloch hin. Früher war im Sommer immer etwas weniger los und man konnte einmal durchschnaufen – auch emotional. Das hat sich geändert. Wahrscheinlich hat es sich auch dadurch geändert, weil man aus allen Ecken der Welt wirklich alles erfährt, und das fast zeitgleich. Wie kann ich damit umgehen? Wie andere Menschen auch, ich will mir keine dicke Haut wachsen lassen. Ich will mich auch nicht in den Zynismus flüchten.

Liebeserklärungen an die Steiermark

Ich finde, meine Herausforderung in diesem Job ist es, nicht zynisch zu werden. Es wäre oft leichter. Es macht einen oft traurig und betroffen. Das ist so.

Sie studierten Publizistik und Kommunikationswissenschaften. War bei Ihnen von Anfang klar, wohin beruflich die Reise gehen würde?
>> **Susanne Höggerl:** Als Kind wollte ich gar nicht ins Fernsehen, ich wollte in einem Buchverlag arbeiten. Ich habe auch meine Diplomarbeit über das Buchverlagswesen geschrieben. Ich bekam dann aber relativ schnell einen Realitätsschock, weil das in Österreich nicht so leicht ist. Und dann habe ich einfach gemacht, was ich so an Job-Angeboten gesehen habe. Da hat es so etwas altmodisches wie ein schwarzes Brett gegeben, da habe ich mir etwas runtergerissen und dann probiert. Und dadurch bin ich ein bisserl in diese Radioschiene geraten. Dann hat mich ein Freund gefragt, ob ich nicht bei „Radio Stephansdom" mitarbeiten möchte. Davor hatte ich schon einen Ferialjob bei der „Antenne Steiermark", der sich dann sozusagen ausgeweitet hat. Es ist mir eigentlich wirklich ein bisserl passiert. Also ich wollte ursprünglich entweder gerne bei einer Zeitung schreiben oder in einem Buchverlag arbeiten. Und dann hat es sich halt irgendwie ergeben.

Wenn würden Sie gerne einmal als Gast im Studio haben?
>> **Susanne Höggerl:** Eigentlich niemanden aus der Politik. Mich interessieren Biografien über Menschen, die so Brüche in ihrem Leben haben. Die ihr Leben plötzlich total geändert und einen anderen Weg eingeschlagen haben. Das müsste jetzt gar keine prominente Persönlichkeit sein. Jemand der so sein Leben reflektiert hat und dann völlig geändert hat. Das finde ich sehr spannend. Wahrscheinlich weil man auch selbst immer ein bisschen liebäugelt, was könnte man noch, was steckt denn noch quasi in mir?

Sie leben mit Ihrer Familie in der Nähe von Wien. Was verbindet Sie noch mit der Steiermark. Wie verwurzelt sind Sie noch mit dem Land?
>> **Susanne Höggerl:** Naja, ich bin natürlich Steirerin, so lange kann man gar nicht weg sein. Mein Mann ist ja Grazer, also wir sind beide aus der Steiermark. Und unsere Kinder, die beide in Wien geboren sind, definieren sich auch als Steirer. Wenn mich jemand fragt, sage ich immer, ich bin Steirerin. Meine Mutter und meine Schwester leben auch noch in der Steiermark, das heißt ich bin natürlich alle paar Wochen im Land.

> **„** Jetzt mit dem Abstand halte ich Graz für eine wunderbare Stadt. Sie hat so eine gute Größe, dass es noch gemütlich ist, sich aber trotzdem als Stadt anfühlt."

Wie ist aus der Distanz der Blick auf die Steiermark?
>> **Susanne Höggerl:** Als ich jung war, hat mich ein bisserl ungeduldig gemacht, dass alles immer so lange dauert. Dass das Tempo ein bisserl ein anderes ist. Auch bis sich etwas entwickelt, bis etwas weitergeht, da hatte ich früher immer das Gefühl, das geht in Wien schon etwas schneller. Jetzt, wo ich älter werde, ist wahrscheinlich das langsamere Tempo schon wieder ganz angenehm (lacht). Und es hat sich in der Steiermark ja auch viel getan. Jetzt mit dem Abstand halte ich Graz für eine wunderbare Stadt. Sie hat so eine gute Größe, dass es noch gemütlich ist, sich aber trotzdem als Stadt anfühlt.

Was hat die Steiermark, was andere Bundesländer nicht haben?
>> **Susanne Höggerl:** Das Kürbiskernöl, denn es gibt nichts Gescheites da. Das habe ich immer bei einem Bauern in der Nähe von meiner Mutter gekauft.

Wo zieht es Sie hin, wenn Sie gerade wieder einmal in Graz sind?
>> **Susanne Höggerl:** Ich bin ja in der Nähe von Graz aufgewachsen. Wirklich ganz nahe zur Weststeiermark, aber auch ganz in der Nähe der Südsteiermark. Und zur Stadt. Also ich hatte alles, was man so braucht, ganz in der Nähe. Ich bin auch jedes Jahr beim Grazer Adventmarkt. Und das ist schön, weil alles relativ nah beieinander ist. Man kann alles durchwandern. Ich habe immer das Gefühl, man nutzt wahrscheinlich die Stadt Graz mehr, als man die Stadt Wien nutzt, denn Wien ist so groß, dass man sich trotzdem wieder ein paar Eckerl heraussucht. Noch dazu ist für mich die Steiermark privat, insofern hat das sowieso noch einen eigenen Stellenwert für mich. Es zieht mich natürlich zu meiner Mutter. Auch in die Südsteiermark fahre ich gerne. Dann hatte ich lange ein altes Pferd in der Weststeiermark. Früher habe ich sehr gerne meinen Geburtstag in Stainz verbracht, dort hat es mir sehr gut gefallen. Und nach Graz fahre ich noch oft.

Was haben Sie noch so alles vor?
>> **Susanne Höggerl:** Privat möchte ich mit meinen Kindern viel reisen, die sind dafür jetzt in einem guten Alter. Beruflich gewöhne ich mich gerade an den neuen News-Room, den möchte ich mir schon noch ein bisserl zu eigen machen. Und dann schauen wir, wo die Reise hingeht. Also ich hoffe schon, dass ich noch ein bisserl in der ZiB-1 bin und um 19.30 Uhr „Guten Abend" sagen kann. ∎

> "Ich bin auch jedes Jahr beim Grazer Adventmarkt. Und das ist schön, weil alles relativ nah beieinander ist. Man kann alles durchwandern. Ich habe immer das Gefühl, man nutzt wahrscheinlich die Stadt Graz mehr, als man die Stadt Wien nutzt."

Wordrap
Susanne Höggerl

Lebensmotto?
Genießen, schön haben.

Irdisches Glück?
Meine Familie und mein Leben generell. Ich empfinde mich schon als sehr gesegnet mit meinem Leben.

Hauptcharakterzug?
Gut gelaunt, das kann für andere auch unangenehm sein.

Ihr größter Fehler?
Da merkt man, dass mein Leben gut ist, wenn mir nicht gleich der größte Fehler einfällt. Offenbar nicht so groß, dass er Auswirkungen hätte.

Hatten Sie je ein Vorbild?
Ich glaube, ich hatte für die verschiedensten Bereiche Vorbilder. In manchen Dingen ist es meine Mutter, in manchen Dingen war es mein Vater. Ich nehme mir von jedem, was mir gefällt.

Welche Gabe möchten Sie haben?
Ich merke mir sehr schlecht Namen. Es gibt ja Menschen, die sich mit Eselsbrücken alle Namen merken. Diese Gabe hätte ich gerne.

Lieblingsmaler?
Ich habe es gerne abstrakt. Mein Mann hat einige Bilder für mich gemalt, jetzt muss ich natürlich sagen, dass er mein Lieblingsmaler ist.

Lieblingsmusik?
Kann ich jetzt gar nicht sagen. Aber heute haben sie in der Früh Freddy Mercury „Mr. Fahrenheit" gespielt. Zu dem möchte ich das nächste Mal tanzen.

Lieblingsessen?
Ich bin ja ein bisschen eine schräge Esserin. Ich bin ein wenig missionarisch, was das Essen angeht, weil ich finde Essen ist ja auch Politik und Umweltpolitik. Eigentlich habe ich Hirse-Auflauf sehr gerne. Das lieben aber alle in meiner Familie.

Typisch steirisch?
Käferbohnensalat.

Das Grüne Herz bedeutet für mich ...
Immer noch mein Zuhause, meine Wurzeln, weil von dort komme ich her. Aus der Steiermark.

Liebeserklärungen an die Steiermark

Fotos: STG/Jesse Streibl

Robert Holzmann
„Stoa-steirisch im Testlabor"

Robert Holzmann, studierter Ökonom, heute Gouverneur der Österreichischen Nationalbank, ist in Leoben und Graz aufgewachsen und blickt, so darf man das ruhig sagen, auf eine Weltkarriere zurück. Er hat an renommierten Unis auf der ganzen Welt unterrichtet, sogar mit Wirtschaftsnobelpreisträger Joseph Stiglitz ein Buch geschrieben und war Vizepräsident der Weltbank in Washington. Aktuell lebt er in Wien und im weststeirischen Hirschegg. Ein Gespräch über Karriere, Heimatverbundenheit und Steirertum.

Eine beeindruckende Vita. Sie waren Vizepräsident der Weltbank, hatten Professuren in Chile, Japan, Malaysia, Australien, Mitglied der Akademie der Wissenschaften. Ist der Nationalbank-Gouverneur jetzt das Kirscherl auf der Lebenstorte?
>> Robert Holzmann: Ich würde nicht sagen Kirscherl, es ist eine große Kirsche, an der ich noch mit Vergnügen nasche.

Sie sind in Leoben geboren. Gibt es eigentlich noch eine emotionale Bindung zur Stadt? Und wie haben Sie über die letzten Jahrzehnte die Entwicklung der obersteirischen Region erlebt?
>> Robert Holzmann: Emotional ja, geographisch auch, da ich ja jetzt über Hirschegg meiner Geburtsstadt wieder nähergekommen bin. Intellektuell noch mehr, weil mich sehr stark interessiert, wie sich Leoben als Handels-, dann Industriestadt verwandelt hat. Und ich sehe mit Vergnügen, was die Montan-Universität tut. Es freut mich sehr, dass Leoben ein richtiger Hotspot für Unternehmungsentwicklung geworden ist.

Sie sind Autor unzähliger Publikationen, haben sogar mit Wirtschaftsnobelpreisträger Joseph Stiglitz ein Buch geschrieben – werden Sie in der Heimat verstanden?
>> Robert Holzmann: Meine Aufgabe ist es, oft schwer Verständliches in einfache Sprache zu übersetzen. Und da kommt man drauf, dass das nicht immer ganz einfach ist. Aber ich versuche es weiter.

> **„Meine Aufgabe ist es, oft schwer Verständliches in einfache Sprache zu übersetzen. Und da kommt man drauf, dass das nicht immer ganz einfach ist."**

Ihr Aufgabenbereich ist mitunter sehr komplex. Wie würden Sie einem Zehnjährigen erklären, was Sie beruflich machen?
>> Robert Holzmann: Ich glaube, das ist ganz einfach. Taschengeld kennt jeder. Und man kann dem Jungen sagen, dass der Gouverneur versucht, das zu tun, damit dieser sich mit seinem Taschengeld von etwa 20 Euro auch in Zukunft die gleiche Menge Eis kaufen kann wie jetzt.

Wie stehen Sie zu Vermögenssteuern?
>> Robert Holzmann: Vermögenssteuern sind ein wichtiger Teil eines Steuersystems, aber sie dürfen nicht allein herausgepickt werden, sondern müssen ein Teil des Gesamtkonzeptes sein. Und wir haben ja schon Vermögenssteuern, es ist ja nicht so, dass wir keine besitzen.

Wie sehen Sie den Euro, oder besser gefragt, wird unsere Gemeinschaftswährung überleben?
>> Robert Holzmann: Ich bin überzeugt davon und sehe meine Aufgabe auch darin, alles zu tun, dass dem so ist.

Sind digitale Währungen die Zukunft?
>> Robert Holzmann: Da muss man aufpassen, was man unter digitalen Währungen versteht. Also ein digitaler Euro, wenn man so will das elektronische Pendant zum Bargeld, ja. Wenn Sie damit Kryptos meinen, das sind elektronische Vermögenstitel aber keine Währungen.

Mit dem Wissen, das Sie heute haben, welchen Rat würden Sie jungen Menschen auf dem Weg mitgeben?
>> Robert Holzmann: Das ist keine einfache Frage. Mein persönlicher Rat wäre etwa Folgender. Suche Dir Ziele aus und verfolge sie mit Vehemenz aber doch auch mit Flexibilität.

In Ihrer Studienzeit waren Sie Assistent von Bundespräsident Alexander van der Bellen. Haben Sie noch Kontakt?
>> Robert Holzmann: Doch, doch. Man trifft sich nicht nur bei sozialen Anlässen, sondern, wenn er eine genauere ökonomische Erklärung benötigt oder etwa im Rahmen der Ukraine-Krise Daten braucht, dann komme ich mit meinem Team oder auch allein zu ihm. Und dann reden wir darüber.

Apropos Studienzeit: Einige ihrer damaligen Kommilitonen erzählen, Sie kommen regelmäßig zu Absolvententreffen an den Wörthersee. Was verbindet Sie nach so vielen Jahren noch immer?
>> Robert Holzmann: Die Jugenderinnerungen. Heutzutage sind es die Altersprobleme. Wir sind fast alle noch aktiv in der einen oder anderen Form. Was fast alle anderen verbindet, ist ein Haus um den See, nur ich habe mein Haus in den Bergen.

Sie haben sich vor gut einem Jahrzehnt im beschaulichen Hirschegg in der Weststeiermark niedergelassen. Wie landet ein so polyglotter Mensch im Dorf?
>> **Robert Holzmann:** Ich glaube, weil das ein hervorragender Platz ist, um zwischen den internationalen Verpflichtungen auszuspannen. Es ist sehr ruhig, wie Sie sagen. Es hat aber trotzdem sehr viel zu bieten, man kann dort etwa beim Schwammerlsuchen oder beim Montainbiken wieder Kraft tanken.

Was lieben Sie dort besonders? Menschen, Landschaft, Klima?
>> **Robert Holzmann:** Ich glaube alles. Es ist divers, aber dennoch von einer Bodenständigkeit.

Die Steirer genießen Essen und Trinken. Halten Sie das auch so, was mögen sie in den beiden Kategorien am liebsten?
>> **Robert Holzmann:** Die Wahl ist schwer. Steirisches Essen ist auch sehr divers. Ich bin noch immer ein Fan des Backhendl-Salates mit viel Kernöl. Letzteres genieße ich auch weltweit, überall wo ich es bekommen kann. Beim Trinken ist es oft schwer zu wählen, ob man ein gutes Bier, einen guten Wein oder einen guten Schnaps will.

Welcher ist Ihr Lieblingswein bzw. Ihr Lieblingsbier?
>> **Robert Holzmann:** Naja, als gebürtiger Leobener, gleich neben der Brauerei Göß geboren, ist die Antwort ganz klar. Als Wahl-Weststeirer ist natürlich der Schilcher etwas sehr Gutes und zum Schnaps komme ich hoffentlich noch.

Gibt es in der Steiermark – neben Hirschegg natürlich – einen Lieblingsplatz?
>> **Robert Holzmann:** Ich liebe die steirischen Weingegenden. Dort ist es in den meisten Fällen noch nicht so überlaufen. Dort durch die Weingärten von Buschenschank zu Buschenschank zu wandern, ist etwas sehr Schönes.

Wenn Sie, sagen wir dazu internationale Freunde bitten, Sie mögen ihnen steirische „Must Sees" verraten, was wären die?
>> **Robert Holzmann:** Historisch beginne ich mit dem Grünen See, den ich als Obersteirer natürlich schon sehr lange kenne. Dann die wunderschönen Berge in der Dachsteinregion. Ein weiterer wichtiger Bereich sind die Weinberge. Auf jeden Fall selbstverständlich auch die Landeshauptstadt Graz.

Erklären Sie bitte jemanden, der noch nie in der Steiermark war, ihr Geburtsland.
>> **Robert Holzmann:** Um es gut zu verstehen, muss man wissen, dass die Steiermark jetzt schon fast 1.000 Jahre, wenn man so will, begonnen hat, eine politische, kulturelle Einheit zu bilden. Sowohl was die Landschaft, die Menschen, das Klima anbelangt ist das Land sehr divers. Von der südsteirischen Weingegend à la Toskana bis hinauf zu den Schneegipfeln am Dachstein kann man sich sehr viel aussuchen. Und dazwischen gibt es auch noch sehr viel zu sehen.

Wie viel Steirer steckt noch in Ihnen?
>> **Robert Holzmann:** Na, Sie können ja gerne mei stoa-steirisch testen.

Welche drei Dinge möchten Sie noch tun, bevor Sie 80 sind?
>> **Robert Holzmann:** Die ersten beiden Dinge sind sehr ambitioniert. Bis jetzt habe ich über 90 Länder der Welt besucht, 100 sollen es mindestens sein. Das Zweite: Bis jetzt habe ich 41 Bücher geschrieben, 50 sollen es werden. Und das wahrscheinlich Herausforderndste: Bis 80 möchte ich endlich wieder Schnaps brennen.

Dürfen wir davon ausgehen, dass Sie einen Hirschegger in Ihrer Garderobe haben?
>> **Robert Holzmann:** Ja, selbstverständlich. ∎

> „Steirisches Essen ist auch sehr divers. Ich bin noch immer ein Fan des Backhendl-Salates mit viel Kernöl. Letzteres genieße ich auch weltweit, überall wo ich es bekommen kann."

Wordrap
Robert Holzmann

Was schätzen Sie an Freunden am meisten?
Loyalität.

Ihr größter Fehler?
Ungeduld.

Gibt es ein Vorbild?
Ja, Erzherzog Johann.

Ihr Lieblingsrestaurant?
Die Buschenschank Trapl in der Weststeiermark.

Lieblingsmusik?
Gustav Mahler.

Lieblingsbuch?
Die Bibel.

Lieblingsmaler?
Egon Schiele.

Was bedeutet das Grüne Herz für Sie?
Meine Heimat.

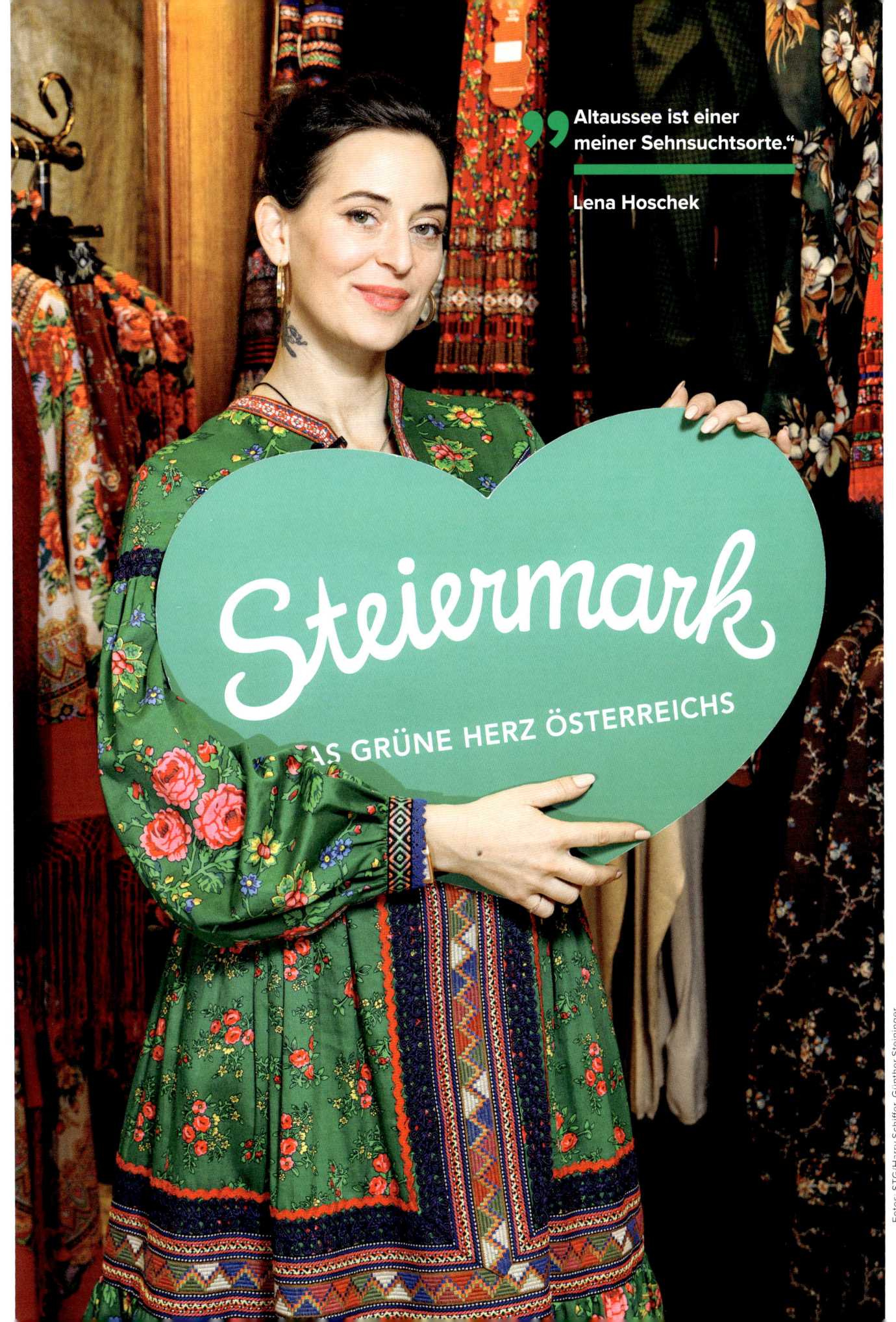

"Altaussee ist einer meiner Sehnsuchtsorte."

Lena Hoschek

Steiermark
DAS GRÜNE HERZ ÖSTERREICHS

Lena Hoschek
„Zurück zu den Wurzeln, aber auch weltoffen"

Was wiegt, das hat's. Lena Hoschek ist eine steirische Vorzeige-Designerin. Sie hat mit ihren trendigen Kollektionen den Nerv der Fashion-Community getroffen. Und das hat mit ihren Wurzeln zu tun. Im Gespräch erzählt sie von ihrem Sehnsuchtsort Altaussee, über Heimatverbundenheit, die sie sogar mit einem Panther-Tattoo zum Ausdruck bringt, und den Wunsch, irgendwann wieder in der Steiermark zu leben.

Das Attribut Vorzeige-Designerin, das geht ja hinunter wie Honig. Sehen Sie sich auch so?
>>**Lena Hoschek:** Es ist natürlich ein großes Kompliment, wenn es heißt Vorzeige-Designerin. Natürlich betrachte ich mich im Spiegel nicht als Vorzeige-Persönlichkeit, weil ich ja immer nur die Lena im Spiegel sehe. Wie ich sie auch vor vielen Jahren, bevor ich meine Firma gründete, gesehen habe – oder eben auch vor zehn oder vor fünf Jahren. Aber es ehrt mich und ja, ich freue mich sehr.

Wie geht denn die Business-Lady Lena Hoschek mit den Herausforderungen der Zeit um?
>>**Lena Hoschek:** Also sowohl in meiner Firma als auch in meinem Privatleben ging es die letzten drei Jahre ziemlich extrem rauf und runter. Ich habe, glaube ich, noch nie so viel gelernt über mich selbst und auch andere Menschen. Ich musste sehr viel Reflexion zulassen. In guten Zeiten blickt man ja wirklich nur vorwärts und man beschäftigt sich kaum mit den Fehlern, die man gemacht hat. Aber wenn das Eis dünner wird ist eine Reflexion und ein darauf Aufpassen, wohin man sich bewegt und auch wirklich darauf zu achten, dass man aus Fehlern lernt, wahnsinnig wichtig. Ich würde fast behaupten, dass ich erwachsen geworden bin in den letzten drei Jahren.

> **Ich finde es lustig, wenn man mich fragt, ob mich ein Trend geprägt hat, weil ich hoffe doch sehr wohl, dass ich Trends geprägt habe."**

Sie haben ganz offensichtlich den Nerv der Fashion-Community getroffen, was ist Ihr Geheimnis?
>>**Lena Hoschek:** Dass ich mich wirklich nie an diese sogenannte Fashion-Community gehalten habe, sondern immer meinem Stil treu geblieben bin. Und wirklich mit Leib und Seele und großer Begeisterung meine eigenen Sachen auch selbst angezogen habe. Und mit diesen Feelings, die ich damit transportiere, habe ich es geschafft, anzustecken.

Wie stehen Sie denn zu Trends? Hat es einen gegeben, der Sie geprägt hat? Und gibt es Modesünden?
>>**Lena Hoschek:** Ich finde es lustig, wenn man mich fragt, ob mich ein Trend geprägt hat, weil ich hoffe doch sehr wohl, dass ich Trends geprägt habe. Ich finde ganz besonders schön, dass wir nicht nur in der Steiermark sondern eben auch in ganz Österreich und auch in Süddeutschland ein ganz großes Zurückfinden zur Natur und zur Ursprünglichkeit und auch zur traditionellen Mode gefunden haben. Zurück zu den Wurzeln ein Stück weit, und das aber sehr weltoffen gestaltet. Also Tracht ist nichts Steifes und Starres mehr, sondern hat sich sehr, sehr entwickelt. Und ist zu einem neuen Lifestyle gewachsen.

Wo und worin finden Sie Inspiration?
>>**Lena Hoschek:** Die Frage ist: Wo finde ich Inspiration nicht? Ich bin wie ein Schwamm, der alles aufsaugt, ob das Menschen sind, die mich inspirieren, oder einfach ein Zitat eines Poeten oder wirklich auch von einem Freund. Oder ein Stück Musik, Bilder, die ich im Internet recherchiere oder eben auch Bücher, Magazine, die ich aufschlage. Ich kann mich vor Inspirationen eigentlich kaum retten. Die wichtigste Aufgabe für mich als Designerin ist dann, die Essenz aus diesen Inspirationen herauszufiltern und dann zum Schluss ein sinnvolles Kollektionsbild zusammenzustellen.

> **Die wichtigste Aufgabe für mich als Designerin ist dann, die Essenz aus diesen Inspirationen herauszufiltern und dann zum Schluss ein sinnvolles Kollektionsbild zusammenzustellen."**

Sie haben in Ihren Anfängen ein Praktikum bei der bekannten englischen Modedesignerin Vivienne Westwood absolviert, die sie geprägt hat. Abgesehen von Ihrer beruflichen Entwicklung: Was waren die Dinge fürs Leben, die Sie dort gelernt haben?
>> **Lena Hoschek:** Gut, dass Sie das ansprechen. Denn als Praktikantin direkt nach der Modeschule glaubt man, dass in einem großen Modehaus die Welt aus Glitzer, Glamour und Champagner besteht. Und das ist überhaupt nicht so. Jede Modefirma ist genauso ein Handwerksbetrieb wie jetzt vielleicht ein Elektriker- oder ein Tischlerbetrieb. Es wird überall nur mit Wasser gekocht und überall arbeiten Menschen. Und dass eine Modefirma abgesehen von Kreativität auch Richtlinien und Disziplin braucht und ein ganz klares Business-Konstrukt dahintersteht. Hinter jeder erfolgreichen Firma, möge sie noch so kreativ sein, ist es das, was eine erfolgreiche Firma von einem Künstler unterscheidet. Mich hat sehr geprägt, dass Vivienne wirklich jeden Tag im Büro war. Man hatte als Jugendlicher oft diese großen Designer und Stars vor Augen, und glaubt, dass die nichts mehr arbeiten müssen. Wenn die dann in Medien sind, dann denkt man die sind erstens reich und leben eigentlich nur ein schönes Leben. Die Vivienne war von früh bis spät im Atelier, hat ihre Kaffeehäferl abgewaschen und war aber auch immer von Kopf bis Fuß Vivienne Westwood – gestylt und nicht schlapprig. Sie hat sich selbst repräsentiert. Das habe ich beeindruckend gefunden.

Längst tragen bekannte Persönlichkeiten aus allen Lebenswelten Lena Hoschek. Gewöhnt man sich daran, im Scheinwerferlicht zu stehen und berühmt zu sein? Wie gehen sie mit Ihrer Popularität um?
>> **Lena Hoschek:** Also populär zu sein bringt für mich natürlich beruflich viele Vorteile. Für mich privat ist es eine große Anerkennung, ich liebe das Rampenlicht. Natürlich hatte auch ich meine Zeit, in der ich mich daran gewöhnen musste. Früher als ich ausgegangen bin – und ich bin immer sehr wild ausgegangen – musste ich mich nicht darum kümmern, ob mich jemand erkennt. Als dann plötzlich Teenager zu mir gekommen sind und gefragt haben „Bist du nicht die Lena Hoschek?" habe ich mir gedacht, jetzt muss

> **Mariazell mag ich auch sehr gerne. Über die dortige Flora und Fauna kann ich immer wieder staunen und mich dort wieder aufladen."**

ich anfangen, mich zusammenzureißen, ich kann nicht mehr so wild sein. Das hat mich eine Zeit lang verfolgt. Ich versuche immer so geradeaus und authentisch zu sein, wie ich eben bin.

Wie stehen Sie zum Thema Nachhaltigkeit?
>> **Lena Hoschek:** Ich selber habe einen sehr hohen moralischen Kodex, deshalb produziere ich für mich und meine Firma schon immer nachhaltig und ressourcenschonend. Das wurde mir von meiner Großmutter und meiner Mutter eingefleischt, die beide sehr sparsame Frauen waren.

Wohin geht die modische Reise? Dürfen wir noch mit Überraschungen rechnen?
>> **Lena Hoschek:** Ich bin eine Dampflok, ich kann nicht stehen bleiben, ich möchte mich immer weiterentwickeln. Das betrifft nicht nur den Stil meiner Mode und meiner Designs oder die Qualitätsansprüche, die ich an meine Mode habe oder eben auch die Stilweiterentwicklung, sondern eben auch eine Internationalisierung meines Unternehmens. Wir haben im Moment in der Firma sehr viele Umwälzungen, die nicht immer nur lustig sind. Aber wir bereiten uns wirklich auf den nächsten Sprung in die Zukunft vor. I am on fire. Ich freue mich drauf.

Wie sieht eigentlich Ihr persönlicher Kleiderschrank aus? Gibt es Lieblingsstücke?
>> **Lena Hoschek:** Es gibt in meinem Kleiderschrank Dinge, die ich in meiner Freizeit immer wieder anziehe. Das kann man sich gar nicht vorstellen, denn ich habe sicher mehrere hundert, wenn es nicht an die Tausende geht, Kleider, Röcke, Blusen. Und das wandert von meinem Schrankraum dann in mein Firmen-Archiv und wird dann, wenn ich es wirklich nicht mehr behalten möchte, umverteilt. Entweder verkauft oder hauptsächlich an meine Schwester, meine Mutter oder an meine Freundinnen weitergegeben. Zu den Sachen, die ich immer wieder anhabe ist von Markus Meindl ein Lederrock, den ich sehr liebe. Das ist sozusagen mein steirischer Lederrock. Ich habe eigentlich fast immer so Khaki, Wald- und Military-farbene Kaschmir-Pullover und Jacken an. Also ich bin eigentlich sehr waldmäßig angezogen. Sehr mit den Naturtönen braun und grün.

> **Jede Modefirma ist genauso ein Handwerksbetrieb wie jetzt vielleicht ein Elektriker- oder ein Tischlerbetrieb. Es wird überall nur mit Wasser gekocht und überall arbeiten Menschen."**

Liebeserklärungen an die Steiermark

Würde es Sie eigentlich reizen, ein Auto zu designen?

>> Lena Hoschek: Ja. Für mich wäre wahnsinnig spannend, gemeinsam mit den Ingenieuren zu schauen, wie weit ich beim Design gehen könnte, damit das Auto nicht aufgrund von neuen Ecken und Kanten die Windschlüpfrigkeit verliert und damit den Energieverbrauch in die Höhe treibt. Mir gefallen nämlich die Ecken und Kanten wie bei den Autos in den 70er-Jahren. Dann selbstverständlich Innenausstattung und Funktionalität. Wenn ich sozusagen Vorgaben bekomme für ein Design fühle ich mich sogar am wohlsten, weil dann kann ich wirklich die Grenzen ausloten und schauen, wie weit kann ich gehen.

Gibt es einen Sehnsuchtsort in der Steiermark?

>> Lena Hoschek: Ich habe tatsächlich mehrere Sehnsuchtsorte. Einer ist ganz weit vorne, nämlich Altaussee. Da habe ich wirklich die schönsten Zeiten verbracht bei den vielen Bierzeltfesten. Der See ist für mich so ein Kraftplatz. Dann selbstverständlich Stainz und die Schilcherstraße. In Graz der Kaiser-Josef-Markt, das ist für mich einer der schönsten Plätze auf der ganzen Welt, wo eben der Genuss, die Ursprünglichkeit der Produkte, die vielen alten Bäuerinnen und Bauern, die dort ihre Waren verkaufen. Ein Markt, wo du auch essen kannst. Für mich einer der schönsten und luxuriösesten Plätze der Welt. Mariazell mag ich auch sehr gerne, da war ich einmal zum Foto-Shooting. Über die dortige Flora und Fauna kann ich immer wieder staunen und mich dort wieder aufladen.

Ihr linker Unterarm ziert ein nicht übersehbares Tattoo mit einem steirischen Panther. Darf man es als eine identitätsstiftende Liebeserklärung an ihr Heimatland verstehen?

>> Lena Hoschek: Absolut. Ich bin extrem heimatverbunden und das bezieht sich nicht rein nur auf das Land, den Standort oder Graz. Sondern wirklich die Naturkultur – kann man das so ausdrücken? Das hat mich als Kind extrem geprägt. Und eben auch unsere schönen Traditionen und Feste.

Die Steiermark versteht sich ja auch als Genussland. Was sind Ihre Favoriten beim Essen und Trinken?

>> Lena Hoschek: Natürlich auch die heimisch erzeugten Produkte. Wurst, Käse, als wirklich einfach Jause. Und da fällt mir ein ganz spezieller Reindling von einer Bauersfrau am Kaiser-Josef-Markt ein. Den macht sie zu Ostern in Miniaturform, das ist der beste Reindling der Welt. Dann natürlich Kren und Eier. Das gehört wirklich zu meinem Lieblingsessen über das ganze Jahr. Ich mag gerne sehr simple Sachen. Wenn ich z. B. im Steirereck in Wien bin, dann schätze ich extrem, dass eigentlich diese sehr schlichten, simplen Zutaten in einer irrsinnig tollen, experimentellen Küche zu diesen Ergebnissen werden.

> **"Ich selber habe einen sehr hohen moralischen Kodex, deshalb produziere ich für mich und meine Firma schon immer nachhaltig und ressourcenschonend."**

Wie würden Sie einem Blinden die Steiermark erklären?

>> Lena Hoschek: Zuerst einmal wäre ich sehr traurig, dass er sie nicht mit eigenen Augen sehen kann. Und dann würde ich versuchen, das was ich sehe, in Gerüchen oder Temperaturen zu beschreiben. Wenn man die Augen schließt und man steht am Altausseer See, da kann man das Wasser riechen, man kann das Knistern in der klaren Luft spüren. Augen schließen, durchatmen – auch wenn es nur fünf Minuten sind, es ist wie Meditation.

Möchten Sie gerne wieder in der Steiermark leben und wenn ja, wo?

>> Lena Hoschek: Ja, wahnsinnig gerne und zwar im Großraum Graz. ∎

Wordrap
Lena Hoschek

Irdisches Glück?
Essen.

Hauptcharakterzug?
Maßlos.

Ihr größter Fehler?
Maßlos.

Hatten sie je ein Vorbild?
Nein.

Welche Gabe möchten sie haben?
Zaubern können.

Lieblingsmaler?
Francis Bacon.

Lieblingsmusik?
Soul.

Lieblingsessen?
Frisches Gemüse.

Das Grüne Herz bedeutet für mich ...?
Verbundenheit und Liebe.

> „Es gibt so viele tolle Platzerl, man sollte einfach eine Rundreise durch die Steiermark machen."

Conny Hütter

Fotos: STG/Jesse Streibl

Conny Hütter
„Was das Herz begehrt."

Conny Hütter zählt zu den erfolgreichsten österreichischen Schirennläuferinnen. Olympia-Teilnehmerin, WM-Medaille, zahlreiche Weltcup-Siege. Höhepunkt der (bisherigen) Karriere, die Kristallkugel im Abfahrts-Weltcup. Wir plauderten mit der Speed-Queen aus Kumberg über Geschwindigkeit, Heimatverbundenheit und ihre Zukunft als Frau Inspektor.

Ihr Konterfei ist auf der großen Plakatwand am Ortsanfang von Kumberg nicht zu übersehen. „Heimat von Medaillengewinnerin Conny Hütter" ist da zu lesen. Stolz, die große Tochter der Marktgemeinde zu sein?
>> **Conny Hütter:** Auf jeden Fall. Also ich finde es richtig cool, wenn auch die Heimat hinter einem steht. Das bedeutet mir extrem viel. Vor allem nach dem Medaillengewinn in Méribel war es cool. Es waren 1.000 Leute am Kumberger Marktplatz. Er war getreten voll und es war eine super Stimmung. Sogar die „Stoanis" sind gekommen. Es war eine super Fete, das macht mich sehr stolz, ja

Ihr Fanclub, der Sie zu Rennen begleitet oder nach Erfolgen in Kumberg triumphal empfängt, ist beeindruckend. Eine besondere Heimatverbundenheit?
>> **Conny Hütter:** Ja. Für mich ist das extrem wichtig, dass ich mich daheim einfach wohlfühlen kann. Und das ist hier auch nicht schwer, weil es einfach so schön und gemütlich ist. Im Sommer haben wir immer einen Fanclub-Wandertag. Kumberg und Umgebung ist jetzt nicht so die Skiregion. Es ist daher für mich etwas Besonderes, Skifahrerin geworden zu sein. Aber es ist auch etwas Besonderes, dass so viele Menschen hinter mir stehen.

> **„Kumberg und Umgebung ist jetzt nicht so die Skiregion. Es ist daher für mich etwas Besonderes, Skifahrerin geworden zu sein."**

Sie haben es angeschnitten. Kumberg ist ja nicht unbedingt eine Skiregion. Wie hat es Sie überhaupt auf die „zwei Brettln" verschlagen?
>> **Conny Hütter:** Stur muss man sein und den Willen haben, es durchzuziehen. Man braucht aber auch Eltern und eine Familie, die dabei unterstützen. Wenn ich in Tirol wohnen würde und aus der Haustür rausgehe und dort gleich einen Skilift habe, macht es die Sache natürlich einfacher. Hier mussten wir immer lange mit dem Auto fahren, das hat auch viel Geld gekostet. Das sieht man als Kleine ja gar nicht. Es ist aber einfach lässig, wenn einen die Eltern bei dem unterstützen, was man gerne tut. Ich bin erst relativ spät zum Rennfahren gekommen. Ich war halt entsprechend stur und für mich hat es dann nur diesen Plan gegeben.

Die Speed-Bewerbe sind Ihre Spezialität, da führt der Sieg zumeist über Sie. Die Lust auf Geschwindigkeit birgt aber auch viel Risiko. Sie haben harte Zeiten nach schweren Stürzen erlebt. Was lernt man aus Verletzungen?
>> **Conny Hütter:** Die letzten Jahre waren prägend. Es war definitiv eine schwere Zeit. Aber nichtsdestotrotz habe ich gemerkt – das sind jetzt Hindernisse, Steine, die mir in den Weg gelegt worden sind – aber es ist sicher nicht das Ende. So habe ich das immer gesehen, obwohl es in dem Moment schon sehr schwierig war. Aufgeben ist nicht nur einmal in meinem Kopf drinnen gewesen, aber es ist Gott sei Dank auch immer wieder schnell vorübergegangen. Wenn das Knie dreimal komplett kaputt ist, kommt man schon an den Rand der Verzweiflung. Alles, was man gerne hat, geht einem in diesen Momenten noch mehr ab. Der Rennsport, das Adrenalin, der Nervenkitzel am Start, der Druck – das taugt mir und das wollte ich noch einmal erleben. Und das hat mir dann den Ehrgeiz – die Motivation – gegeben, dass ich noch einmal zurückgekommen bin. Nicht nur mir beweisen, dass ich schnell Skifahren kann, sondern es der ganzen Welt zu zeigen.

> **„Wenn das Knie dreimal komplett kaputt ist, kommt man schon an den Rand der Verzweiflung."**

In einem Interview sagten Sie kürzlich: Die letzten Jahre haben mich zu mir gebracht – dahin, wo ich jetzt bin. Wo sind Sie?
>> **Conny Hütter:** Ich glaube, dass ich generell viel ausgeglichener bin. Ich habe mich einfach selbst auch von anderen Seiten kennengelernt. Ich habe für mich herausgefunden, dass, wenn es immer super toll ist, sieht man alles als selbstverständlich an und dann ist es nicht so viel wert. Ich habe gesehen, dass mir das alles sehr viel bedeutet und dass ich es wieder haben möchte. Ich habe alles viel mehr zu schätzen gelernt und nehme es bewusster wahr. Geduld ist mir jetzt nicht so in die Wiege gelegt worden, die habe ich auch lernen müssen.

Welche Sportart hätte Sie eigentlich sonst noch gereizt? Sie haben sich unter anderem als Rallyefahrerin versucht?
>> **Conny Hütter:** Nicht versucht, das ist einfach ein Hobby von mir. In meiner Familie und bei meinen Bekannten in der Region hat fast jeder ein Rallye-Auto und eine Werkstatt, die

Foto: Spiess Foto Tirol

daheim, in der herumgeschraubt wird. Motorsporttechnisch bin ich familiär sehr geprägt. Mein Papa war Rallye-Mechaniker und ich war schon als kleines Dirndl bei Probefahrten dabei. Das war immer ein Highlight. Ich glaube, der Speed und die Geschwindigkeit sind mir schon ein bisschen in die Wiege gelegt worden. Das merke ich auch daran, dass Super-G und Abfahrt einfach meine Disziplinen sind. Es taugt mir einfach, wenn es dahingeht und im Helm zum Pfeifen anfängt. Sonst betreibe ich auch gerne Trial-Sport, reiten und klettern. Fußball habe ich auch einmal gespielt.

In Ihrer Biografie geben Sie zu, auch gut „couch potato" spielen zu können. Wie lange halten Sie das durch?
>>Conny Hütter: Ich halte es auch für sehr wichtig, dass man nach der ganzen Action wie Training usw. auch einmal nichts tut. Aber länger als eine Stunde ist für mich schwierig, weil dann fällt mir schon wieder alles Mögliche ein, was ich herumkramen muss. Aber prinzipiell finde ich es schon angenehm, so ein „Powernap" gehört schon dazu.

Für die Zukunft haben Sie vorgesorgt, Sie haben neben Ihrer Schikarriere eine Ausbildung zur Polizistin absolviert. Würde es Ihnen gefallen, später einmal als Frau Inspektor Hütter am Posten Kumberg für Recht und Ordnung zu sorgen?
>>Conny Hütter: Nicht unbedingt in Kumberg. Ich stehe als Person doch sehr in der Öffentlichkeit und da ist es schwierig, diesen Beruf zu Hause auszuüben. Aber wir haben in der Ausbildung so viele verschiedene Facetten von Polizei-Alltag gesehen. Es gibt hier so viele Möglichkeiten. Als Verkehrspolizistin auf der Straße zu arbeiten ist jetzt ehrlich gesagt nicht so meins. Eher schon im Innendienst, etwa in der Öffentlichkeitsarbeit. Es wäre cool, da einmal reinzuschnuppern. Die Öffentlichkeit sieht oft nur den Polizisten, der dich abstraft, weil du zu schnell fährst. Aber da ist viel mehr dahinter. Es ist ein sehr interessanter Beruf. Jetzt fahre ich aber noch ein paar Jahre Ski. Ich bin froh, dass wir bei der Polizei die Möglichkeit haben, Sport auszuüben. Es wäre sonst schon sehr schwierig, neben dem Leistungssport einen Beruf zu erlernen.

Ihr Lebensmittelpunkt ist Kumberg, wo Sie auf einer kleinen, feinen Landwirtschaft Ihr großes Herz für Tiere ausleben können. Kumberg forever?
>>Conny Hütter: Ja, ich glaube schon. Also es taugt mir irrsinnig daheim. Ich bin zwar nicht der Mensch, der 20, 30 Jahre in die Zukunft plant. Ich bin jetzt da, ich bin jetzt gerne da. Es gibt mir die Energie, die ich im

Liebeserklärungen an die Steiermark

> **Das ist mein Daheim. Der Ort, wo meine Pferde sind, ist mein Kraftort."**

Winter für die Reisen brauche. Es ist immer wieder schön, heimzukommen. Wir wohnen ein wenig außerhalb von Kumberg und hier ist einfach Natur, es ist gemütlich und schön.

Verraten Sie uns Ihren Kraftort in der Heimat?
>> **Conny Hütter:** Es kling zwar blöd, aber wenn ich da jetzt 20 Meter runtergehe, sind dort meine Pferde. Das ist mein Daheim. Das ist das, was für mich in diesem Moment das Wichtigste ist und was ich brauche. Der Ort, wo meine Pferde sind, ist mein Kraftort.

Was macht die Steiermark so lebenswert?

>> **Conny Hütter:** Wir sind nicht umsonst das Grüne Herz Österreichs. Mir taugt es irrsinnig, dass wir so viel Natur haben und nicht alles verbaut ist. Dort, wo ich aufgewachsen bin, gibt es einfach sehr viel Grün. Das macht es hier sehr, sehr lebenswert. Es ist auch unglaublich, welche wunderbaren geheimen Platzerl es bei uns gibt. Man braucht nur links und rechts schauen, es ist einfach überall schön.

Was geht Ihnen ab, wenn Sie längere Zeit nicht im Land sind?
>> **Conny Hütter:** Auf jeden Fall die Kulinarik. Also nicht nur die Natur und das viele Grün, das wir in der Steiermark haben, sondern auch das richtig gute Essen. Angefangen vom Kernöl bis hin zum guten Wein. Wir haben einfach alles, was das Herz begehrt. Ich merke immer, wenn wir unterwegs sind: Die internationale Küche kann mit der steirischen nicht mithalten.

Wenn Sie Freunde, die noch nie in der Steiermark waren, zu fünf besonderen Plätzen führen müssten – wohin geht's?
>> **Conny Hütter:** Sehr schwer, weil mir da jetzt sehr viel einfallen würde. Was ich aber sicher empfehlen würde, ist die Raabklamm. Dann den Schöckl, dort gibt es eine

> **Und auch der „Grüne See" in der Obersteiermark ist wunderschön, oder der „Leopoldsteiner See" in Eisenerz.**

wunderbare Aussicht. Sowohl von der Natur her als auch kulinarisch gesehen die südsteirische Weinstraße. Und auch der „Grüne See" in der Obersteiermark ist wunderschön, oder der „Leopoldsteiner See" in Eisenerz. Es gibt wie gesagt so viele tolle Platzerl, man sollte einfach eine Rundreise durch die Steiermark machen. Man bekommt so viele verschiedene Facetten zu sehen. Das ist bei uns einfach einzigartig.

Zuletzt: Welchen Traum wollen Sie sich noch erfüllen?
>> **Conny Hütter:** Also sportlich gesehen ist sicher die Heim-WM in Saalbach Hinterglemm ein großes Ziel. Abgesehen vom Sportlichen wünsche ich mir generell, dass alle in meiner Familie gesund bleiben, dass es ihnen gut geht. Dass es gemütlich und schön ist – dass es einfach passt. ∎

> **Ich merke immer, wenn wir unterwegs sind: Die internationale Küche kann mit der steirischen nicht mithalten."**

Wordrap
Conny Hütter

Ihr Lebensmotto?
Von nix kummt nix.

Irdisches Glück?
Daheim sein.

Hauptcharakterzug?
Ungeduldig.

Ihr größter Fehler?
Schwer mit ein paar Worten zu beschreiben.

Hatten Sie je ein Vorbild?
Sportlich sehr viele. Sonst wäre ich jetzt nicht da, wo ich jetzt bin.

Welche Gabe möchten Sie haben?
Ein bisschen geduldiger zu werden.

Lieblings-Weltcupstrecke?
Lake Loise.

Lieblingsmusik?
Quer durch die Bank.

Lieblingsessen?
Steirischer Backhendlsalat mit Kernöl.

Lieblingswort im steirischen Dialekt?
Oida Voda.

Typisch steirisch?
Die grüne Mark.

Das Grüne Herz bedeutet für mich …
… daheim sein.

Andi Kolb
„Alles, was das Sportlerherz begehrt"

Andi Kolb ist, was man landläufig einen „wilden Hund" nennt. Seine Passion ist das Downhill-Biken. Da ist der gebürtige Schladminger mittlerweile in der Weltspitze angekommen. So schnell wie möglich bergab, das ist´s, worauf es ankommt. Am Grazer Hausberg, dem Schöckl, bevorzugtes Trainingsgebiet für den sympathischen Steirer, führten wir ein Gespräch über Ängste, seinen „verrückten" Sport, über Lieblingsplätze und kulinarische Vorlieben eines Spitzensportlers.

Wir treffen uns hier am Grazer Hausberg, dem Schöckl. Wie schnell sind Sie eigentlich mit dem Bike oben, und vor allem – sie sind ja Downhill-Biker – wieder unten?
>> **Andi Kolb:** Nach oben ist es schwer zu sagen, da ich die Zeit noch nie gestoppt habe. Ich glaube aber so cirka 10 Minuten braucht man bis ganz rauf. Wir stoppen hinunter immer so zwischendrin, eine Sektion ist 3 Minuten. Aber wenn man wirklich von ganz oben nach ganz unten fährt, dann braucht man etwa 5 Minuten.

Haben Sie einen besonderen Bezug zum Schöckl?
>> **Andi Kolb:** Der Schöckl war für mich eigentlich immer schon der perfekte Trainingsberg im Winter. Ich bin für einen Tag Radfahren immer von Schladming runtergefahren und danach wieder rauf. Mittlerweile habe ich eine Wohnung in Graz. Extra wegen Schöckl, Platte usw. Hier sind jede Menge Trails, es ist perfekt zum Radfahren. Vor allem im Winter.

> **Mittlerweile habe ich eine Wohnung in Graz. Extra wegen Schöckl, Platte usw. Hier sind jede Menge Trails, es ist perfekt zum Radfahren. Vor allem im Winter."**

Downhill ist ja nicht alltäglich – außer vielleicht beim Skifahren. Sie müssen uns ein bissl helfen – wie sind Sie auf die Sportart gekommen?
>> **Andi Kolb:** Ich glaube in den Jahren 2007/2008 bin ich darauf gekommen. Damals war immer der Weltcup in Schladming. Ich bin da mit meiner Mutter hin und habe zugeschaut. Da sagte ich zur Mama, dass ich diesen Sport niemals machen werde, da es mir viel zu gefährlich ist. Aber es kam anders. Ich habe damals Automechaniker gelernt und mir mit meinem ersten Geld ein Rad gekauft. Und seitdem gibt es nichts anderes mehr.

Sie sind weit vorne in der Weltrangliste zu finden. Wird ihr Sport jetzt in unseren Breiten verstärkt wahrgenommen?
>> **Andi Kolb:** Er wird sicher stärker wahrgenommen. Seit einigen Jahren geht es hier nach oben, auch durch die Valentina Höll, die bereits Weltmeisterin und Vizeweltmeisterin geworden ist. Auch bei mir ging es ziemlich bergauf. Auch medientechnisch wird es immer mehr. Mit Bike-Parks wie in Schladming boomt dieser Sport.

> **Angst würde ich nicht sagen, aber Respekt gehört natürlich dazu. Ab und zu gibt es im Weltcup schon Sprünge, die ich nicht mache, weil ich weiß, wenn das jetzt schiefgeht, könnte es zu einem Knochenbruch kommen."**

Wir haben uns in der Vorbereitung ein paar Videos angeschaut, sehr spektakulär, aber auch sehr gefährlich. Wie trainieren Sie, um diese Belastungen und eventuell Stürze auch auszuhalten?
>> **Andi Kolb:** Man muss extrem viel trainieren, weil dieser Sport sehr komplex ist. Es ist nicht wirklich eine Sprintsportart, es ist auch nicht wirklich eine Ausdauersportart. Es liegt so in der Mitte. Viel Fitness-Studio, viel treten und laufen und Skitouren gehen. Die Grundlage in Sachen Ausdauer muss passen. Wichtig ist die Kraftkammer, damit man Muskeln hat, die etwas aushalten und nicht jeder Sturz ein Knochenbruch ist.

Eine sehr persönliche Frage: Haben Sie keine Angst? Angst um die Wirbelsäule, Angst um die Knochen?
>> **Andi Kolb:** Angst würde ich nicht sagen, aber Respekt gehört natürlich dazu. Ab und zu gibt es im Weltcup schon Sprünge, die ich nicht mache, weil ich weiß, wenn das jetzt schiefgeht, könnte es zu einem Knochenbruch kommen. Da ziehe ich mich dann lieber zurück.

Wissen Sie, was Ihre Bergab-Höchstgeschwindigkeit war?
>> **Andi Kolb:** Im Rennbetrieb sind wir so etwa mit 80 km/h über Stock und Stein unterwegs. Und auf so Schotterwegen erreichen wir schon an die 100 km/h.

Wie bei fast allen Extremsportarten ist Red Bull auch hier stark engagiert. Sie wurden sogar für das „Hardline" in Wales eingeladen, da trifft sich die absolute Elite. Sie sind im Training gestartet, haben aber auf das Rennen verzichtet und dabei sehr viel Respekt geerntet. Ist das „Hardline" selbst für einen „wilden Hund" zu wild?
>> **Andi Kolb:** Ich weiß nicht, ob ich mich als „wilden Hund" bezeichnen würde. Mittlerweile bin ich im Weltcup ein sehr bedachter Fahrer. Und zur „Hardline" bin ich schon mit einem mulmigen Gefühl hingefahren. Aber ich wollte es halt unbedingt probieren. Aber wenn du dann die Sprünge siehst – ich glaube 25 bis 28 Meter sind die weitesten – mit Gegenhang, da ist das Bauchgefühlt dann noch schlimmer geworden. Ich habe es dann zwar probiert, aber zwei Sprünge habe ich nicht geschafft. Dann habe ich mir gesagt, ich lasse es, bevor noch etwas passiert und ich mir nach meiner besten Saison noch eine Verletzung hole.

Wenn ihnen jemand sagt, dass das, was Sie machen absolut verrückt ist, was antworten Sie dem?
>> **Andi Kolb:** Gewohnheit. Das ist wie beim Skifahren. Man beginnt mit der blauen Strecke, man wird besser, dann kommt die rote Strecke, man wird noch besser, schwarze Strecke. Aber ich glaube schon, dass der Rennsport, so wie wir ihn machen, etwas verrückt ist.

Sie starten im Weltcup für das Aherton-Team, das sind Legenden in ihrem Sport. Ist das so was wie ein Ritterschlag?
>> **Andi Kolb:** Ich kann mich noch daran erinnern, als ich bei denen unterschrieben habe. Der Team-Manager hat mich angerufen und mir gesagt, dass sie mich nehmen. Da hatte ich wirklich Tränen in den Augen, vielleicht sind sogar ein paar gekullert. Es ist wie ein Werksteam in der Formel 1, weiter nach oben geht es nicht. Dass ich jetzt da dabei bin, dass das meine Teamkollegen sind, ist schon ein Traum.

Bei Wald- und Grundbesitzern kommt nicht gerade die große Freude auf, wenn die Biker kommen. Haben Sie Verständnis?
>> **Andi Kolb:** Ja, auf jeden Fall. Ich komme selber aus einer Jägerfamilie, mein Onkel ist ein Grundstücksbesitzer. Da war das natürlich auch immer wieder ein Thema. Die Radlfahrer fahren halt dann einfach überall durch. Es gibt so wie in jeder Sportart auch hier schwarze Schafe. Da verstehe ich dann natürlich schon, dass es nicht immer positiv ankommt. Aber es wird immer besser, es gibt immer mehr offizielle Strecken.

Liebeserklärungen an die Steiermark

Wordrap
Andi Kolb

Ihr Motto?
Geht nicht, gibt's nicht.

Irdisches Glück?
Gibt es glaub ich keines.

Hauptcharakterzug?
Fröhlich.

Ihr größter Fehler?
Ungeduld.

Hatten Sie je ein Vorbild?
Markus Pekoll.

Welche Gabe möchten Sie haben?
Mit weniger Schlaf auskommen.

Wie definieren Sie Erfolg?
Wenn man sein Bestes gegeben und das Beste für sich selber erzielt hat.

Lieblingsmusik.
Creedence Clearwater Revival.

Das Grüne Herz bedeutet für mich …
Dahoam.

> „Mein Ziel ist es, Weltmeister zu werden."

Verraten Sie uns die schönsten Mountainbike-Strecken der Steiermark, die sie auch Hobbyfahrern empfehlen können?
>> Andi Kolb: Ich glaube die Nummer 1 ist Giglachsee bei Schladming. Man muss hier aber schon ein geübter Fahrer sein. Im touristischen Sinne ist es eindeutig der Bikepark Schladming. Dort gibt es die einfachste blaue Strecke, die man fahren kann. Da bin ich schon in der ersten Klasse Hauptschule runtergefahren. Es gab keinen einzigen Sturz, obwohl die Räder damals nicht wirklich geeignet waren. Da hatte ich echt ein schlechtes Gefühl. Aber es war trotzdem perfekt zum Anfangen.

Jetzt startet die neue Saison, der Heimweltcup findet im salzburgischen Leogang statt. Hätten Sie auch eine steirische Strecke im Kopf, die den Ansprüchen gerecht würde?
>> Andi Kolb: Da muss ich wieder Schladming sagen. Der Weltcup war eh bis 2010 dort. Ich glaube, sie wollen ihn auch wiederhaben. Sonst ein Weltcup hier am Schöckl, vielleicht bekommen wir es durch. Schöckl wäre cool.

Wenn Kumpels aus dem Weltcupzirkus zu Besuch kommen, wohin in der Steiermark würden Sie die führen?
>> Andi Kolb: Da gäbe es in der Steiermark extrem viele Orte. Ich bin sehr gerne im Gesäuse unterwegs. Dann bei uns die Tauern, Schladming/Dachstein. Im Winter kommen oft Trainingskollegen hierher auf den Schöckl. Ich glaube, es ist ein jedes Eck in der Steiermark sehenswert.

Sie sind in Aich/Assach daheim, mögen Sie uns ihr Lieblingsplatzerl in der Region nennen?
>> Andi Kolb: Puhh, darf ich das verraten? Das ist bei mir der Freienstein, in 30 Minuten bin ich von mir zu Hause oben. Dort bin ich extrem gerne. Oder das Stoder-Kircherl, dass jetzt eh jeder kennt, da es zum schönsten Platz Österreichs gewählt wurde.

Welchen Traum möchten Sie sich noch auf zwei Rädern erfüllen?
>> Andi Kolb: Mein Ziel ist es, Weltmeister zu werden.

Fühlen Sie sich als Spitzensportler in der Steiermark gut aufgehoben?
>> Andi Kolb: Sehr gut sogar. Ich glaube, es gibt bei uns alles, was ein Sportlerherz begehrt. Perfekt.

Und zuletzt: Was kommt nach dem Sport?
>> Andi Kolb: Schwierige Frage. Ich glaube, ich werde auf jedem Fall im Rad-Zirkus bleiben. Vielleicht als Coach oder Streckenbauer. Aber es wird auf jeden Fall irgendetwas mit Radfahren sein. Da gibt es schon ein paar Ideen. ∎

Hans Knauß

„Ein Privileg, dort zu leben, wo andere Urlaub machen"

Der Slogan „Frisch, saftig, steirisch" ist für Moderator, Entertainer, Ex-Skistar Hans Knauß erfunden. Der ansteckende Optimist und populäre Sympathieträger erzählt von seinen Wurzeln, nicht so guten Zeiten, warum er Engagement für Randgruppen als Verpflichtung sieht und wo das Grüne Herz für ihn vom Feinsten ist.

Im ersten Leben waren Sie – sehr erfolgreich – Skifahrer, heute steht eine Romy im Regal, Sie sind einer der beliebtesten Fernsehmoderatoren. Auch andere Wintersportler – Assinger, Hinterseer – haben einen Hang zum Entertainment. Sind Skifahrer von Natur aus begabte Unterhalter?
>> **Hans Knauß:** Sport zählt ja doch auch ein bisserl zur Unterhaltung. Natürlich fängt man zuerst einmal damit an, dass man Rennen gewinnt. Und irgendwann kapiert man, warum da so viele Leute kommen. Und ich habe schon ein bisserl das Gefühl gehabt, die muss man ein bisschen unterhalten auch. Ohne Zuschauer wäre es für mich total fad gewesen. Man kommuniziert viel mit Fans, dazu kommen die Interviews. Es hat mir immer schon getaugt zu kommunizieren und ich habe bald einmal gemerkt, dass das Co-Kommentieren danach für mich perfekt war. Ich habe gesehen, dass ich den Umstieg in die Unterhaltungsbranche schaffen kann.

> **„Ich habe durch den Skisport und das Ski-Experten-Dasein einfach ich selbst sein dürfen und konnte mich so entfalten. Und irgendwie ist das gut angekommen."**

Um wie viel leichter hat's ein populärer Sympathieträger beim Umstieg in Karriere 2?
>> **Hans Knauß:** Ich glaube, ohne eine gewisse Popularität hätte ich dieses Angebot nicht einmal bekommen. Es gibt gelernte Moderatoren, die machen einen hervorragenden Job. Ich habe durch den Skisport und das Ski-Experten-Dasein einfach ich selbst sein dürfen und konnte mich so entfalten. Und irgendwie ist das gut angekommen, sonst hätte ich das Angebot nicht gekriegt, in die Unterhaltung zu wechseln. Aber das Fundament war immer der Skisport.

„Hans im Glück" wurden Sie einmal genannt. Ist alles im Leben wirklich so easy? Oder erlebt der sonnige Hans auch Schattenseiten?
>> **Hans Knauß:** Ich erlebe schon auch meine Schattenseiten. Aber dieses „Hans im Glück" und so – ich war von klein auf irgendwo doch extrem positiv und habe alles sehr geschätzt, was ich so an Möglichkeiten bekommen habe. Und trotzdem gibt es da diese andere Seite, wenn man es sportlich sieht, diese Hundertstel-Entscheidungen, die mich schwer geprüft haben. Die mich aber, so glaube ich, menschlich sogar gefestigt haben.

Ihnen wird ansteckender Optimismus nachgesagt, hat der mit Ihren Wurzeln zu tun?
>> **Hans Knauß:** Ja schon. Wir sind da oben aufgewachsen am Fastenberg. Das ist rauf am Weg zur Planai. Wir sind schon wirklich sehr bodenständig aufgewachsen. Der Vater war einer der letzten Kriegsheimkehrer, dann oben am Berg Liftwart. Wir waren sechs Kinder, ich war der Letzte. Uns hat es an nichts gefehlt. Die Eltern waren immer für uns da. Aber wir haben jetzt keinen Reichtum gehabt, wir haben wirklich den Schilling ein paar Mal umdrehen müssen. Und da kriegt man schon so eine grundsätzlich bodenständige Art und Weise des Lebens mit. Und das ist heute noch der Kern, so wie ich sein will.

In „Österreich vom Feinsten", dessen Reiseführer Sie sind, folgen Sie den Spuren des legendären Sepp Forcher. Ehre oder Last?
>> **Hans Knauß:** Es ist eine ganz, ganz große Ehre. Weil meine Eltern haben das schon immer geschaut. Ich kenne den Sepp Forcher seit meiner Kindheit. Und als es dann geheißen hat, ich soll das probieren, ich könnte das übernehmen, da habe ich nach meiner Zusage erst einmal gemerkt, welcher Rummel da entstanden ist. Ich habe aus allen Ecken Österreichs Anfragen für Radio- und TV-Interviews bekommen. Da habe ich erst bemerkt, welche Größe der Sepp Forcher war. Und dann ist der Druck dazu gekommen. Da habe ich wirklich ein paar Wochen nicht gut geschlafen. Und spätestens beim Hinfahren zur ersten Sendung in der Weststeiermark habe ich mir gesagt: „Sei einfach du selber, so wie immer." Und fertig.

Sie engagieren sich – unter anderem – für die Special-Olympics-Bewegung. Wie wichtig ist es, dass Prominente Zeit und Kraft für sozial und gesundheitlich nicht so privilegierte Menschen investieren?

> **„Wir waren alle beim WSV Schladming. Und es war damals schon alles top-organisiert – das Kindertraining und so. Und man muss auch sagen, dass es früher wenig Ablenkung gegeben hat. Es war einfach Skifahren."**

>> **Hans Knauß:** Es ist, wenn man bekannt ist und einen gewissen Erfolg hatte oder vermögend ist, Pflicht, dass man in diese Richtung sozial etwas zurückgibt. Meine Frau war elf Jahre lang Schriftführerin von Special Olympics – ich bin hier bei uns in Schladming damit mehr oder weniger aufgewachsen. Etwa die Weltwinterspiele. Für mich war jeder Tag dort eine große Ehre und ich merke, welche Freude diese Leute haben. Das Interessante ist, dass ich mittlerweile viele Athleten kenne – und sie kennen mich. Die freuen sich herzlich, wenn sie bei uns sind. Da haben wir Kontakt, das gibt wahnsinnig viel zurück.

Mögen Sie uns ein bisserl von Ihren Anfängen erzählen, man wird ja nicht als Weltcup-Sieger geboren?
>> **Hans Knauß:** Als letztes von sechs Kindern hatte ich ein Riesenglück, weil mich die älteren Geschwister einfach mitgezogen haben. Wir waren alle beim WSV Schladming. Und es war damals schon alles so top-organisiert – das Kindertraining und so. Und man muss auch dazu sagen, dass es früher wenig Ablenkung gegeben hat. Es war einfach Skifahren, und das haben wir gehabt den ganzen Winter. Wir haben alles gespart, damit die Ausrüstung passt. Und es ist recht schnell losgegangen. Mit fünf Jahren fuhr ich das erste Rennen, obwohl ich noch gar nicht fahren hätte dürfen, weil ich zu jung war. Ich bin bei meinem Bruder in der Klasse gestartet und mein Bruder hat gewonnen, ich wurde Dritter. Und dann, als ich durfte, habe ich die Rennen eigentlich ziemlich dominiert. Es gab von klein auf nichts anderes in meinem Kopf als Skirennfahrer zu werden. Die Weltmeisterschaft 1982 in Schladming war so der ausschlaggebende Punkt. Ich war damals Fahnenfahrer über den Zielhang, ich habe den

Stenmark und die ganzen österreichischen Stars gesehen. Ich wollte einfach so sein wie die. Von klein auf das Ziel im Auge und Gott sei Dank habe ich es verfolgt.

Der Vater war prägend, einen Satz aus Ihrer Anfangszeit, als es nicht so gut lief, hat uns sehr gefallen. „Bua, übernimm di net, das wird schon." Da steckt so viel Liebe und Toleranz drinnen. Halten Sie das bei Ihren Kindern auch so?
>> **Hans Knauß:** Ja, genau so. Jetzt bin ich diesbezüglich gerade extrem gefordert. Da muss ich mich zeitweise selber einbremsen, wenn ich wieder einmal schimpfen muss. Dass ich mir denke, gib ihnen dieses Vertrauen und diese Freiheit, damit sie sich selbst entwickeln können. Und das machen, was sie wollen und nicht, was mir vorkommt. Und da bin ich heute meinen Eltern extrem dankbar, dass ich diese Freiheit bekommen habe. Dass sie mich ziehen haben lassen. Diesen Wahnsinn – Spitzensport, Profisport zu betreiben. Es ist einfach gefährlich. Und auch die Ausbildung ist irgendwie auf der Strecke geblieben, weil ich nur Skifahren wollte. Aber irgendwie haben sie gewusst, aus dem Buam wird schon irgendwann was werden.

> „Ich bin meinen Eltern extrem dankbar, dass ich diese Freiheit bekommen habe, diesen Wahnsinn – Spitzensport, Profisport zu betreiben."

Bleiben wir noch ein bisserl beim Sport. Wenn Sie heute im Zielraum stehen, juckt es Sie noch oder sind Sie froh, nicht mehr herunter zu müssen?
>> **Hans Knauß:** In gewisser Weise bin ich froh, weil ich ja ganz einfach weiß, was es verlangt, immer an der Spitze zu sein. Es sind nicht nur die Rückenschmerzen oder die Problemchen, die man hat, sondern der unglaubliche Druck, den man sich selbst auferlegt. Dem will ich nicht mehr ausgesetzt sein. Andersherum habe ich so Momente, wo ich mir denke – ah, der Zielhang, wenn es pickelhart ist, ein guter Ski mit einer scharfen Kante ... Es gibt vom Gefühl her für mich nichts Schöneres, als so einen geschnittenen Schwung zu fahren. Und ab und zu packt mich da die Leidenschaft, dann mach ich es halt noch ein bisserl. Aber Rennfahren – Nein danke!

Rückblickend: Welcher Sieg war Ihnen persönlich der wichtigste? Muss nicht beim Skirennen gewesen sein ...
>> **Hans Knauß:** Nachdem mein Leben schon einfach, was das Erfolgsorientierte betrifft, sehr viel mit dem Skisport zu tun hatte, war der wichtigste wahrscheinlich der erste Weltcup-Sieg. In Alta Badia habe ich damals gewonnen vor Michael von Grünigen und dem großen Alberto Tomba. Da habe ich zum ersten Mal alles zurückbekommen, was ich damals von Kindheit an 15 Jahre lang investiert hatte. Und das innerhalb von ein paar Stunden, diesen Tag vergisst du nie im Leben.

Wie oft stehen Sie eigentlich noch auf Ski?
>> **Hans Knauß:** Stehen viel, aber leider nur stehen, wenn ich für den ORF irgendwo auf der Piste Reportagen mache. Als Streckenmelder steht man viel am Ski. Aber richtig fahren sind es dann so 15, 20 Tage im Jahr. Das ist eigentlich nicht viel, gell?

Sie haben sich zwischendurch auch im Motorsport versucht. Wäre Auto-Rennfahrer reizvoll gewesen?
>> **Hans Knauß:** Ja, immer. Ich glaube, wenn wir früher mehr Geld gehabt hätten, dann wären meine Brüder und ich alle im Motorsport gelandet. Mein Bruder Franz, der bei mir Servicemann war, ist einmal Motocross-Rennen gefahren. Wir sind alle extreme Geschwindigkeitsliebhaber. Nach dem Skifahren habe ich das Autorennfahren versucht und es waren drei intensive, schöne Jahre.

Der Slogan „frisch, saftig, steirisch" ist ja wie für Sie erfunden. Fitness und Strahlkraft sind Markenzeichen. Wie behält man das?
>> **Hans Knauß:** Ich bin sehr viel unterwegs und habe auch so meine stressigen Phasen. Ich muss dann, wenn ich fünf Tage nichts

trainiere, hinaus. Da ist ein Drang in mir, da gehe ich eine Skitour oder ich gehe laufen oder ins Fitnessstudio. Oder ich gehe mountainbiken, das ist im Sommer eines meiner Lieblingshobbies. Ich bin extrem froh, dass ich diesen Trieb verspüre, dass ich mich bewegen muss.

Dürfen wir jetzt in die Steiermark kommen? Beherrschen Sie die Landeshymne, dürfen wir um eine kurze Hörprobe bitten?
>> **Hans Knauß:** Gelernt haben wir sie ja, gell? Hoch vom Dachstein an, wo der Aar noch haust, bis ins Wendenland zum Bett der Sav... Und jetzt is a Ruah (lacht).

Apropos Dachsteinlied, wie oft waren Sie schon am höchsten Berg der Steiermark?
>> **Hans Knauß:** Ich war schon auf vier verschiedenen Routen am Dachstein. Als kleiner Bub schon einmal den normalen Weg, der ja auch nicht so ohne ist. Dann der Pichlerweg, das ist so 3-er, 4-er Gelände und der Steinerweg. Das ist schon die eher heißere Nummer, aber eine wunderschöne Tour gerade hinauf auf den Dachstein. Und seitlich die Klettersteige gehe ich natürlich auch gern.

Wenn Sie auf Entdeckungsreise im Land sind: Wo ist die Steiermark vom Feinsten?
>> **Hans Knauß:** Natürlich bei mir in der Schladminger Heimat, die kenne ich wirklich wie meine Westentasche. Da habe ich so viele Platzerl, wo es mich immer hinzieht. Ich bin auch Hobby-Motorradfahrer und genieße es an freien Tagen oft einmal, einfach durch die Steiermark zu fahren. Wenn ich zum Beispiel nur über den Sölkpaß rüberfahre ins Murtal, wo es schon wieder etwas ruhiger wird. Oder raus ins Mariazellerland. Das genieße ich. Das sind dann so Strecken, wo sehr viel unberührte Natur ist, das taugt mir extrem.

Wie empfinden Sie das Privileg, da leben zu dürfen, wo andere Urlaub machen?
>> **Hans Knauß:** Da habe ich relativ alt werden müssen, dass ich es wirklich kapiert habe, dass das ein Privileg ist. Es ist oft mühsam, wenn man schnell nach Graz oder Wien muss, da habe ich mir schon oft gedacht, es wäre schon bald gescheiter, ich wohne irgendwo dort. Aber nein, ich bin es nicht, ich gehöre hierher in die Berge. Und jetzt mit Familie, mit Kindern ist es sowieso so, dass ich nirgendwo anders leben will. Wir haben hier noch vier tolle Jahreszeiten und das genieße ich.

Verraten Sie uns Ihren Kraftort in der Heimatregion?
>> **Hans Knauß:** Wenn es schnell gehen muss, dann rauf mit der Gondel auf die Planai. Und dann sind es die ersten zwei Gipfel. Wenn am Krahbergzinken zu viele Leute sind, dann gehe ich weiter auf den Seerestzinken – und spätestens dort sitzt man dann irgendwo alleine am Berg. Das Rauschen vom Wind, schau hinunter und denk mir – herrlich.

> **99** **Die Nummer eins ist sicher der Ausblick oben am Dachstein. Ob wir in 50 Jahren noch einen Gletscher haben oder nicht – die Leute wird es immer ganz raufziehen zum Runterschauen**

Eine unsere Standard- und Lieblingsfragen: Wie würden Sie einem Blinden die Steiermark beschreiben?
>> **Hans Knauß:** Ich würde ihm diese massiven Felsenberge beschreiben, die wir ja durchaus haben mit der Hochwildstell, gegenüber der hohe Dachstein mit dem rauen Gletscher oben – und dann steigt man ins Auto und fährt nur zwei Stunden, und man kommt in die hügelige Weingegend.

Nennen Sie uns fünf Plätze, die man in der Steiermark gesehen haben muss?
>> **Hans Knauß:** Die Nummer eins ist sicher der Ausblick oben am Dachstein. Ob wir in 50 Jahren noch einen Gletscher haben oder nicht – die Leute wird es immer ganz raufziehen zum Runterschauen. Dann natürlich die Berge von Schladming hinten rein, die sind zum Wandern für mich super, da haben wir überall noch ein Bacherl, wo das Wasser herunterrinnt. Das Ausseerland drüben ist auch extrem schön. Und für mich ist es dann auch der Kontrast in der Südoststeiermark, wo es mich im Urlaub immer wieder hinzieht zum Radfahren und zur Kulinarik. Und auch die Gegend Richtung Mariazell, wo mir diese Ruhe gefällt. ∎

Wordrap
Hans Knauß

Ihr Motto?
Bleib locker und dir immer selbst treu.

Irdisches Glück?
Eine gesunde Familie.

Hauptcharakterzug?
Konsequenz und Ehrlichkeit.

Ihr größter Fehler?
Ab und zu mache ich mir zu viel Stress.

Hatten Sie je ein Vorbild?
Ganz klar, je älter, dass ich werde: mein Vater.

Welche Gabe möchten sie haben?
Dass ich Probleme oft noch lockerer sehe.

Lieblingsabfahrtsstrecke?
Die Streif.

Lieblingsmaler?
Alfons Walde.

Lieblingsmusik?
Bruce Springsteen.

Lieblingsessen?
Ein Kalbsschnitzel mit Erdäpfel und Salat.

Das Grüne Herz ist ...?
Heimat und einfach gutes Essen, schöne Gegend, nette Leute.

Simone Kopmajer
„In der Heimat zu spielen ist für mich das Schönste"

Simone Kopmajer ist Österreichs international erfolgreichste Jazzsängerin der Gegenwart. Die in Bad Aussee aufgewachsene Künstlerin füllt Hallen und verkauft weltweit tausende Tonträger. Wir sprachen mit der ausgebildeten Gesangspädagogin über die steirische Jazzszene, Vorbilder und mit wem sie noch gerne auf der Bühne stehen würde.

Steirischer geht's fast nicht: Geboren in Schladming, aufgewachsen im Ausseerland, Studium in Graz, Lebensmittelpunkt Bad Waltersdorf im Thermenland. Wo gefällt's Ihnen am besten?
>> **Simone Kopmajer:** So schwer zu sagen, weil es viele schöne Platzl gibt hier in der Steiermark. Aber es stimmt: Steirischer geht's eigentlich nicht. Mich hat es hierher verschlagen. Obwohl ich mit der Musik, mit dem Jazz, auf der ganzen Welt leben könnte. Aber gerade wegen der Jazz-Musik habe ich mich für die Steiermark entschieden. In der Thermenregion hat es meinem Mann und mir sehr gut gefallen, da haben wir gesagt, da lassen wir uns nieder.

Ihre Leidenschaft für Musik ist bereits in frühen Jahren entflammt. War der Kiddy-Contest Auslöser für Ihre Karriere?
>> **Simone Kopmajer:** Das würde ich so nicht sagen. Es war aber auf jeden Fall eine tolle Erfahrung. Mein Vater hat mich als Kind sehr gefördert. Unsere Eltern haben meinem Bruder und mir viel ermöglicht. Sie haben für eine gute Ausbildung gesorgt. Und wir wurden natürlich auch geprägt durch die Musik, die sie gehört haben. Mein Lehrer hat mich später dann für den Kiddy-Contest angemeldet. Aber ich habe schon vorher viel in Richtung Jazz gemacht. Ich habe in der Jugend-Big-Band meines Vaters Klavier gespielt. Dort durfte ich viel Erfahrung sammeln. Der Kiddy-Contest war dann der erste Fernsehauftritt, eine ganz spannende Zeit. Aber dass das jetzt der Auslöser war – nein. Es ist danach alles gleich geblieben wie vorher.

Ab welchem Zeitpunkt wussten Sie, dass der Jazz Ihr Leben ist?
>> **Simone Kopmajer:** Schon ganz früh. Zu dieser Musik hat es mich einfach am meisten hingezogen. Das war einfach das, wo in mir etwas entflammt ist. Da wollte ich immer dazu tanzen und ich habe auch immer dazu getanzt. Meine Eltern erzählen immer, dass wir als Kinder bei den Jazz-Platten bereits mitgetanzt und mitgesummt haben. Obwohl ich klassisches Klavier studiert habe und bei uns oben im Ausseerland mit der Volksmusik ganz nahe in Verbindung war, war es die Jazz-Musik, bei der ich hängen geblieben bin. Und sie ist bis heute meine große Liebe.

> **"Das war damals am Grazer Mariahilfer Platz wirklich mein erster großer Auftritt. Ich wurde von Erich Kleinschuster eingeladen. Als ich gehört habe, dass ich da dabei sein darf, war das ein Ritterschlag für mich."**

Schon ein Zeitl her, 2004 war's, da ist die junge Sabine Kopmajer beim Jazzsommer Graz auf dem Programmzettel gestanden. Mit Stars wie Ibrahim Ferrer vom Buena Vista Social Club über Chick Corea, Dave Brubeck oder Dionne Warwick. Knieschlottern bei so viel Jazzgrößen gehabt?
>> **Simone Kopmajer:** Ich muss sagen, das war damals am Grazer Mariahilfer Platz wirklich mein erster großer Auftritt. Ich wurde von Erich Kleinschuster eingeladen. Als ich gehört habe, dass ich da dabei sein darf, war das ein Ritterschlag für mich. Und dann auch noch in Graz, wo ich studiert habe. Alle meine Freunde, die Familie sind gekommen. Das wird mir immer in Erinnerung bleiben.

Mittlerweile haben Sie in der internationalen Szene ja schon einen klingenden Namen. Wie sieht es in Österreich aus? Wie wichtig sind Ihnen Auftritte in der Heimat?
>> **Simone Kopmajer:** Ich glaube, dass es die wichtigsten Auftritte sind. Wenn man dort, wo man lebt, ein Konzert spielt, ist es noch einmal ganz etwas anderes. Wenn ich in Asien ein Konzert habe, dann ehrt und freut mich das, dass ich als Österreicherin, als Steirerin dort spielen darf. Aber in der Heimat zu spielen, dort wo der Anker ist, der Hafen, wo die Familie lebt und wo man Kraft tankt, ist für mich das Schönste.

Sie nannten einmal Ella Fitzgerald, Frank Sinatra und Jon Hendricks als Ihre großen Vorbilder. Wen von diesem Trio hätten Sie am liebsten getroffen?
>> **Simone Kopmajer:** Die Ella Fitzgerald. Ich habe auch meine Diplomarbeit über sie geschrieben. Ich verehre sie, vor allem auch wegen diesem Scat-Gesang, den sie so meisterhaft beherrschte wie keine andere. Aus diesem Grund liebe ich Ella Fitzgerald. Das wäre so DIE Jazz-Legende.

Mit wem von den noch lebenden Legenden würden Sie gerne einmal auf der Bühne stehen?
>> **Simone Kopmajer:** Da gibt es ganz, ganz viele. Ganz lustig wäre sicher Michael Bublé.

Ihr Beruf ist sehr reiseintensiv, wie sehr freut man sich da aufs Heimkommen?
>> **Simone Kopmajer:** Schon sehr, das ist ganz wichtig. Wieder Kraft tanken, das erdet. Das ist für mich ein Rückzugsort, ein Ort, wo ich nur ich sein kann, wo ich meine Lieder schreibe, wo ich mich mit meiner Musik weiterentwickeln kann. Wo ich immer wieder Neues kennenlernen darf. Dazu ist für mich die Natur wichtig. Ja, einfach alles, was die Steiermark bietet.

> **"Das Ausseerland ist mir am wichtigsten. Die Seen, der Loser – im Ausseerland kann man eigentlich alle möglichen Platzerl abfahren."**

Welchen Blick haben Sie auf die steirische Jazz-Szene?
>> **Simone Kopmajer:** Einen guten. Ich habe in Graz studiert. Ich durfte bei vielen tollen Lehrern Unterricht nehmen. Und ich bin so stolz auf die Jazz-Musiker, auf die ich auch im Ausland angesprochen werde. Ich hatte viele tolle StudienkollegInnen, deren Weg ich auch jetzt noch weiterverfolge und mir denke – Wow – das ist toll, wir haben zusammen studiert und jetzt sieht man, was aus ihnen wurde. Es gibt eine rege Jazz-Szene. Bei den Konzerten damals beim Jazz-Sommer in Graz wurde etwas geboten, was man als Student sonst nicht gehört hätte – etwa eine Dee Dee Bridgewater oder Monty Alexander. Das hat mich sehr geprägt, mir geholfen und mich inspiriert. Die Jazz-Szene in der Steiermark ist ganz, ganz wichtig.

Wohin verschlägt es Sie, wenn Sie im Land sind und Zeit haben?

> "In der Heimat zu spielen, dort wo der Anker ist, der Hafen, wo die Familie lebt und wo man Kraft tankt, ist für mich das Schönste."

Photo by tinksi/TinaReiter

Wordrap
Simone Kopmajer

Ihr Lebensmotto?
Mit Leichtigkeit lebt es sich besser.

Irdisches Glück?
Familie.

Hauptcharakterzug?
Großzügig, ungeduldig.

Gab oder gibt es ein Vorbild?
Ella Fitzgerald.

Ihr größter Fehler?
Gibt es keinen, ich bereue nichts.

Welche Gabe möchten Sie haben?
Fliegen können.

Lieblingsbuch?
Der Alchimist.

Lieblingsmaler?
Vincent van Gogh.

Lieblingsessen?
Backhenderl.

Typisch steirisch?
Der Erzherzog Johann Jodler.
(Sie stimmt das Lied an.)

Das Grüne Herz bedeutet für mich ...
Heimat.

>> **Simone Kopmajer:** Natürlich raus in die Natur. Ich liebe es rauszugehen, deshalb lebe ich hier am Land. Ich fahre aber auch gerne in die Landeshauptstadt. Es gibt die verschiedensten Orte, die mir Kraft geben, wo ich mit der Familie gerne hinfahre. Im Sommer zu den Badeseen, im Winter Skifahren. Die Steiermark bietet eigentlich alles.

Fühlen Sie sich als Künstlerin in der Steiermark gut aufgehoben?
>> **Simone Kopmajer:** Ja, mittlerweile sogar sehr gut.

Sie stammen aus dem Ausseerland, da ist die Tracht ein Bestandteil der Identität. Wann sieht man Sie heute noch im Dirndlkleid?
>> **Simone Kopmajer:** Schwierig. Ich muss zugeben, dass ich es sehr selten anhabe. Es passt einfach für mich beruflich nicht so gut dazu. Aber das soll nichts heißen. Das letzte Mal habe ich es beim Aufsteirern in den Kasematten in Graz getragen. Ich fühle mich sehr wohl in der Tracht. Ich liebe es, sie zu tragen.

Wenn Sie Menschen, die noch nie in der Steiermark waren, fünf Orte nennen müssten, die sie gesehen haben sollten – wie würden Ihre Empfehlungen lauten?

>> **Simone Kopmajer:** Natürlich das Ausseerland, das wäre mir am wichtigsten. Der Ödensee, also im Aussseerland kann man eigentlich alle möglichen Platzerl abfahren. Die Seen, der Loser. Hier gefällt mir sehr gut die Riegersburg und bei der Schokofabrik Zotter mache ich dann mit den Kindern auch immer einen Stopp. Das ist für mich ein wichtiger Platz. Dann noch Pöllauberg und die Burg Obervoitsberg. Und der Grüne See.

Was sagen eigentlich Ihre Kinder zu Ihrer Profession. Ist da auch schon musikalisches Blut in den Adern?
>> **Simone Kopmajer:** Ich spüre, dass sie sich sehr für Musik interessieren. Wir nehmen das ganz locker. Wir spielen zu Hause immer Musik, wir haben einen großen Musikraum, wo ein Klavier, ein Schlagzeug, eine Gitarre sind. Also wir haben alle Möglichkeiten. Die Kinder hören den ganzen Tag Musik – auch wenn es in diesem Fall oft Jazz-Musik ist. Sie zeigen schon Interesse, eine lernt sogar schon Klavier. Wir werden sie natürlich unterstützen, wenn sie in diese Richtung gehen möchten.

Sind Sie da kritisch?
>> **Simone Kopmajer:** Ja, natürlich schon. Da werden sie es nicht so leicht haben mit mir ...(lacht). ■

Liebeserklärungen an die Steiermark

Fotos: STG/Jesse Streibl

Peter Kraus
Von Kontrasten, Glück und der steirischen Seele

Peter Kraus ist ein Phänomen: Der Entertainer, Schlagersänger und Schauspieler rockt auch jenseits der 85 die Bühnen. Der gebürtige Deutsche mit österreichischem Pass lebt zwar am Schweizer Lugano-See, sein Herz hat er aber an die Steiermark verloren. Nahe Gamlitz, oben auf einem Weinberg, steht das schmucke Landhaus zum Krafttanken. Ein Buschenschank-Gespräch über Rock'n'Roll, Tourismus, Wein- und Auto-Leidenschaft und das steirische Wesen.

Sie sind in München geboren, in Salzburg aufgewachsen, wurden zum Teenager-Idol und zu einem der bekanntesten deutschsprachiger Entertainer und sind am Ende in der Südsteiermark gelandet. Wie kam es dazu?
>> **Peter Kraus:** Durch meine Leidenschaft fürs Oldtimer-Ralley-Fahren. Ich bin die Südsteiermark-Classic gefahren, ich bin die Ennstal-Classic gefahren. Ich bin durch diese herrliche Gegend hier gedüst und habe am Abend immer meiner Frau vorgeschwärmt, wie schön es hier ist. Und nachdem wir beide immer schon gesagt haben, dass wir im fortgeschrittenen Alter wieder dahingehen sollten, wo man herkommt – also nach Österreich, lag es auf der Hand. Wenn wir hier etwas Schönes finden, dann schlagen wir zu. Und wir hatten Glück und haben etwas Schönes gefunden. Und jetzt sind wir sehr froh darüber.

Glamour am Lugano See im Tessin, Beschaulichkeit am Labitschberg. Macht der Kontrast den Reiz aus? Wo können Sie besonders gut die Seele baumeln lassen?
>> **Peter Kraus:** Der Kontrast ist natürlich etwas Feines. In Lugano, das ist direkt am See mit italienischem Flair. Italienisches Essen, Rotwein, ich habe dort mein Segelboot, mein Kanu, mit dem ich viel fahre. Es ist einfach eine ganz andere Welt als hier. Hier habe ich die Berge, ich habe die Buschenschenken, ich habe einen herrlichen Weißwein. Und ich habe hier viele freundliche und nette Leute. Der Tessiner, der mag eigentlich keine Fremden, das sage ich jetzt ganz ehrlich. Das Gegenteil ist hier. Hier hat man das Gefühl, man wird als Fremder geliebt. Ich zumindest.

> **„Durch die Rallyes habe ich hier sehr schnell Freunde kennengelernt. Ich spüre, dass die Steirer glücklich sind über die Entwicklung in den letzten Jahrzehnten."**

Sie haben sich in der Steiermark aber schon vorher offensichtlich wohlgefühlt. Als Stammgast der Ennstal-Classic und der Weinkost am Pogusch lernt man Land und Leute relativ gut kennen. Wie ist Ihr Bild von der Steiermark, was macht das Land, was das steirische Wesen aus? Und: Wie würden Sie die Steiermark einem Blinden erklären?
>> **Peter Kraus:** Durch den Pogusch und die Rallyes habe ich hier sehr schnell Freunde kennengelernt. Ich spüre einfach, dass die Steirer froh und glücklich sind über die Entwicklung in den letzten Jahrzehnten. Und sie wollen das Glück, das sie in der letzten Zeit hatten, einfach weitergeben an die Menschen. Anders kann ich mir diese Freundlichkeit, welche die Menschen untereinander haben und auch den Besuchern gegenüber, nicht erklären. Sie sind stolz und sie müssen auch stolz sein, denn es ist ja wirklich viel passiert. Wie erklärt man die hügelige Landschaft, die ich so liebe, einem Blinden? Schwierige Frage. Die steirische Landschaft ist einmalig, ich wüsste nicht, wo es das in einer derart kompakten Form noch gäbe.

Sie sind noch immer fit wie ein Turnschuh. Wie machen Sie das bloß?
>> **Peter Kraus:** Ich glaube, ich habe einen großen Vorteil: Ich habe von Beginn an – ich habe ja mit 13 angefangen, Filme zu machen – Disziplin gezeigt, die ich immer noch habe. Wenn man Karriere machen will, dann muss man gewisse Voraussetzungen erfüllen. Ich kann mir nicht vorstellen, dass wenn ich heute mit dickem Bauch auf einem Stuhl bequem auf der Bühne sitzen würde und „Sugar Baby" singe, dass das irgendjemanden interessiert. Ich muss einfach beweglich sein. Das ist im Kopf, das musst du noch machen, und das und das. Und ich mache es ja gerne. Ich bin nicht gedrillt von irgendjemand, schon gar nicht von meiner Frau, die ja gerne hätte, dass ich aufhöre.

Liebeserklärungen an die Steiermark

Die Südsteiermark boomt. Dennoch macht man sich in Teilen der Bevölkerung bereits Sorgen über einen überbordenden Tourismus. Es gibt Stimmen, die sagen, die Weinstraße darf nicht Kitzbühel werden. Wie sehen Sie das?
>> **Peter Kraus:** Ich würde sagen, dass die Steiermark oder die Weinstraße Kitzbühel werden, ist so utopisch, als würde ich sagen „Ich mache noch 100 weitere Abschiedstourneen". Was ich meine ist, es muss was weitergehen. Ganz ehrlich, ich bin Weihnachten gerne hier, weil es wunderschön ist und weil ich die Ruhe und den Frieden genieße, aber es muss etwas geschehen, dass die Leute auch außerhalb der Saison kommen und auch länger bleiben.

Sie waren hier an einem geplanten Tourismusprojekt beteiligt. Die Bevölkerung hat dazu aber ein ziemlich lautes Nein gesprochen. Macht Sie das traurig, sind Sie verstimmt?
>> **Peter Kraus:** Traurig nicht, verstimmt bin ich ein bisschen, ja, weil ein Teil der Bevölkerung dagegen war, bevor sie überhaupt noch wussten, was wir machen. Und das ist nicht ganz korrekt. Das Projekt ruht.

Wo auch immer Sie hingehen, werden Sie erkannt. Wie begegnen Ihnen die Menschen in der Steiermark, wie wurden Sie in der unmittelbaren Nachbarschaft aufgenommen?
>> **Peter Kraus:** Wahnsinnig freundlich. Und ich freue mich auch darüber, dass die Steirer, wenn ich in den Ort runterfahre, zu mir kommen und sagen, es ist so schön, dass sie bei uns sind. Dann plärrt wieder eine über die Straße „Hey Sugar Baby, servus" – das ist lustig. In der Schweiz ist das zum Beispiel ganz anders. Da kommt jemand entgegen und schaut mich so linkisch an und wenn er vorbeigeht, hörst du „Das is er … ja das is er gewiss, jojo." Also hier sind die Leute sehr offen und kommen zu mir und ich sage es ehrlich – ich habe es gern, wenn sie mich ansprechen und begrüßen.

Können Sie schon ein bissl südsteirisch? Haben Sie einen Satz für uns? Oder können Sie uns sogar eine Liedzeile aus der steirischen Landeshymne vorsingen?
>> **Peter Kraus:** Da bin ich jetzt ehrlich gesagt überfordert, soweit bin ich noch nicht Steirer. Aber ich bin übermäßig glücklich, dass ich meinen Bauern, der bei mir arbeitet und meinen Nachbarn jetzt endlich verstehe und ich weiß, was sie von mir wollen.

Zu ihrem Besitz am Labitschberg gehört auch ein Weingarten, der unter der Regie von Manfred Tement bewirtschaftet wird. Vom Muskateller Ried Labitschberg gibt es jährlich einige tausend Flaschen. Wie viel Peter Kraus steckt im Wein, wie bringen Sie sich ein?
>> **Peter Kraus:** Also der Manfred Tement würde sagen, ich bringe mich zu wenig ein – und da hat er recht. Die Idee entstand ja, als ich das gekauft habe. Zur selben Zeit habe ich gesagt, so das ist jetzt meine Abschiedstournee. Inzwischen sind es fünf Abschiedstourneen geworden. Ich habe damals wirklich gesagt toll, Bauernhof, hier leben, um den Wein kümmern und das Erlernen beim Manfred wäre natürlich super gewesen. Aber es ist anders gekommen, es kamen wie gesagt weitere Abschiedstourneen. Also bis ich Weinbauer werde, das wird noch ein bissl dauern.

> „Ich freue mich darüber, dass die Steirer, wenn ich in den Ort runterfahre, zu mir kommen und sagen, es ist so schön, dass sie bei uns sind."

In den Medien wurden Sie immer als der deutsche Elvis bezeichnet. Hat Sie das geadelt oder eher gestört?
>> **Peter Kraus:** Beides. Also am Anfang war der deutsche Elvis natürlich eine super Zeile, um die Karriere zu starten. Dann habe ich

> „Am Anfang war der deutsche Elvis natürlich eine super Zeile, um die Karriere zu starten. Dann habe ich versucht, das loszuwerden, weil ich wollte ja nie Elvis kopieren."

versucht, das loszuwerden, weil ich wollte ja nie Elvis kopieren. Ich hätte das auch nicht gekonnt. Ich habe dann auch andere Titel bekommen, zum Beispiel „Schluckauf-Heini" oder „Heul-Boy" und solche Geschichten. Mittlerweile bin ich sehr stolz drauf, als der Mann genannt zu werden, der den Rock'n'Roll in die deutschsprachigen Länder gebracht hat.

Wenn man so lange auf der Bühne steht, wird man da nicht auch irgendwann einmal müde von der eigenen Musik? Oder singen Sie „Sugar Baby" immer noch gerne?
>> **Peter Kraus:** Ich sing es immer noch gerne. Es gibt drei Arten von Liedern, die man auf der Bühne singt. Es gibt die, die man aus der Seele, aus dem Herzen heraus gerne singt. Da habe ich so viele. Dann gibt es die Lieder, die neu sind, so wie auf meiner neuen CD. Darauf sind Lieder, die ich auf Platte noch nie gemacht habe, Songs, die aus der Zeit vor dem Rock'n'Roll stammen, also Sinatra-Songs usw. Diese Platte heißt übrigens „Idole". Und dann singt man einfach Lieder wie „Sugar Baby", wo einem einfach das Herz aufgeht, wo ich in die Augen der Leute schau und sehe, wie sie sich freuen. Und denke mir, Mensch, nach 66 Jahren freuen die sich immer noch, das ist ein unglaublicher Glücksmoment.

Welche Musik oder welchen Interpreten hören Sie selber gerne?
>> **Peter Kraus:** Diana Krall ist meine absolute Lieblingsinterpretin. Meine aktuelle CD ist auch in ihre Richtung gestaltet. Das heißt Swing mit kleiner Besetzung, mit einem Solisten. Also die Zeit wieder heraufbeschwören, die ich noch erlebt habe als junger Mensch.

> „Zur Weinstraße: Ich wüsste nicht, welche Plätze ich da herausziehen soll. Die Weinstraße als solche ist für mich ein Traum."

Du bist in einer Bar, es ist ein kleines Trio da, du hast ein hübsches Mädchen im Arm und genießt einen Wein bei Kerzenschein. Das Gegenteil von dem, was man heute sieht. „Wo sind die Hände, hoch die Hände und rumbumbum". Also Swing vom Feinsten und Diana Krall ist die Königin für mich.

Wann geht's mit Lederhose außer Haus?
>> Peter Kraus: Da muss ich sagen selten, weil ich habe leider keine Lederhosen-Wadln.

Zuletzt: Verraten Sie uns Ihre fünf Lieblingsplätze entlang der Weinstraße? Und: Zu welcher Jahreszeit sind Sie besonders gerne hier?

>> Peter Kraus: Also die Jahreszeit ist natürlich der Herbst. Wir haben auch die letzten Weihnachten hier verbracht, und ich fand diese Ruhe, diesen Frieden, diese Harmonie wunderschön. Und zur Weinstraße: Ich wüsste nicht, welche Plätze ich da herausziehen soll. Die Weinstraße als solche ist für mich ein Traum. Ob ich mit dem Fahrrad fahre, zu Fuß gehe, ob ich mit dem Oldtimer oder mit dem neuen Auto fahre – es ist einfach immer ein neues Bild, das sich in den verschiedenen Jahreszeiten immer wieder verändert. Es gibt nichts Schöneres, als die Weinstraße entlangzufahren. Das liebe ich. ∎

Wordrap
Peter Kraus

Ihr Motto?
Wer glaubt, etwas zu sein, kann nichts mehr werden.

Irdisches Glück?
Zufriedenheit.

Hauptcharakterzug?
Ich schaue eigentlich nur nach vorne, ungern zurück.

Was schätzen Sie an Freunden am meisten?
Ehrlichkeit.

Ihr größter Fehler?
Mein größter Fehler ist, dass ich bei mir keinen finde (lacht).

Lieblingsrestaurants?
Thaler und Fischwirt.

Lieblingsessen?
Hühnersuppe.

Lieblingsmaler?
Nach wie vor Picasso.

Lieblingsauto?
Schwierig. Es kommt darauf an, wofür man es verwendet.

Typisch steirisch?
Die Freundlichkeit und das Volkstümliche.

Fotos: STG/Jesse Streibl, Julia Maierhofer, Tom Lamm

Johann Lafer
„Erholung und Genuss im Feinkostladen Österreichs"

Johann Lafer ist der bekannteste Koch im deutschsprachigen Raum. Millionen Menschen sehen dem Meister bei seinen TV-Shows in die Töpfe. Der Steirer mit geerdetem Wesen begeistert mit Bodenständigkeit, Kompetenz und Sympathie. Wir haben Johann Lafer dort getroffen, wo alles begann. In der Küche des traditionsreichen Grazer „Gösser Bräu". Ein Gespräch über Heimat, guten Geschmack und den „Feinkostladen Österreichs".

Da sitzen wir nun in der Gösser-Küche, dort wo alles begann. Was ist das für ein Gefühl, ein bisschen Sentimentalität dabei?

›› **Johann Lafer:** Es ist schon sehr bewegend. Man muss fairerweise sagen, dass die Küche damals anders ausgesehen hat. Aber damals diese Entscheidung zu treffen, in diesem Haus eine Lehre zu machen, wo die Basis für meine weitere Entwicklung geschaffen wurde, war im Nachhinein gesehen die richtige. Obwohl es nicht immer einfach war. Ich hatte Momente, wo ich mir nicht ganz sicher war, ob ich das, was ich jetzt lerne, auch bewusst lernen möchte. Aber nichtsdestotrotz, ich habe es geschafft, ich habe durchgehalten, meine Eltern haben mich dazu überredet, die Lehre fertig zu machen. Und im Nachhinein muss ich sagen: Gott sei Dank, ich bin darüber sehr glücklich.

Warum sind Sie Koch geworden, was war der Auslöser?

›› **Johann Lafer:** Mich haben drei Dinge sehr interessiert. Einmal war ich stark in der Kirche engagiert – diese Gemeinschaft und diese Zusammengehörigkeit haben mich fasziniert. Das zweite war, dass mein Onkel ein ausgezeichneter Gärtner war. Ich habe schon immer gern im Garten gearbeitet, habe mich sehr für das Grüne interessiert. Aber letztendlich hat mich doch am meisten die Berührung mit meinen Eltern fasziniert, wenn es um das Produkt und die Kulinarik ging. Weil ich immer gemerkt habe, was uns eigentlich so täglich verbindet – es war das gemeinsame Essen. Und die Vorfreude darauf. Am Sonntag in der Kirche habe ich beim Verteilen der Hostie geholfen und dabei daran gedacht, was es zu essen gibt (lacht). Ja, es war irgendwie in mir, dass ich gemerkt habe, dass ich Lust am Essen habe und interessiert war, wie das Ganze entsteht.

> **„Beim Kochen ist es das Produkt, das ist der Star. Also Lebensmittel – Mittel zum Leben sind die Voraussetzung für all das, was wir als Köche machen."**

Welche Faktoren waren für Ihren Erfolg ausschlaggebend?

›› **Johann Lafer:** Die Basis meines Seins ist die Herkunft. Nämlich, da bin ich aufgewachsen, da habe ich gemerkt, dass kein Tag, der da war, wiederkommt. Man muss jeden Tag aufs Neue versuchen, sich zu beweisen. Und bei allen Dingen, die ich heute erleben darf, sage ich immer – und das ist wirklich ein Spruch von mir, den ich nie vergessen werde: Ich bin in der Oststeiermark aufgewachsen und meine Mutter hat mir damals 500 Schilling mitgegeben. Und das, was ich heute erleben darf, ist daraus entstanden. Und das hat mich immer geerdet. Immer dankbar zu sein, ehrfürchtig zu sein, nachdenklich zu sein. Ich habe immer versucht, mit offenem Herzen und sehr viel Leidenschaft und Liebe zum Detail alle Menschen in meinem Umfeld ernst zu nehmen. Die Menschen als Menschen zu sehen. Eben dieses herzliche, dieses „Steirer mit Herz", „Mensch mit Herz" – das hat mich schon sehr für mein weiteres Leben begleitet.

Was ist das Wichtigste beim Kochen?

›› **Johann Lafer:** Beim Kochen ist es das Produkt, das ist der Star. Also Lebensmittel – Mittel zum Leben sind die Voraussetzung für all das, was wir als Köche machen. Wir können aus einem schlechten Stück Fleisch kein gutes machen. Deswegen bin ich auch so dankbar, dass ich mitbekommen habe, dass man für Marillenknödel auch Marillen braucht. Und dass meine Mutter im April, wenn Frost kam, geweint hat, weil die Blüten abgefroren waren. Ich habe damals nicht verstanden, was sie so traurig gemacht hat. Aber sie konnte dann eben uns Kindern keine Freude machen mit Marillenknödeln. Das Zweite ist: Ich hatte kürzlich wieder das Vergnügen, die Wiener Philharmoniker zu sehen. Da wurde mir eines bewusst: In einer gewissen extremen Form sind so viele Kleinigkeiten am Ende für das Große und Ganze entscheidend. Und in der Küche ist es wirklich so. Das Produkt, und dann geht es los. Die Fürsorge in der Verarbeitung, die Liebe zum Detail. Natürlich der Geschmack, der nicht angeboren ist, sondern der wird anerzogen. Das war auch mein Glück, dass ich als Kind zumindest die Grundgeschmacksrichtungen kennenlernen durfte.

Welches Essen macht Sie glücklich?
>> **Johann Lafer:** Ich würde es jetzt nicht an einem Gericht festmachen. Essen ist etwas Intimes. Ich zeige das auch nicht gerne in der Öffentlichkeit, wenn ich selbst esse. Es ist etwas sehr Warmherziges, etwas sehr Emotionales. Da fühle ich mich, wie wenn ich Musik höre. Ich mache die Augen zu und versinke in eine ganz andere Welt. Man muss alle Sinne ansprechen. Man muss sich wohlfühlen. Das entsteht automatisch, wenn ich etwas Gutes esse. Wenn der Kellner im Restaurant immer fragt, „wie schmeckt es denn?", dann sage ich immer, hör auf zu fragen, schau einfach, ob jemand glücklich am Tisch sitzt, ob der lacht, ob der den Teller leergegessen hat. Man kann nicht gut essen und dabei böse gucken, das funktioniert nicht. Ich schätze immer das, was ehrlich ist. Es muss jetzt nichts Aufwendiges sein. Und wenn es nur – sagen wir – das Frankfurter Würstel am Hauptplatz ist, von dieser speziellen Fleischerei. Durch das so-oft-Essen damals habe ich in meinem Kopf eine Messlatte für Frankfurter Würstel gespeichert. Alles, was ich in der Form heute zu mir nehme, muss sich mit dem, was ich als Kind gelernt habe, messen lassen. Aus diesem Grund ist Erziehung zum Thema Kulinarik in der Kindheit elementar wichtig. Es ist auch Teil meiner Öffentlichkeitsarbeit, den Menschen beizubringen, dass Essen und Trinken wirklich etwas ganz Besonderes ist.

Der Trend geht zum veganen Essen – ist für Sie der Verzicht auf Fleisch denkbar?
>> **Johann Lafer:** Ja. Also ich habe aufgrund einer sehr schweren Krankheit für mich persönlich meine Ernährung umgestellt. Ich lebe heute zu 90 % pflanzlich und nur in Ausnahmefällen esse ich etwas, was mit Fleisch, Fisch, tierischem Eiweiß zu tun hat.

Was haben Sie noch vor?
>> **Johann Lafer:** Man muss ja auch fairerweise seine Leistungsfähigkeit einschätzen können. Also wenn mir heute jemand sagen würde, ich soll jetzt anfangen, Marathon zu trainieren, dann würde ich sagen – entschuldige, was soll der Schwachsinn? Aber ich würde gerne einmal zum Basislager am Mount Everest gehen. Normal gehen, nicht bergsteigen, da habe ich keinerlei Erfahrung. Oder ich würde auch gerne einmal einen Teil vom Jakobsweg gehen. Das würde mir sehr gut gefallen, weil ich manchmal das Gefühl habe, man muss auch einmal weg von diesem ganzen Zirkus. Man braucht es manchmal, dass man wieder zu sich kommt.

Es verschlägt Sie auf die berühmte einsame Insel. Welche drei Lebensmittel würden Sie mitnehmen?
>> **Johann Lafer:** Das ist ganz einfach. Ein geiles Bauernbrot, schön hart und gut, am besten aus Vollkorngetreide gebacken, Butter und Salz. Mehr brauche ich nicht. Ich liebe Butterbrot, damit kann man mir die größte Freude machen.

> **„Die Steiermark ist ein Bundesland, wo man vom Dachstein-Gletscher bis zur Weinstraße eine Bandbreite vorfindet, die es so kaum irgendwo gibt."**

Kommen wir in die Steiermark: Wir firmieren ja unter „Feinkostladen Österreichs". Unterschreiben Sie das?
>> **Johann Lafer:** Ja, das unterschreibe ich zu 100 %. Die Steiermark hat die Zeit genutzt, um die Dinge, die man kann und hat, weiterzuentwickeln. Das Kleinbauerntum spielt hier eine große Rolle. Mit dem Bewusstsein – Natur, Naturnähe. Das ist es, was die Steiermark auszeichnet. Wenn ich hierherkomme, dann bin ich in einem Land, wo es das gibt, was der Mensch braucht: Nämlich Luft zum Atmen, Ehrlichkeit, Herzlichkeit, gute Produkte – da bin ich dann da, wo ich hinwill. Wenn ich jemand bin, der jeden Tag an der Cote d'Azur in die Disco will, dann bin ich in der Steiermark falsch. Aber wenn ich die wahren Werte zugrunde lege, nämlich Erholung und alles, was dazugehört – Genuss. Dann ist es das, was die Steiermark zu bieten hat.

Freunde, die in die Steiermark kommen, bitten Sie um fünf Tipps, was Sie hier gesehen haben müssen.
>> **Johann Lafer:** Da tue ich mir sehr schwer, nur fünf Tipps zu geben. Die Steiermark ist ein Bundesland, wo man vom Dachstein-Gletscher bis zur Weinstraße eine Bandbreite vorfindet, die es so kaum irgendwo gibt. Ich kann am Dachstein im Sommer in die Eishöhle gehen, in kann in Murau in den Wäldern Pilze suchen. Dann komme ich weiter runter und muss natürlich die Hauptstadt Graz besuchen. Dann gehe ich Wein probieren und ich kann in die ganzen oststeirischen Thermalbäder. Es gibt so viele Dinge, die sich entwickelt haben, die haben alle einen Fokus verdient.

Wie nehmen die Leute in Ihrem Umfeld in Deutschland die Steiermark wahr?
>> **Johann Lafer:** Sehr viele Menschen haben sich dazu entschieden, nicht mehr so große Fernreisen zu machen. Das hat etwas mit Geld zu tun aber auch mit der Ökologie, dem CO_2-Ausstoß und vielem mehr. Sehr viele Leute lieben wieder dieses Ehrliche,

> **„Ich kann am Dachstein im Sommer in die Eishöhle gehen und ich kann in Murau in den Wäldern Pilze suchen."**

> **Ein geiles Bauernbrot, schön hart und gut, am besten aus Vollkorngetreide gebacken, Butter und Salz. Mehr brauche ich nicht. Ich liebe Butterbrot."**

Handfeste. Österreich ist in Deutschland ja Reiseland Nummer 1. Wichtig ist, dass man seine Eigenheit behält. Und die Steiermark hat eines immer gut verstanden: Ich höre von allen, die da waren – Mensch, die waren so nett, so freundlich zu mir. Das war so unkompliziert. Das „Grüß Gott" hat mich berührt. Das war keine Floskel. Die Leute wollen das Überzüchtete nicht mehr, die wollen wieder Bodenständigkeit.

Wie würden Sie einem Blinden die Steiermark beschreiben?
>> **Johann Lafer:** Ich würde die Steiermark-Karte nehmen und sie mit Bergen und verschiedenen Charakteren modellieren. Etwas, das man fühlen kann, wie z.B. Wasser oder Weinberge. Der Mensch soll so diese Vielfältigkeit spüren.

Stimmt das Gerücht, dass Sie sich in die Steiermark zurückziehen werden?
>> **Johann Lafer:** Ich werde einen Teil meiner Zeit in der Steiermark verbringen. Aber nur für meine persönliche Lebensfreude. Ich möchte dorthin, wo ich hergekommen bin. Ich möchte viele Momente, die mein Leben ausmachen, hier genießen. Heimat kann man nicht wegleugnen, Heimat ist so prägend. So emotional, so bedeutend. Meine Eltern sind hier beerdigt, ich habe noch eine Schwester, die hier lebt. Das sind ja auch Ankerpunkte, die ich nie missen möchte. Ganz im Gegenteil: Das ist für mich das wahre Leben. Wenn ich immer wieder meine Heimatluft schnuppern darf und dabei den Genuss verspüren und die Weiterentwicklung der Steiermark mitbekommen kann, dann bin ich der glücklichste Mensch der Welt. ∎

> **Die Steiermark hat eines immer gut verstanden: Ich höre von allen, die da waren – Mensch, die waren so nett, so freundlich zu mir."**

Wordrap
Johann Lafer

Lebensmotto?
Mit dem Hut in der Hand kommst durch's ganze Land.

Irdisches Glück?
Ist für mich die Gesundheit.

Hauptcharakterzug?
Immer zu wissen, woher man kommt.

Ihr größter Fehler?
Manchmal zu viel zu wollen und dabei den Überblick zu verlieren.

Hatten Sie je ein Vorbild?
Ich hatte in meinem Leben viele Vorbilder und bin dafür sehr dankbar.

Lieblingsmaler?
Pablo Picasso.

Lieblingsgericht?
Wiener Schnitzel mit Kartoffel- und Häuptelsalat von meiner Mutter.

Größter Koch?
Ist für mich ein Landsmann aus Österreich – Eckart Witzigmann.

Typisch steirisch?
Ist für mich eine steirische Lederhosn mit einem schönen Jancker und einem wunderbaren Hemd. Und schöne Schuhe.

Das Grüne Herz bedeutet für mich ...
... meine Heimat, meine Natur, mein Aufwachsen.

Helmut List

„Hier herrscht ein guter Geist"

Helmut List ist einer der ganz hellen Köpfe in der Automobilindustrie. Sein Vorzeige-Konzern AVL ist als Spezialist für Antriebssysteme ein globaler Player, an dem kein Hersteller weltweit vorbeikommt. Kaum einer, der nicht bei der Firma List forschen, entwickeln und testen lässt. Die Transformation der Branche ist auch für das steirische Paradeunternehmen eine hochspannende Herausforderung.

Größter privater Konzern für Entwicklung, Simulation und Testen von Antriebssystemen für die Autoindustrie, knapp 11.000 Mitarbeiter weltweit, 4.000 davon in der Steiermark, 1,6 Milliarden Umsatz. Viel Verantwortung, kann man da noch ruhig schlafen?
>> Helmut List: Ja, ich glaube schon. Doch. Gut. Wir haben ein starkes Team in der AVL, das kompetent ist und das auch die Herausforderungen der Zeit erkannt hat. Wir haben viel vor uns, aber wir haben sehr viel in der Vergangenheit geleistet. Auch in der Pandemiezeit haben wir die ganze Technologieentwicklung gut durchgehalten und Innovation vorangetrieben, sodass wir jetzt in einer starken Position sind.

Es gibt keinen Kontinent, auf dem Ihr Unternehmen nicht vertreten ist. Das bedingt ordentlich Reisetätigkeit. Die Mär behauptet, dass tagtäglich 500 AVL-Mitarbeiter in irgendeinem Flieger sitzen. Wie viele Tage im Jahr sitzen denn Sie in einem Jet?
>> Helmut List: In „normalen" Zeiten war es schon ein Drittel der Zeit, wo ich im Flieger war. In der Pandemie ist es drastisch runtergegangen, weil die Kunden das auch gar nicht gewünscht haben. Zum Teil konnte man schon einige Besuche machen, aber nicht in Amerika oder in Asien. Das hat sich jetzt Gott sei Dank wieder sehr gut entwickelt. Wir haben jetzt wieder einige Flugpläne, gar keine Frage.

> **„Wenn man weiß, was von der Wissenschaft und von der Technologie-Basis her, die man entwickelt, möglich ist, dann hat man auch das Vertrauen und die Gewissheit, dass man auf diesem Gebiet etwas erreichen kann."**

> **„Graz hat auch eine gewisse Offenheit und ist jetzt internationaler. Wir haben Mitarbeiter aus über 50 Nationen. Und das ist gut so."**

AVL wird gewaltige Innovationskraft bescheinigt, in der Statistik des Patentamtes sind Sie jedes Jahr unter den Top 3 zu finden. Wie motiviert man Mitarbeiter zu solchen Leistungen?
>> Helmut List: Ich glaube, das Wichtige ist, für gute Mitarbeiter eine gute Zielsetzung zu haben. Dass man wirklich ambitionierte Ziele setzt aber umgekehrt auch weiß, was für technologische und auch – wenn man will – wissenschaftliche Voraussetzungen da sind, damit man die Ziele erreichen kann. Wenn man weiß, was von der Wissenschaft und von der Technologie-Basis her, die man entwickelt, möglich ist, dann hat man auch das Vertrauen und die Gewissheit, dass man auf diesem Gebiet etwas erreichen kann.

Die Zeiten sind mehr als herausfordernd, Ihr Unternehmen investiert nach wie vor überproportional in Forschung und Entwicklung. Stillstand ist offensichtlich keine Alternative. Wie hoch ist der Forschungsanteil in Prozent des Umsatzes?
>> Helmut List: Das sind 11 bis 12 Prozent. Und wir haben das eben auch in den schwierigen Zeiten – wie ich schon sagte – durchgehalten. Und wir müssen natürlich die ganzen Herausforderungen angehen, also uns die wichtigen auswählen. Eines ist geschehen: Wir sind sehr früh in die neuen Technologien eingestiegen.

Sie bilden und schulen bei AVL jährlich 1000e Mitarbeiter aus dem Ausland, was ist deren Eindruck von der Steiermark, was mögen die Menschen hier, was mögen sie nicht, wie ist deren Feedback?
>> Helmut List: Die meisten fühlen sich sehr wohl hier. Das kann man wirklich sagen. Das merkt man auch daran: Manche kommen ja zu uns, und dann gehen sie wieder zurück etwa nach Deutschland. Da gibt es viele Fälle, wo heute noch die Familie in Graz lebt, obwohl der Mann oder die Frau, die bei uns war, jetzt dort die Arbeit hat.

Was glauben Sie, müssen Land und Stadt tun, um langfristig Spitzenkräfte, die Unternehmen wie das sprichwörtliche Stückerl Brot brauchen, zu halten oder zu motivieren, hierher zu kommen?
>> Helmut List: Ich glaube für Spitzenkräfte vor allem bei uns im Bereich der Technologie aber natürlich auch im Unternehmerischen, im Projektmanagement, im Vertrieb ist wichtig, dass es eine gute Ausbildungsstätte in Graz auf den Hochschulen gibt. Aber auch, dass wir heute ein Netzwerk von vielen Unternehmen haben – das hat sich Gott sei Dank sehr ausgebreitet – ist sehr gut für das Land. Und natürlich die engen Kooperationen mit den Hochschulen, wo viele Aktivitäten gemeinsam mit der Industrie und den Hochschulen gemacht werden. Auch wir haben das immer sehr stark vorangetrieben, das bringt Leben in die ganze Region. Spitzenkräfte sind auch interessiert, dass es ein gutes Kulturleben gibt. Das ist ganz wesentlich.

> **„Sehr schön ist natürlich die steirische Weingegend, das ist wunderbar und auch einer meiner Lieblingsplätze. Auf der anderen Seite sollte man sich auch die Grazer Altstadt anschauen. Die ist ein ganz besonderes Juwel."**

Wenn Sie Geschäftsfreunde bitten, Ihnen die fünf „Must Sees" der Steiermark zu benennen, was wären die?
>> Helmut List: Ach, da gibt es eine ganze Reihe davon. Sehr schön ist natürlich die steirische Weingegend, das ist wunderbar und auch einer meiner Lieblingsplätze. Auf der anderen Seite sollte man sich auch die Grazer Altstadt anschauen. Die ist ein ganz besonderes Juwel. Wir haben auch eine sehr abwechslungsreiche Landschaft, wo man wandern und draußen sein kann. Ich denke auch, dass wir in Graz eine sehr gute Kulinarik

Liebeserklärungen an die Steiermark

AVL List ist in vielen Technik-Sparten weltweit gefragter Entwicklungspartner. Mittlerweile geht es sogar bis in den Weltraum, die steirische Ideen-Schmiede ist beim Projekt „Moon Racer" engagiert.

Foto: Intuitive Machines

haben. Wir haben sehr gute Restaurants und die Leute gehen gern dorthin. Das gehört zum Leben einfach dazu. Graz hat auch eine gewisse Offenheit und ist jetzt internationaler. Wir haben Mitarbeiter aus über 50 Nationen. Und das ist gut so.

Weil es angeblich technisch schon möglich wäre: würden Sie sich schon heute von einem autonom fahrenden Auto in Ihre Firma bringen lassen?
>> Helmut List: Wenn die Marke gut ist und vor allem wenn wir selbst involviert waren, gern.

Sie haben Graz eine Halle geschenkt, die Ihren Namen trägt, die ob ihrer Akustik hochgeschätzt ist. Wie wichtig ist es für Unternehmen, sich für Kultur zu engagieren?
>> Helmut List: Ich glaube, das ist sehr wichtig, weil wir vor allem in unserem Bereich das Thema Innovation sehr ganzheitlich betrachten müssen. Kunst und Kultur und die technisch kreative Arbeit hängen zusammen. Das hat auch damit zu tun, dass wir in der Technik und in der kreativen Produktentwicklung den Menschen, der ein Auto fährt oder eine Anlage oder ein Software-System bedient, immer als User sehen müssen, wie er damit interagiert. Dieses immer User-orientiert zu sein ist ganz wesentlich. Für mich war das in der AVL von Anfang an immer sehr wichtig. Denn das bringt eine wichtige Komponente der Kreativität. Und das finde ich immer verbunden mit dem subjektiven Empfinden. Und die Kunst ist etwas, was mit subjektivem Empfinden sehr eng verbunden ist. Und das versuchen wir auch mit dieser Halle, die ja meine Frau mit ihrer Foundation leitet, zu fördern. Damit wollen wir diesen Brückenschlag zwischen Kunst und Technologie und Wissenschaft immer wieder voranbringen.

> **Immer User-orientiert zu sein ist ganz wesentlich. Für mich war das in der AVL von Anfang an immer sehr wichtig. Denn das bringt eine wichtige Komponente der Kreativität."**

Was vermissen Sie, wenn Sie längere Zeit, weil eben geschäftlich unterwegs, nicht im Land sein können?
>> Helmut List: Die Familie als Ganzes. Ich freue mich besonders, wenn auch meine Frau mitfährt, was ja immer wieder einmal der Fall ist. Sie kennt ja auch unsere Mitarbeiter in den verschiedenen Ländern schon recht gut und da ist es immer schön, wenn sie auch dabei ist.

Wie werden die Steirer in Stadt und Land in 20 Jahren unterwegs sein?
>> Helmut List: Ich glaube, die Technologiebasis für den Antrieb muss der Anforderung standhalten, dass wir hier CO_2-neutrale Kraftstoffe aller Art verarbeiten können. Das ist ganz wesentlich. Natürlich, Antrieb ist nur ein Teil. Es geht auch um das Fahrzeug als Ganzes in seinem autonomen Fahren, das sicherlich kommen wird. Wann genau, wagt keiner zu sagen, aber das assistierte Fahren geht ja schon einen weiten Weg. Aber das autonome Fahren wird auch kommen. Und das gibt viele Möglichkeiten, die Mobilität neu zu denken. In dem Sinne, dass das Fahrzeug ein täglicher Begleiter ist, der zur Verfügung steht und wenn man ihn braucht, da ist. Auch ältere Leute können dann von einem Auto abgeholt werden und wohin fahren.

Wie würden Sie jemandem die Steiermark erklären, der noch nie da war?
>> Helmut List: Es leben Menschen hier, die sehr offen sind gegenüber der Zukunft und auch ihre eigene Meinung haben. Und sie haben, glaube ich, auch einen guten Humor, denn nur so kann man auch Dinge in Frage stellen und neue Lösungen finden. Sie sind gesellig und nehmen Herausforderungen an. Ich glaube, es ist eine gute Mischung, ein guter Geist herrscht hier. ■

> „Das autonome Fahren wird auch kommen. Und das gibt viele Möglichkeiten, die Mobilität neu zu denken. In dem Sinne, dass das Fahrzeug ein täglicher Begleiter ist, der zur Verfügung steht, wenn man ihn braucht."

Wordrap
Helmut List

Ihr Lebensmotto?
Den Dingen auf den Grund gehen, aber dann auch eine Entscheidung zu fällen.

Irdisches Glück?
Mit meiner Frau in die Oper gehen, dann noch einen Wein trinken, Freunde treffen – das macht Spaß.

Hauptcharakterzug?
Ich glaube ich bin hartnäckig und will oft Dingen auf den Grund gehen, bevor ich eine Antwort gebe.

Was schätzen Sie an Freunden am meisten?
Wenn sie Humor haben, wenn sie geradlinig sind.

Ihr größter Fehler?
Ich versuche manchmal, zu viele Dinge unter einen Hut zu bringen. Und dann muss ich zum Schluss kommen, das ist jetzt zu kompliziert, das müssen wir jetzt ein bisschen einfacher machen.

Lieblingsessen?
Ich habe gerne indisches Essen.

Lieblingsmusik?
Antonin Dvorak.

Lieblingsbuch?
Ich habe ein bestimmtes Buch von Gandhi sehr gerne.

Lieblingsmaler?
Vincent van Gogh.

Typisch steirisch?
In die Weingegend rausfahren.

Das Grüne Herz bedeutet für mich …
Dass ich weiß, dass ich ein Steirer bin, dass ich hier verwurzelt bin. Und auch wenn das Unternehmen noch so sehr wächst, irgendwo ist man zu Hause. Ich bin hier zu Hause.

Fotos: STG/Jesse Streibl, Projekt Spielberg GmbH & Co KG | Philip Platzer

84

Helmut Marko
„Die Gäste schätzen Sicherheit und Sauberkeit"

Helmut Marko, Jurist, ehemaliger Rennfahrer und Hotelier, ist derzeit vor allem als Chef des Red-Bull-Formel-1-Rennstalls in aller Munde. Wir waren zu Gast in seinem Hotel am Fuße des Grazer Schlossbergs. Standesgemäß platziert vor einem originalen Red-Bull-Rennauto haben wir mit ihm über seine Beziehung zu seiner steirischen Heimat gesprochen.

Herr Marko, Sie sind ein Weitgereister, könnten überall auf der Welt leben. Schon einmal daran gedacht, anderswo die Zelte aufzuschlagen? Oder anders gefragt, da sie ja in der Steiermark leben, was macht das Land für Sie so besonders?
>> **Helmut Marko:** Graz und die Steiermark sind meine Heimat. Besonders ist für mich, dass wir, wenn wir 50 km Richtung Süden fahren, in der Weingegend sind, ich war erst kürzlich wieder dort. Unglaublich schön und grün – im Unterschied zur Toskana. Dann fahren wir 60 km nach Norden und wir sind am „Grünen See", wieder eine völlig andere Landschaft. Also zusammengefasst: Innerhalb kürzester Distanzen haben wir die unterschiedlichsten Landschaftstypen. Das ist auch einer der Punkte, der die Steiermark auszeichnet. Die Vielfalt und mit der Vielfalt der Landschaft kommt auch die Vielfalt der Bevölkerung. Und das ganze Ambiente, das sich rund um diese Landschaften abspielt.

Ganz abgesehen von Ihrem Wald am Plabutsch, was ist hier Ihr Lieblingsplatzerl?
>> **Helmut Marko:** Ich habe in der Pandemiezeit genossen, nicht immer Autobahn, sondern Nebenrouten zu fahren. Das hat alles seinen eigenen Reiz. Sei es nun der Erzberg oder das Gesäuse oder das Tote Gebirge und rüber vom Red Bull Ring nach Trieben über Hohentauern, jedes Gebiet hat eine eigene Ausstrahlung. Vor allem wenn man dann in der Obersteiermark den Waldreichtum sieht. Ich kenn da Schwammerlgebiete, die ich hier

> **Innerhalb kürzester Distanzen haben wir die unterschiedlichsten Landschaftstypen. Das ist auch einer der Punkte, der die Steiermark auszeichnet."**

nicht verraten werde. Da kann man nicht ohne ein paar Kilo wieder aus dem Wald herauskommen.

Ein paar Hunderttausend Meilen im Flieger, ist ja doch eine stressige Profession, die Sie haben. Wo und wie entspannen Sie?
>> **Helmut Marko:** Ich entspanne hier in Graz am besten. Ich habe am Plabutsch mein Haus und bin von Wald und Wildtieren umgeben. Ich genieße aber auch die Größe von Graz, die ein anonymes Leben ermöglicht und auf der anderen Seite aber alles bietet, ohne die Nachteile einer Großstadt zu haben.

Sie sind bekannt als kritischer Geist. An welchen Stellschrauben muss in der Steiermark gedreht werden, damit das Land Zukunft hat? Was kann der Standort Steiermark und was kann er nicht?
>> **Helmut Marko:** Ich glaube man muss das, was wir haben, international besser vermarkten. Ich war in Gamlitz und war dort begeistert von einer Band, die nicht in der Lederhose aufgetreten ist. Da war eine unglaubliche Stimmung. Das was wir brauchen ist Internationalität. Stichwort Flughafen, ganz ein wichtiger Punkt. Der war vor Corona-Zeiten mit den Anbindungen zufriedenstellend, das muss aber jetzt wieder kommen. Wir brauchen ein internationales Schulsystem, denn unsere Firmen wie Andritz, AVL oder unsere Universitäten erfordern das. Um hier gute Mitarbeiter bzw. Professoren zu bekommen, muss die Infrastruktur stimmen. Und das heißt, dass die Stadt ein kulturelles und sportliches Angebot haben muss. Und nur mit Top-Leuten kann man die Jugend motivieren. Unsere Unis haben ja teilweise sehr gute Standards, aber daran muss man arbeiten, dass wir die nächsten Jahrzehnte zukunftsfit angehen können.

Inwiefern hat Sie das Aufwachsen in der Steiermark geprägt und Ihren Werdegang beeinflusst?
>> **Helmut Marko:** Wie gesagt, ich bin sehr viel unterwegs. Graz war aber immer wieder eine Erdung. Es gibt hier sehr viele interessante, sehr unterschiedliche Menschen. Was vor allem in meinem Bekannten- und Freundeskreis noch gilt, ist Handschlagqualität und es herrscht eine gewisse Bodenständigkeit. Und wenn man dorthin zurückkehrt, relativiert es sich, wenn man etwa von Formel-1-Rennen in Miami oder Singapur oder aus Monte Carlo heimkommt, wo eine Glitzerwelt herrscht, die ja wenig Substanz hat. Das blendet aufs

Erste, aber mehr als eine Woche hält man das eh nicht aus, wenn man normal ist.

Was ist das Besondere an den Steirern?
>> **Helmut Marko:** Die sind zum Teil stur, was ja gut ist. Sie sind stolz auf ihre Tradition. Das sieht man ja an diversen Aktivitäten und ich finde es auch gut, dass man Folklore und entsprechende Landeskultur pflegt. Aber man darf das nicht zu weit treiben, man muss auch über den Tellerrand hinausschauen. Und man muss das, was sich in der Welt abspielt, sehen. Man muss es nicht kopieren, aber man muss das, was positiv ist, in unser Land hineintragen, damit wir in Zukunft weiter mit dem Wohlstand und der Lebensqualität, die wir haben, leben können. Man darf nicht vergessen, wir haben glasklare Seen, man kann innerhalb kürzester Distanzen aus mehreren Skigebieten wählen, man kann wandern. Also man hat bis aufs Meer eigentlich alles, was man für einen Freizeitwert braucht.

Was aus Ihrer Heimat vermissen Sie am meisten, wenn Sie auf der ganzen Welt unterwegs sind?
>> **Helmut Marko:** Da ist einmal die Sicherheit. Meine Hotelgäste fragen oft, ob man in Graz auch als Frau allein abends durch die Stadt gehen kann. Man kann das. Das ist ein Gut, welches immer wertvoller wird. Es ist die Sauberkeit, die auch internationalen Standards standhält. Das sind sicher die positiven Sachen. Das was man vielleicht mehr braucht, das hören wir von den Kongressteilnehmern. Wenn sie hier sind, wollen sie beschäftigt werden, dann wollen sie attraktive Veranstaltungen haben. Ich glaube, da muss man die tollen Sehenswürdigkeiten wie Schloss Eggenberg oder die Alte Universität präsentieren. All diese einzigartigen Schmuckstücke muss man den Gästen offerieren und bespielen, damit es auch wirklich gut zur Geltung kommt.

> „Da ist einmal die Sicherheit. Meine Hotelgäste fragen oft, ob man in Graz auch als Frau allein abends durch die Stadt gehen kann. Man kann das. Das ist ein Gut, welches immer wertvoller wird."

Sie waren die graue Eminenz hinter dem Neubau des größten Tourismusmagneten in der Obersteiermark, dem Red-Bull-Ring. Die Politik war ja damals am Beginn ein bisserl wankelmütig. Wer, neben Didi Mateschitz, gehört noch zu den Vätern und Müttern dieser Erfolgsgeschichte?
>> **Helmut Marko:** Von der politischen Seite war es ganz sicher der leider so früh verstorbene Gerhard Hirschmann, der ganz klar gesehen hat, dass – egal wie man zu Autorennen steht – hier mit 300.000 Zuschauern das größte Sportereignis entstanden ist. Mit diesem Ring ist eine Industrieregion mit einigen Problemen wieder zum Leben erwacht. Und es gibt zumindest von März bis Ende November reges Leben. Alle Wirtschaftszweige profitieren davon. Und was ganz wichtig ist, die Abwanderung wurde gestoppt. Es gibt wieder Perspektiven für die jungen Leute, dass sie in der Region interessante Jobs finden und sie in einem Umfeld arbeiten können, das es ihnen ermöglicht, sich weiterzubilden und auf einem internationalen Standard zu stehen.

Was schätzt der Formel-1-Zirkus besonders an den Renn-Wochenenden in der Steiermark?
>> **Helmut Marko:** Also da ist eines ganz klar die Gastfreundschaft, die herzliche, nicht gespielte Gastfreundschaft und Atmosphäre. Die Leute genießen das. Jeder sagt, er freut sich schon auf das Schnitzel. Und dass in einem tollen Umfeld – und da muss man wieder den Didi Mateschitz loben, der historische Gebäude stilvoll und nachhaltig restauriert hat und die Hotelnutzung daher nun den internationalen Standards entspricht. Dazu kommt, dass diese Rennstrecke in ein Becken integriert ist, zwei Drittel der Strecke kann man von den meisten Tribünen aus sehen, gepaart mit einer tollen Architektur beim Start-Ziel-Gebäude von Günther Domenig. Es ist eine Symbiose von Natur – man sieht meistens sogar Kühe – und absoluter Hightech-Rennstrecke und Hightech-Gebäude mit einer sehr professionellen Organisation.

Apropos Hotels, Sie waren bereits überall wo's schön ist, hätten sie nicht auch anderswo in touristische Infrastruktur investieren können, warum in Graz?
>> **Helmut Marko:** Graz ist meine Heimat. Wir haben mit Schlossberghotel und Kai 36 historische Gebäude, die eigentlich nur mit

einer Hotelnutzung die Investition halbwegs wirtschaftlich rechtfertigen. Und gleichzeitig sind diese Gebäude damit quasi öffentlich geworden. Das ist die eine Linie. Die andere Linie ist die Moderne, das Augartenhotel von Günther Domenig, das Lend-Hotel von Nicole Lam. Also wir gehen da verschiedene Wege. Aber das, was wir in allen Hotels anbieten, ist, dass wir sehr viel Wert auf entsprechendes Service, auf die Freundlichkeit legen. In diesen Zeiten sehr schwierig, vom Mitarbeiterproblem weiß man ja. Wir haben in den Hotels viel Kunst, nicht nur österreichische sondern auch internationale, die wir sowohl in den Gängen, in den Lobbys als auch in den Zimmern platzieren. Hotels in anderen Städten sind für mich kein Thema. Ich reise so viel. Wenn ich daheim bin, will ich nicht auch noch aus diesem Grund herumreisen. Eine Expansion wäre mir zu mühsam.

Sie sind ein großer Kunstsammler, manche behaupten, der größte in der Steiermark. Sie machen in ihren Hotels die Sammlung Marko der Öffentlichkeit zugänglich. Ist das Land in Sachen Kultur gut aufgestellt oder gibt's Handlungsbedarf? Was ist gut, was fehlt? Ein Marko-Museum vielleicht?
>> Helmut Marko: Also das fehlt sicher nicht. Man muss etwa beim Grazer Kunsthaus einen Mix finden zwischen Ausstellungen, die ein breites Publikum ansprechen und dann auch dem, was man vielleicht als elitär bezeichnet. Das hat gefehlt. Die letzte populäre Ausstellung war … (überlegt), oder internationale ist noch weiter zurückliegend. Also da muss man Einiges machen. Ich finde es gibt viele Kulturinitiativen. Wichtig sind auch die

> **„Also da muss man Einiges machen. Ich finde es gibt viele Kulturinitiativen. Wichtig sind auch die anderen Sachen, „Steirischer Herbst", „Styriarte", „Elevate". Also das Angebot ist breit und es braucht aber auch die Unterstützung."**

anderen Sachen, „Steirischer Herbst", „Styriarte", „Elevate". Also das Angebot ist breit und es braucht aber auch die Unterstützung. Ich glaube vom Land her ist es gegeben. Von der Stadt ist es momentan etwas schwierig zu sehen, wie das läuft. Das Niveau oder das Image einer Stadt sind geprägt durch Kultur, vom Sport – im Sport ist es der Fußball, da sind wir ja sehr gut unterwegs. Aber es muss natürlich alles zusammenspielen, damit hier ein Wohlbefinden und Identifikation mit dieser Stadt entstehen kann. Also da kann mehr getan werden.

Gerhard Felbinger hat einmal in seinem Buch euphorisch geschrieben, „Graz ist die beste Stadt der Welt" – ist sie es? Und wenn ja warum, und wenn nein, warum nicht?
>> Helmut Marko: Das ist etwas verwegen. Graz hat seine Vorteile, ganz klar. Es hat die Anonymität einer Großstadt, andererseits die Individualität. Es gibt sehr viele, sehr gute kleinere und mittlere Restaurants. Es gibt ein kulturelles Leben, das glaub ich auch für alle etwas bietet. Oper und Schauspielhaus haben immer wieder sehr gute internationale Intendanten. Das sieht man ja an den Berufungen, wo sie dann hingehen, wenn sie weggehen. Was vielleicht fehlt ist ein Mehr an Weltoffenheit, dass man hier großzügiger ist. Dass nicht das Kleinkarierte immer wieder durchkommt.

Wie würden Sie jemandem die Steiermark erklären, der noch nie dort war?
>> Helmut Marko: Dass hier ein Stück Natur mit größtenteils fröhlichen Menschen bevölkert ist. Mit einer großen Vielfalt, sehr modern, in vielen Bereichen aufgeschlossen. In unserer Grazer Altstadt aber auch in unseren Bezirkshauptstädten gibt es andererseits sehr schön restaurierte alte Gebäude. Das Alte wird geschätzt und auch genutzt. Eine unglaubliche Landschaftsvielfalt, zahlreiche Schlösser, etwa Trautenfels bei Irdning oder auch viele andere, die vom Land auch teilweise als Museen genutzt sind. Vom südlichen Flair in der Weingegend bis zum schon fast alpinen Charakter rund um Schladming oder im Toten Gebirge. Eine unglaubliche Vielfalt, mit dem größten Waldreichtum in Österreich. Das ist auch etwas, was du nicht so schnell in einem anderen Land findest.

> **„Graz hat seine Vorteile, ganz klar. Es hat die Anonymität einer Großstadt, andererseits die Individualität. Es gibt sehr viele, sehr gute kleinere und mittlere Restaurants. Es gibt ein kulturelles Leben,"**

Wenn Sie ein Hotelgast ersucht, ihm fünf „must sees" der Steiermark zu nennen, was antworten Sie ihm?
>> Helmut Marko: Als erstes ganz klar die Grazer Altstadt, die glaube ich von der Größe her und auch vom Standard der Restaurierung keinen Vergleich scheuen braucht. Wir haben mit dem Kastner & Öhler ein ganz tolles Kaufhaus sowohl vom Gebäude her als auch vom Angebot. Wenn man von Graz rausgeht, dann sind das das Weinland und der „Grüne See", der für mich eine unglaubliche Faszination hat. Dann hat man gleich den Erzberg in der Nähe, das ist ja archaisch-wild,

"In Graz glaube ich muss man schauen, dass der Event-Tourismus nicht reduziert wird und dass die Qualität angehoben wird."

Wordrap
Helmut Marko

Ihr Motto?
Vorwärts schauen!

Irdisches Glück?
Gesundheit in erster Linie.

Hauptcharakterzug?
Straight forward – zu seiner Meinung stehen.

Welche Gabe möchten Sie haben?
Da gibt es so viel, was ich nicht kann. Wenn vielleicht mehr Musikalität vorhanden wäre, das wäre schön.

Was schätzen Sie an Freunden am meisten?
Verlässlichkeit.

Ihr größter Fehler?
Das waren so viele. Man darf sie halt nicht wiederholen.

Haben Sie ein Vorbild?
Nein, aber ich kenne viele Menschen, die ich bewundere. Aber deshalb würde ich mich nicht ändern, verbiegen.

Lieblingsmaler?
Das ist abhängig von Stimmung und Situation. Ist variierend, es gibt keine Präferenz nur auf einen.

Lieblingsessen?
Ist auch variierend, hat sich geändert vom deftigen Schweinsbraten hin zu etwas Leichterem.

Liebste Musik?
Variiert auch. So im Großen und Ganzen rund um Sinatra und Beatles. Jetzt war wieder Placido Domingo im Haus, auch populäre Opern hör ich mir gerne an.

Lieblingsbuch?
Das variiert auch. Ich lese meistens zwei, drei Bücher gleichzeitig. Derzeit lese ich Matou von Michael Köhlmaier. Der Kater mit sieben Leben, der spricht und schreibt.

Lieblingswein?
Sauvignon Blanc.

---

diese Abbaumethode dort. Dann die liebliche Oststeiermark, das Almenland, wir gehen weiter in die Weststeiermark mit der Weinstraße bis zum Gaberl. Und natürlich der Red Bull Ring als ein internationales Veranstaltungszentrum, das fast zu 100 % über die möglichen Monate ausgelastet sind.

Internationale Gäste geben sich bei Ihnen die Klinke in die Hand. Wie nehmen die Leute die Steiermark wahr, wie ist deren Sicht auf unser Land?
>> **Helmut Marko:** Also die meisten unserer Gäste – vor Corona waren es in erster Linie Business-Gäste – kommen und bleiben in Graz. Das hat sich geändert, seit Corona kommen die Leute wieder mehr mit dem Auto und die nehmen neben der Landeshauptstadt auch noch andere Stationen wahr. Die sind von der Ursprünglichkeit, von einer intakten Natur – auch wenn das viele anders sehen, aber international gesehen haben wir eine intakte Natur – begeistert. Sie schätzen diesen Kontrast zwischen Waldreichtum und dann doch wieder einem hervorragenden Angebot in den Thermen und was wir sonst noch alles zu bieten haben.

In welchen Regionen und touristischen Geschäftsfeldern der Steiermark sehen Sie noch Luft nach oben?
>> **Helmut Marko:** In Graz glaube ich muss man schauen, dass der Event-Tourismus nicht reduziert wird und dass die Qualität angehoben wird. Das ist ganz etwas Wichtiges. Was vielleicht noch besser werden kann sind diverse ländliche Gegenden, wenn man da hinunterschaut in die Südsteiermark abgesehen vom Weinland. Aber da laufen Bestrebungen, da gibt es Leute, die investieren und adaptieren bestehende historische Bauten. Der Trend ist richtig, aber er gehört noch verstärkt. Aber man darf dabei nicht nur auf diese Lederhosen-Euphorie setzen. ■

Gottfried Math

„Wir Steirer schauen über den Tellerrand hinaus"

Er ist einer der profiliertesten Touristik-Fachmänner des Landes. Gottfried Math, Österreich-Chef des Reise-Riesen TUI, hat den Weitblick und kennt nicht nur die große weite Welt, sondern auch die Steiermark ganz gut. Wir sprachen mit dem gebürtigen Gleisdorfer und Gleichenberg-Absolventen über die Rückkehr der Reiselust, die touristischen Chancen der Steiermark und die besten Weine des Landes.

Wenn, wie in der Pandemie, keine Flieger aufsteigen und alles zusperrt: Was macht das aus jemandem, der davon lebt, Urlaubsträume zu verkaufen?
>> **Gottfried Math:** Uh, das war eine ganz schwierige Situation. Dieser Stillstand hat uns natürlich voll getroffen. Das war eine globale Krise. Wir waren kleinere Krisen aus der Vergangenheit gewohnt, 9/11 oder die Aschewolke, der Tsunami, verschiedene Erdbeben. Das waren einigermaßen lokal begrenzte Ereignisse. Aber so etwas hat es ja noch nie gegeben, so eine globale Krise. Und das hat die gesamte Reisebranche natürlich voll getroffen.

Wird bei den steigenden Preisen Urlaub zum Luxusgut? Und: Kann man in Zeiten wie diesen überhaupt noch sorgenfrei Urlaub machen?
>> **Gottfried Math:** Das finde ich schon. Also man kann sorgenfrei Urlaub machen. Ich verstehe das mit den erhöhten Kosten durch die Inflation, aber gerade wir als Marktführer haben ein Angebot, ein Produkt für jedes Budget. Mehr als die Hälfte unserer Kunden buchen etwa einen „All-inclusive-Urlaub". Das bedeutet Budgetsicherheit für den Kunden. Und gerade wir als Marktführer müssen schauen, dass wir unseren Kunden einen sorgenfreien Urlaub ermöglichen können. Wir müssen schauen, dass die Kunden in ihrer Freizeit unbeschwert ihren Urlaub verbringen können. Das ist unsere Aufgabe, sie sozusagen von den Alltagssorgen wegzubekommen, damit sie eine schöne Zeit verbringen können.

Zeit, über die Steiermark zu reden. Sie haben einst in einem oststeirischen Top-Hotel gearbeitet, kennen die Bedürfnisse der Gäste. Was schätzen die Urlauber bei uns, was haben wir, was andere nicht haben?
>> **Gottfried Math:** Wir haben eine hervorragende Kulinarik. Wir haben eine Herzlichkeit, wir haben Gastfreundschaft. Wir sind sehr gesellig, wir sind bodenständig und traditionsbewusst. Aber auf der anderen Seite auch sehr, sehr innovativ. Wir schauen über den Tellerrand hinaus. Und das zeigt sich auch in der Qualität, die sich vor allem in den letzten Jahren weiterentwickelt hat – sei es in der Gastronomie, Hotellerie. Ich denke an eine ausgezeichnete Jause in einer Buschenschank, ich denke an den steirischen Backhendlsalat in einem Wirtshaus oder an ein Degustationsmenü in den diversen ausgezeichneten Haubenlokalen.

> **Wir haben eine hervorragende Kulinarik. Wir haben eine Herzlichkeit, wir haben Gastfreundschaft. Wir sind sehr gesellig, wir sind bodenständig und traditionsbewusst."**

Als Österreich-Chef des weltweit größten Reiseanbieters haben Sie die schönsten Ziele im Programm. Was bieten Sie in der Steiermark an?
>> **Gottfried Math:** Die Steiermark ist auch für die TUI ein schönes Ziel. Wir haben rund 100 Hotels im Angebot, das geht über alle Regionen des Landes. Ich glaube, wir haben von A bis Z, sprich von Admont bis Zeltweg, Hotels im Programm. Überall gibt es Produkte in unserem Portfolio. Wir haben sogar ein Produkt von unserer TUI-eigenen Hotelmarke – das TUI-Blue in Schladming.

Die Steiermark ist das Lieblingsurlaubsland der Wiener. Warum mögen uns gerade die Wiener so besonders?
>> **Gottfried Math:** Ich glaube, das geht zurück in die Geschichte, das hat eine lange Tradition. Die Sommerfrische der Wiener in der Steiermark. Die Kur vielleicht in Bad Gleichenberg, das Skifahren in der Obersteiermark oder das Bergsteigen im Gesäuse. Und schön langsam hat sich dann auch dieser Familienurlaub in der Oststeiermark entwickelt. Ich glaube, für die Wiener macht das schon sehr viel aus. Dazu kommt natürlich die Nähe der Steiermark zu Wien – einmal über den Semmering, einmal über den Wechsel. Man ist sehr schnell im Urlaubsort und dann auch sehr schnell im Urlaub. Und dazu kommt ein gutes Preis-Leistungs-Verhältnis. Und der steirische Menschenschlag hat, glaube ich, auch seine Wirkung.

Wenn Sie Freunden, die noch nie in der Steiermark waren, fünf Plätze nennen müssten, die sie gesehen haben sollten: Was raten Sie ihnen?
>> **Gottfried Math:** Fünf Plätze? Das wird schwierig, weil es gibt zig Plätze, die ich empfehlen könnte. Aber ich fange einmal beim höchsten Berg der Steiermark, dem Dachstein, an. Mit der Hängebrücke, mit dem Sky-Walk. Das ist schon ein Ziel, wo man hingehen muss. Für mich ist auch die Riegersburg wichtig, die gehört dazu. Dann gefällt mir das Lipizzaner-Gestüt in der Weststeiermark sehr, sehr gut. Die südsteirische Weinstraße natürlich. Und zum Schluss Graz, die Grazer Innenstadt, der Blick vom Schlossberg runter auf die Altstadt und die Umgebung. Also das hat schon etwas.

Sie sind Gleichenberg-Absolvent. Weltweit finden sich in Top-Betrieben ehemalige Schüler der renommierten Tourismus-Schmiede. Eine immerwährende Referenz?
>> **Gottfried Math:** Ja, finde ich schon. Der Anspruch der Schule ist aus meiner Sicht sehr, sehr hoch, die Ausbildung ist hervorragend. Und an dieser Tourismusschule Bad Gleichenberg gibt es seit einigen Jahren den steirischen Tourismus-Panther, eine Auszeichnung für steirische Betriebe. Es gibt da einen eigenen Panther, eine eigene Kategorie, für die internationale Karriere. Und da gibt es genügend Kandidaten, die hier ausgezeichnet werden können. Also, die Steirer sind in der Welt angekommen, die sind gefragt und arbeiten in Top-Betrieben. Ich finde schon, das spricht für sich.

> **Die Steiermark ist auch für die TUI ein schönes Ziel. Wir haben rund 100 Hotels im Angebot, das geht über alle Regionen des Landes."**

Sie sind auch ausgebildeter Sommelier, kennen die steirische Weinszene. Wo sehen Sie unsere Weine auf der Weltkarte?
>> **Gottfried Math:** Wie bei den Touristikern sind auch die Weine in der Top-Liga angekommen. Vor allem die steirischen Weißweine sind sicher top. Das zeigen ja auch internationale Auszeichnungen, insbesondere wenn ich an den Sauvignon Blanc denke. Da haben unterschiedliche Winzer auf internationalen Verkostungen Siege geholt. Also das zeigt schon, dass der steirische Wein im Spitzenfeld mitmischt. Und das Schöne dabei ist, dass die junge Generation hier jetzt auf einem Top-Level aufbauen kann. Und ich denke, wir werden noch einige Siege holen und einige schöne Weine sehen.

Welcher Wein ist für Sie typisch steirisch?
>> **Gottfried Math:** Ich will das jetzt nicht an einem Wein festmachen. Es gibt für mich mehrere, die typisch steirisch sind. Angefangen vom Welschriesling über den Muskateller – natürlich der Sauvignon Blanc. Aber auch der Traminer gehört dazu. Und für die Weststeiermark natürlich der Schilcher. Der ist auch typisch für die Steiermark.

Zuletzt: Wo machen Sie eigentlich Urlaub?
>> **Gottfried Math:** Spannende Frage. Weil ich ja beruflich schon sehr viel unterwegs bin, genieße ich ausgedehnte Radtouren und Wanderungen in der näheren Umgebung von mir zu Hause. Im Winter gehe ich gerne in Österreich Skifahren. Und ansonsten mache ich mit meiner Familie natürlich schon auch einen Urlaub aus dem Programm der TUI. Es gibt immer wieder ein neues Reiseziel, das man erkunden will, das schauen wir uns dann an. ■

> **99 Wie bei den Touristikern sind auch die Weine in der Top-Liga angekommen. Vor allem die steirischen Weißweine sind sicher top. Das zeigen ja auch internationale Auszeichnungen,"**

Wordrap
Gottfried Math

Lebensmotto?
Den eigenen Visionen folgen.

Irdisches Glück?
Eine gesunde Familie.

Hauptcharakterzug?
Geduld.

Gab oder gibt es ein Vorbild?
Nein.

Ihr größter Fehler?
Kenn ich keinen.

Welche Gabe möchten Sie haben?
Ein guter Rhetoriker zu sein.

Lieblingsbuch?
Keines, ich lese sehr viel Fachliteratur.

Lieblingsmaler?
Pablo Picasso.

Lieblingsessen?
Schnitzel.

Typisch steirisch?
Kernöl, Kren, Geselligkeit.

Das Grüne Herz bedeutet für mich …
Heimat.

Liebeserklärungen an die Steiermark

Franz Mayr-Melnhof-Saurau

„Wir haben eine gute Industrie-Tradition"

Franz Mayr-Melnhof-Saurau ist eine der bekanntesten Unternehmerpersönlichkeiten des Landes. Erst kürzlich hat sein Betrieb 150 Mio. Euro in unserem Bundesland investiert. Wir haben mit ihm über den Industriestandort Steiermark, Zukunftsfitness und jagdliche Familien-Traditionen gesprochen.

Sie zählen zu den bekanntesten Unternehmer-Persönlichkeiten des Landes, kontrollieren weltweit tätige holzverarbeitende Betriebe, Ihre Familie besitzt das größte private Forstgut Österreichs. Dazu sind Sie steirischer Landesjägermeister und Vizepräsident der Industriellenvereinigung Steiermark. Wie bringt man das alles unter einen Hut?

>> **Franz Mayr-Melnhof-Saurau:** Das ist keine leichte Aufgabe, da einen die Themen intensiv beschäftigen. Das geht dann eben von in der Früh bis zum Abend und man muss wirklich schauen, wo man für das eine oder andere Thema Prioritäten setzt. Es ist in manchen Bereichen ja auch schön, es überschneiden zu lassen, weil die Jagd natürlich auch viel mit der Natur, mit Naturschutz zu tun hat. Auf der anderen Seite die Industrie, Entwicklung, Energieproduktion. Auch hier die Dinge einzubringen ist eine interessante Aufgabe.

Sie sind als Träger eines großen Namens familiär schon früh in die Verantwortung gekommen. Wie groß war anfangs die Bürde?

>> **Franz Mayr-Melnhof-Saurau:** Ja, groß. Als mein Vater gestorben ist, war ich 16. Es gab davor einige Diskussionen darüber, was man macht oder nicht macht. Und nicht alles, was man so an Ideen gehabt hat, war ihm recht. Nach seinem frühen Tod habe ich relativ schnell hineingefunden und man war einfach mit dabei. Gott sei Dank habe ich meinen Großvater noch gehabt, der mich an der Hand genommen hat. Weil natürlich viele Dinge auf einen lauern – gute wie schlechte. Und man durch den jugendlichen Leichtsinn, den man ja auch hat, auf Dinge hineinfällt. Und da war es schon gut, ihn als Sparring-Partner dabei zu haben. Er war auch einer jener Menschen, die alles sofort auf den Punkt gebracht haben.

Sie sind unternehmerisch präsent, gesellschaftlich meiden Sie aber weitgehend das Rampenlicht. Wieso?

>> **Franz Mayr-Melnhof-Saurau:** Sie meinen, ich soll sagen, dass das gesellschaftliche Leben ziemlich flachfällt? Ich suche oft Dinge mit Tiefgang, Diskussionen, die man bei manchen Veranstaltungen bekommt – nicht bei allen. Ich habe ja vorher schon angesprochen, dass viel los ist. Einmal ein ruhiger Abend zu Hause ist auch nicht zu unterschätzen, man braucht die Ruhe und die Zeit, um seine Gedanken in dieser schnelllebigen Zeit wieder gerade zu bekommen. Deswegen bin ich vielleicht gesellschaftlich weniger unterwegs. Ich bin der, der auch gerne einmal zu Hause ist und die Dinge überdenkt und nachdenkt.

> 99 **Egal ob aus Japan oder Amerika, die Steiermark und Österreich sind gern gesehene Ziele. Sie fühlen sich hier wohl, sie fühlen sich sicher. Sie genießen die Umgebung, das Land an sich."**

Sie sind beruflich viel auf Achse und weltweit unterwegs. Wie sehen Ihre Geschäftspartner die Steiermark, wie nehmen Sie das Land wahr?

>> **Franz Mayr-Melnhof-Saurau:** Sehr positiv. Also wenn man sie dann auch herbekommt, egal ob aus Japan oder Amerika, die Steiermark und Österreich sind gern gesehene Ziele. Sie fühlen sich hier wohl, sie fühlen sich sicher. Sie genießen die Umgebung, das Land an sich. Die Kulinarik ist immer ein großer Punkt in der Diskussion. Man fühlt sich wohl, die Gastfreundschaft wird großgeschrieben. Und wenn man hier mit Betrieben zusammenarbeitet, gibt es in der Steiermark eine große Dichte an kompetenten Personen. Der Dialog ist ein sehr guter. Das schätzen internationale Leute. Und daher kommen sie auch gerne her.

Wie steht es eigentlich um den steirischen Industrie-Standort? Was macht ihn aus?

>> **Franz Mayr-Melnhof-Saurau:** Langfristiges Denken. Ich glaube, die Steiermark hat immer gescheit auf Industrie gesetzt und hat eine gute Industrie-Tradition. Das merkt man auch bei den Leuten, die hier leben. Da hat sich über die Jahrhunderte hinweg sehr viel weiterentwickelt mit der Eisenindustrie, auch Papier und Karton waren immer schon ein großes Thema. Da hat sich auch eine Kultur entwickelt. Ich glaube, gerade die große Industrie-Region in der Obersteiermark hat auch die Menschen geprägt. Die Herangehensweise – wie arbeite, wie lebe ich. Und das merkt man in der Steiermark schon sehr stark. Das ist glaube ich auch ein Schlüssel für wirtschaftlichen Erfolg, den wir hier leben. Wichtig wird sein zu propagieren, dass dieses Denken auch weiterhin in unserem Land da ist. Denn Mitarbeiter sind der Schlüssel für den Erfolg. Industrie braucht Platz, braucht Energie, braucht Themen wie etwa Wissenschaft in der Nähe, die Forschung und Entwicklung möglich macht. Es braucht gute Anbindung an die internationalen Märkte, unseren Flughafen, den man weiterhin stärken muss. Das sind ganz wichtige „Key-Faktoren". Wir haben das große Thema der Energie-Zukunft. Wir wissen, dass wir gerade hier in der Steiermark sehr energieintensive Industrie haben. Hier wird wahrscheinlich einiges an Umdenken erforderlich sein. Nicht nur bei der Ökologie-Diskussion, sondern auch in Sachen Verfügbarkeit und Preise. Hier werden wir sicher einiges an schiefen Köpfen erleben, die darüber nachdenken müssen, wie wir es schaffen, in dieser Breite und dieser Dichte die Industrie auch weiterhin im Land zu halten. Wir haben Rohstoffe hier – Eisen, Holz für Papier-, Holz- und Kartonindustrie. Aber die Herausforderung bei der Energie ist schon eine große.

Um es auf den Punkt zu bringen. Wie zukunftsfit ist die Steiermark?

>> **Franz Mayr-Melnhof-Saurau:** Ich glaube, wir sind gut aufgestellt. Das heißt aber nicht, dass man sich darauf ausruhen darf, sondern der Prozess, der uns morgen unvorbereitet aufgrund von neuen, geopolitischen Themen trifft, muss gestern schon erdacht worden sein. Und da sehen wir gerade durch die Digitalisierung manchmal schnellere Entwicklungen, als die Politik Schritt halten kann. Da ist, glaube ich, auch die Politik gefordert, schneller darauf einzugehen, um der Industrie in Zukunft die notwendigen Rahmenbedingungen zu ermöglichen.

Ihr Nickname ist „Holzbaron". Ehrt Sie das eigentlich?

>> **Franz Mayr-Melnhof-Saurau:** Danke. Der Titel kommt aus der Vergangenheit, aus der Geschichte der Familie. Die ist ja über die Industrie groß geworden. Wir kommen aus der Nähe von Zeltweg. Die Familie ist damals durch die Stahlindustrie geadelt worden, vor allem durch effiziente Stahlproduktion. Die heutigen

Böhler-Werke, Anteile auch an der Radmeister-Community, Donawitz – da kommt dieser Titel auch her. Es zählen natürlich auch die Leistungen der heutigen Zeit. Und da ehrt es einen sicher auch und es macht einen stolz, dass noch so ein Bezug da ist.

Wie Ihre Vorfahren sind Sie auch steirischer Landesjägermeister. Eine Berufung?
>> **Franz Mayr-Melnhof-Saurau:** Ja, das Interesse ist groß. Es ist bei der Jagd aber nicht nur der Schuss, auch die Natur fasziniert. Mich zumindest. Und die Breite – wenn man jetzt die Jagd anschaut, auch die Jagd-Prüfung, die ist ja eigentlich eine „grüne Matura". Da geht es nicht nur um das Wissen rund ums Wildtier, sondern auch über den Lebensraum, die Pflanzen. Und nachdem wir auch im Forst sehr aktiv sind, ist das ein gutes Zusammenspiel. Es macht große Freude. Ich habe jetzt sechs Jahre lang dieses Amt ausgeübt und gehe gerade in die zweite Periode. Es freut mich, dabei schon einiges bewegt zu haben. Aufmerksamkeit auch auf Dinge gelegt zu haben, auf das Wildbret, einem Nahrungsmittel, das wir teilen können mit einer nichtjagenden Gesellschaft. Es geht auch um das Wissen um die Lebensräume. Der Jäger erfährt ja als erster, was da draußen passiert. Wie hat sich Corona ausgewirkt, wie wirkt sich der Klimawandel aus? Hier können wir mit kompetenten Leuten Zahlen, Daten und Fakten liefern, die für den Naturschutz wichtig sind.

Wie oft gehen Sie auf die Pirsch?
>> **Franz Mayr-Melnhof-Saurau:** Wir haben über die Herausforderungen durch die verschiedenen Ämter und betrieblichen Verantwortungen bereits gesprochen – daher leider viel zu wenig. Ich schaue, dass ich es im Sommer und an den Wochenenden, wenn es sich ausgeht, schaffe. Man kann abspannen, in die Natur eintauchen. Das ist schon immer ein schönes Erlebnis, das Handy auch einmal sein zu lassen – weil es eh nicht funktioniert im Graben. Und dadurch ein paar ruhige Stunden zu genießen.

Was ist für Sie das perfekte Jagderlebnis?
>> **Franz Mayr-Melnhof-Saurau:** Das perfekte Jagderlebnis muss nichts mit Schuss zu tun haben. Es kann auch ein Erlebnis sein, Tiere gesehen zu haben, draußen einen schönen Tag zu erleben. Am Berg oben zu sein und zu wissen, unten sind lauter Leute, die arbeiten und oben kann man den Tag genießen. Auch das hat was Schönes. Ich glaube, darin liegt auch der Mehrwert der Jagd.

Und was ist das perfekte Wildbret?
>> **Franz Mayr-Melnhof-Saurau:** Ein junges Stück Rotwild, so ein Schlegel am Spieß ist schon fantastisch. Das ist eine der besten Köstlichkeiten, die es vom Wildbret gibt.

Was macht die Steiermark aus?
>> **Franz Mayr-Melnhof-Saurau:** Vielfalt. Die Industrie, die Wirtschaft, die fasziniert, die Schnelligkeit vorlebt. Die uns auch in der Zeit hält. Auch gemütlichere Regionen, wie es der Süden lange war. Wobei man auch dort wirtschaftlich und industriell in den letzten 30 Jahren sehr aufgeholt hat. Aber vieles an Kultur ist geblieben. Man kommt aus den lauteren Gegenden in die Südsteiermark, man genießt das. Und ich glaube, dieser Mix aus Berg- und Tallagen macht eigentlich die Steiermark aus.

Was ist Ihr Kraftort?
>> **Franz Mayr-Melnhof-Saurau:** Ist hier zu Hause rund um Frohnleiten. Es gibt hier viele schöne Gegenden, Orte, wo ich hingehen kann. Wo ich einfach den Tag genieße und wieder Kraft schöpfe. ■

Wordrap
Franz Mayr-Melnhof-Saurau

Ihr Lebensmotto?
Nachhaltiges Wirtschaften in der Steiermark.

Ihr größter Wunsch?
Zufriedenheit und Glück, Gesundheit in der Familie.

Hatten Sie je ein Vorbild?
Keine Person, aber starke Familien, die Unternehmen weiterentwickelt haben. Und auch die Familien stark gehalten haben.

Welche Gabe hätten Sie gerne?
Vorausschauen können.

Lieblingsmaler?
Hollegger.

Lieblingsmusik?
Rock.

Lieblingsessen?
Backhendl mit Erbsenreis.

Typisch steirisch?
Käferbohnen.

Das Grüne Herz bedeutet für mich?
Ein Symbol, welches bereits in meiner Kindheit da war. Ein erfrischendes Symbol, das an Heimat, an Stärke erinnert. Ein gutes Zeichen.

Maximilian Missoni

„Graz besticht durch Dualität von moderner Architektur und historischer Substanz"

Der Grazer Maximilian Missoni macht große Karriere in der Automobilbranche: Als Chefdesigner von Polestar gibt er der aufstrebenden schwedischen Elektromarke das Gesicht. Wir sprachen mit dem gefragten Stylisten über gutes Design, die Zukunft des Automobils und seinen Blick auf die Steiermark.

Sie entstammen einer Grazer Architektenfamilie und sind mit Design aufgewachsen, wie Sie einmal sagten. Hat Ihr Herz immer schon für Autos geschlagen?
>> **Maximilian Missoni:** Ich war wirklich schon früh an Autos interessiert. Allerdings habe ich aus irgendwelchen Gründen vorher mit Booten, Jachten angefangen. Das war für mich ein großes Thema, weil es Architektur in Bewegung – am Wasser – war. Als Teenager bin ich dann mit Pininfarina in Kontakt gekommen. Das ist eine Design-Schmiede in Italien. Und dann war für mich alles vorbei. In einem Bootsmagazin waren Auto-Skizzen und die Idee und die Vision für die Ferraris, die sie damals noch bei Pininfarina entwickelt haben. Das war es dann.

Für Volkswagen haben Sie vor 20 Jahren als junger Designer Ihren ersten Entwurf abgeliefert. Der Roadster feierte dann auch Premiere auf dem Frankfurter Autosalon. Was hat das aus Ihnen gemacht?
>> **Maximilian Missoni:** Für mich war das wie ein Traum. Ich bin als sehr junger Designer zu Volkswagen gekommen. Das Studium war schon damals von Volkswagen gesponsert. Und ich hatte da die Möglichkeit, dieses Traumauto für Volkswagen, einen zweisitzigen Mittelmotor-Roadster, zu entwerfen. Und der ist dann direkt als Show-Car nach Frankfurt gegangen. Das war schon ein Designertraum. Und das hat mich relativ schnell in diese Rolle des reiferen Designers hineinkatapultiert. Es ist dann auch einige Jahre gut gelaufen. Das war auch der Deal damals, dass ich fürs Studium gesponsert werde und dann mindestens vier Jahre für die Marke arbeite. Daraus wurden dann zehn.

Wie funktioniert gutes Autodesign, worauf kommt es an?
>> **Maximilian Missoni:** Das ist die Frage der Fragen. Gutes Autodesign wandelt sich natürlich mit der Zeit. Aber das Wichtigste ist nie zu vergessen, dass man den Kunden ja einen Mehrwert bieten soll. Wir haben als Designer ein Spektrum von Emotionen, mit dem wir spielen dürfen. Es müssen positive Werte sein, es muss positive Emotionen wecken. Es geht um Sicherheit, es geht um Performance, Kraft und all diese Dinge. Und da sind wir als Designer gefordert, das Spektrum auch manchmal ein wenig auszuweiten. Und ein bisschen philosophischere Fragen zu stellen und vielleicht einen etwas intelligenteren Zugang zu Design zu finden. Und in der Marke, für die ich gerade arbeite, die wir auch mehr oder weniger als Team aus der Taufe gehoben haben, geht es genau darum. Ein intellektueller Zugang für Performance „Luxury Cars".

Es heißt, der Kauf eines Automobils wird immer noch wesentlich vom Design beeinflusst. Ist es wirklich so?
>> **Maximilian Missoni:** Ich würde sagen, in der Verbrenner-Ära war es gerade in den letzten 20 Jahren wirklich so. Design war hier absolutes Top-Verkaufsargument. Jetzt gibt es schon ein paar Konkurrenten zum Design, Reichweite etwa. Performance auch, da sind die Elektroautos ja echt gut. Aber Reichweite ist schon so ein Thema, da sind die Leute immer noch nervös. Also ich würde sagen, das ist ein Hygiene-Faktor. Aber dann, wenn das gegeben ist, dann ist Design meiner Meinung nach noch immer Top-Verkaufsfaktor.

Die Elektromarke Polestar hat sich auch als Designmarke positioniert. Wie groß ist da Ihre Verantwortung als Designchef?
>> **Maximilian Missoni:** Wir haben die Marke tatsächlich damals aus der Design-Abteilung von Volvo heraus entwickelt. Dort sind das Logo, der Markenclaim, das Produktportfolio und alle diese Dinge entstanden. Natürlich war dahinter ein Apparat an Finanz- und Business-Überlegungen. Aber dieses Gefühl erzeugt natürlich schon eine Verantwortung. Und wir halten das immer noch so im Team, dass wir mit Marketing, der Kommunikation, der Markenabteilung sehr, sehr eng verknüpft sind und auch da sehr viel Einfluss haben. Und das macht schon einen Unterschied, das kann man auch bei unserer Marke wirklich sehen.

Wie macht man eigentlich eine Marke unverwechselbar?
>> **Maximilian Missoni:** Oft liegt es daran, Dinge nicht zu tun, die alle anderen tun. Ich glaube, das ist in der heutigen Zeit ein ganz wichtiger Faktor. Bei uns kann man das sehr gut an der Kommunikation und an der Werbung erkennen. Wir sind sehr produktfokussiert. Die Sachen sind extrem clean, extrem minimalistisch. Und das kann am Blatt Papier einfach aussehen, aber wenn man sich das etwa in New York am Times Square vorstellt, wo Plakate und bewegte Bilder in allen Farben der Palette zu sehen sind, dann sticht das heraus, wenn hier ein Polestar-Add ist, das komplett clean und pur ist.

Die Automobilbranche befindet sich in einem radikalen Umbruch. Was bedeutet das für Ihre Arbeit, wie verändert sich das Design?
>> **Maximilian Missoni:** Ich würde sagen, dass die Elektrifizierung dazu geführt hat, dass sich die Architektur der Autos verändert. Und das eigentlich zum Guten für uns Designer. Wir hatten viele Probleme mit Verbrenner-Motoren, die vor der Vorderachse montiert wurden. Da kann ich mich noch aus früheren Jobs erinnern. Es war ein Horror, damit zu arbeiten. Und jetzt mit den kompakteren Elektromotoren und den langen Radständen haben wir sehr gute Voraussetzungen für gutes Automobildesign. Aber die großen Schritte passieren von jetzt an in der Zukunft, wo wir immer mehr ins autonome Fahren gehen. Da wird sich sehr viel im Innenraum verändern. Und dann natürlich Nachhaltigkeit und Materialien.

> **Autonome Autos sind eigentlich schon unter uns. Es ist nur eine Frage, wo man als Fahrer dann wieder übernehmen muss oder kann oder soll."**

Freuen Sie sich darauf, den ersten autonom fahrenden Polestar einzukleiden?
>> **Maximilian Missoni:** Das ist ja ein fließender Übergang. Autonome Autos sind eigentlich schon unter uns. Es ist nur noch eine Frage des Punktes, wo man als Fahrer dann wieder übernehmen muss oder kann oder soll. Das wird jetzt schrittweise ausgerollt. Also eigentlich kann man sagen, dass unsere Autos jetzt schon mehr oder weniger autonom fahrend sind. Aber Level 5, das heißt dann kein Lenkrad mehr, das wird dann wirklich spannend.

Unvermeidliche Frage: Wie wird das Autodesign der Zukunft ausschauen? Reden wir von 2050?
>> **Maximilian Missoni:** Ich würde sagen – wir reden jetzt erst mal nur vom Automobildesign – um 2050 trennen sich dann zwei Gruppen ab. Das eine sind die Luxusfahrzeuge, die

> "Ich war lange in Deutschland, in England und jetzt in Schweden. Da fehlt mir jetzt sicherlich auch ein bisschen diese steirische Art, diese Lässigkeit."

wirklich noch privat besessen werden, wo ich als Fahrer das Auto besitze, ich habe absolute Privatsphäre. Das Auto kann mich zwar autonom befördern, aber es ist mein Fahrzeug so konfiguriert, wie ich es will. Das zweite wird „mobility as a service" sein. Das heißt, ich habe eine App, ich hole mir mein Fahrzeug je nach Kategorie, was ich eben so brauche. Das kann teilweise geteilt werden mit anderen, so wie man das heute schon von „Uber" kennt, nur ohne Fahrer. Es wird dann aber natürlich keine Privatsphäre gewährleisten. Das heißt alles, was in diesen Autos passiert, wird von Kameras aufgenommen. Daraus bildet sich dann auch der Unterschied zwischen „Ownership" und „mobilisiertes Service" heraus.

Sie leben schon seit über zwei Jahrzehnten im Ausland. Wie hoch ist da noch die Wahrnehmung an den Geschehnissen und an der Entwicklung in der Heimat? Wie ist Ihr Blick auf die Steiermark?
>> **Maximilian Missoni:** Für mich ist es tatsächlich manchmal schwer, jede Entwicklung in Österreich und in der Steiermark generell mitzuverfolgen. Ich bin immer über österreichische Apps und die Medien mit dem Land verbunden. Ich finde, dass sich die Steiermark gut entwickelt und auch in puncto Design, Technologie und Automobilität immer noch die Nase vorne hat.

Wie nehmen Sie aus der Distanz Graz als „City of Design" war?
>> **Maximilian Missoni:** Ich kenne ein wenig die Akteure hier und weiß, was sie initiieren. Ich weiß, dass die Universitäten hier sehr aktiv sind. Es gibt hier sehr viele Initiativen, die diesem Motto auch gerecht werden.

Wie viel Steiermark steckt noch in Ihnen?

Ich würde sagen immer mehr wieder. Das ist interessant. Ich wollte früher natürlich weg, die Welt kennenlernen. Und schauen, ob dort das Gras grüner ist. Mittlerweile bin ich gerne wieder hier, auch gerne mit meinen Eltern in der Südsteiermark. Das ist schön.

Was macht das Bundesland aus?
>> **Maximilian Missoni:** Kulinarik. Die Lockerheit der Menschen, die ich nicht mehr wirklich mitgenommen habe. Ich war lange in Deutschland, in England und jetzt in Schweden. Da fehlt mir jetzt sicherlich auch ein bisschen diese steirische Art, diese Lässigkeit.

Was geht Ihnen in Göteborg aus der Steiermark ab?
>> **Maximilian Missoni:** Das Klima.

Was müssten Menschen, die noch nie in der Steiermark waren, bei uns gesehen haben?
>> **Maximilian Missoni:** Das ist eine gute Frage. Zwei Dinge vielleicht. Es gibt da sicher mehr. Einerseits die Südsteiermark, wir müssen immer zumindest einmal dort hinfahren, wenn ich hier bin. Und andererseits sollte man die Dualität zwischen moderner Architektur und der historischen Substanz in der Stadt Graz gesehen haben.

Wohin führt Sie Ihre Reise in der Autowelt noch?
>> **Maximilian Missoni:** Ich bin jetzt an einem Punkt in meiner Karriere, wo ich immer hinwollte. Ich wollte immer schon für die Design-Geschicke einer Marke verantwortlich sein. Man weiß ja am Anfang nie so genau, wie sich das dann entwickelt. Hier ist es eben so gelaufen, dass wir als Team gemeinsam eine ganze Marke aus der Taufe gehoben haben. Und das ist extrem spannend. Derzeit ist alles offen. Da, wo ich jetzt bin, finde ich es gut. ■

Wordrap
Maximilian Missoni

Ihr Lebensmotto?
Immer positiv in die Zukunft.

Irdisches Glück?
Auf meinem Boot.

Hauptcharakterzug?
Passioniert.

Gab es je ein Vorbild?
Ich bin nicht so der Vorbild-Typ.

Welche Gabe möchten Sie haben?
Meine Lebenszeit verdoppeln.

Lieblingskünstler?
Ólafur Elíasson.

Lieblingsmusik?
Anton Bruckner.

Lieblingswein?
Gelber Muskateller.

Lieblingsessen?
Gesund.

Lieblingswort im steirischen Dialekt?
Geh ...

Das Grüne Herz bedeutet für mich ...
Die Südsteiermark.

Marion Mitterhammer

„Vom Geruch des Backhendls"

Marion Mitterhammer zählt zu den bekanntesten Gesichtern der österreichischen Filmszene. Die gebürtige Mürztalerin, die ihre Karriere am Theater begann, zeigt neuerdings auch als Autorin, Regisseurin und Produzentin auf. Wir sprachen mit der auf Malta und in München lebenden Schauspielerin in ihrem Lieblingsrestaurant „Riegler" in Bruck an der Mur über die Lust an neuen Herausforderungen, Landgasthäuser und warum die Steiermark reif ist für das ganz große Kino.

Sie sind in Bruck geboren und dann als Gasthauskind in Mitterdorf im Mürztal aufgewachsen. Was erinnert Sie noch an Ihre Kindheit?
>> **Marion Mitterhammer:** Jedes Gasthaus. Für mich ist fast jedes steirische Wirtshaus etwas Besonderes. Ich kann kaum daran vorbeigehen. Das ist einfach meine Kindheit – das Wirtshaus. Das ist das Erste, was mir einfällt. Es war eine üppige Kindheit, es war immer voll und es waren immer viele Leute da. Es gab den Stammtisch und ich bin immer dabeigesessen. Eigentlich ist man davon ausgegangen, dass ich die nächste Wirtin werde. Es ist anders gekommen. Aber ja, eine große Liebe zu steirischen Wirtshäusern.

Wie verwurzelt sind Sie heute noch mit dem Mürztal? Wo oft kommen Sie noch zu Besuch und was unternehmen Sie dann?
>> **Marion Mitterhammer:** Ich komme so oft wie möglich. Auf dem Weg nach Wien durchs Mürztal sehe ich dann immer das Schild Mitterdorf im Mürztal. Das heißt ja gar nicht mehr so, es haben sich Dinge auch verändert, die Orte heißen mittlerweile anders. Daran kann ich mich schwer gewöhnen. Aber ich habe nach wie vor eine ganz große Sehnsucht. Ich merke das, wenn ich so raufschaue auf die Berge und auf die Wiesen und denke mir, es wäre schön da ein Häusl zu haben. Also ich träume mich irgendwie wieder hierher.

Sie haben in Neuberg an der Mürz geheiratet. War es Ihnen wichtig, den Bund der Ehe in Ihrer Heimat zu schließen?
>> **Marion Mitterhammer:** Ja, ich wollte in einem Wirtshäusl heiraten. In einem schönen, alten, originalen Wirtshäusl. Und da war das wunderbar, was wir dort vorgefunden haben. Neuberg hat auch eine besondere Bedeutung in meinem Leben. Abgesehen davon finde ich es wahnsinnig schön. Mein Mann ist ja ein Deutscher und dem hat das auch gut gefallen. Wir fahren noch immer dorthin.

Sie waren viel unterwegs, haben in Italien und Frankreich gelebt und gearbeitet, jetzt haben Sie Wohnsitze auf Malta und in München. Nimmt man da noch wahr, was in der Steiermark so alles passiert und wie sich das Land entwickelt?
>> **Marion Mitterhammer:** Auf jeden Fall. Also ich sage Ihnen, ich schau mir jeden Tag eine steirische Zeitung im Netz an. Natürlich lese ich und interessiere mich. Ich nehme großen Anteil, weil ich von außen sehr gut beobachte. Politik hat mich interessiert. Also ich finde das wirklich sehr aufregend und spannend, manchmal sehr ärgerlich – sehr oft sehr ärgerlich. Aber ich nehme wirklich Anteil aus der Ferne.

> **"Wir haben festgestellt, dass uns besonders die Obersteiermark, jetzt Hochsteiermark, angesprochen hat in ihrer Rauheit und Klarheit."**

Sie haben vor langer Zeit in einem Interview von der Obersteiermark geschwärmt, weil sie eine raue, klare Landschaft und noch keine vom Tourismus verdorbene Region ist. Gilt das noch?
>> **Marion Mitterhammer:** Das habe ich vor einigen Jahren gesagt, als ich geheiratet und die erste Reise mit meinem Mann durch die Steiermark gemacht habe. Das war wieder interessant, weil der Blick von außen ist ja immer etwas Besonderes. Und da haben wir damals festgestellt, dass uns besonders die Obersteiermark, jetzt Hochsteiermark, angesprochen hat in ihrer Rauheit und Klarheit. Und ich es nach wie vor sehr schön finde. Ja, finde ich spannend, kann man vielleicht auch optisch ganz toll in Szene setzen.

Wann haben Sie denn zum letzten Mal das Dirndl-Kleid getragen?
>> **Marion Mitterhammer:** Im letzten Jahr, ich war beim „Aufsteirern" eingeladen. Und da ist es ja Pflicht, dass man ein Dirndl trägt. Ich hatte das Glück, ausgestattet zu werden, das hat mir Spaß gemacht. Aber ich habe sehr selten die Gelegenheit, ein Dirndl zu tragen. In Deutschland oder Malta wäre das doch ein bisschen overdressed. Aber es ist schön. Ein Dirndl ist für mich immer ein bisschen Verkleidung.

Wir wäre es mit einem Filmprojekt im Mürztal?
>> **Marion Mitterhammer:** Ja, wie wäre es überhaupt mit einem Filmprojekt? Ich habe ja gerade eines fertig gedreht und das war sehr mühsam und hat sehr viele Jahre gedauert. Vom Anfang bis zum Ende. Man reift ja auch, wenn man so ein großes Projekt hat und dann erfolgreich abschließt. Aber das Mürztal wäre auch ziemlich spannend. Konkretes habe ich fürs Mürztal jetzt aber noch nicht.

Ihre Filmografie ist beeindruckend, es sieht so aus, als hätten Sie in den letzten drei Jahrzehnten ohne Pause gedreht. Was treibt Sie an?
>> **Marion Mitterhammer:** Dass ich extrem neugierig bin und dass ich einfach noch nicht das erfahren habe, wovon ich einmal ausgegangen bin, dass ich das als Schauspielerin erleben darf. Also ich bin noch nicht dahin gekommen, dass ich sage, das ist jetzt die Rolle oder das Projekt, das ich mir selbst schuldig bin. Das ist das, was mich so herausfordert. Es waren zum Teil sehr schöne Sachen, aber ich habe auch sehr viel Schrott gemacht, in meinem Leben. Muss man ja machen, man muss ja die Miete zahlen. Aber für die nächsten Jahre nehme ich mir vor, dass ich schon auch Dinge machen kann und darf, die auch mit mir etwas zu tun haben und die mich fordern. Aber das ist ein Antrieb, dass der Moment einfach noch nicht gekommen ist, der bedeutet „Das ist es jetzt". Das finde ich ja spannend, weil wenn es so ist, dann kann man ja abtreten. Also ich setze mir gerne Ziele und habe extreme Vorstellungen und Fantasien und gebe halt auch nicht auf.

Welche Rolle hat Sie am stärksten gefordert und an die Grenzen gebracht? Und welche würden Sie als Ihre bisher beste bezeichnen?
>> **Marion Mitterhammer:** Das ist schwer zu sagen. Sicher an meine Grenzen gebracht hat mich die Mehrfachrolle als Produzentin, Co-Regie, Co-Autorin und Darstellerin für „Taktik". Es war hochgradig interessant und fordernd, einmal zu erleben, was es heißt, ein Projekt auf die Beine zu stellen. Zehn Jahre fokussiert daran zu arbeiten hat mich auch manchmal schlaflose Nächte gekostet. Aber ich habe viele neue Freunde kennengelernt und weiß jetzt sicher ein bisschen mehr über den Beruf und die Zusammenhänge. Ich weiß aber auch ganz genau, was ich sicher nicht wieder will.

Das „Taktik"-Projekt hat ja zehn Jahre lang gedauert. Gab es da auch die Angst zu scheitern?
>> **Marion Mitterhammer:** Immer, jeden Tag. Die Angst zu scheitern ist auch etwas, was ich erfahren habe. Es ist ja dann auch eine Art

Motor. Scheitern, das will man nicht, also gibt es nur die Alternative durchzuhalten. Für mich jedenfalls. Aber viele schlaflose Nächte, Tränen, Unsicherheiten – aber auch das Gegenteil, dann als der Film fertig war und wir die Möglichkeit hatten, den Film zu verkaufen, und wunderbare Kritiken bekommen haben. Die Wertschätzung, da zeigt sich dann wieder, dass es sich auszahlt.

Sie sind für Ihr Schaffen immer wieder gewürdigt worden. Diagonale Spezialpreis, österreichischer Filmpreis, Josef-Krainer-Preis. Was bedeuten Ihnen die Auszeichnungen?
>> **Marion Mitterhammer:** Also, ganz ehrlich. Es freut mich natürlich sehr, wenn man intensiv arbeitet und es wird bemerkt. Und eine Jury sagt, das ist preiswürdig. Man wird dann wertgeschätzt. Das ist schon etwas sehr Schönes und Berührendes. Das sind dann so Momente, die man nicht vergisst und die zu einer Biografie gehören. Ich glaube aber mindestens genauso wichtig und schön ist es, sich davon unabhängig zu machen. Man spürt eh selbst, wenn es funktioniert und wenn es gut geworden ist. Ich habe einmal einen Preis für eine Rolle gekriegt, das kann ich jetzt hier verraten, da war ich ganz unglücklich. Also sowas habe ich ja noch nie gemacht. Und dann habe ich mir gedacht, interessant, wie man selber die Dinge sieht und wie sie von außen wahrgenommen werden. Ich habe das nie erzählt, aber eigentlich war ich sehr überrascht, dass ich dafür einen Preis gekriegt habe.

Sind Serien-Engagements, da haben Sie ja auch viel gespielt, ein gutes Geschäft für SchauspielerInnen?
>> **Marion Mitterhammer:** Ja natürlich, das ist ein sicheres Einkommen. Es ist natürlich sehr erholsam und erleichternd, wenn du weißt, dass im nächsten Monat wieder die Miete kommt. Aber auch da muss ich sagen, ich versuche mich wirklich frei zu machen und keine Angst zu haben. Ich versuche, Projekte zu haben und Mitstreiter zu finden. Und das möchte ich hier einmal loswerden. Da hat es mir die Steiermark sehr leicht gemacht. Also ich hatte diese Idee, in der Steiermark einen Film zu drehen, ein steirisches Thema. Und dabei die steirische Filmwirtschaft miteinzubeziehen. Und es hat mich wahnsinnig gefreut, dass man da nie von oben herab behandelt wurde, sondern die Idee toll fand und auch geholfen und gefördert hat. Wertschätzend und liebevoll, es ist mir ein Bedürfnis, das hier zu sagen.

Sie arbeiten sehr viel im Film, kommen aber vom Theater. Gibt es noch Sehnsucht dorthin?
>> **Marion Mitterhammer:** Also Sehnsucht habe ich immer. Nicht nur nach dem Beruf und nach dem Theater. Aber was ich gerne einmal machen würde – und ich habe schon mal meine Fühler dorthin ausgestreckt – ich möchte gerne einmal einen richtig interessanten Solo-Abend machen. Weil das ist wirklich die ganz hohe Schule. Aber es eilt nicht, ich habe hoffentlich noch ein bisschen Zeit.

Was bringt die Zukunft?
>> **Marion Mitterhammer:** Ich weiß nicht, wie die Zukunft wird. Aber ich hoffe und wünsche mir, gesund und neugierig zu bleiben. Und auf Menschen zu treffen, die vielleicht meine Ideen nicht schlecht finden und sagen, wir unterstützen, wir fördern, wir machen gemeinsam. Das wäre schön, wenn das in der Steiermark wäre. Ich wäre gerne zuversichtlich, also noch zuversichtlicher, als ich eh schon bin.

Wie würden Sie einem Blinden die Steiermark beschreiben?
>> **Marion Mitterhammer:** Ich würde sagen, dass es manchmal besonders gut riecht in der Steiermark. Also ich erinnere mich an den Obstgarten bei meiner Oma. Neben dem Wirtshaus war der. Ich erinnere mich an den Geruch im Frühling, das ist das Erste, was mir einfällt. Und dann der Geruch vom steirischen Backhendl, das riecht doch auch ganz besonders gut. Und auch die Alm hat einen besonderen Geruch. ∎

Wordrap
Marion Mitterhammer

Ihr Lebensmotto?
Mein Motto ist, ich habe kein Motto.

Irdisches Glück?
Gibt es manchmal, wenn ich mit meinen Hunden spazieren gehe und mein Mann Frühstück zubereitet.

Hauptcharakterzug?
Scheuheit.

Ihr größter Fehler?
Scheuheit.

Gab oder gibt es ein Vorbild?
Meine Mutter.

Welche Gabe möchten Sie haben?
Ich würde gerne 100 Sprachen sprechen.

Lieblingsbuch?
„Wir haben es nicht gut gemacht", der Briefwechsel von Ingeborg Bachmann und Max Frisch ist mein Lieblingsbuch.

Lieblingsmaler?
Caravaggio.

Lieblingsmusik?
Bach.

Lieblingsessen?
Backhendl.

Das Grüne Herz bedeutet für mich?
Alles.

Thomas Muster

„Von steirischen Sturschädl'n, Heimatliebe und Sternstunden"

Thomas Muster ist Österreichs Tennis-Hero. 44 ATP-Turniere hat der Leibnitzer gewonnen, die French Open in Paris waren sein größter Triumph. Und ein paar Wochen als Nummer 1 der Tennis-Welt sind auch nicht zu verachten. Der Globetrotter ist sesshaft geworden. Vor dem imposanten Schloss Eggenberg – Muster lebt in unmittelbarer Nähe – ein Gespräch über Sternstunden, die Rückkehr zu den Wurzeln und seine tiefe Beziehung zur Steiermark.

Foto: GEPA pictures

Als Tennisprofi führten Sie quasi von Kindesbeinen an ein Nomadenleben, Sie schlugen auf allen Kontinenten und in nahezu allen Ländern der Welt auf. Fokussiert auf das große Ziel, haben Sie alles Ihrer Karriere untergeordnet. Haben Sie sich in dieser Zeit von Ihrer Heimat entfremdet?

>> **Thomas Muster:** Ich habe mich von meinen Wurzeln nie verabschiedet. Wenn man 40 Wochen im Jahr unterwegs ist, dann hat man zwar den Bezug, aber natürlich verliert man ein bisserl die Perspektive, was so an Alltäglichem im eigenen Land passiert. Man verfolgt es dennoch. Meine Österreich-Besuche waren maximal einmal zu Weihnachten oder wenn unser Land im Davis-Cup ein Heimspiel hatte. Ich bin sehr früh von Österreich weg, mit 18 Jahren nach Monte Carlo, weil früher die besten Spieler einfach dort trainiert haben. Das habe ich mir zu Nutzen gemacht, um weiterzukommen. Aber danach war ich eigentlich immer in Österreich sesshaft. Also die Mär, dass ich sozusagen in Australien wohnhaft war, stimmt nicht. Ich bin jetzt seit mehr als 25 Jahren wieder in Österreich gemeldet. Und das hat auch seinen Grund.

Welchen Grund?
>> **Thomas Muster:** Weil meine Familie und ich in Australien zusammengesessen sind und gesagt haben „wagen wir diesen Schritt, in Australien zu bleiben, wollen wir das eigentlich?". Wir haben uns dagegen entschieden, weil die Wurzeln da sind, die Familie ist da und es ging darum, den Kindern nicht die Perspektive zu nehmen, in dem Land aufzuwachsen, wo man ihre Muttersprache spricht. Wobei bei meiner Tochter ist das eh etwas zweigeteilt. Aber im Großen und Ganzen haben wir uns für das schöne Österreich entschieden, weil wir hier alles haben. Man ist doch verwurzelt und du kannst dich noch so lange im Ausland aufhalten, du kannst dort Freunde haben, aber du wirst doch nie zu 100 Prozent zugehörig sein. Und du wirst dich auch nie wirklich als Australier fühlen, sondern immer Österreicher bleiben. Es gibt viele gute Gründe, warum man in Österreich oder in der Steiermark wohnt.

Also war diese Heimkehr immer klar?
>> **Thomas Muster:** Nicht immer. Aber irgendwann muss man eine Entscheidung treffen, die auch langfristig Sinn macht. Wir haben uns für Österreich und für die Steiermark entschieden. Wir haben uns damit für die Familie entschieden und auch für die Vorteile, die man in diesem Land einfach hat.

Sie haben Schloss Eggenberg als Kulisse für unser Gespräch gewählt, haben Sie eine besondere Beziehung dazu?
>> **Thomas Muster:** Ich besitze für den Schloss-Park sogar eine Jahreskarte (lacht). Ich gehe hier oft laufen oder spazieren. Ich wohne ja in Graz-Eggenberg. Mit gefällt diese Kulisse, dieser Park.

> **Ich bin sehr gerne in der Obersteiermark. Ich habe das Skifahren wieder für mich entdeckt, nachdem ich aus vertraglichen Gründen jahrzehntelang nicht fahren durfte."**

Wenn man so viel unterwegs war, verändert sich da der Blick auf die Steiermark?
>> **Thomas Muster:** Man kann nur urteilen und auch mitreden, wenn man wirklich hier wohnt, und das habe ich eben sehr lange nicht gemacht. Aufgrund meiner beruflichen Tätigkeit war ich eigentlich nirgends zu Hause. Aber wenn man hier ansässig ist, dann sollte man auch seine Stimme dementsprechend abgeben und auch mitdiskutieren dürfen, was vielleicht gut oder falsch sein könnte.

Was schätzen Sie den ganz besonders an der Steiermark?
>> **Thomas Muster:** Erstens einmal die Menschen. Ich bin sehr gerne in der Obersteiermark, genau gesehen in Donnersbachwald. Ich habe das Skifahren wieder für mich

Am Höhepunkt: Thomas Muster bei seinem Grand-Slam-Sieg 1995 im Stade Roland Garros in der französischen Hauptstadt Paris.

entdeckt, nachdem ich aus vertraglichen Gründen jahrzehntelang nicht fahren durfte. Ich bin unglaublich gerne auf der Riesneralm. Ich schätze vor allem die vier Jahreszeiten, etwa diese Verfärbungen der Blätter im Herbst. Neben der Südsteiermark, wo ich ja eigentlich herkomme, habe ich auch die Berge neu entdeckt. Es gibt viele Dinge, die ich hier schätze. Graz als Landeshauptstadt und zweitgrößte Stadt Österreichs. Wann immer ich mit jemanden nach Graz komme, sagen die „was ist das für eine nette Stadt". Und auch das Ländliche, egal wo du jetzt hinschaust, ob in die Obersteiermark oder in die Süd- und Oststeiermark oder die Seen, die wir zu bieten haben. Die Steiermark hat sehr viele positive Aspekte.

Wenn Sie jemand bittet, sie zu den fünf schönsten Plätzen der Steiermark zu führen – wohin geht´s?
>> Thomas Muster: Natürlich einmal meine Heimat in der Südsteiermark mit der wunderschönen Weinlandschaft. Wie schon gesagt habe ich die Riesneralm für mich neu entdeckt, ich verbringe dort sowohl im Winter als auch im Sommer Zeit. Es gibt sehr nette Menschen dort. Dann der Grüne See oder die Oststeiermark mit der Apfelstraße. Die Dachstein-Region. Es gibt viele, viele Punkte, die ich jetzt aufzählen könnte, ich hoffe, es ist mir keiner böse, wenn ich wen auslasse. Man könnte die gesamte Steiermark mit einem Wohnwagen durchqueren und man findet immer einen Platz, wo man sich wohlfühlt. Es sind vor allem die Menschen in den ländlichen Regionen, die unglaublich nett und hilfsbereit sind. Diese Erfahrungen habe ich immer wieder gemacht.

Wie sehr hat Sie Ihr Unfall 1989 geprägt, was lernt man in so einer Situation noch außer „never give up"?
>> Thomas Muster: Wenn man eine Zeit lang weg ist vom Job, lernt man erst, wie sehr man ihn schätzt. Wichtig ist, dass man einen steirischen Sturschädl hat, um etwas weiterzubringen. Niemals aufgeben und wieder aufstehen. Es ging darum, zu beweisen, dass man es noch einmal schaffen kann. Das betrifft mein Comeback. Es hätte natürlich auch noch viel schlimmer ausgehen können aber Gott sei Dank ist es so ausgegangen, wie es ausging.

Der Titelgewinn in Paris 1995 war Ihre Sternstunde, Ihr Lebenstraum. Der Matchball war nachhaltig, wie oft denken Sie daran?
>> Thomas Muster: Ganz selten. Wenn man mich nicht so wie jetzt erinnert, eigentlich gar nicht. Das ist für mich ein Lebensabschnitt. Ich habe mich nie als Idol oder Legende gesehen. Es war ein Beruf, den ich ausgeübt habe. Ich habe mir das als Kind eingebildet und wollte im Tennis etwas werden. Ich habe dem sehr viel untergeordnet. Insofern war es für mich ein Lebensabschnitt, der sehr erfolgreich war. Aber am Ende des Tages ist es nicht mehr oder weniger. Es gibt so viele Menschen, die auf der ganzen Welt und auch in Österreich unterwegs sind und Wichtigeres leisten als Paris zu gewinnen. Für mich persönlich und natürlich auch für die Tenniswelt in Österreich war das etwas ganz Besonderes. Oder auch die Davis-Cup-Spiele. Aber wie gesagt, das ist halt ein kleiner Teil der Weltbevölkerung, der das wahrnimmt, der Rest ist mit anderen Dingen beschäftigt. Dingen, die wichtiger sind, wie Ärzte, die Menschenleben retten. Da kann man das nicht Gegenüberstellen. Es ist nicht so, dass ich täglich in den Spiegel schaue und sage, „Thomas, du bist der Größte, du hast Paris gewonnen". Also das kommt mir nicht annähernd in den Sinn.

Vor Jahren gehörte ein Weingarten zu Ihrem Besitz, den Sie von einem renommierten Winzer bewirtschaften ließen. Der Muskateller und Sauvignon wurden eine Zeitlang unter „Toms" verkauft. Wie halten Sie es heute mit dem steirischen Wein?
>> Thomas Muster: Also vielleicht kann ich das jetzt einmal relativieren. Es hat immer dieser Winzer den Wein gemacht. Es ist mir eigentlich immer schon ein bisserl auf den Wecker gegangen, immer über Wein zu urteilen und gefragt zu werden, wie mein Wein heuer wird. Ich habe noch nie selbst einen Wein gemacht. Das war ein Irrtum, dass man gesagt hat, der Thomas Muster war ein Winzer. Dieser renommierte Winzer hatte eben diese Flächen gepachtet und hat den Muskateller, den Weißburgunder und den Sauvignon dort gekeltert. Wir haben uns einfach gedacht, wir verkaufen ihn unter „Toms". Das war eher ein Gag. Und da gibt es auch eine lustige Geschichte dazu, weil wir beim steirischen Wein sind. Dieser Winzer kam zu mir und sagte, „Du, der Absatz ist ein wenig schwierig, die Leute vergleichen immer und wir verkaufen ihn nicht so gut". Da habe ich gesagt, „Kein Problem, wir wissen ja, was drinnen ist. Gib dein Etikett wieder drauf und schauen wir einmal." Wir haben das Gleiche eingefüllt und die Leute verkosten lassen, das eine mit seinem Etikett, das andere mit meinem. Die Leute haben immer gesagt, der ist schon ein bisserl besser. Es war aber das Gleiche drin.

Was wäre eigentlich aus Ihnen geworden, wenn Sie nicht so früh mit dem Filzball in Berührung gekommen wären? Rennfahrer, Architekt, Immobilienentwickler, Weinbauer?
>> Thomas Muster: Für die Schule war ich nicht so geeignet. Ich wollte immer ein Handwerk erlernen. Vor allem Holz war mir immer sehr lieb. Ich habe da herumgeschnitzt und herumgebaut und mir Hölzer bei der Tischlerei geholt. Ich wollte immer Tischler werden.

Liebeserklärungen an die Steiermark

> "Ich will die Welt heute nicht mehr zerreißen, ich will sie genießen, auf meine Art und Weise mit ein paar kleinen Projekten und Dingen, die ich gerne mache."

Daraus wurde nichts. Aber dieses Handwerk begeistert mich bis heute. Ich habe höchsten Respekt vor Handwerkern, die Spezielles leisten. Heute ist meine große Leidenschaft Architektur. Das ist ein Hobby von mir.

Welche Welt wünschen Sie Ihren Kindern?
\>\> **Thomas Muster:** Wie jeder Elternteil natürlich, dass auch diese Generation weiter das genießen kann, was wir genossen haben. Wir konnten noch aus dem Vollen schöpfen, ich weiß nicht, ob das in Zukunft noch so möglich sein wird. Ich wünsche ihnen natürlich Gesundheit und dass sie in einer friedlichen, freien Welt aufwachsen können. Es ist natürlich auch klar, dass das Leben ein täglicher Kampf ist. Das wird ihnen auch nicht erspart bleiben.

Was haben Sie persönlich noch alles vor?
\>\> **Thomas Muster:** Mit 55 plus ist man auch schon in einem Alter, wo man sagt, ja, man geht nicht mehr so wie mit 25, 30 die größten Pläne an. Ich will die Welt heute nicht mehr zerreißen, ich will sie genießen, auf meine Art und Weise mit ein paar kleinen Projekten und Dingen, die ich gerne mache. Ich war so viel unterwegs in meinem Leben, dass das nicht unbedingt etwas ist, was erstrebenswert ist. Ich möchte aber die Gelegenheit haben, meiner Familie, meinen Kindern relativ viel noch zu zeigen, zu reisen. Und nachdem es keine Hausverstands-App gibt, versuchen, den Kindern für dieses Leben Hausverstand mitzugeben. ∎

Wordrap
Thomas Muster

Ihr Motto?
Niemals aufgeben.

Irdisches Glück?
Gibt es nicht.

Hauptcharakterzug?
Endlos stur.

Ihr größter Fehler?
Fehler zu machen.

Hatten Sie je ein Vorbild?
Didi Mateschitz.

Welche Gabe möchten Sie haben?
Das man sich wohin beamen könnte.

Lieblingsmaler?
Miró und Kandinsky.

Lieblingsmusik?
Schostakowitsch.

Lieblingsessen?
Leider Leberkässemmel (lacht).

Michael Ostrowski
„In Graz fliegen dir die Augen raus!"

Ob im ORF, ZDF, ARD oder Servus TV: Aktuell gibt es keinen Sender im deutschsprachigen Raum, bei dem nicht gerade ein Film oder eine Serie mit Michael Ostrowski läuft. Dazu kommen Theater, Moderation und Bücher. Der gebürtige Obersteirer ist ein viel beschäftigtes „Arbeitsviech". Ein sehr sensibles, wie sich beim Gespräch herausgestellt hat. Michael Ostrowski über sein Land, die Steiermark, die Freude über das blühende Grazer Lendviertel und die Politik.

Der Google-Test ist überzeugend: 13 Millionen 600.000 Ergebnisse in 0,46 Sekunden. Sind Sie selbst auch beeindruckt?
>> **Michael Ostrowski:** Ich habe keine Ahnung, was es bedeutet. Ich bin ja selber eigentlich nicht auf den sozialen Medien. Oder erst sehr spät eingestiegen. Eigentlich erst, seitdem ich einen Film und ein Buch geschrieben habe. „Der Onkel", da habe ich mir gedacht, ich muss das jetzt irgendwie promoten, wenn Lesetermine sind. Aber davor … Ich bin überhaupt nicht aktiv. Insofern, wahrscheinlich ist es beeindruckend, ja.

Sie sind Schauspieler, Regisseur, Moderator, Autor. Und Sie gelten als einer, der sich in keine Schublade stecken lässt. Wie sehen Sie sich selbst, was treibt Sie an?
>> **Michael Ostrowski:** Es gibt ein Zitat von Oscar Wilde, das sagt: „Es gibt Leute, die wollen Anwälte werden oder Juristen oder Ärzte, und die werden das dann. Aber wenn du selbst nichts werden willst und schaust, was mit dir passiert, dann ist es eigentlich der schönste Zustand." Und ich finde, das ist mein Zustand. Ich habe nie irgendetwas werden wollen, sondern ich habe geschaut, was passiert. Und deshalb bin ich alles geworden und vielleicht auch nichts. Aber das macht nix. Das gibt mir Freiheit, mich selbst zu verändern und nicht sozusagen Erwartungen entsprechen zu müssen. Es gibt ja nicht etwas, was ich unbedingt machen will, das hat sich alles immer entwickelt. Aber das heißt nicht, dass ich nichts tue dafür. Also ich arbeite schon konzentriert und ich habe schon meine Projekte, die versuche ich mit aller Kraft zu machen. Aber die Schönheit des Daseins liegt darin, zu sagen, ich weiß nicht, was ich bin, und ich weiß nicht, was ich sein werde.

Sie wollten ursprünglich Mediziner werden und haben dann in Oxford und New York Sprachen studiert. Wie hat es Sie zur Schauspielerei verschlagen?
>> **Michael Ostrowski:** Wie es mich dazu verschlagen hat, war ganz einfach. Beim Englisch-Studium hat jemand gesagt, es gibt ein englisches Theaterstück – hast Lust mitzumachen? Habe ich mir gedacht, ja. Also es dürfte mich schon irgendwas daran interessiert haben. Und es war ein Studententheater und über das bin ich dann zum „Theater im Bahnhof" in Graz gekommen. Aber das war nie ein Berufswunsch. Der Johannes Zeiler, der mit mir damals gespielt hat, ist aufs „Reinhardt-Seminar" gegangen. Und ich habe gefragt „Was ist das Reinhardt-Seminar?". Das war jetzt keine lustige, ironische Frage, sondern ich habe es nicht gewusst. Es war nicht einmal in meinem Horizont, dass ich da jetzt eine Schauspielausbildung machen könnte. Und deswegen bin ich hineingerutscht und habe über das „Theater im Bahnhof" eigentlich die Liebe am Spielen entdeckt und auch Professionalisierung mitgemacht. Die wollten alle wirklich davon leben. Das wollte ich eigentlich lange nicht. Und bin daher studieren gegangen nach England und Amerika, habe eine Doktorarbeit angefangen. Dann habe ich, während ich meine Doktorarbeit schreiben sollte, mein erstes Drehbuch geschrieben.

> **„Ich bin hineingerutscht und habe über das „Theater im Bahnhof" eigentlich die Liebe am Spielen entdeckt und auch die Professionalisierung mitgemacht."**

Und dann war ich irgendwann ehrlich zu mir und habe mich quasi mehr auf das Künstlerische besonnen.

Sie haben Ihren bodenständigen Familiennamen Stockinger gegen den doch komplizierten Namen Ostrowski getauscht. Auf die Frage weshalb geben Sie nicht rasend gerne Antwort. Gibt's dazu keine gute Geschichte zu erzählen?
>> **Michael Ostrowski:** Es gibt sehr viele klasse Geschichten, die habe ich alle schon erfunden. Die Kurzfassung ist: Ein Name muss mit der Tätigkeit irgendwie gut zu verbinden sein. Und ich habe immer gefunden „Stockinger" ist ein schöner Name, aber er hat nichts mit dem zu tun, was ich mache. Und ein anderer Name gibt dir auch eine gewisse Distanz zu dir selber. Und deswegen habe ich mir einen anderen Namen ausgesucht. „Ostrov" – die Insel – oder wie ich auch gelernt habe, die Schärfe. Und dann habe ich mir gedacht, scharf ist jeder gerne. Also bin ich ein Inselchen, ein scharfes. Also bin ich das geworden.

Es gab ja einmal eine Krimiserie mit dem Titel „Stockinger".

> **Die Burg „Strechau" in der Obersteiermark sollte man gesehen haben, das ist eine coole Burg und ich komme aus der Gegend."**

Michael Ostrowski: Tatsächlich hat es eine Krimiserie mit dem Namen „Stockinger" gegeben mit Karl Markovics. Und ich habe keine Lust gehabt, dauernd darauf angesprochen zu werden. Ja, ganz einfach.

Ihre Filmografie ist ziemlich beeindruckend. Kein Jahr ohne drei, vier Filme. Als Multitalent sind Sie gefragt und gebucht wie kaum ein anderer Künstler. Sind Sie ein Arbeitsviech?
Michael Ostrowski: Das ist eine interessante Frage. Ich glaube, ich arbeite gerne, weil ich die Sachen, die ich mache, tatsächlich gerne mache. Also ich mache nichts, was ich nicht will. Weil ich Gott sei Dank das Privileg habe, eben verschiedene Berufe zu haben. Und wenn ich jetzt etwas nicht drehen will, weil es mir nicht taugt, dann mache ich etwas anderes. Aber das hat den Nachteil, dass man sehr eingeteilt ist. Weil wenn ich eine Moderation habe, dann muss ich das machen. Ich kann nicht einfach einmal sagen, so, das war es jetzt, sondern ich arbeite eigentlich konstant. Weil wenn man schreibt, dann hört man nicht auf zu denken. Aber der riesige Vorteil ist, ich mache deshalb so viel, weil ich es gerne mache.

Nobelpreisträgerin Elfriede Jelinek, die ja sehr zurückgezogen lebt, gab zu Ihrem Buch „Der Onkel" eine Leseempfehlung ab. Wie ist denn das gelungen?
Michael Ostrowski: Der Rowohlt-Verlag, bei dem sie auch publiziert, hat mich gefragt, wer mein Buch lesen und rezensieren soll. Und ich habe natürlich – bescheiden wie ich bin – gesagt Elfriede Jelinek. Und sie haben gesagt: „Naja – alles klar, wir probieren es. Normalerweise liest sie nur Krimis." Und dann habe ich gesagt, es ist eine Krimi-Handlung in dem „Onkel". Und dann hat sie das innerhalb kürzester Zeit gelesen und einen wirklich schönen Text geschrieben. Und ich war einfach geplättet. Ich glaube, ich bin einen Meter hoch gesprungen vor lauter Freude, weil sie das gemacht hat.

> **Ich finde ehrlich gesagt das „Parkhouse", das „Forum Stadtpark", die „Kombüse" extrem wichtig für Graz. Ich bin gerne im Stadtpark und in der Gegend."**

Sie sind auch als Regisseur gut unterwegs – von „Hotel Rock'n'Roll" bis zum Hofer-Preis-Werbespot. Weitere Pläne in diese Richtung?
Michael Ostrowski: Ich habe das Regieführen immer als das, was kommt genommen. Und wenn es kommt, dann nehme ich es. Also was Werbung angeht, hat man mich einfach einmal gefragt, ob ich das machen will. Und dann habe ich mir gedacht: Entweder ich sage ja oder nein. Ich habe mich für ja entschieden und tatsächlich viele Jahre Werbungen gedreht und habe das Handwerk dabei gelernt. Ich sage immer, ich war der bestbezahlte Lehrling im Regiefach. Und habe aber wirklich gelernt, Verantwortung zu übernehmen, also Szenen zu inszenieren und ein Riesen-Set zu dirigieren – das muss man ja alles üben. Und als der Michael Glawogger, ein sehr enger Freund und Drehbuchautor aus Graz, gestorben ist, war ich auf einmal vor der Situation, bei „Hotel Rock'n'Roll" Regie führen zu müssen. Und da hat mir das alles irrsinnig geholfen und so bin ich plötzlich Spielfilm-Regisseur geworden.

Sie sind ja ein politischer Kopf. Wären die Chats von Thomas Schmid nicht ein aufgelegter Elfer für einen Film? Michael Ostrowski als Superkarrierist?
Michael Ostrowski: Das ist eine total spannende Frage. Ich habe mir das schon immer wieder gedacht. Ich habe so Karrieren unserer Politiker oder der Männer in der zweiten Reihe hinter den rechtspopulistischen Politikern immer verfolgt, weil ich diese Menschen einfach faszinierend finde. Wie man sich da sozusagen hocharbeitet und dann dort mitschwimmt und so. Die Frage, ob man das selbst spielen will, ist eine andere. Weil ich habe doch so den Anspruch, wenn ich mich mit einer Figur sehr lange beschäftige und schreibe, dann will ich diesen Menschen wirklich spielen. Und ich weiß nicht, ob ich wirklich in die Haut eines Thomas Schmid schlüpfen möchte.

Sie sind in Leoben geboren und leben seit vielen Jahren nahe Graz und auch in Wien und sind ständig auf Achse. Ist und bleibt die Steiermark Ihr Lebensmittelpunkt?
Michael Ostrowski: Ja, ganz bewusst, weil ich das Lebensgefühl hier sehr schätze. Und es hat etwas damit zu tun, dass ich das gerne habe, wie die Leute auch denken in Graz. Vielleicht jetzt nicht alle, aber viele meiner Freunde. Und wie man Kunst sieht und das Lebensgefühl und auch die Natur. Es klingt blöd, aber ich werde das nicht ändern. Ich bin aber auch gerne in Wien, ich arbeite dort sehr viel. Die Mischung ist einfach die richtige für mich.

Fühlen Sie sich als Künstler im Land gut aufgehoben?
Michael Ostrowski: Ich fühle mich als Künstler gut aufgehoben, ich werde wertgeschätzt. Aber in meinem Beruf streckt halt fast alles die Fühler nach woandershin aus. Also ich drehe fast nur in Deutschland, ich bin sehr viel in Wien, ich mache alle möglichen Co-Produktionen. Aber jetzt werde ich seit langer Zeit wieder einmal in Graz drehen. Auf das freue ich mich total.

Liebeserklärungen an die Steiermark

Was steht an?
>> **Michael Ostrowski:** Es gibt Verfilmungen der Graz-Krimis von Robert Preis.

Wenn Sie in Graz sind und es die Zeit zulässt, was ist ein Fixpunkt, wo müssen Sie hin?
>> **Michael Ostrowski:** Ich finde ehrlich gesagt das „Parkhouse", das „Forum Stadtpark", die „Kombüse" extrem wichtig für Graz. Ich bin gerne im Stadtpark und in der Gegend. Ich empfinde die Achse „Stadtpark – Parkhouse – Lendplatz – Griesplatz" als eine ganz wichtige, weil ich immer noch merke, dass da viele gute Leute unterwegs sind. Es passiert viel, gerade bei Festivals wie dem „Lendwirbel" oder beim „Schlagergarten Gloria", wo ja wirklich jeden Tag Tausende Leute kommen. Dort feiern, auf der Straße sein, wo ein Austausch passiert, den es in anderen Städten nicht gibt. Und ich hatte beim „Schlagergarten" Wiener Freunde da, denen sind die „Gucker" rausgeflogen. Wo gibt es so etwas überhaupt in Österreich? Ich glaube, das war jahrelange Aufbauarbeit von vielen Leuten, dass so ein Lebensgefühl entstehen hat können in Graz. Ich habe immer schon eine Verbindung zu diesen Leuten gehabt. Ich versuche, diesen Spirit – so blöd das klingt – noch weiter leben zu lassen.

Sie waren nie ein großer Weinkenner, sagten Sie in einem Gespräch, wurden aber in der Südsteiermark verführt und verdorben und sind jetzt ein Steirerwein-Zombie. Was ist passiert?
>> **Michael Ostrowski:** „Weinkenner sein" – das war für mich immer so etwas, was ich wirklich nicht brauche. Es ist total ok, wenn man sich auskennt, aber als der möchte ich nicht eingehen in die Geschichte. Eigentlich über den Pogusch habe ich dann so freundschaftlichen Kontakt gehabt mit den Tements und auch anderen Weinbauern. Und durch Monika und Armin Tement wurde ich total verzogen, was den Wein angeht. Weil die mir halt einfach gezeigt haben, was ein guter Wein ist. Und deshalb schätze ich das sehr und bin auch sehr gerne bei ihnen, weil ich merke, wie viel Liebe und Leidenschaft da im Handwerk steckt. Und was es bedeutet, mit Hirnschmalz und Händen zu arbeiten an einem Wein – das ist super.

Ziemlich beste Freunde bitten Sie, sie zu Plätzen zu führen, die man in der Steiermark gesehen haben sollte. Wohin gehts?
>> **Michael Ostrowski:** Ich bin geografisch irrsinnig schlecht. Ich kenne mich nie aus. Mich so etwas zu fragen ist ganz furchtbar. Ich lasse mich treiben, deshalb auch „Ostrowski macht Urlaub". Ich gehe wohin und schaue, was passiert. Das würde ich meinen Freunden empfehlen. Komm in eine Stadt und fangen wir irgendwo an. Fangen wir von mir aus am Grazer Lendplatz an und schauen wir, wo es uns hintreibt. Das ist tatsächlich der Tipp, den ich jedem geben kann beim Reisen. Ansonsten würde ich sagen, die Burg „Strechau" in der Obersteiermark sollte man gesehen haben, das ist eine coole Burg und ich komme aus der Gegend. Das finde ich schön. Ich finde natürlich auch das Salzkammergut lässig, ich mag die Südsteiermark irrsinnig gern. Gamlitz und Deutschlandsberg sind super. Ich finde das alles schön. Der „Grüne See" ist total gut, ich fahre auch gerne nach Eisenerz.

Unsere Standardfrage an Kreative: Wie würden Sie einem Blinden die Steiermark beschreiben?
>> **Michael Ostrowski:** Standardfrage ist gut gesagt, Standardfrage an kreative Gehörlose (lacht). Naja, die Obersteiermark hat sehr viel Nadelwald und da riecht man halt die Zapfen. Das ist so ein bissl die härtere Abteilung. Wenn man weiter in den Süden geht, dann riecht man schon ein bisschen das Meer – würde ich sagen. Wald und Wiesen sind schon das Typische.

Wie sehen Sie generell die Entwicklung der Steiermark?
>> **Michael Ostrowski:** Das ist eine wahnsinnig schwierige Frage. Wie sehe ich generell die Entwicklung überhaupt von irgendwas? Es ist sehr schwer, das nicht global zu sehen, weil auch die Steiermark Teil einer Welt ist, die sich verändert. Ich finde generell, dass ein solidarisches Miteinander hergehört und nicht ein gegeneinander ausspielen. Das sieht man leider überall momentan.

Worauf kommt es im Leben an?
>> **Michael Ostrowski:** Dass man möglichst ehrlich mit sich selber ist. Dann kann man auch möglichst ehrlich mit anderen sein. Und dass man offen ist. ■

Wordrap
Michael Ostrowski

Ihr Lebensmotto?
Frei bleiben.

Irdisches Glück?
Ein gutes Schnitzel mit Erdäpfelsalat.

Hauptcharakterzug?
Ja, ganz gut unterwegs.

Ihr größter Fehler?
Zuviel gleichzeitig.

Gab oder gibt es ein Vorbild?
Eigentlich nicht, aber ich sage John Lennon.

Welche Gabe möchten Sie haben?
Also fliegen, klar.

Lieblingsmaler?
Arnulf Rainer und Gottfried Helnwein.

Lieblingsmusik?
Die Beatles und Bilderbuch.

Lieblingsbuch?
„Die Klavierspielerin" von Elfriede Jelinek.

Welschriesling oder Sauvignon Blanc?
Sauvignon Blanc.

Typisch steirisch?
Der Wald.

Das Grüne Herz bedeutet für mich …
Dass man ganz gut im Einklang lebt mit Mensch und Natur. Das Grüne Herz am rechten Fleck sagt man auch.

Fotos: STG/Harry Schiffer, Christian Jausovec

Ewald Pfleger
„Die Steiermark ist absolut lebenswert"

Ewald Pfleger ist nicht nur Mastermind von Opus, er schrieb mit „Live is Life" auch jenen Hit, der internationale Musikgeschichte schrieb und bis heute eine weltweite Hymne ist. Der gebürtige Burgenländer, der seit über 40 Jahren mit seiner Familie in der Umgebung von Graz lebt, über die Sternstunde von Ibiza, Ruhm und das Leben nach Opus.

Sie haben den Song „Live is Life" im Sommer 1984 am Strand von Ibiza geschrieben. Wie ist Ihnen das passiert?
>> Ewald Pfleger: Der Grund war, dass wir eine Live-LP geplant hatten. Nach vier Studio-Alben haben wir uns gesagt, wir sollten diese Songs auch einmal live präsentieren und auf Vinyl herausbringen. Und dafür habe ich dann eine Titel-Nummer geplant. Und „Opus live" war mir irgendwie zu langweilig. Die Verdoppelung ist dann der Titel geworden „Live is Life". Wobei wir dann diskutiert haben, ob wir das gleich schreiben sollen oder ob wir da irgendwie eine Message rüberbringen wollen. Hat wunderbar geklappt, bis auf das, dass die Leute wegen der Schreibweise etwas verwirrt sind.

Und dann kam ein Jahr darauf – 1985 – mit Opus & Friends im Liebenauer Stadion gleich das größte Open Air, das je in Graz stattgefunden hat. 25.000 Menschen sangen sich die Seele aus dem Leib. Wie frisch sind da noch die Erinnerungen daran?
>> Ewald Pfleger: Im Nachhinein betrachtet war das natürlich ein absolutes Live-Highlight für die Austropop-Szene. Das war schon so geplant, dass wir unsere Freunde und Kollegen einladen. Aber wir hätten uns auch nicht gedacht, dass das dann solche Auswirkungen hat. Viele sagen, das war „Kult" und vielleicht überhaupt das „Live-Highlight" der Austropop-Geschichte. Das waren tolle Tage. Etwa die Proben mit Falco in der Garage oder die After-Show-Party, die bei uns so lange gedauert hat, weil wir den Herwig gesucht haben. Der war dann irgendwo Schnaps trinken. Wir sind jedoch in der Früh weitergeflogen auf das Kitzsteinhorn, zu einem Fototermin, und von dort weiter in die Schweiz, weil am Abend haben wir beim St.-Gallen-Festival gespielt. Also das war eine sehr intensive Zeit.

Wenn man sich bewusst wird, dass man einen Welthit gelandet hat – was macht das aus einem persönlich?
>> Ewald Pfleger: Ja, erstens haben wir das ja geplant. Weil wir gesagt haben: Wir haben als Opus mit unserer englischsprachigen Musik ja die Möglichkeit, über die Grenzen zu kommen. Und da ist einfach auch einmal die Chance da, dass ein Hit vielleicht richtig greift. Und tatsächlich ist das passiert. Das haben wir dann ein paar Jahre lang sehr genossen, weil wir in Amerika auf Tour waren, in Lateinamerika zweimal, in den Osten gekommen sind, das erste Mal auch nach Russland. Und das war schon eine besondere Zeit und da ist man natürlich auch sehr stolz drauf. Aber wir hätten uns nie gedacht, dass „Live is Life" – jetzt nach fast 40 Jahren – immer noch solche Erfolge und Auswirkungen zeigt.

Der Megaseller führte die internationalen Hitparaden an und verkaufte sich rund um den Globus sagenhafte 32 Millionen Mal. Wie groß ist da die Gefahr, die Bodenhaftung zu verlieren?
>> Ewald Pfleger: Wir haben das Glück gehabt, dass wir vorher schon 13 Jahre gespielt hatten. Wir haben da die Bodenhaftung vorher schon nicht verloren. Daher ist das durch diesen Welt-Hit auch nicht viel anders geworden. Wir haben die Niederlagen gemeinsam verkraftet und die Erfolge gemeinsam richtig gefeiert. Es war ein bisschen leichter als für Einzelkünstler wie etwa Ambros, Fendrich, Falco & Co. Die mussten alles allein auf ihren Schultern tragen. Da ist natürlich die Belastung stärker.

> **„Wir hätten uns nie gedacht, dass „Live is Life" – jetzt nach fast 40 Jahren – immer noch solche Erfolge und Auswirkungen zeigt."**

17,7 Milliarden Ergebnisse auf Google in einer halben Sekunde – reißt es Sie da heute noch?
>> Ewald Pfleger: Ja, also – Google und das Internet sind natürlich toll. Aber da sind natürlich auch viele Opuse dabei, die nichts mit uns zu tun haben, glaube ich. (lacht).

Haben Sie eine ungefähre Ahnung davon, wie oft Sie „Live is Life" gespielt haben? Und: nervt Sie die Nummer eigentlich schon?
>> Ewald Pfleger: Nein, es hat uns noch nie genervt, weil wir natürlich wissen, dass es oft so ist, dass ein Künstler mit einem Song ganz stark verbunden ist, das ist meist dann der riesengroße Hit und man vergisst vielleicht auf die anderen Songs, welche nicht so groß waren. Also ich habe noch nie eine Belastung empfunden, als wir „Live is Life" gespielt haben. Mit den Live- und Fernsehauftritten und Sonstigem waren es sicher einige tausend Mal.

Was macht denn den Song so stark?
>> Ewald Pfleger: Na, da gibt es mehrere Ebenen. Die musikalische Ebene ist sicher die, dass es sehr prägnant beginnt mit dem Schlagzeug-Break. Dann kommt dazu, dass die Melodie klasse zum Mitsingen ist. Ich sage, es sind ja eigentlich zwei Refrains, weil es gibt Lieder, die haben keine Strophe – und das ist eines davon. Unser Sänger hat zu mir gesagt „was ist jetzt die Strophe und was der Refrain?". Ich glaube da gibt es keine Strophe, da sind nur Refrains. Das ist natürlich stark, weil man den ersten Refrain sofort mitsingen kann, mit den „Na-Na-Nas" und dann halt auch den zweiten Refrain. Die zweite Ebene ist halt die Text-Ebene. Das „Live is Life" eignet sich für viele Lebenslagen. Deswegen kommt es bei Filmen oder bei der Werbung so oft vor. Wir sind da echt mit Einnahmen gesegnet, die wir uns nie vorstellen hätten können. Das Lied läuft in Argentinien für Bier-Werbung, in Japan für Kosmetik und in Australien für ein Auto. Und bei den Fußball-WMs läuft es auch immer, egal für welche Company, einmal für booking.com, dann für adidas und dann wieder für Kentucky Fried Chicken …

Der Song ist eng mit dem Fußball verknüpft. Durch ein Video mit Maradona, das ein viraler Hit wurde. Zuletzt durch die Werbeclips bei der WM in Katar mit Messi. Wie halten Sie es eigentlich mit Fußball? Einmal selbst gekickt?
>> Ewald Pfleger: Ich war schon immer ein großer Fußball-Fan. Ich selbst habe aber nie gespielt. Zu mir haben sie immer gesagt „Mach du den Schiedsrichter". Meine zwei Brüder waren aber sehr gute Fußballer. Die ganze Familie ist immer in Ollersdorf, im südlichen Burgenland, auf den Platz gegangen. Der kleine Bruder hat es sogar zu Sturm Graz in die erste Mannschaft geschafft.

Der Erfolg mit Opus ermöglicht Ihnen ein sehr gutes Leben, das Sie durchaus auch woanders genießen könnten. Haben Sie jemals daran gedacht, das Land zu verlassen? Es soll ja unter anderem einmal ein Angebot aus den USA gegeben haben.
>> Ewald Pfleger: Nein. Also, wir haben einmal über Amerika diskutiert. Ich wurde gefragt, ob ich nicht in Amerika leben möchte, damit

> "Es ist einfach sehr lebenswert. Weil auch die Stadt Graz gegen Wien wie ein Dorf ist. Nicht so überlastet mit dem Verkehr, obwohl das auch schon ärger geworden ist, keine Frage ... Die Steiermark ist absolut lebenswert."

Wordrap
Ewald Pfleger

Was schätzen Sie an der Steiermark? Was macht Sie aus?
>> **Ewald Pfleger:** Ich sage, da sind so viele liebe Leute daheim. Man findet hier Freunde. Es ist einfach sehr lebenswert. Weil auch die Stadt Graz gegen Wien wie ein Dorf ist. Nicht so überlastet mit dem Verkehr, obwohl das auch schon ärger geworden ist, keine Frage. Aber da haben wir es noch gut getroffen. Man kommt von Graz überall hin, man ist fast zentral in Österreich daheim. Die Steiermark ist absolut lebenswert.

Was muss man in der Steiermark unbedingt gesehen haben? Wir bitten um fünf Beispiele.
>> **Ewald Pfleger:** In Graz muss man sicher den Schloßberg mit dem Uhrturm gesehen haben. Ich fahre liebend gerne, wenn es irgendwie geht, zu Auftritten oder anderen Urlaubsdestinationen durchs Gesäuse. Das find ich super. Ich war auch schon auf einigen Bergen oben – etwa dem Hochschwab. Den Erzberg muss man natürlich gesehen haben. Oder die Strutz-Mühle an der Schwarzen Sulm, wo ich schon öfters fischen war. Die wurde ja auch schon zum beliebtesten Platz Österreichs gewählt. Also es gibt sehr, sehr viele schöne Plätze in der Steiermark.

Was haben Sie noch alles vor?
>> **Ewald Pfleger:** Auf jeden Fall Musik zu machen. Und schöne Urlaube mit meiner Familie und mit Freunden. Und immer wieder Feste feiern.

Zuletzt: Welchen steirischen Wein würden Sie eigentlich zu „Live is Life" empfehlen?
>> **Ewald Pfleger:** Da gibt es natürlich viele, viele gute. Aber ich bin ja eher ein Weißwein-Trinker, obwohl ich den Rotwein genauso mag. Ich hätte gesagt „Sauvignon Blanc" vom Polz zum Beispiel. ■

ich in der amerikanischen Umgebung Nummern schreiben kann. Die halt dann vielleicht noch mehr Welterfolge bringen. Aber wir haben das abgelehnt, denn das wäre dann das Ende für die Band gewesen. Wir sind alle hier sehr verwurzelt. Wir hatten nie das Ziel nach Monaco oder nach L.A. auszuwandern, da wir ja auch unsere Frauen/Freundinnen hier hatten.

Fühlen Sie sich als Musiker von Weltruhm im Land gut aufgehoben?
>> **Ewald Pfleger:** Ja, sehr gut. Ich habe fünf Jahre in Wien gelebt und studiert. Ich bin danach mit sehr großer Freude nach Graz gekommen, weil die Band gesagt hat, wir gehen alle nach Graz studieren und wenn du weiter dabei sein willst, dann musst auch nach Graz kommen. Ja, natürlich bin ich gekommen. Dann haben wir in Judendorf ein Haus gefunden, in dem wir alle zusammengewohnt und geprobt haben. Und das Proben und Spielen wurde dann wichtiger als das Studium. Und nach einem Semester habe ich dann beim Studium das Handtuch geworfen und lieber die Tourneen nach Deutschland organisiert.

Ihr Lebensmotto?
Leben und leben lassen.

Irdisches Glück?
Meine Familie, Andrea und Paul.

Hauptcharakterzug?
Positiv.

Gab oder gibt es ein Vorbild?
Nein.

Ihr größter Fehler?
Ich kann nicht gut Nein sagen.

Welche Gabe möchten Sie besitzen?
Besser Witze erzählen können.

Lieblingsbuch?
Ich lese sehr gerne Biographien, zurzeit jene von Clive Davis.

Lieblingsmaler?
Gustav Klimt.

Lieblingsessen?
Krautfleckerl.

Typisch steirisch?
Der Heidensterz.

Sturm oder GAK?
GAK.

Das Grüne Herz bedeutet für mich ...
Zuhause, meine Heimat, meine neue Heimat.

Stefan Pierer

„Die Vielfalt, die macht unser Land aus."

Stefan Pierer gilt als einer der kraftvollsten, erfolgreichsten und einflussreichsten Industriellen Österreichs. Als jüngstes Kind auf einem Bauernhof im obersteirischen Etmißl aufgewachsen, schrieb der Montanuni-Absolvent eine der bemerkenswertesten Unternehmensstories der Zweiten Republik. Herzstück seiner global tätigen Pierer-Mobility AG mit zwei Milliarden Euro Umsatz sind die Motorradmarken KTM, Husqvarna und GasGas. Dazu kam die Übernahme des Autozulieferers LEONI mit weltweit 95.000 Mitarbeitern. Außerdem ist der Steirer Präsident der Industriellenvereinigung Oberösterreich und meldet sich auch immer wieder lautstark zu brandaktuellen Themen zu Wort. Wir trafen Stefan Pierer in seiner High-Tech-Firma Pankl Racing in Kapfenberg.

Einer der Großen der Branche, Bernd Pischetsrieder, hat kürzlich in einem Gespräch „die ungeheure Innovationskraft" von KTM gelobt. Wie stolz macht solches Lob?
>> **Stefan Pierer:** Das freut mich ganz besonders, da die Zweirad-Industrie ja eine Nischen-Industrie ist. Die Vierrad-Industrie ist riesig, und wenn man da beobachtet und auch gelobt wird, noch dazu von einem, der weiß, wovon er redet, ist das schon eine große Ehre.

> **Unternehmertum ist Versuch und Irrtum. Beim Versuchen macht man natürlich Fehler. Da muss man das Glück haben, dass man die Fehler überlebt. Und das Zweite ist, dass man diese Fehler nicht wiederholt."**

Wenn man Stefan Pierer in die Google-Suchmaschine eingibt, dann kommen 550.000 Matches in 0,40 Sekunden. Was glauben Sie ist die Ursache dafür, dass ein Industrieller solches Interesse weckt?
>> **Stefan Pierer:** Dafür gibt es mehrere Gründe. Das eine ist einmal die Ausdauer, ich bin ja schon über 37 Jahre lang Unternehmer. Ich habe sehr früh begonnen. Das Zweite ist, dass ich natürlich mit meinem Paradestück, mit der Marke KTM, die typische Geschichte „Phönix aus der Asche" geschrieben habe. Ich habe das vor 30 Jahren aus einer Insolvenz übernommen mit damals 160 Mitarbeitern und ein paar tausend Stück. Und heute haben wir 2,3 Milliarden Euro Umsatz, über 5.000 Leute sind hier beschäftigt. Und dazu kommt, dass es sich um eine sehr emotionale Marke handelt, die im Rennsport vertreten ist. Da ist man natürlich sehr oft im Fernsehen, manchmal wenn man verliert, aber auch – und das ist sehr schön – wenn man gewinnt.

Was ist das Geheimnis, welche Ingredienzien hat Erfolg? Und was würden Sie jungen Menschen raten, die sich jetzt gerade auf den Weg in die Welt machen?

>> **Stefan Pierer:** Unternehmertum ist Versuch und Irrtum. Das ist ganz einfach, ja. Beim Versuchen macht man natürlich Fehler. Da muss man das Glück haben, dass man die Fehler überlebt. Und das Zweite ist, dass man diese Fehler nicht wiederholt. Und wenn man dieses Prinzip über Jahrzehnte sehr konsequent verfolgt, dann kommt der Erfolg heraus.

In welche Richtung glauben Sie, muss sich das Land entwickeln, was ist gut, was ist nicht so gut, wo sehen Sie die Steiermark, sagen wir in zehn, zwanzig Jahren?
>> **Stefan Pierer:** Ich möchte einmal die aktuelle Problematik, die europaweit überall dieselbe ist, nicht heranziehen, sondern versuche hier einmal positiv nach vorne zu blicken. Das größte Problem ist, dass uns die Arbeitskräfte ausgehen. Das Thema Recruiting wird die größte Herausforderung. Wir werden daher auch eine qualifizierte Einwanderung brauchen. Das nächste Thema ist Bildung. Da hat die Steiermark mit seinen Hochschulen gute Voraussetzungen. Die Steiermark ist ein ganz wichtiges Bundesland für den Industrie-Standort Österreich.

Sie müssen international viel unterwegs sein, wie viel alte Heimat steckt noch in Ihnen?
>> **Stefan Pierer:** Sehr viel. Ich würde sagen, halbe-halbe. Ich bin vor 40 Jahren nach Oberösterreich ausgewandert und habe mich dort heimisch gefühlt. Ich habe eigentlich zwei Herzen, eines in der Steiermark und eines in Oberösterreich.

Sie haben gerade in Aflenz, in der Nähe von Etmißl, wo Sie aufgewachsen sind, 30 Millionen Euro investiert und so für Aufbruchstimmung in der Region gesorgt. Sind Immobilienprojekte ein Weg, um die Landflucht zu stoppen? Haben Sie weitere Pläne in der Region?
>> **Stefan Pierer:** Ich bin ja in dieser Gegend hier aufgewachsen und kenne die Problematik der Abwanderung aus den Seitentälern. Ich habe hier sehr erfolgreich versucht, anstelle von Großprojekten touristischer oder sonstiger Art Infrastruktur zu schaffen. Und zwar durch hochqualitative Wohnungen – das reicht von denkmalgeschützen Häusern über architektonisch gut ausgebildete Neubauten – einen Zuzug zu schaffen. Und das funktioniert. Wir haben mittlerweile an die 70 Wohnungen in einer hohen Qualität errichtet, wo etwa ein Drittel der Leute aus den Randgebieten zuzieht. Damit kommen wieder Kinder in den Ort, das Geschäft hat eine entsprechende Nachfrage. Die Leute wollen wieder nach Aflenz.

Sie gelten als kritischer Kopf, der sich kein Blatt vor den Mund nimmt und sich gerne zu wirtschaftspolitischen, aber auch gesellschaftspolitischen Themen zu Wort meldet. Und das oft auch durchaus impulsiv. Die Zeiten sind gerade herausfordernd bis bedrohlich. Was sind derzeit Ihre größten Sorgen und Ängste?
>> **Stefan Pierer:** Vorweg möchte ich sagen, diese kritische und offene Positionierung kommt daher, dass ich meinen unternehmerischen Weg ohne Abhängigkeiten geschafft habe. Damit habe ich eine freie Meinung, die ich auch kundtue. Die größte Sorge macht mir im Moment die dramatische Situation aufgrund der Inflation. Die Auswirkungen der Sanktionen. Das wird eine ganz, ganz große Herausforderung, die auf uns zukommt.

> **Die Mobilität auf zwei Rädern hat eine große Zukunft, weil sie einerseits preislich günstiger ist und auf der kurzen Strecke die Elektromobilität die richtige Antwort ist."**

Das Zweirad zählte weltweit zu den Gewinnern in der Pandemie. Hält der Trend zum Zweirad an?
>> **Stefan Pierer:** Das Zweirad hat einmal kurzfristig sicher sehr profitiert. Nachdem insbesondere das Fahrrad oder das Elektrofahrrad während der Pandemie sag ich einmal die letzte Freiheit bedeutet hat. Die Mobilität auf zwei Rädern hat eine große Zukunft, weil sie einerseits preislich günstiger ist und auf der kurzen Strecke die Elektromobilität die richtige Antwort ist. Und nebenbei immer

Liebeserklärungen an die Steiermark

eine individuelle Emotion mit sich bringt. Ich sehe hier eine ganz große Perspektive für die Zukunft. Nichtsdestotrotz müssen wir uns Gedanken machen, denn die Inflation wird die Liquidität auf der Konsumentenseite sicher sehr strapazieren. Die Nachfrage wird sich hier in einem vernünftigen Maß einpendeln.

„Ready to race" lautet der KTM-Slogan. Gilt das auch für Sie als Unternehmer?
>> **Stefan Pierer:** Absolut, es ist immer das Schönste am Podium zu sein, möglichst ganz oben. Und wenn man dort nicht ist, zu schauen, was ist notwendig, um dorthin zu kommen. Der Rennsport ist ja eigentlich die Verbindung beider Innovationstheorien. Zuerst sucht man sich freiwillig eine Sportart aus, wo man sagt, da möchte man ganz nach oben. Dann siehst du bei den Rennen direkt im Fernsehen oder live, was hier fehlt. Das ist eine Motivation für die ganze Mannschaft, dass du ganz einfach dorthin willst.

Es heißt Sie sind einer, der nicht gerne vom Gas geht. Wer oder was bremst Sie ein?
>> **Stefan Pierer:** Ich würde einmal sagen im positiven Sinne die Familie. Ich bin in der glücklichen Situation, eine wirklich tolle Familie zu haben. Mittlerweile auch vier Enkelkinder, das beruhigt.

> **99 Ganz besonders hervorheben möchte ich den Standort Kapfenberg. Hier gibt es auch ein klares Bekenntnis zur industriellen Wertschöpfung, man weiß hier, wo der Wohlstand herkommt."**

Sie haben mit der Technologieschmiede Pankl in Kapfenberg, wo wir heute das Gespräch mit Ihnen führen, und der KTM Sportcar GmbH in Graz auch Unternehmen in der Steiermark. Läuft da im Land alles rund für Sie?
>> **Stefan Pierer:** Ich bin 2003 wieder als Unternehmer in meine Heimat Steiermark zurückgekehrt. Bei Pankl beschäftigen wir in der Gruppe inzwischen 1.700 Mitarbeiter steiermarkweit, davon 1.400 in der Obersteiermark. In Köflach sind es 300. Ich muss wirklich sagen, dass die Steiermark in der Dienstleistung und Betreuung dieser Unternehmen einen guten Job macht.

Welche Rolle spielt das Thema Nachhaltigkeit für Sie persönlich?
>> **Stefan Pierer:** Nachhaltigkeit ist mittlerweile ein ähnlich missbrauchtes Wort wie Marketing. Es ist alles und gar nichts. Nachhaltig in meinem Verständnis ist, dass du Werte schaffst, die beständig oder wirklich lange wirken. Aber momentan gibt es leider eine Inflation mit dem Begriff Nachhaltigkeit.

Der Supersportwagen X-Bows war bei seiner Weltpremiere 2008 das Highlight am Genfer Autosalon und zugleich der Ritterschlag von KTM in der Autobranche. Gibt es auf vier Rädern noch weitere Ideen?
>> **Stefan Pierer:** Ich fange einmal vorne an. Das war wirklich der Ritterschlag damals. Wir waren sehr mutig, wir haben damals so 2006, 2007, als es wirklich nur nach oben ging, gemeint, auch auf vier Rädern eine ordentliche Spur zu ziehen. Dann kam diese Finanzkrise, die hat uns wieder eingenordet, wir mussten damals große Summen abschreiben, weil die Nachfrage zusammengebrochen ist. Wir haben dieses Produkt aber nicht aufgegeben, sondern innerhalb der Gruppe als eigenes Produkt weiterentwickelt. Mittlerweile gibt es 1.500 X-Bows weltweit, wir sind der größte Kleinserienhersteller. Wir haben das Produkt kontinuierlich weiterentwickelt und haben auch bereits ein Supercar auf dieser Basis vorgestellt. Unsere Philosophie lautet „Aufgeben tut man einen Brief", und daher bleiben wir auch bei den vier Rädern.

> "Irgendwann muss man ja auch was essen und trinken. Da würde ich sagen, das Steirereck am Pogusch besuchen, was ich ja regelmäßig mache."

Ein elektrischer X-Bow vielleicht?
>> **Stefan Pierer:** Den sehe ich nicht. Meine Einstellung zur Elektromobilität lautet: Auf der kurzen Strecke, mit leichten Fahrzeugen, dementsprechend kleinen Batterien. Die Performance eines Elektromotors ist natürlich unglaublich, nur – du hörst halt nichts.

KTM ist auch wesentlicher Partner des Autocluster Styria. Welche Rolle kommt dem Cluster in der Transformation zu?
>> **Stefan Pierer:** Der Cluster wurde ja ursprünglich – ich glaube von Landesrat Herbert Paierl – erfunden. Es ist hier sehr viel entstanden. Es ist ein Netzwerk, das kleineren Lieferanten hilft, in Kontakt mit den Großen zu kommen. Neben der Voestalpine und uns sind ja auch viele andere mit dabei. Und dieses Netzwerk ist eine große Hilfe, vor allem für kleinere und mittlere Lieferanten.

Schönste Motorrad-Route in der Steiermark?
>> **Stefan Pierer:** Ich würde sagen über den Sölkpass.

Wo soll Pierer Mobility in fünf Jahren stehen?
>> **Stefan Pierer:** Wir sind vor einigen Jahren strategisch in das Fahrrad- und E-Bike-Geschäft eingestiegen. Es ging hier relativ rasch nach oben. Ich möchte hier in fünf Jahren fast eine Milliarde Euro Umsatz machen und auch ein globaler Spieler werden, wie wir es beim Motorrad geworden sind.

Sie haben Geschäftspartner zu Gast, die noch nie in der Steiermark waren und Sie um fünf ultimative Sightseeing-Tipps bitten. Wie lauten Ihre Empfehlungen?
>> **Stefan Pierer:** Beginnen wir einmal mit der steirischen Hauptstadt. Die Grazer Altstadt ist sicher etwas Sehenswertes, vor allem der Blick vom Schloßberg. Die Südsteiermark, diese Gegend muss man einfach gesehen haben. Irgendwann muss man ja auch was essen und trinken. Da würde ich sagen, das Steirereck am Pogusch besuchen, was ich ja regelmäßig mache. Dann gibt es in der Obersteiermark viele schöne Berge, die man erwandern kann. Diese Vielfalt der steirischen Landschaft vom Dachstein bis in die Südsteiermark, das macht dieses Bundesland aus.

Ihr persönlicher Lieblingsplatz, Ihr Kraftort in der Steiermark?
>> **Stefan Pierer:** Das ist sicher dort, wo du deine Wurzeln hast, wo du aufgewachsen bist. Darum freut es mich auch ganz besonders, hier in meiner Heimat ein ganz wichtiges Unternehmen zu haben. Pankl ist sicherlich so ein Kraftplatz. ■

Wordrap
Stefan Pierer

Lebens-Motto?
Ready to Race.

Was schätzen sie an Freunden?
Loyalität.

Irdisches Glück?
Gesundheit und Familie.

Welche Gabe möchten sie haben?
Geduld.

Hauptcharakterzug?
Mutig sein.

Lieblingsessen?
Geröstete Leber.

Gab es je ein Vorbild?
Nein, aber es gibt schon zwei Personen, die ich bewundere. Der eine ist für mich Mick Jagger, Hut ab, as long as it gets auf der Bühne. Der andere mein Motorsportchef Pit Beirer, der nach einem Sportunfall querschnittsgelähmt im Rollstuhl sitzt und KTM Factory Racing zu diesen Erfolgen geführt hat.

Lieblingsmusik?
Jazz, momentan Gregory Porter.

Ihr größter Fehler?
Ungeduld.

Letztes Buch?
Derzeit „Wer regiert die Welt" vom amerikanischen Historiker Ian Morris. Er erzählt, wie Kulturen über die Jahrtausenden hinweg in die Führung kommen. Da kann man viel lernen, wie es uns ergehen wird demnächst ...

Bestes Motorrad aller Zeiten?
KTM.

Johanna Pirker
„Informatik ist bunt und kreativ"

Wer es einmal in die „30 unter 30" des renommierten Forbes-Magazins geschafft hat, ist nicht mehr aufzuhalten. Johanna Pirker, Steirerin und Professorin in Zürich, München und Graz ist eine solche Wissenschaftlerin. Die vielseitige junge Frau im Gespräch über Informatik, den Austausch von Universitäten zu Industrie und Wirtschaft, Frauenquoten und was sie an ihrer steirischen Heimat mag.

Ihre Vita liest sich ziemlich beeindruckend. MIT Boston, Professuren an der ETH Zürich, an ihrer Alma Mater, der Grazer TU ohnehin, dazu in München und auch noch gefragte Vortragsreisende. Sind Sie eine Streberin?

>> Johanna Pirker: Das würde ich nicht sagen. Ich hatte nur relativ viel Glück mit dem Forschungsbereich, den ich gefunden habe. Also ich habe etwas gefunden, was mir richtig taugt und kann hoffentlich diese Freude ein bisschen in die Welt bringen.

> „Ich befasse mich mit interaktiven Medien. Und mit dem, was die Welt gerade digital bewegt. Das ist beispielsweise die Mensch-Maschine-Interaktion und alles, was damit zu tun hat."

„Computerspiel-Professorin" wurden Sie einmal tituliert, das trifft es wohl nicht ganz. Mögen Sie uns Ihr Forschungsgebiet ein wenig erklären?

>> Johanna Pirker: Ich finde den Begriff „Computerspiel-Professorin" oft ganz ansprechend. Wir wissen, dass das doch ein Forschungsbereich ist, der manchmal unterschätzt wird. Aber per se versuche ich, mich mit interaktiven Medien zu befassen. Und mit dem, was die Welt gerade digital bewegt. Das ist beispielsweise die Mensch-Maschine-Interaktion und alles, was damit zu tun hat. Ich habe mich in der Welt der Spiele sehr stark verankert, weil ich glaube, dass Spiele und spielerische Anwandlungen relevant sein können, um Therapien spannender und motivierender zu gestalten. Etwa Virtual Reality-Anwendungen. Oder auch, wenn es darum geht, den Arbeitsplatz motivierender und produktiver zu gestalten. Und wie wir diese Medien auch außerhalb der traditionellen Spielewelt verwenden können. Weil wir wissen, Innovation kommt sehr stark aus dem Technologie-Bereich, aber auch aus der Welt der Spiele. Und daraus können wir sehr viel lernen. Kurz zusammengefasst: Mensch – Maschine, künstliche Intelligenz als ein ganz großes Stichwort, interaktive Medien und Virtual Reality.

Landläufig herrscht ja die Meinung vor, ohne Mathematik geht nix an einer Technischen Universität. Aber gerade Mathematik war nicht ihre Lieblingsdisziplin. Warum dann doch die TU?

>> Johanna Pirker: Es war keine leichte Entscheidung. Ich habe mich dann ehrlich gesagt einfach getraut, weil ich und vermutlich sowohl Lehrende als auch Familie damals nicht genau gewusst haben, was ist eigentlich Informatik. Einige stellen sich nur Bildschirme vor, wo einer wahrscheinlich im Keller und vermutlich mit Pickeln sitzt. Dabei ist die Informatik sehr bunt. Ich habe mich dann trotzdem getraut, Informatik zu studieren, weil ich etwa Computerspiele sehr spannend gefunden habe. Und ich wissen wollte, wie man so etwas erstellen kann. Und dann bin ich auch draufgekommen, dass ich vielleicht gar nicht so schlecht in Mathematik bin, wenn ich weiß, wie ich diese in meinen Computerspielen verwenden kann oder muss. Und wofür sie nützlich ist.

Wie können junge Frauen Karriere in der Technik machen?

>> Johanna Pirker: Also ich glaube, man muss in jeglicher Hinsicht Vorurteile nehmen. Die Informatik ist klassisch dieses Gebiet, wo vermutlich ein junger Mann im Keller vor dem Computer sitzt. Und diese Bilder müssen wir aus den Köpfen bringen. Denn Informatik ist bunt. Wenn ich mich vor den Computer setze, dann entsteht danach eine lustige, bunte Welt, wo andere herumlaufen, interagieren, Unordnung machen können. Das ist für mich die Informatik, etwas Buntes und Kreatives.

Studentinnen sind an technischen Universitäten noch immer in der Minderheit. Ist das ein Problem? Und Zusatzfrage, wie war es bei Ihnen persönlich?

>> Johanna Pirker: Ja, auf jeden Fall. Es ist sehr schade. Wir sehen einen leichten Aufschwung, aber grundsätzlich wäre es wichtig, den Fachbereich viel attraktiver und eigentlich so darzustellen, wie er ist. Bunt, kreativ und absolut interdisziplinär. Ich wusste selbst nicht, was ich studieren möchte. Psychologie, vielleicht Chemie, irgendetwas mit Kunst, mit Musik? Oder mit Sport? Die Informatik war eigentlich eine Kopfentscheidung, weil ich mir gedacht habe, dass die Jobmöglichkeiten dabei gegeben sind. Und dann bin ich draufgekommen, dass die Informatik all das ist. Wir arbeiten so stark mit der Psychologie, es gibt so viele künstlerische Aspekte. Und natürlich können wir auch digitale Hilfsmittel für Menschen mit Behinderung gestalten. Für medizinische Anwendungen, wir können auch sozialen, gesellschaftlichen Mehrwert schaffen. All das aufzuzeigen hilft sehr, dieses Feld zu verstehen und es für andere attraktiver zu machen. Als Studierende hätte ich mir mehr weibliche Vorbilder gewünscht, ich selbst hatte damals keine einzige weibliche Professorin. Das ändert sich gerade stark. Und ich bin dankbar, dass es spezielle Förderungen gibt, dass mehr Frauen in Führungsebenen kommen.

> „Als Studierende hätte ich mir mehr weibliche Vorbilder gewünscht, ich selbst hatte damals keine einzige weibliche Professorin. Das ändert sich gerade stark."

Kommen wir in die Steiermark. Ein gutes Umfeld für Forschung, wird genug investiert?

>> Johanna Pirker: Es wäre schön, wenn wir mehr Forschungsförderung hätten. Aber das gilt natürlich für ganz Österreich. Sehr gut funktionieren in der Steiermark die Wirtschaftskooperationen. Ich sehe hier ein spannendes Umfeld, um unsere Forschung – auch spielenahe Forschung – in die Industrie tragen zu können. Und ich sehe hier viel Potenzial in der Steiermark und in Österreich. Wir haben so viele künstlerische Aspekte, die technische Expertise und eine tolle Industrie. Und wenn man diese Punkte kreativ vereint, dann kann Innovation entstehen.

Das renommierte Forbes-Magazin hat Sie auf die Liste der „spannendsten 30 unter 30" gesetzt. Was macht das mit einem?

>> Johanna Pirker: Es war schon eine große Ehre. Wenn ein internationales Medium das aufnimmt und weltweit sichtbar macht, dann macht das natürlich auch regional einen Unterschied. Menschen, die vorher noch nichts von meiner Forschung gehört haben, nehmen meine Arbeit plötzlich wahr. Vielleicht wurde sie auch teilweise ernster genommen. Es hat viele Türen geöffnet und viele Kooperationen möglich gemacht.

> „Ich mache auch sogenannte „Wander-Meetings", bei denen ich Gäste z. B. auf den Schöckl führe. Anstatt drei Stunden im Meeting-Raum zu sitzen, nehmen wir halt die Themen beim Wandern durch."

Wordrap
Johanna Pirker

Sie haben durch Ihre Zeiten im Ausland auch die Außensicht. Wo klemmt es, was ist gut? Was ist Ihrer Meinung nach nötig, um den Standort Steiermark internationaler zu machen?
>> **Johanna Pirker:** Bei meinen Aufenthalten im Ausland, teilweise bei Elite-Universitäten, habe ich gesehen, wie andere das machen. Einige Sachen funktionieren dort ein bisschen besser, einige Dinge sind bei uns besser. Am meisten inspiriert mich, wenn Umfelder geschaffen werden, wo gerade junge Leute kreative, innovative und vielleicht auch unkonventionelle Dinge ausprobieren können. Zum Beispiel in Stanford sitzen drei oder vier Studenten zusammen und gründen schon ein Startup. Das ist dann ein tolles Umfeld, wenn dieser kreative Austausch gefördert wird. Wünschen würde ich mir, dass das Potenzial aus dieser Region international mehr gesehen wird. Dass wir als Universität attraktiver werden für internationale Studierende. Das würde den Austausch fördern. Ich habe aus dem Ausland ja auch viele Ideen mitgebracht.

Wie ist der Austausch mit der Industrie, der Wirtschaft?
>> **Johanna Pirker:** Das funktioniert auf regionaler Ebene mit der lokalen Industrie und Wirtschaft gut. Die Wege sind sehr kurz. Inzwischen werden auch unkonventionelle Idee stark unterstützt. Man hört uns zu.

An welche Orte in der Steiermark würden Sie Freunde führen?
>> **Johanna Pirker:** Da komme ich ein bisschen ins Schwärmen. Die „Zotter Erlebniswelt" mag ich sehr gerne, die haben so viele internationale Gäste. Und es ist ein Highlight, das man weltweit kaum kennt. Ich liebe auch das Bergsteigen und Wandern. Ich mache auch sogenannte „Wander-Meetings", bei denen ich Gäste, wenn es nah sein muss, z. B. auf den Schöckl führe. Anstatt drei Stunden im Meeting-Raum zu sitzen, nehmen wir halt die Themen beim Wandern durch. Natürlich auch auf den Dachstein, diese Gegend mit den Seen ist wunderschön. Und natürlich die Buschenschenken.

Wie würden Sie jemandem die Steiermark erklären, der noch nie da war?
>> **Johanna Pirker:** Irgendwie bunt. Die Steiermark hat so viele unterschiedliche Qualitäten. Im Süden gibt es mediterranes Klima. Ich kann herunten Rennrad-Fahren und am gleichen Tag in der Obersteiermark im Hochgebirge eine Ski-Tour gehen. Es ist irrsinnig divers, es gibt hier so viele Möglichkeiten.

Und wie würden Sie einem Blinden das Land beschreiben?
>> **Johanna Pirker:** Vielleicht kann man das mit unterschiedlichen Gerüchen beschreiben. Der Geruch der Wälder, Alm, eines Gletschers. Dann natürlich der Geruch der Trauben im Süden, der Geruch der Bauernhöfe.

Welche Dinge aus der Steiermark würden Sie auf eine einsame Insel mitnehmen?
>> **Johanna Pirker:** Kernöl. Sogar als ich in Boston war, hat es in einem speziellen Supermarkt Kernöl gegeben.

Sie sind ja auch Keyboarderin. Wir haben uns ein paar YouTube-Videos angeschaut. Sehr beeindruckend, kommt noch eine Musikerinnen-Karriere?
>> **Johanna Pirker:** Das wäre schön. Ich spiele in einer Band. Als Informatikerin klassisch das Keyboard. Es ist ein wunderbarer Ausgleich. ∎

Ihr Lebensmotto?
Glücklich sein.

Irdisches Glück?
Die Berge.

Hauptcharakterzug?
Willig, weiter zu lernen.

Ihr größter Fehler?
Zu viele.

Haben Sie Vorbilder?
Ja, sehr, sehr viele.

Welche Gabe möchten Sie haben?
Superkräfte – Telepathie wäre lustig als Informatikerin.

Lieblingsmaler?
Ich mag Gustav Klimt sehr gern.

Lieblingsmusik?
Metal und Rock.

Lieblingsessen?
Kärntner Kasnudeln.

Lieblings-Computerspiel?
Eldon Ring.

Lieblingswort im steirischen Dialekt?
Klapotetz ist sehr spannend.

Typisch steirisch?
Kernöl.

Der Grüne Herz bedeutet für mich …
Daheim sein. Daheim ankommen.

Bernd Pischetsrieder
„Laptop und Lederhosen", das ist die Steiermark

Bernd Pischetsrieder zählt zu den profiliertesten und angesehensten Automobilmanagern weltweit, sein Lebenslauf ist einzigartig in der Branche. Der gebürtige Bayer war Vorstandschef von BMW und Volkswagen, die Berufung zum Aufsichtsratsvorsitzenden der Daimler AG ist die Krönung seiner Karriere. Wir haben den Auto-Boss mit dem großem Herz für die Steiermark an einem Logenplatz der südsteirischen Weinstraße getroffen, wo der studierte Maschinenbauer seit knapp 20 Jahren ein prachtvolles Anwesen besitzt und seiner Wein-Leidenschaft nachgeht.

Als Chef von BMW und Volkswagen hatten Sie auf allen Kontinenten zu tun, doch die Welt war Ihnen nicht genug. Wie ist Ihnen die Steiermark passiert, wann haben Sie die Liebe zum Land entdeckt?
>> **Bernd Pischetsrieder:** Also irgendwie hat das ja schon etwas mit Auto zu tun. Wir haben mit der Familie immer viele Oldtimerfahrten gemacht. Und nachdem mein Schwager in Voitsberg geboren ist, hat er einmal empfohlen, diese Fahrten in die Steiermark zu verlegen. Und das haben wir dann auch gemacht. Zuerst einmal nach Kapfenstein und dann haben wir festgestellt, dass es weiter südlich auch sehr schön ist. Und so sind wir an die steirische Weinstraße gekommen. Anfangs waren wir noch in Hotels, aber eines schönen Tages haben wir ein tolles Platzerl gefunden und uns angesiedelt.

Wofür muss man die Menschen in der Steiermark mögen?
>> **Bernd Pischetsrieder:** Die Reihenfolge ist jetzt fast beliebig. Zum einen sind gerade die Weinbauern hier Unternehmer, also Menschen, die etwas unternehmen wollen. Und zum anderen ist hier einfach ein sehr viel freundlicherer Menschenschlag beheimatet, als ich ihn in Bayern kennengelernt habe. Für Nichtbayern sind Bayern ausgenommen unfreundlich. Wenn man Bayer ist, weiß man aber, dass die Unfreundlichkeit nicht so gemeint ist. Aber in der Steiermark sind die Leute sehr herzlich und sehr offen.

Wann werden Sie sich zum ersten Mal von einem autonom fahrenden Automobil vom Chiemsee in die Südsteiermark bringen lassen?
>> **Bernd Pischetsrieder:** Also wenn Sie mich persönlich fragen, ist die Antwort nie. Die Prognose, wann das möglich ist – also vollautonom was wir Automobilisten Level 5 nennen – wird keiner von uns noch aktiv erleben können. Ich glaube auch nicht, dass dies das eigentliche Ziel sein muss. Natürlich, ein Techniker strebt immer nach Perfektion. Und dass die Idee angenehm wäre, dass man sich zu Hause ans Steuer setzt und dann Akten oder Romane liest, hat schon was. Aber ich glaube, die technischen Schwierigkeiten, vor allem was die Beherrschung des Risikos betrifft, sind noch so groß, dass das noch ziemlich lange dauern wird. Persönlich bin ich nicht scharf drauf, ich fahre lieber selbst mit dem Auto.

> "Wenn man gutes Essen, guten Wein, nette Leute und eine insgesamt sehr angenehme Atmosphäre mit einer tollen Gastronomie – von einfacher Buschenschank bis hin zur Spitzen-Cuisine – mag, dann ist man in der Steiermark gut aufgehoben."

Sie verbringen seit fast 20 Jahren einen Großteil Ihrer Freizeit in der Steiermark und haben durchaus ein Gefühl für das Land entwickelt. Wie ist Ihr Blick auf die Steiermark, wie würden Sie das Land jemandem erklären, der noch nie da war?
>> **Bernd Pischetsrieder:** Also als Bayer liegt es natürlich nahe, dass man diesen bayrischen Spruch, den unser Ministerpräsident einmal geprägt hat, nämlich „Laptop und Lederhosen", auch auf die Steiermark überträgt. Denn das Bodenständige, landwirtschaftliche Kulturen und Technologie und Hightech, gehen hier einher. Das ist hier eingebettet in eine wunderschöne Landschaft. Ich weiß schon, die Steirer lieben nicht, wenn man sagt, das ist die österreichische Toskana, aber das ist so der Eindruck, den man hat, wenn man aus dem bayrischen Alpenvorland kommt. Wenn man gutes Essen, guten Wein, nette Leute und eine insgesamt sehr angenehme Atmosphäre mit einer tollen Gastronomie – von einfacher Buschenschank bis hin zur Spitzen-Cuisine – mag, dann ist man in der Steiermark gut aufgehoben.

Wenn die Steiermark ein Auto wäre, was wäre denn da drinnen?
>> **Bernd Pischetsrieder:** Eine Flasche Wein. Nein, im Ernst. Also wenn die Steiermark ein Auto wäre – der Vergleich fällt mir ehrlich gesagt ziemlich schwer – weil, was soll ein Auto haben? Man soll sich wohlfühlen im Auto, und das tut man in der Steiermark auch. Das Wohlfühlgefühl, das ist glaube ich das Wichtigste.

Die Steiermark ist eine Lieblingsdestination deutscher Urlauber. Wirtschaftlich ist die Steiermark eng mit Deutschland verbunden, Stichwort Automobil. Der Konzern, dem Sie als oberster Aufseher vorstanden, zählt zu den wichtigsten Kunden des steirischen Autoclusters. Der Mercedes G, gebaut bei Magna in Graz, ist eine einzige Erfolgsstory. Was können die Grazer besser als andere?
>> **Bernd Pischetsrieder:** Also meine Lebenserfahrung sagt mir, Menschen tun und können das am besten, was sie mit Emotion tun. Und das ist glaube ich auch die Erklärung dafür, warum der G und ganz viele seiner Vorgängermodelle, die ja zum Teil auch für den militärischen Bereich waren – z. B. der „Haflinger" so erfolgreich waren und sind. Die Emotion ist da. Ein Mensch, der Automobile entwickelt, der macht das zwar am Computer, aber es gehört so wie in jedem anderen Beruf auch die Emotion dazu. Die Weinbauern hier machen auch keinen guten Wein, wenn sie keine Emotion haben. Emotion ist das Entscheidende. Und was ich kennengelernt habe, in vielen Jahren der Zusammenarbeit gerade mit dem Unternehmen, das heute den G herstellt: Das sind einfach Menschen, die haben Benzin im Blut – ich glaube eher, die haben das Kletterauto-Gen im Blut …

> "Die Emotion, was Neues machen zu wollen, die technologischen Fähigkeiten mit einer hervorragenden Technischen Universität in Graz sind die Voraussetzungen dafür, dass man den technologischen Wandel auch beherrschen kann."

Welche Chancen tun sich für Zulieferer in der derzeit stattfindenden Transformation innerhalb der Autobranche auf?
>> **Bernd Pischetsrieder:** Es gibt ja einen wirklich starken Technologie-Cluster, der historisch gesehen natürlich sehr eng mit dem Verbrennungsmotor verbunden ist. Nur, die Emotion, was Neues machen zu wollen, die technologischen Fähigkeiten mit einer hervorragenden Technischen Universität in Graz sind die Voraussetzungen dafür, dass man den technologischen Wandel auch beherrschen kann. Es gibt ja auch außerhalb der Automobilindustrie Bereiche und auch Unternehmer, die was völlig Neues gewagt haben. Wenn ich an KTM denke, ist

Die von Magna in Graz gebaute elektrische Mercedes G-Klasse (EQG) wurde noch von Bernd Pischetsrieder in seiner Funktion als Aufsichtsratsvorsitzender der Daimler AG abgesegnet.

Foto: Mercedes-Benz Group AG

> **Wenn die Begeisterung da ist, dann werden es die Unternehmer in der Steiermark möglicherweise besser schaffen als irgendwelche anonym geführte Konzerne, die ihr Headquarter irgendwo haben."**

es ja nicht selbstverständlich, was hier entstanden ist. Das war einmal ein Spezialist für Geländemotorräder, heute ist er einer der führenden Motorradhersteller, und nicht nur das. Ich glaube, die Innovationsfähigkeit, die hat abgesehen vom Wissen und dem entsprechenden emotionalen Umfeld auch die Begeisterung als Voraussetzung. Und wenn die da ist, dann werden es die Unternehmer in der Steiermark möglicherweise besser schaffen als irgendwelche anonym geführten Konzerne, die ihr Headquarter irgendwo haben.

Kommen wir zum Wein. Auf Ihrem Anwesen bewirtschaften Sie eine Parzelle am Hochgrassnitzberg. Das Weinmachen überlassen Sie allerdings ihrem Freund, dem Top-Winzer Willi Sattler. Dennoch darf man davon ausgehen, dass der Sauvignon Blanc Grassnitzburg auch ihre Handschrift trägt. Wie würden Sie Ihren Beitrag bezeichnen?
>> Bernd Pischetsrieder: Also auf bayrisch würde ich sagen, ich red' halt g'scheid daher. Das heißt, es ist ja kein Zufall, dass ich den Willi gebeten habe, den Weinberg im Jahr 2004 neu anzulegen und zu bewirtschaften. Weil ich halt diese Stilistik von ihm und seinen Söhnen sehr schätze. Es ist immer ein persönlicher Geschmack, was man innerhalb einer Rebsorte oder einer Geschmacksrichtung dann bevorzugt. Auch andere Mütter haben schöne Töchter und andere Weinmacher haben hervorragende Weine. Mir gefällt die Stilistik. Was ich mache, ist, dass ich – angefangen beim Most bis zum dann abzufüllenden oder dann auch noch für ein Jahr in einem Holzfass reifenden Wein – g'scheid daher red.

Welche steirischen Weinbauern machen derzeit alles richtig?
>> Bernd Pischetsrieder: Also in meinem Leben habe ich immer gesagt, wenn einer glaubt, er macht alles richtig, dann macht er alles falsch. Weil er nämlich das nicht glauben darf. Es gibt natürlich eine relativ prominente Gruppe von hervorragenden Weinbauern in der Steiermark, die, was den Sauvignon Blanc betrifft, sicher zur Weltspitze gehören. Einzelne Namen will ich jetzt nicht nennen, die machen alle einen guten Wein, mit unterschiedlicher Stilistik. Ich kann mich erinnern, ich bin mit dem Manfred Tement und dem Willi Sattler einmal zusammengesessen und hab gesagt, wie kann denn das sein: Eure Weinberge liegen nur ein paar Kilometer weit auseinander und euer Wein ist so ganz anders. Dann hat der Willi gesagt, wir sollten mal versuchen, dass ich dem Manfred meine Trauben geb' und umgekehrt. Schauen, was dann dabei herauskommt, da bin ich interessiert. Ich warte bis heute drauf, dass sie das einmal machen. Es gibt ja diese Bodenkarten hier, da kann man sehen, nachdem das ja einmal ein Urmeer war, dass die Bodengliederung

Liebeserklärungen an die Steiermark

so fein ist, dass in ein paar hundert Meter Entfernung der Wein schon wieder eine andere Mineralität hat.

Die Südsteiermark entwickelte sich vom Geheimtipp zu einem Hotspot, die Corona-Pandemie hat der Region einen wahren Boom beschert, der unverändert anhält. Wie sehen Sie die Entwicklung, was verträgt die Region, was tut ihr gut?
>> **Bernd Pischetsrieder:** Also zu viel Massentourismus tut der Region überhaupt nicht gut. Und zu viel Massenproduktion beim Wein tut ihr auch nicht gut. Die Landschaft ist geprägt davon, dass hier viele relativ kleine Winzer auf einer auch sehr kleinteiligen Landschaft in relativ schwierig zu bewirtschaftenden Weinbergen ohne große Unterkunftsmöglichkeiten bestehen. Nichts gegen große Hotelkonzerne, aber hierher gehören die nicht. Alles, was davon drastisch wegginge, würde auf lange Sicht gesehen wahrscheinlich das Grüne Herz etwas bluten lassen.

Der steirische Wein macht weltweit Karriere. Als profunder Kenner der Wein-Welt möchten wir Sie gerne um Ihr Urteil bitten: Wo stehen die besten steirischen Weine international tatsächlich, gibt es noch Luft nach oben?
>> **Bernd Pischetsrieder:** Wer glaubt, etwas erreicht zu haben, hört auf, etwas zu werden. Es gibt immer Luft nach oben. Was den Sauvignon Blanc betrifft, sind die steirischen Weine mit Sicherheit an der Weltspitze. Was Chardonnay, Morillion betrifft, weiß natürlich jeder, dass Burgund der Maßstab ist. Die grundsätzliche Richtung des steirischen Weines muss Individualität sein, und zwar für alle Rebsorten. Unverwechselbarkeit.

> **„Was den Sauvignon Blanc betrifft, sind die steirischen Weine mit Sicherheit an der Weltspitze."**

Welt-Einheitsweine gibt es genug, die haben mit der Steiermark auch vor allem deswegen nichts zu tun, weil natürlich die Produktionskosten in diesem Gelände viel höher sind als im flachen Land.

Und welcher Tropfen ist nun der Mercedes unter den steirischen Weinen?
>> **Bernd Pischetsrieder:** Das ist sehr schwierig, denn es gibt ja auch unterschiedliche Mercedes. Da müssen Sie jetzt schon sagen, welchen Mercedes Sie jetzt meinen. Erst dann kann ich sagen, welcher Wein dazu passt. Aber im Ernst: Ich glaube, der Vergleich ist deshalb nicht ganz richtig, weil ja jeder Winzer hier das Ziel hat, als Winzer sowas zu sein wie ein Mercedes. Nicht unbedingt ein Rolls Royce, aber eben ein Produkt, das Menschen gerne haben, das erstrebenswert ist. Vielleicht auch für den einen oder anderen auch ein wenig ein Luxus ist, aber halt nicht die Massenware. Und ich glaube, das ist das Ziel, dass auch jeder Winzer hier in der Steiermark haben muss, weil eben hier die Voraussetzungen so sind, wie sie sind. Es ist hier keine Voraussetzung gegeben für einen Großbetrieb. Es sei denn, es handelt sich um ein Weinhaus, das Trauben zusammenkauft, aber das passt auch nicht in die Steiermark. ∎

Wordrap

Bernd Pischetsrieder

Ihr Lebensmotto?
Zum einen, leben und leben lassen. Das Leben ist endlich, man hat viel zu tun und man hat auch viel zu genießen.

Ihr größter Fehler?
Dass ich zu wenig Zeit habe, aber das ist nicht mein Fehler, sondern der von anderen.

Wer hätten Sie gerne sein mögen?
Wilhelm Kempff, weil das ist mein Lieblingspianist.

Irdisches Glück?
Hier zu sitzen und kein Interview zu geben (lacht).

Welche Gabe möchten Sie haben?
Ich würde gerne Klavier spielen können, aber das kann ich nicht.

Wie definieren sie Erfolg?
Erfolg ist eigentlich persönlich zufrieden zu sein. Andere Menschen beurteilen das anders, aber das ist eigentlich nicht das Urteil, das ich für mich habe.

Was schätzen Sie an Freunden am meisten?
Offenheit und Verlässlichkeit.

Lieblingsessen?
Kalbsbackerl in einer Burgunder-Sauce.

Lieblingsbuch?
Ein Buch von einem amerikanischen Autor, der ist eigentlich Biologe: „Die Entwicklung des Menschen und der Gesellschaft". Das Buch hat 1.000 Seiten und ist ein Grundlagenwerk über viele Dinge, die Mensch werden, Mensch sein, Mensch bleiben behandeln. Das Werk ist vergriffen, ich habe es aber zum Glück in meiner Bibliothek.

Lieblingsmusik?
Die Sonate 960 in D-Dur von Schubert.

Lieblings-Weinsorte?
Nachdem ich gerade einen Sauvignon Blanc in der Hand habe – diesen mag ich sehr gern, aber wenn es um Chardonnay geht auch ein weißer Burgunder.

Bester Wein aller Zeiten?
1966er Château Lafleur.

Fotos: STG Jesse Streibl, Tom Lamm, Ulrike Rauch

Paul Pizzera
„Ich könnte nicht mehr Steirer sein."

Paul Pizzera, ob er „eine ins Leben fährt" oder mit „Mama" berührt, ob er mit Schnoddrigkeit die Leut' zum Nachdenken bringt oder einfach mit charmant-nachdenklichem Schmäh unterhält. Er ist eine Nummer, eine große sogar. Wir waren zum Interview mit Paul Pizzera in der Gamlitzer Weinstube in der Grazer Innenstadt zu Gast. Unabhängig voneinander haben wir gemeint und entschieden: Das ist der Platz für ein Gespräch. Weil unaufgeregt, bodenständig, originell. So wie der Protagonist halt auch.

Lieber Paul Pizzera! Auf Ö3 läuft die Leiste „Der beste Song der Welt" und Sie sitzen im Auto ... Und wenn dann enthusiastisch „Eine ins Leben ..." aus der Box fährt, was macht das mit einem?
>> **Paul Pizzera:** Ganz ehrlich? Es erfüllt mich ein wenig mit Stolz. Ich glaube, dass wir verlernt haben, dass wir Eigenlob ein bisserl huldigen. Ich finde es einfach gut, dass man sich selbst ein bisserl streichelt und eine gute Leistung für sich wertschätzt. Ich glaube, man muss sich selber lieben, damit man einen anderen Menschen lieben kann. Und keiner will allein sein. Ich glaube, es ist vollkommen ok, wenn du einmal sagst, da habe ich abgeliefert und das war gut so und auf das bin ich stolz. Und wenn du irgendwelchen Leuten mit deiner Kunst eine gute Zeit bescherst, dann kann man ruhig sagen, hey, das ist schön und ich freue mich darüber.

Ihre Karriere ist ja, sagen wir wie es ist, atemberaubend – quasi aus dem fast Nix auf Hundertfuffzig. Die Tourneen ausverkauft, dreimal hintereinander sogar die Stadthalle. „Aut of Orda" geht durch die Decke. Wie darf's denn weiter gehen?
>> **Paul Pizzera:** Also ich glaube, wenn es – wie du es gesagt hast – immer bergauf geht, dann fühlt sich manchmal eine Gerade wie ein Abstieg an. Und das ist tricky für den Kopf. Natürlich will man immer mehr, ein jeder ist eitel und jeder hat Befindlichkeiten. Das ist einfach so. Und natürlich will man mit der Kunst immer weiter rauf. Aber man muss sich auch vor Augen führen, dass man in einem Mikrokosmos lebt. Ich kann halt nur die Leute erreichen, die mich sprachlich verstehen. In Bayern, Schweiz und Österreich funktioniert es super. Ich glaube, dass Erfolg immer eine Mischung aus Leistung und Zufall ist. Und das eine kann ich beeinflussen und für das andere bin ich wahnsinnig dankbar. Und ich glaube, dass ich einfach mit mir selber auskommen will, ist der größte Erfolg. Wenn ich mich mag, ist das glaub ich das höchste Gut, das man als Künstler erreichen kann. Weil jeder Künstler hat einen Tuscher. Es ist absolut nicht logisch, dass du dich auf eine Bühne stellst und von einer anonymen Masse hören willst, sagt mir, dass ich gut bin. Das ist ein Loch, das du füllen willst mit „Ausverkauft", oder mit „Hits" oder sonst was. Das ist natürlich ein Insuffizienz-Gefühl, ein Minderwertigkeitskomplex, aber es gibt definitiv schlechtere Sachen, wie man das ausleben kann. Es ist besser, aus unlauteren Gründen Gutes zu tun als aus lauteren Gründen Ungutes. Ich bin einfach auf der Suche nach einem Zufriedenheitsgefühl und ich glaube das ist dann der größte Erfolg.

> **„Ich glaube, dass Erfolg immer eine Mischung aus Leistung und Zufall ist. Und das eine kann ich beeinflussen und für das andere bin ich wahnsinnig dankbar."**

180 Tage im Jahr auf Tour, Buchautor, Texter, Sänger – machen Sie auch einmal Pausen?
>> **Paul Pizzera:** Ja auf jeden Fall. Zu wenige momentan, aber ich merke halt einfach auch, dass ich älter werde und mir momentan Sachen guttun, wo ich vor 10 Jahren noch gedacht hätte, wer ist das, wenn ich über sowas geredet hätte. Ich bin jetzt ein totaler Naturfreund geworden, ich gehe wahnsinnig gerne wandern. Ich habe früher immer gesagt, bergauf schmeckt der Tschick nicht, das ist einfach nicht so mein Ding. Mittlerweile denke ich mir, so Waldbaden oder in Demut vor einem Bergmassiv zu stehen, das gibt mir einfach wahnsinnig viel. Mit 22 habe ich mir gedacht, ich will Hauptplatz 1 wohnen, zentraler geht's nicht. Aber jetzt denk ich mir – Gamlitzer in Graz ist ok, aber so viele Leute und so, da bin ich ein bisserl allergisch dagegen geworden. Und dieses Entspannen und dieses Safe Haven, das dir deine Partnerin, deine Familie, deine Freunde geben, ist das um und auf, damit man entspannen, relaxen kann, und dann wieder Luft holt und sich selbst ein wenig sortiert. Der Gert Steinbäcker hat einmal diesen schönen Satz gesagt „Es frisiert die Gedanken, dass es nur so funkt". Und ich glaube, auf das kommts an, wenn man ein bisserl eine Pause machen will.

Sie sind einmal von einem Auto erwischt worden. Das hat Sie aber nicht daran gehindert, am gleichen Abend dann noch aufzutreten. Wovon lassen Sie sich einbremsen?
>> **Paul Pizzera:** Hauptsächlich von mir selbst. Ich kämpfe oft mit mir und bin sehr, sehr oft unzufrieden. Ich glaube aber, das ist auch ganz gut für den Erfolg. Wenn man glaubt, man ist der John Wayne und geht auf die Bühne und denkt sich, was wollt ihr von mir, ich bin eh der Beste und so und wenn man keinen Respekt und keine Demut vor der Sache hat, dann kann das ganz schnell gefährlich werden. Ich habe mit 27, als ich noch alleine gespielt habe, von außen betrachtet alles gehabt, was man so braucht. Ich war erfolgreich, ich war jetzt nicht ganz schiach ... ich sag immer, ich verhüte mit dem Gesicht, aber es ist jetzt nicht mehr ganz so schlimm. Da war ich innerlich leer und dann bin ich zu einer Therapie gegangen. Ich habe mir einen Psychologen gesucht, weil ich einfach unglücklich war. Und ich habe nicht gewusst, woher es kommt. Ich habe dann mit meiner Mama geredet, mit meinen Freunden – aber es hat nichts geholfen. Mir ist es einfach ganz

wichtig, dass jeder es sich einmal erlaubt, schwach zu sein, einmal fragil zu sein und zu sagen, dass krieg ich jetzt nicht hin, ich brauche Hilfe. Wenn man sich auch sonst nichts abschauen kann von den Amis. Bei uns bist ein Volldodl wennst zum Psychiater gehst, bei den Amis bis ein Volldodl, wenn du keinen hast. Die amerikanische Folklore ist ganz schlimm für mich, aber das ist ein positiver Aspekt. Ich gehe sehr öffentlich damit um. Weil, wenn ich mit meinem XYZ-Promistatus jemanden dazu bewegen kann, dass er weniger Angst davor hat, ein mentales Gespräch zu suchen, dann habe ich viel erreicht.

„Wenn's laft, dann laft's" hat Skifahrer Rudi Nierlich trefflich analysiert. Wie definieren Sie Erfolg?
>> Paul Pizzera: Ja, wie gesagt, eine Mischung aus Leistung und Zufall. 50% kannst du beeinflussen und für 50% solltest du sehr dankbar sein. Erfolg ist glaube ich eine Schwester von Zufriedenheit, es darf jedoch nicht deinen gesamten Selbstwert einnehmen. Jeder definiert sich über seinen Beruf, ob Journalist oder Kamerafrau, das ist vollkommen legitim, das passt schon so. Aber dein Selbstwert muss von dir kommen. Das ist glaube ich eine ewige Reise, sich selbst lieben zu lernen. Ich kämpfe damit, ich kann es noch nicht. Aber ich gebe gerne alles dafür, dass ich noch hungrig bin und lernen möchte, dass ich mich selbst akzeptiere. Und das ist der größte Erfolg, wenn du mit dir selbst zufrieden bist.

„Rotzig, pfiffig, zynisch, witzig, ein glatter Reim" – so ein offensichtlich begeisterter Rezensent. Geben Sie etwas auf solche Beschreibungen Ihrer Kunst?
>> Paul Pizzera: Ich tu mir per se ein bisserl schwer mit Kritikern, die selbst noch nie auf einer Bühne gestanden sind. Es gibt Menschen, die sind wahnsinnig belesen und können super schreiben, aber weißt du, wenn du noch nie selbst ein Lied geschrieben hast und du noch nie vor 50.000 Leuten auf der Bühne gestanden bist, dann ist es leicht zu sagen: Ja, ansprechend, witzig, gute Stimmung oder halt flach. Wo war da die Pointe? Da tu ich mir ein bisserl schwer. Ich bin total dankbar natürlich, was Berichterstattung betrifft. Man sagt ja immer, man muss sich die fünfte Gewalt warmhalten und mit den Medien gut stehen. Also wenn ich mit einer/m JournalistIn reden darf, die sich wirklich beschäftigt hat mir dir, dann ist das voll schön. Mit der oder dem kann man dann gut diskutieren. Aber es traut sich halt jeder schreiben momentan und es traut sich auch jeder auf die Bühne gehen. Und das wird schnell klebrig, finde ich.

Beim „Voices for Ukraine Benefiz" sind Sie gemeinsam mit dem Otto Jaus aufgetreten und haben dort ein beeindruckendes und wirklich berührendes Potpouri abgeliefert. Wie wichtig ist für Sie als Musiker, sich für eine bessere Welt einzusetzen?
>> Paul Pizzera: Ich denke, wenn du die Möglichkeit hast, dass dir wer zuhört, dann hast du die verdammte Pflicht, was zu sagen. Und, es war mir vollkommen klar vor dem Ukraine-Konzert, dass jede Band dort versucht, ihre größten Hits runter zu hauen und eine gute Stimmung zu verbreiten. Da habe ich mir halt gedacht, was ist berührender oder freiheitsaffiner als „Die Gedanken sind frei", was die Geschwister Scholl damals gesungen haben. Da habe ich mir gedacht, wir singen das gemeinsam mit einem an die aktuelle Situation angepassten Text. Ich finde, wenn du die Chance hast, dass dir wer zuhört, dann tu etwas damit. Das habe ich vorher auch gemeint mit Therapie oder mit einer offenen, angstfreieren Haltung, mit der du den Leuten begegnen solltest. Wenn du die Chance hast, tu was damit. Ich finde, das ist eine Verpflichtung.

Ich höre von Freunden, dass Sie auch sozial sehr engagiert sind. „Tu Gutes und rede darüber ..." oder es im Verborgenen machen?
>> Paul Pizzera: Spenden tut man leise.

> **Das erste, an das ich denke ist der gemischte Salat von der Gamlitzer Weinstube, weil das ist der Beste, den du in Graz essen kannst."**

Was ist gut im Land?
>> Paul Pizzera: Bei uns? Das sprengt den Rahmen. Also ich bin ein riesen Fan unserer Kultur. Wenn du Kasnocken auf der Loser-Hütte bis zum besten gelben Muskateller bei Groß in Ehrenhausen hast. Du bekommst bei uns so eine Bandbreite, das ist gestört einfach. Egal ob jetzt vom Grundlsee bis zur „Schott-Azur" wie man den Schwarzlsee nennt, ist es einfach ein Hybrid, ein Spagat aus so vielen Details, Möglichkeiten und großartiger Vielfalt. Ich könnte nicht mehr Steirer sein, als ich bin.

Gibt es in der Steiermark noch eine Location, die Sie für einen Auftritt reizen würde?
>> Paul Pizzera: Ja, absolut. Ich finde den Nikolaus-Lenau-Hügel in Aussee so cool. Man ist dort wirklich im Epizentrum von Zinken, Trisselwand, Loser, Sandling – du bist umzingelt von Bergen, das ist so schön. Und du siehst auf den Dachstein, oder wie die Ausseer sagen, der „Stoa". Das täte mich schon reizen, dort in diesem alpinen Ding. Wir durften vor kurzem auf der Reiteralm in Schladming spielen, das war so schön, dort wirklich vor diesem Bergmassiv zu stehen – vor Bischofsmütze und Stoderzinken. Irgendwo oben, das wäre schon toll.

Liebeserklärungen an die Steiermark

Was ist für Sie Heimat, der Begriff hat – berechtigt oder unberechtigt – ja oft so ein bissl einen Geruch.

>> **Paul Pizzera:** Ich glaube, der Gerd Steinbäcker hat das in „Steiermark" am besten auf den Punkt gebracht mit „ich hab da meine Wurzeln und meine ältesten Freund." Heimat ist Sicherheit, und hängt viel, viel mehr von Personen ab als von Geografie. Niemand ist gerne allein, und ich weiß einfach, dass wenn ich mich zu meiner Dame zuwikuscheln darf, dann bin ich daheim. Das ist eine Sicherheit und ein sich fallen lassen können und der Mut dazu, schwach zu sein.

Die fünf „Must Sees" in der Steiermark?

>> **Paul Pizzera:** Auf jeden Fall einmal die Gamlitzer Weinstubn. Also wenn man einen fähigen, integeren und nächstenliebenden Wirt sehen will, dann muss ma da auf jeden Fall einmal hin. Die Google-Bewertungen von der Gamlitzer Weinstubn sind so geil, einmal 1 Stern – Begründung Ruhetag. Wenn ich in Graz bin, dann bin ich auf jeden Fall in der Gamlitzer. Ich bin ein totaler Salzkammergut-Fan, also das Ausseerland ist einfach großartig. Rauf gehen auf den Loser, Sommersbergsee – das sind Sachen, da spürst du die Erhabenheit und die Demut vor der Natur. Das ist so eine Hochmutsprävention, wenn du merkst, wie groß alles ist und wie klein du bist. Das ist ein gesunder Katalysator für deine Hybris-Vermeidung. So auf die Art, deswegen halte ich die Natur für so wichtig. Ich esse und trinke sehr gerne, das ist kein Geheimnis. Also Ehrenhausen Weinbank, beim Zach und beim Fuchs. Beim Grünen See bin ich auch oft und gern, die Teichalm liebe ich heiß und innig und auch die Bärenschützklamm.

Woran liegt es Ihrer Meinung nach, dass gerade aus der steirischen Szene so viele Künstler – von STS über die Verunsicherung bis zum Boris Bukowski und in der jüngeren Generation eben einen Paul Pizzera – hervor bringt.

> „Das Ausseerland ist einfach großartig. Rauf gehen auf den Loser, Sommersbergsee – das sind Sachen, da spürst du die Erhabenheit und die Demut vor der Natur."

>> **Paul Pizzera:** Ich habe keine Erklärung dafür. Ich bin wahnsinnig dankbar, dass ich einen Thomas Spitzer als Freund bezeichnen darf, ich bin wahnsinnig dankbar, dass ein Gerd Steinbäcker vor drei Tagen vor mir gespielt hat. Wenn mir das einer vor 10 Jahren gesagt hätte – unmöglich. Ich finde, es ist wichtig, dass man nicht die Asche aufbewahrt sondern das Feuer weiterträgt. Das ist unsere Verantwortung irgendwie, dass man das in eine neue Richtung macht und mit Respekt und Würde behandelt und einfach die aufgestoßenen Türen gut ölt und schmiert und versucht, gemeinschaftlich das weiter zu tragen.

Wenn Sie unterwegs sind, was aus der Steiermark vermissen Sie?

>> **Paul Pizzera:** Ganz ehrlich? Das erste, an das ich denke ist der gemischte Salat von der Gamlitzer Weinstube, weil das ist der Beste, den du in Graz essen kannst. Es gibt sonst kein Lokal, wo ich zum Schluss aus der Schüssel heraustrinke. Und meine Mutter natürlich. Ich bin a Mama-Bua, meine Mutter hat mir immer das Gefühl gegeben, dass ich ok bin. Ich habe zwar keine Kinder, aber vielleicht passiert's einmal, ich hoffe. Dieses Gefühl, dass man so wie man ist in Ordnung ist, dass man scheitern darf, traurig, schwach und fragil sein darf, und dass man trotzdem nicht weniger wert ist, das hat mir total viel gegeben. Und da sind wir wieder beim Heimatgefühl, da darf man schwach sein. Den Mut zu haben, zu sich zu stehen. Das ist glaube ich das, was man mitkriegen sollte und hoffentlich auch mitkriegt. ∎

Wordrap
Paul Pizzera

Ihr Motto?
Scheiß Dir nix, dann fehlt Dir nix.

Gibt es ein Vorbild?
Mehrere, aber die Leichtigkeit, die Laissez-Faire eines Thomas Spitzer möchte ich mir mein Leben lang im Herzen und im Hirn behalten.

Irdisches Glück?
Ein gemischter Salat in der Gamlitzer Weinstube.

Lieblingsmaler?
Ganz klassisch eigentlich Monet.

Hauptcharakterzug?
Rastlos.

Lieblingsessen?
Eierschwammerl-Gulasch mit Semmelknödel.

Welche Gabe möchten Sie haben?
Gelassenheit.

Lieblingsbuch?
Dienstags bei Morrie von Mitch Albom.

Was schätzen Sie an Freunden?
Dass sie mich aushalten.

Lieblingsmusik?
Alles was Herz und Hirn hat.

Ihr größter Fehler?
Nicht zu wissen, was ich alles noch lernen muss.

Lieblingswein?
Gelber Muskateller von Gross.

Das Grüne Herz bedeutet für mich ...?
Ein Hybrid aus Seelenheil und Dankbarkeit.

Georg Pölzl
„Ein Quell von Kreativität und intellektuellem Potenzial"

Georg Pölzl ist Generaldirektor und Vorstandsvorsitzender der Österreichischen Post AG. Wir sprachen mit dem gebürtigen Grazer über Verantwortung, die Zukunft der Post und Heimatliebe.

> "In mir stecken 100 Prozent Steirer. Und ich bin nach wie vor sehr gerne in der Steiermark, in Graz und in Leoben, weil ich dort mit der Universität noch immer verbunden bin."

Menschen, die Sie gut kennen, halten Sie für einen exzellenten Kommunikator und bezeichnen Sie als hochkompetent, eloquent, verlässlich und bodenständig. Haben wir etwas vergessen?

>> Georg Pölzl; Also erstens einmal freut mich diese sehr positive Beurteilung. Ich glaube, eine Mischung aus Sachlichkeit und einer gewissen Empathie wird es schon treffen.

Sie studierten Erdölwesen an der Montanuniversität Leoben und promovierten mit einer Dissertation zum Thema „Numerische Simulation von Aquiferen mit Anwendungen im Berg- und Tunnelbau". Wie gelangt man da am Ende an die Spitze der Österreichischen Post AG?

>> Georg Pölzl; Ja spannend. Also nach dem Studium des Erdölwesens und nach der Vertiefung dann noch im Rahmen einer Dissertation, wollte ich einfach etwas ganz anderes machen. Ich glaube, schlussendlich war es immer eine gewisse Neugierde. Und in dem Moment, wo ich mich an etwas gewöhnt habe, habe ich irgendwie schon wieder meinen Blick auf neue Ufer gerichtet. Also es ist eine gewisse Neugierde und die beschreibt meinen ganzen beruflichen Werdegang.

Ihre berufliche Vita ist sehr beeindruckend. Gäbe es für Sie noch den ultimativen Traumjob?

>> Georg Pölzl; Ich habe mehrere Traumjobs gehabt und es hat mir immer Spaß gemacht, mit Menschen gemeinsam ein Unternehmen zu leiten und zu lenken. Ich muss sagen, das, was ich in den letzten 16 Jahren bei der Post machen durfte mit den vielen Kolleginnen und Kollegen war schon toll. Eine Steigerung gibt es für mich nicht mehr. Es hat mir immer Spaß gemacht. Und ich wüsste nicht, was ich lieber getan hätte, als ein Unternehmen zu gestalten und fit für die Zukunft zu machen.

> "Die meisten Leute glauben, Pakete sind unser wichtigstes Geschäft. Nein, es ist noch immer der Brief."

Als Generaldirektor eines Unternehmens mit rund 28.000 Mitarbeitern trugen Sie ziemlich viel Verantwortung in durchaus turbulenten Zeiten. Ist Ihr Schlaf schon einmal unruhig geworden?

>> Georg Pölzl; Ach, das wechselt. Es gab schon Momente und Phasen, wo einem Sorgen schon auch bis in die Nacht hinein begleiten. Das können sowohl berufliche als auch private Sorgen sein, die wechseln sich da ab. Aber eigentlich habe ich immer ganz gut geschlafen. Meistens – aber nicht immer.

Auch die Post ist im Wandel, wohin führt die Transformation, wo sehen Sie die Post in 10 Jahren?

>> Georg Pölzl; Die Post ist seit Jahren mit einem sinkenden Briefgeschäft konfrontiert. Das bedenken die meisten nicht. Die meisten Leute glauben, Pakete sind unser wichtigstes Geschäft. Nein, es ist noch immer der Brief. Und der Trend des Briefrückganges begleitet uns seit 16 Jahren. Und deswegen versuchen wir auch weiter, die Post in Richtung anderer Geschäfte umzubauen. Wir versuchen, den Brief möglichst langsam sinken zu lassen, also im Sinne einer „Cash-Cow" den Brief noch zu nutzen und das Geld in den Umbau zu investieren. Wir haben das Paketgeschäft aufgebaut, gerade in den letzten Jahren haben wir hier extrem viel investiert. Wir haben im Ausland Paket-Töchter dazugekauft. Wir probieren aber auch andere Dinge aus. Wir haben eine Bank gegründet. Das war auch keine Selbstverständlichkeit, aber wenn man sich ansieht, was zumindest europaweit Postgesellschaften machen, dann sieht man, dass sie diversifizieren. Etwa auch ins Bankgeschäft – es war für uns einerseits eine Bedrohung, als die BAWAG gesagt hat, sie will nicht mehr über die Post-Filialen Geschäft machen, andererseits war es auch eine Chance. Und das ist vielleicht auch etwas, was ich mir mein Leben lang zum Prinzip gemacht habe: in schwierigen Situationen die Chancen zu suchen. Und nicht Angst vor den Bedrohungen zu bekommen.

"Die Post bringt allen was" war einst ein legendärer Slogan. Wie würde der Slogan der Zukunft lauten?
>> Georg Pölzl; Unser aktueller Slogan heißt "Zusammenbringen". Also wir bringen Dinge zusammen, wir bringen die Pakete und Nachrichten zu unseren Kunden. Zusammenbringen eben in dieser Doppeldeutigkeit. Das zeigt schon, dass wir als gesamtes Unternehmen immer wieder Herausforderungen suchen – die kommen teilweise eh von selbst – aber darüber hinaus suchen wir diese, die wir dann in Chancen und neue Geschäftsmodelle umwandeln können. Zusammenbringen eben.

Jetzt aber in die Steiermark. Sie sind in Graz geboren, arbeiten und leben aber schon lange Zeit in Wien und Niederösterreich. Wie viel Steirer steckt noch in Georg Pölzl und wie oft verschlägt es Sie noch in Ihre Heimat?
>> Georg Pölzl; Also in mir stecken 100 Prozent Steirer. Und ich bin nach wie vor sehr gerne in der Steiermark, in Graz und in Leoben, weil ich dort mit der Universität noch immer verbunden bin. Ich unterrichte auch in der Landeshauptstadt, was mir großen Spaß macht. Ich bin immer sehr gerne zu Hause.

Was erinnert Sie an Ihre Studienzeiten in Leoben?
>> Georg Pölzl; Intensives Studieren, intensiver Gösser-Genuss. Wasserball, viele sehr nette Kollegen, mit denen ich das Studium gemeinsam gemacht habe. Ohne die ich das Studium auch nicht geschafft hätte, weil man sich eben gegenseitig hilft. Ich denke gerne an die Zeit des Studiums zurück und würde sofort wieder von vorn anfangen.

Wie sehen Sie generell die Entwicklung der Steiermark, wie ist Ihr Blick auf das Land?
>> Georg Pölzl; Die Steiermark war immer ein Quell von Kreativität und auch von intellektuellem Potenzial. Das sollte erhalten bleiben. Ob das so ist, kann ich heute gar nicht beurteilen. Ich sehe viele tolle Leute und nach wie vor viele Steirer in Spitzenpositionen in Österreich. Ich möchte gar nicht beurteilen, ob das heute noch so gut ist, wie es einmal war. Auf jeden Fall sollte man sich darum bemühen, dass das erhalten bleibt.

Wohin würden Sie Freunde führen, die zuvor noch nie in der Steiermark waren?
>> Georg Pölzl; Zuerst auf den Grazer Schlossberg. Und dann in die Südsteiermark.

> **" Mein persönlicher Lieblingsplatz ist ganz oben am Schlossberg beim Hackher-Löwen mit dem Blick auf die Dächer von Graz."**

Ihr persönlicher Lieblingsplatz?
>> Georg Pölzl; Das ist ganz oben am Schlossberg beim Hackher-Löwen mit dem Blick auf die Dächer von Graz. Da bin ich schon als Jugendlicher gerne raufgegangen, habe auch schöne Dinge dort oben erlebt. Das ist schon ein toller Platz.

Unsere Standardfrage: Wie würden Sie einem Blinden die Steiermark erklären?
>> Georg Pölzl; Grün ist eh aufgelegt. Aber einem Blinden Grün zu erklären, ich weiß nicht, ob das viel bringt. Aber auch als sonnig, als luftig, als frisch.

Was haben Sie noch alles vor?
>> Georg Pölzl; Ich habe noch einiges vor. Auf jeden Fall mehr segeln zu gehen. Und ich werde schon noch die eine oder andere berufliche Herausforderung angehen. Auch jenseits der Post. Mich interessieren Unternehmen im Bereich der Nachhaltigkeit. Das ist alternative Energiegewinnung, das ist aber auch Recycling. Ich habe ja ganz am Anfang meiner Karriere ein Unternehmen in der Steiermark geleitet, die Binder+Co in Gleisdorf. Und die beschäftigt sich ja sehr stark mit Recycling. Meine Zukunft liegt jetzt nicht bei dieser Firma, aber der Bereich interessiert mich sehr. Und ich glaube, dass man da auch einen Beitrag zur Bewältigung der Umweltherausforderungen leisten kann. ∎

Word**rap**
Georg Pölzl

Lebensmotto?
Immer in Bewegung.

Hauptcharakterzug?
Beständigkeit.

Ihr größter Fehler?
Ungeduld.

Haben Sie ein Vorbild?
Ja. Meinen Doktorvater.

Welche Gabe möchten Sie haben?
Fliegen können.

Lieblingsmaler?
Da möchte ich jetzt keinen nennen, weil ich viele Lieblingsmaler habe. Und die zum Großteil alle noch leben.

Lieblingsmusik?
Mozart.

Lieblingsessen?
Speckknödel.

Typisch steirisch?
Kernöl.

Das Grüne Herz bedeutet für mich …?
Gerne in der Steiermark zu sein.

Steiermark
DAS GRÜNE HERZ ÖSTERREICHS

> „Einer meiner Lieblingsplätze – Schloss Herberstein – da sind wir gerade, es verbindet mich mit meiner Hochzeit."

Eva Poleschinski

Fotos: STG/Harry Schiffer

Eva Poleschinski
„Mit Design Geschichten erzählen"

Von Hartberg aus in die Welt. Im zarten Alter von 23 Jahren hat Designerin Eva Poleschinski ihr eigenes Modelabel gegründet. Heute gehört sie mit zu den einflussreichsten Modemachern. Ihre Designs sind auf den Red Carpets bei Oscar-Verleihungen oder den Golden Globes zu bewundern oder finden sich in internationalen Modemagazinen von Vogue bis zur Elle. Vor dem Schloss Herberstein, Kraftort (und Hochzeitskulisse) ein Gespräch über Trachtiges, das erste Cover-Shooting und den Traum, Kate Middleton, die Prinzessin von Wales, anzukleiden.

Mit 23 ein eigenes Label zu gründen, noch dazu im kleinen Österreich, ist mutig. Hatten Sie eigentlich auch einen Plan B, wenn es nicht klappen sollte?
>> **Eva Poleschinski:** Also Plan B hatte ich keinen, weil ich mich auf Plan A fokussiert habe. Ich glaube, wenn man etwas von Null weg startet, dann braucht man immer Mut, man braucht Durchhaltevermögen, viel Arbeit und auch die Liebe für das, was man macht. Mein Credo ist nicht aufzugeben, sondern mich auf das zu fokussieren, was meine Ziele sind. Und Plan B und Plan C, nö. Pfeif drauf.

Mittlerweile zählen Sie zu den Top-Designerinnen. Erzählen Sie ein bissl von den Anfängen.
>> **Eva Poleschinski:** Zu Beginn war natürlich alles irrsinnig aufregend und spannend. Ich habe meine Ausbildung im Ausland gemacht. Und insofern habe ich am Anfang sehr viel Zeit und Energie reinstecken müssen, um mir überhaupt ein Netzwerk zu schaffen. Ich habe in der Branche in Österreich, in Wien niemanden gekannt. Zu Beginn meiner Selbstständigkeit habe ich auch so diesen klassischen Mode-Rhythmus mitgemacht, der sehr schnelllebig ist. Das bedeutet mehrmals im Jahr die Kollektionen zu machen. 2014 habe ich mich dann bewusst dazu entschieden, einen anderen Weg zu gehen, nämlich zum Individuellen zurückzukehren, weil ich der Meinung bin, dass die Regionalität, die Nachhaltigkeit und auch der Fokus auf das Handwerk etwas ganz Wichtiges ist. Und weil Mode durchaus auch etwas Langfristiges haben kann, haben darf und haben soll.

> **„Mein Stil lebt durch eine klare Grund-Silhouette, die mit vielen Details zum Leben erweckt wird."**

Was braucht man eigentlich, um sich in dieser doch glamourösen Branche durchzusetzen?
>> **Eva Poleschinski:** Ich weiß jetzt nicht, ob es da ein Geheimrezept gibt. Mir hat die Liebe zu meiner Arbeit, die Liebe zum Menschen sehr geholfen. Dazu kommen das Schaffen von hochqualitativen Produkten und das Entwickeln von meinem USP. Und natürlich auch das Schaffen einer wirtschaftlichen Grundbasis, weil ohne die geht es nicht. Weiters muss ich ganz ehrlich sagen, wenn man sein eigenes Netzwerk loyal behandelt und auch mit Handschlagqualität durchs Leben geht und das Glück hat, von Leuten umgeben zu sein, die diese Werte teilen, dann kann es nur gut gehen.

Gibt es ein berufliches Highlight?
>> **Eva Poleschinski:** Jedes Jahr hat berufliche Highlights, die man auch nicht wirklich miteinander vergleichen kann. Um nur zwei Beispiele zu nennen: Vor 15 Jahren, als ich mein erstes Cover hatte im Kurier, da bin ich 20 Minuten bevor die Trafik aufgesperrt hat, schon davorgestanden, weil ich einfach dieses Magazin haben wollte. Und sicher war eines der Highlights, dass ich als Gast-Designerin in einem amerikanischen Fernsehformat vor einem Millionenpublikum zu sehen war. Die mediale Resonanz und auch die Aufträge aus Amerika, die sich daraus entwickelt haben, waren sensationell.

Mögen Sie uns kurz Ihren Stil beschreiben?
>> **Eva Poleschinski:** Also mein Stil – glaube ich – lebt durch eine klare Grund-Silhouette, die mit vielen Details zum Leben erweckt wird. Ich möchte mit meinen Kreationen Geschichten erzählen, ich möchte mit meinen Kreationen die Trägerinnen unterstreichen, nicht verkleiden und ihnen Emotionen mitgeben.

Was darf in Ihrem Kleiderschrank nicht fehlen?
>> **Eva Poleschinski:** Teile dürfen nicht fehlen, die ich immer wieder anders kombinieren kann und die mich dem Anlass entsprechend selbstbewusst fühlen lassen. Meine absoluten Lieblingsteile derzeit sind meine Federnröcke, für die ich auch bekannt bin.

Sie waren in Island, um sich offensichtlich von der wilden Natur für eine Kollektion inspirieren zu lassen. Warum der wilde Norden und nicht die Steiermark?

>> **Eva Poleschinski:** Die ist es doch auch. Also meine Heimat ist die Steiermark und die hat mich geprägt und wird mich immer prägen. Wenn man z. B. die 3-D-Blütenroben anschaut, die ich in meinen Kollektionen habe, da steckt ganz viel Steiermark drinnen. Meine Designs leben oft auch durch einen Kontrast, insofern ist Island nicht in Konkurrenz mit der Steiermark, sondern bereichernd dazu zu sehen.

Verraten Sie uns schon, was uns in Ihrer neuen Kollektion erwarten wird?
>> **Eva Poleschinski:** Also es wird verspielt, sehr farbenfroh, sehr lebendig. Weil ich glaube, dass brauchen wir derzeit alle.

Ihre Kreationen werden von Prominenten getragen. Gibt es eine Person, die Sie besonders gerne einmal einkleiden würden?
>> **Eva Poleschinski:** Ich muss sagen, alle Frauen, mit denen ich bis jetzt arbeiten durfte, waren mir ein Volksfest, eine große Freude. Kate Middleton finde ich sehr stilsicher. Für diese Frau einmal etwas zu designen wäre schon ganz schön.

Sie leben international, haben Sie eigentlich noch einen intensiven Bezug zur alten Heimat?
>> **Eva Poleschinski:** Was die wenigsten wissen ist, dass ich sehr, sehr viel Zeit in der Steiermark verbringe. Das ist meistens dann, wenn ich entweder intensiv arbeite, weil ich Ruhe habe und andererseits die Zeit, wo ich runterkommen, entspannen kann und Zeit mit der Familie verbringe. Ich genieße das in der Steiermark dann auch ein bisschen inkognito.

Wo fühlen Sie sich in der Steiermark am wohlsten, was ist Ihr Lieblingsplatz?
>> **Eva Poleschinski:** Also an einem dieser Lieblingsplätze, da sind wir gerade, weil es mich mit unserer Hochzeit verbindet (Anm. Schloss Herberstein). Ich mag einfach Plätze, wo unberührte Natur ist, wo man Natur erleben kann. Und da gibt es Gott sei Dank in der Steiermark ja sehr viele.

Dass Leben anderswo schärft bekanntlich den Blick auf die eigene Herkunft. Was finden Sie gut an der Steiermark oder wo würden Sie sich wünschen, dass man noch nachschärft?
>> **Eva Poleschinski:** Also ich finde, dass die Steiermark außergewöhnlich innovativ ist und tolle Betriebe hat. Es gibt hier super ausgebildete Leute. Es gibt hier noch einen großen Fundus an echtem Handwerk und Natur. Das sind zwei Punkte, die mir wichtig sind. Dass man Bewusstsein schafft und sich das auch bewahrt. Alleine

dass wir zum Beispiel Trinkwasser jederzeit verfügbar haben, das ist nicht selbstverständlich. Ich finde, wenn wir uns alle daran beteiligen, dass wir das bewahren, das wäre schon nicht schlecht.

Was verbinden Sie mit der steirischen Tracht? Und: Gibt es ein paar Dirndln im eigenen Schrank?
>> **Eva Poleschinski:** Also Tracht ist ja Tradition pur. Ich finde, dass die steirische Tracht sehr kleidsam ist und auch mit modernen Elementen toll kombiniert werden kann. Ich habe natürlich einige Dirndln im Kleiderschrank, weil ich ja auch in München gelebt habe und an der Wiesn kommt man dort nicht vorbei. Mein absolutes Lieblingsdirndl ist das Hochzeitsdirndl meiner Mutter vom Steirischen Heimatwerk. Das ist jetzt 42 Jahre alt und ist immer noch wie neu. Da sieht man auch, wie langlebig Kleidung sein kann.

Freunde bitten Sie, ihnen die fünf „Must Sees" der Steiermark zu schildern. Was empfehlen Sie?
>> **Eva Poleschinski:** Also auf jeden Fall einmal das Hartbergerland, weil es meine Heimat ist. Wunderschöne, so zarte Hügellandschaft, die wirklich zu jeder Jahreszeit wunderbar ist. Dann natürlich die traumhaften Bergkulissen im Norden. Ich finde, manchmal braucht man so einen Weitblick und den findet man dort garantiert. Ganz klar auch das trendige und kulturreiche Graz mit dem Schlossberg. Ich finde auch, man sollte nicht die Steiermark verlassen, ohne in Piber gewesen zu sein. Die Pferde sind einfach auch unser Markenzeichen und haben so eine Grazie, so eine Anmut, das ist immer ein Erlebnis. Und Tiere tun einfach gut. Und zum Schluss würde ich noch sagen Süden und Südosten der Steiermark, neben der traumhaften Landschaften gibt es dort auch kulinarisch sehr viel zu entdecken.

Was vermissen Sie am meisten aus der Heimat, wenn Sie auf der Welt unterwegs sind?
>> **Eva Poleschinski:** Ehrlicherweise die Schwammerlsuppe mit Heidensterz. Für mich sind Schwammerl überhaupt so ein Prozedere. Man geht suchen, man putzt sie – meistens mit Familie und Freunden zusammen, das hat so etwas Verbindendes.

Erklären Sie bitte jemandem die Steiermark, der noch nie da war?
>> **Eva Poleschinski:** Also zuallererst ist die Steiermark das Grüne Herz von Österreich. Es ist eine Schatzkiste in sich, es gibt immer etwas zu entdecken. Ich finde auch, dass die Steirerinnen und Steirer die gastfreundlichsten Menschen sind, die ich kenne.

> „... das Hartbergerland, weil es meine Heimat ist. Wunderschöne, so zarte Hügellandschaft, die wirklich zu jeder Jahreszeit wunderbar ist."

Bleiben wir weiter steirisch: Ihr liebstes Restaurant/Gasthaus?
>> **Eva Poleschinski:** Das ist total schwierig, weil die Steiermark ja für Kulinarik bekannt ist. Also als Erstes muss ich natürlich die Küche meiner Mutter nennen, weil das Kulinarische dort einfach für mich zu Hause ist. Wenn ich jetzt ein paar Betriebe nennen müsste, dann würde bei den Buschenschänken den Weinhof Postl in der Oststeiermark sagen und das Weingut Firmenich in der Südsteiermark. Und wo ich sonst ganz gerne hingehe, ist der „Wilde Eder" vor allem wegen der Süßspeisen. Beim Richard Rauch hat man immer ein tolles Erlebnis, das „Steirereck" am Pogusch ist Kult. Und die besten Backhendl gibt es beim Gasthaus Brauhaus in Hartberg.

Was darf bei einem Besuch in der Heimat auf gar keinen Fall fehlen?
>> **Eva Poleschinski:** Käferbohnen mit Kernöl und eine gute weiße Mischung.

Zu was können Sie nicht Nein sagen?
Bei schönem Wetter zu einer Sonnenaufgangswanderung auf den Hochschwab. Und zum Apfelstrudel.

Die berühmte „einsame Insel"-Frage: Was aus der Steiermark würden Sie dahin mitnehmen?
Also ehrlicherweise würde ich nur eines mitnehmen, weil dann ist man immer auf der sicheren Seite. Und zwar ist das der Steirerdiesel, unser Kernöl. Das ist wirklich immer mit dabei, das war jetzt auch mit in Island. Ich finde, eine Eierspeise kann man ja überall kochen und mit Kernöl fühlst dich dann wie zu Hause. Egal wo Du bist. ∎

Liebeserklärungen an die Steiermark

Wordrap

Eva Poleschinski

Lebens-Motto?
Trotz der ständigen Weiterentwicklung sich selber treu bleiben.

Irdisches Glück?
Zeit in der unberührten Natur mit meinem Hund und meinem Mann zu verbringen.

Hauptcharakterzug?
Optimismus.

Was schätzen Sie an Freunden?
Ehrlichkeit, gemeinsames Lachen und immer füreinander da zu sein.

Ihr größter Fehler?
Wenn ich richtig inspiriert bin, dann geht's bei mir chaotisch zu.

Ihr Vorbild?
Vorbild sind Frauen, die ihre Ziele und Werte verfolgen, unabhängig davon, welche Steine ihnen in den Weg gelegt werden.

Welche Gabe möchten Sie haben?
Ich würde wahnsinnig gerne fliegen können.

Lieblingsrestaurant?
Buschenschank Postl.

Lieblingsessen?
Käferbohnen mit Kernöl.

Lieblingswein?
Gelber Muskateller.

Lieblingsbuch?
Der kleine Prinz.

Lieblingsmaler?
Claude Monet.

Lieblingsmusik?
Ist stimmungsabhängig. Musik unterstreicht die Stimmung für mich und da gibt es von bis.

Heinz Reitbauer

„Das kulinarische Herz Österreichs"

Keiner in Österreich kocht wie er und weltweit auch nur 12 andere ein bissl besser. Sagt zumindest der Guide „50 Best Restaurants of the World". Heinz Reitbauer, Patron des „Steirerecks" im Wiener Stadtpark und am Pogusch in der Hochsteiermark, ist Inbegriff der neuen Küche. Im Gespräch erläutert der Küchenkünstler den Wert konsequenter Produkt-Regionalität und erzählt von seiner Liebe zur steirischen Heimat.

Bei aller Bescheidenheit, Sie sind der große Mann der österreichischen Küche, die unangefochtene Nummer 1. Wie lebt es sich damit, wie groß ist der Druck, sich jeden Tag neu beweisen zu müssen?
>> Heinz Reitbauer: Ich bemühe mich immer, das mit einer respektvollen Distanz zu sehen und meinem Team und mir das alles nicht zu nahe kommen zu lassen. Die vielleicht größte tägliche Herausforderung für uns ist dabei, die Motivation zu finden für das Neue, für das Morgen und hier diesen Geist zu wecken in unserem Team. Und dem ist alles andere eigentlich ein bisschen unterzuordnen.

Was braucht man neben Forschergeist, Ideenreichtum und Präzision noch, um in den Kocholymp aufzusteigen?
>> Heinz Reitbauer: Man braucht vor allem eine Wertschätzung für Lebensmittel. Man braucht eine Konsequenz, eine Leidenschaft und vor allem ein großartiges Team.

Zwei Michelin-Sterne, seit Jahren 5 Gault-Millau-Hauben, in der Liste der 50 besten Restaurants der Welt zuletzt auf Platz 13. Wie gehen Sie mit solchen Auszeichnungen um?
>> Heinz Reitbauer: Respektvoll, demütig – und wissend, dass das nur gemeinsam möglich ist.

Wie gelingt der Spagat zwischen Tradition und internationaler zeitgenössischer Küche?
>> Heinz Reitbauer: Ich glaube, wir sind immer unseren eigenen Weg gegangen. Und diese Konsequenz, diesen Weg so zu beschreiten, zeichnet vielleicht unser Haus aus.

Sie verstehen sich, haben wir in einem Interview gelesen, als „kulinarischer Forscher". Was dürfen wir darunter verstehen?
>> Heinz Reitbauer: Ich denke, wir Köche haben die Möglichkeit, den Menschen Produkte und die Vielfalt unseres Landes wieder näherzubringen und sie auf gewisse Dinge hinzuweisen, die sie vielleicht einmal früher erlebt und gegessen haben. Und ihnen diese Geschmäcker wieder in Erinnerung zu rufen.

Gibt es eigentlich Produkte, die Sie in Ihrer Küche nicht verwenden?

>> Heinz Reitbauer: Natürlich. All die Lebensmittel, die für uns nicht ehrlich, nicht nachhaltig erzeugt wurden und nicht unserem Qualitätsstandard entsprechen, sind für uns ein „No-Go".

Wer und was hat Sie am stärksten geprägt?
>> Heinz Reitbauer: Wahrscheinlich die Natur in all ihren Facetten.

Es ehrt die Steiermark, dass beide Lokale „Steirer" im Wortlaut haben. Steirereck im Wiener Stadtpark, Steirereck am Pogusch. Wie tief sind eigentlich ihre steirischen Wurzeln?
>> Heinz Reitbauer: Die Steiermark ist Heimat.

Es gibt kaum einen Künstler oder Wirtschaftskapitän, der, wenn wir nach dem Lieblingslokal fragen, nicht den Pogusch nennt. Dabei ist es ja doch relativ mühsam, dorthin in die Einschicht zu kommen. Was ist das Geheimnis?
>> Heinz Reitbauer: Es ist sicherlich der Ort, die Menschen und ihre Gastlichkeit.

Sie haben mit dem Umbau des Wirtshauses am Pogusch ein gastronomisches Gesamtkunstwerk geschaffen und nicht nur österreichweit eine Benchmark gesetzt. Das Projekt trägt bis ins letzte Detail die Handschrift der Reitbauers. Ein Lebenswerk?
>> Heinz Reitbauer: Lebenswerk ist wahrscheinlich ein bisschen die Vergangenheit, der Pogusch ist vielleicht die Zukunft.

Wenn Sie nicht grad am Pogusch sind: Wo lassen Sie sich in der Steiermark gerne bewirten?
>> Heinz Reitbauer: In der Süd- und Südoststeiermark, weil dort für uns Kulinarik und Wein eine wunderbare Verbindung eingehen. Es gibt dort viele tolle Häuser, aber die „Weinbank" ist zum Beispiel einer unserer liebsten Plätze in der Steiermark.

Was haben Sie von ihrem Vater, dem Pionier der österreichischen Kulinarik und Gastlichkeit, alles gelernt?
>> Heinz Reitbauer: Mein Vater war eine prägende Person in unserer Familie und er hat natürlich auch mich sehr geprägt. Vielleicht, dass man konsequent seinen eigenen Weg verfolgen muss.

Gibt es einen persönlichen Favoriten unter den Produkten aus der Steiermark?
>> Heinz Reitbauer: Ich glaube, die Steiermark ist ein Land, das außergewöhnliche Produkte hat. Die steirische Küche ist sehr produktbezogen. Sie ist einzigartig, authentisch, regional. All das macht die Besonderheit der steirischen Kulinarik aus.

> **„Die steirische Küche ist sehr produktbezogen. Sie ist einzigartig, authentisch, regional. All das macht die Besonderheit der steirischen Kulinarik aus."**

Wie definieren Sie die steirische Küche?
>> Heinz Reitbauer: Für mich ist sie sehr stark auf das Produkt fokussiert. Sie hat regionale Wurzeln, sie wird authentisch gelebt und umgesetzt. Man findet sie immer wieder. Für mich ist sie auch ein bisschen einzigartig.

Wenn Sie Freunde bitten, ihre steirischen Highlights zu nennen. Was wären die?
>> Heinz Reitbauer: Ich glaube, man muss den Hochschwab gesehen haben. Bei uns in der Gegend sind natürlich auch die obersteirischen Almen ein Muss – die Faszination, die davon ausgeht. Das steirische Himmelreich, weil es so nah bei uns ist. Mariazell und wie gesagt die Süd- und Südoststeiermark.

Eine unserer Lieblingsfragen, die wir allen Interviewpartnern stellen. Wie würden Sie einem Blinden die Steiermark beschreiben.
>> Heinz Reitbauer: Sie ist das kulinarische Herz Österreichs. Dort wo sich ganz viele Dinge treffen und sich vereinen. Da wo Gastlichkeit wirklich im Herzen des Landes verankert ist.

Die berühmte Einsame-Insel-Frage: Welche drei (Über)-Lebensmittel aus der Steiermark würden Sie dahin mitnehmen?

>> **Heinz Reitbauer:** Also definitiv steirischen Wein und steirisches Kernöl. Die Steiermark hat natürlich sehr viele Dinge, aber vielleicht sind ja manchmal zwei auch genug. Und vielleicht reicht auch weniger zum Glück.

Was ist Ihr persönliches Lieblingsgericht?
>> **Heinz Reitbauer:** Diese Frage wurde mir oft gestellt. Ich kann das wirklich nicht festmachen. Aber was es ganz sicherlich ist, ist die Vorfreude auf die Geschmäcker der kommenden Saison.

Rückblickend sieht man vieles aus einer anderen Perspektive. Gibt es etwas, das Sie heute anders machen würden als früher?
>> **Heinz Reitbauer:** Ich glaube, wir haben immer das Glück gehabt, unsere Vorstellung von Gastlichkeit und Kulinarik zu leben. In unserer schnelllebigen Zeit gibt es natürlich täglich wahnsinnig viele Herausforderungen. In der Summe hätte ich vielleicht gerne versucht, ein paar mehr Menschen mitzunehmen auf diesem Weg. Aber eigentlich sind wir sehr im Einklang mit dem, was wir tun.

> „Ich glaube, man muss den Hochschwab gesehen haben. Bei uns in der Gegend sind natürlich auch die obersteirischen Almen ein Muss."

Welche Rolle spielt das Thema Nachhaltigkeit in Ihren Betrieben und ganz generell in Ihrem Leben?
>> **Heinz Reitbauer:** Wir setzen uns seit vielen Jahren mit diesem Thema auseinander. Weil unsere Küche darauf basiert. Wir versuchen einfach, dieses Land in seinem schönsten Licht zu zeigen und immer die Sichtweise der Produzenten mit zu betrachten. Es ist uns sehr wichtig, dass wir ein Verständnis und eine Wertschätzung für die Produkte aufbauen können. Nur so gelingt es uns als Team, diese Art der Küche zu leben.

Was würden Sie in der Branche gerne ändern, wenn Sie könnten?
>> **Heinz Reitbauer:** Im Moment ist die größte Herausforderung in unserer Branche, dass wir die nächste Generation davon überzeugen können, was wir tun und wie wir es tun. Dazu muss man wahrscheinlich die Lehrmodelle überdenken. Wir müssen in Zukunft überlegen, ob die klassische Lehre noch die letzte Weisheit ist. Gibt es nicht Möglichkeiten einer begleitenden Bildung während des Arbeitsprozesses? Gibt es vielleicht eine Kombination von verschiedenen Lehren? Ich glaube, das Allerwichtigste ist es, dass wir als Gesellschaft verstehen, dass die Welt nicht nur von Montag bis Freitag tickt, sondern dass es eine Sieben-Tage-Woche gibt und wir alle mehr Lebensfreude empfangen könnten, wenn wir diese Tagesrandzeiten ein bisschen mehr in den Mittelpunkt stellen und den Menschen, die da arbeiten, mehr Wertschätzung entgegenbringen.

Wie ist Ihr Blick auf die Steiermark – nicht nur kulinarisch. Ist das Land auf einem guten Weg?
>> **Heinz Reitbauer:** Ich glaube, die Steiermark ist ein unglaublich innovatives Land, das von kreativem Unternehmertum geprägt ist. Es gibt hier eine wunderschöne Natur und Menschen, die mit Herz dieses Land bereichern. Vielleicht täte es uns als gesamtes Land – nicht nur der Steiermark – gut, wenn Querdenken, Innovation und neue Wege noch ein bisschen stärker unterstützt würden. Und wir als Gesellschaft versuchen, uns dem Neuen nicht immer nur traditionell zu verschließen. ■

Wordrap
Heinz Reitbauer

Ihr Motto?
Täglich aus sich selbst das Beste zu holen.

Irdisches Glück?
Immer und überall zu finden.

Hauptcharakterzug?
Leidenschaft.

Ihr größter Fehler?
Manchmal zu viel von anderen zu verlangen.

Gibt es ein Vorbild?
Nein, aber viele Menschen, die mich geprägt haben.

Lieblingsmaler?
Die Natur.

Liebstes Gericht?
Wahrscheinlich die Geschmäcker in der Saison.

Größter Koch?
Michel Bras.

Lieblingsmusik?
Jazz, Klassik und Prince.

Typisch steirisch?
Manchmal zu viel.

Das „Grüne Herz" bedeutet für mich …
Das kulinarische Herz.

> „In der Steiermark kennt mich wirklich fast jede oder jeder. Aber die Menschen reden einen immer total nett an und das ist ok."

Claudia Reiterer

Fotos: STG/Jesse Streibl

Claudia Reiterer

„Das größte Kapital der Steiermark sind einfach wir Steirerinnen und Steirer"

Wien muss halt wegen dem Beruf Wohnsitz sein, aber im Herzen ist ORF-Star Claudia Reiterer Steirerin. Bekennende und hoch emotionale sogar. Und mit dem Ziel, irgendwann wieder einmal „für ganz" hier zu leben. Die „Im Zentrum"-Moderatorin über ihre Lieblings-Lebensmittel, über ihre Lieblings-Platzerln und ihre Lieblings-Menschen.

Sie haben eine Krankenschwestern-Ausbildung absolviert, dann Pädagogik studiert, wie ist Ihnen der Journalismus passiert?
>> **Claudia Reiterer:** Ich war von Kind an immer eine neugierige Nase und wollte immer Journalistin werden. Aber wie bei vielen haben meine Pflegeeltern gesagt, lerne etwas Gescheites. Das ist vielen passiert, nicht nur mir.

Chefreporterin bei der Antenne, ZIB 1, Betrifft, Pressestunde, Report, Hohes Haus, jetzt „Im Zentrum", haben wir was vergessen? Und Zusatzfrage: Was war das spannendste Format?
>> **Claudia Reiterer:** Ja, tatsächlich habt ihr die 1.500 Konkret-Sendungen vergessen. Ich habe zehn Jahre lang täglich diese Sendung gemacht, die mir auch große Freude bereitet hat. Aber das spannendste Format ist wirklich „Im Zentrum". Ich weiß eben nie was passiert, ich liebe es, zu diskutieren. Du weißt nie, wer mit welchem Fuß aufgestanden ist. Diskutieren – das war immer, was ich wollte.

Mit dem Grubenunglück in Lassing sind Sie ins überregionale Licht gerückt, war das Drama prägend für Ihre Karriere?
>> **Claudia Reiterer:** Letztlich war es so, dass meine Karriere in Wien mit dieser Katastrophe begründet wurde. Ich habe aber zweimal Nein gesagt, als man mich zur ZIB 1 holen wollte, weil ich die Steiermark und vor allem Graz einfach nicht verlassen wollte. Und beim dritten Mal war ich knietief im Schladminger Schnee und habe eine Geschichte zu Ski-Unfällen gemacht. Es war grau in grau, und ich habe mich so umgeschaut und gesagt – ok, für ein Jahr, für ein Jahr komme ich.

Gibt es ein journalistisches Vorbild?
>> **Claudia Reiterer:** Hans Benedict, den habe ich interviewt, da war ich noch bei der Antenne Steiermark. Er hat damals eine Lesereise für sein letztes Buch, einen Roman, gemacht. Kurz darauf ist er ja leider verstorben. Susi Berger und ich hatten damals eine Medienkolumne in der Antenne. Da habe ich ihn gefragt, was das Wichtigste im Journalismus ist. Und das habe ich nie vergessen. Er hat gesagt „Recherche, Recherche, Recherche". Und ja, mit dem bin ich einfach aufgewachsen.

> „Ich bin extrem gerne in Graz und besuche dort meine Freunde. Und die Emotion dabei ist Heimat. Ich komme immer heim."

Wen hätten Sie einmal gerne vor dem Mikro?
>> **Claudia Reiterer:** Völlig klar. Angela Merkel und Michele Obama, bitte gleichzeitig. (lacht)

Was würde Sie beruflich noch reizen?
>> **Claudia Reiterer:** So vieles. Ich habe wirklich viele Ideen im Kopf, es würde mich schon noch vieles reizen. Aber momentan bin ich dort, wo ich bin, gut aufgehoben. Aber es wird noch was anderes kommen.

Ihr Bekanntheitsgrad ist enorm, können Sie überhaupt noch privat sein?
>> **Claudia Reiterer:** Also man ist in der Öffentlichkeit kaum noch privat. In Wien geht es noch, es ist eine Millionenstadt. In der Steiermark kennt mich wirklich fast jede oder jeder. Aber die Menschen reden einen immer total nett an und das ist ok. Das gehört zur DNA des Jobs.

Kommen wir zur Steiermark: Sie sind in Wien geboren, gelten aber als „Durch-und-durch-Steirerin". Wie hat es Sie ins Land verschlagen?
>> **Claudia Reiterer:** Ich bin wirklich quasi zufällig in Wien geboren. Ich wurde Ende der 60iger-Jahre in einem Lastwagen in einen kleinen Ort transportiert, wo eben auch viele andere Kinder waren. Und man hat dort gefragt, ob jemand Pflegekinder aufnehmen will. Und so bin ich mit 11 Monaten in die Steiermark gekommen. Dort bin ich dann aufgewachsen. Also ich habe bis auf 11 Monate meine gesamte Kindheit und Jugend in der Steiermark verbracht.

Welche Emotionen weckt die Steiermark in Ihnen?
>> **Claudia Reiterer:** Jede Emotion. Ich bin extrem gerne in Graz und besuche dort meine Freunde. Und die Emotion dabei ist Heimat. Ich komme immer heim.

> "In Graz ist das erste, wo ich hingehe, immer das Café Freiblick beim Kastner. Dann schau ich so herum und habe eigentlich fast das Gefühl, als wäre ich in Italien."

Wordrap
Claudia Reiterer

Wie stark sind Ihre steirischen Wurzeln, könnten Sie sich vorstellen, wieder hier zu leben?
>> **Claudia Reiterer:** Ich werde ganz sicher wieder in der Steiermark leben. Vielleicht eher, als man denkt.

Gibt es etwas, das Sie besonders vermissen, wenn Sie länger nicht in der Steiermark sind?
>> **Claudia Reiterer:** Ich vermisse zum Beispiel, dass ich in Graz alles zu Fuß gehen kann. Ich weiß genau, wo ich hingehe, damit ich Leute treffe, die ich gerne treffe. Ich habe das Gefühl, dass man immer auch neue Leute kennenlernt. Das ist in Wien schon viel schwieriger. Ja, einfach das Herzenswesen der Steirerinnen und Steirer.

Die berühmte „einsame-Insel"-Frage: Welche drei Dinge aus dem Land würden Sie dorthin mitnehmen?
>> **Claudia Reiterer:** Als ich nach Wien gekommen bin, habe ich als erstes eine Flasche Kernöl mitgenommen. Warum? Weil ich gewusst habe, dass die meisten in Wien pantschen. Wenn man das Kernöl schwenkt, wird es so lila, weil da ist Rapsöl drinnen. Da dachte ich mir, sicher nicht. Ich will mein echtes Kernöl haben. Und daher habe ich es mitgenommen. Auf die einsame Insel nehme ich daher auf jeden Fall eine Flasche Kernöl mit und dann noch eine Flasche Wein. Ich will da jetzt keinen Namen nennen, weil es einfach so viel guten Weißwein aus der Südsteiermark gibt. Und als Drittes würde ich eine Brettljause mitnehmen, soviel wie möglich – Kren, Schinken. Alles vakuumiert, damit das möglichst lange hält.

Aus dem Blickwinkel von Wien: Wie sehen Sie die Entwicklung der Steiermark? Alles gut?
>> **Claudia Reiterer:** Als ich in die Bundeshauptstadt kam, hatte ich das Gefühl, dass man wirklich schauen musste, dass in der ZIB auch steirische Zeitungen aufliegen. Und man die Bedeutung der Steiermark auch persönlich immer wieder kundtun muss. Und schauen muss, dass es auch in den nationalen Nachrichten vorkommt. Ich finde, dass sich das sehr gut entwickelt hat, ich schaue mir das auch immer sehr genau an. Vor allem Wirtschaft, Wissenschaft und Kultur hat sich sehr gut entwickelt.

Was halten Sie für das größte Kapital der Steiermark?
>> **Claudia Reiterer:** Das größte Kapital der Steiermark sind einfach wir Steirerinnen und Steirer. Da fällt mir gar nichts besseres ein. Das sind schon wir.

Unsere Lieblingsfrage: wie würden Sie einem Blinden die Steiermark beschreiben?
>> **Claudia Reiterer:** Das ist wirklich eine interessante Frage. Tatsächlich würde ich es wirklich über das Essen machen. Also ich würde diese steirischen Köstlichkeiten vom Kernöl bis zum guten Vulcano-Schinken oder was auch immer hernehmen – und dann Geschichten dazu erzählen.

Mögen Sie uns Ihre fünf liebsten Plätze im Land verraten?
>> **Claudia Reiterer:** Beim Langlaufen der Dachstein, am liebsten halt oben oder auch in der Ramsau. Weil ich habe auch einen netten Kollegen aus Oberösterreich, und der sagt immer, dass der Dachstein eigentlich zu Oberösterreich gehört, weil ja 2/3 – eh schon wissen. Und ich sage dann immer, tut mir leid, der Gipfel ist aber bei uns. Dann natürlich das Steirereck am Pogusch. Das ist für mich so eine spezielle Geschichte, wo ich gerne bin. In Graz ist das erste, wo ich hingehe, immer das Café Freiblick beim Kastner. Dann schau ich so herum und habe eigentlich fast das Gefühl, als wäre ich in Italien. Ich sehe so viele Kirchen, ich sehe den Schloßberg. Dann die Gamlitzer Gegend und Pöllauberg, weil eine meiner Schwestern, mit denen ich aufgewachsen bin, ist dort Bergbäuerin. Das ist auch sehr schön. ∎

Ihr Lebensmotto?
Einmal gewinnt man, einmal lernt man.

Irdisches Glück?
Gesundheit für meinen Sohn und mich.

Hauptcharakterzug?
Sehr emotional.

Ihr größter Fehler?
Habe ich zu viele.

Gab oder gibt es ein Vorbild?
Nein.

Welche Gabe möchten Sie haben?
Alle Instrumente spielen können.

Wie definieren Sie Erfolg?
Sich mit niemand anderem zu vergleichen.

Lieblingsmaler?
Caravaggio.

Lieblingsmusik?
Ich höre jeden Sonntag 90 Minuten vor der Sendung Spartakus von Chatschaturjan.

Lieblingsessen?
Alles.

Typisch steirisch?
Kernöl.

Das Grüne Herz ist …?
Dass es schlägt – grün – bis es aufhört zu schlagen.

Claudia Rossbacher
„Alle Österreicher mögen Steirer"

Claudia Rossbacher, eine der erfolgreichsten Krimiautorinnen der Republik. Mehr als ein Dutzend Steirerkrimis gibt es bisher aus ihrer Feder, einige auch verfilmt. Sie liebt ihre Wahlheimat mit jeder Faser. Das spürt man im Gespräch, dass wir mit ihr am Hauptwohnsitz, dem beschaulichen Schloss Kainberg bei Kumberg, führen durften. Für die gebürtige Wienerin ist die Steiermark das vielseitigste der Bundesländer – vom Gletscher zum Wein – mit den freundlichsten Bewohnern.

Frau Rossbacher, der deutschsprachige Raum kennt Sie als originelle, sehr kreative Vielschreiberin. Dürfen wir um eine kurze Selbstbeschreibung bitten?

>> **Claudia Rossbacher:** Neugierig, friedlich – man glaubt es kaum, aber ja, das Krimischreiben ist ja mein Ventil. Wenn mich jemand richtig nervt, büßt er es schlimmstenfalls fiktiv. Und so morde ich mich immer weiter durch die Steiermark. Aber nicht, weil ich die Steirer nicht mag, sondern ganz im Gegenteil, weil ich sie mag. Schlussendlich haben mich die Steirerkrimis dann ja auch fix von Wien in die Steiermark geführt.

Warum spielen Ihre Romane hauptsächlich in der Steiermark? Sie haben in den schillerndsten Metropolen der Welt gelebt. Wäre nicht das Mondäne noch sehr viel knackiger gewesen?

>> **Claudia Rossbacher:** Es gibt zwei sehr mondäne Thriller von mir – meine ersten beiden Werke („Hillarys Blut" und „Drehschluss"), die in der Karibik bzw. auf Mallorca spielen. Doch darauf hat die Welt nicht gewartet. Die Bücher sind zwar erschienen und haben auch einige Käufer gefunden, aber für die Bestsellerlisten hat es nicht gereicht. Doch dann kamen die Steirerkrimis. Und sie kamen, weil mich die berühmte Muse in einer schlaflosen Nacht geküsst hat. Eine Frau ist durch meinen Kopf gelaufen. Eine nackte Frau, die durch den Wald gerannt ist, um vor ihrem Mörder zu fliehen. Was ihr Gott sei Dank nicht geglückt ist. Ich bin aufgestanden, weil ich einen Prolog im Kopf hatte. Und ich habe ihn zum Glück gleich niedergeschrieben, denn sonst gäbe es keine Steirerkrimis. Am nächsten Tag habe ich überlegt, wo denn dieser Tatort im Wald liegen könnte. Den Wienerwald habe ich ausgeschlossen, obwohl ich dort früher immer sehr gerne mit meinem Hund umhergestreift bin. Aber ich wollte keine Wien-Krimis schreiben. Dann habe ich mich meiner Kindheit besonnen. Im Ferienlager am Reinischkogel ist bei mir schon früh eine emotionale Bindung zur Steiermark und zum Wald entstanden. Mein Mann ist Steirer und hat Familie hier. Und nicht zuletzt ist die Steiermark auch das waldreichste Bundesland. Die Entscheidung war also gefallen, und ich habe sie nie bereut. Tatsächlich wollten dann gleich vier Verlage das Buch veröffentlichen. Als „Steirerblut" erschienen ist, haben der Buchhandel und die Leserinnen und Leser begeistert zugegriffen und ich hatte meinen ersten Bestseller. So hat alles begonnen.

> **Als „Steirerblut" erschienen ist, haben der Buchhandel und die Leserinnen und Leser begeistert zugegriffen und ich hatte meinen ersten Bestseller."**

Wie recherchieren Sie die regionalen Besonderheiten? Im „Steirertanz" etwa ist mir besonders aufgefallen, dass sie sehr zeitkritisch etwa Bodenversiegelung, Bauboom und touristisches Gewinnstreben anprangern.

>> **Claudia Rossbacher:** Zuerst einmal entscheide ich mich für eine Region. Dann recherchiere ich die Themen, die die Menschen dort beschäftigen. Es ist ja ein Unterschied, ob du in der Südsteiermark, in Schladming oder in Bad Aussee lebst. Ich schreibe zeitgenössische Krimis, daher ist es mir sehr wichtig, dass ich auch unsere Zeit darin einfange. Meine Bücher sind Zeitdokumente, in denen man auch später noch nachlesen wird können, dass damals Corona, eine Energiekrise oder was auch immer war. So fiktiv meine Kriminalfälle sind, so realistisch möchte ich das Rundherum zeichnen. Meine Krimis sollen nicht irgendwo spielen können, sie sollen nicht einfach nach Tirol versetzt werden können, das funktioniert nicht. Es ist wirklich jede Geschichte auf die jeweilige Region zugeschnitten. Mir ist es auch ganz wichtig, dass sich die Einheimischen damit identifizieren können, denn nur dann sind die Krimis authentisch. Natürlich gibt es auch immer wieder Kritiker, aber bisher haben sich noch alle gefreut, wenn ich einen Tatort in ihrer Region angesiedelt habe. Ich bekomme auch immer wieder E-Mails von Leuten, die sich einen Steirerkrimi in ihrer Gemeinde wünschen, aber ich suche mir die Schauplätze schon selbst aus. Die Orte müssen etwas Besonderes haben, das mich zu einer Geschichte inspiriert, und so reizvoll sein, dass ich mich die nächsten Monate zumindest gedanklich dort aufhalten möchte.

Never change a winning project, aber juckt es Sie nicht ab und an etwas ganz anderes zu machen, literarisch gesehen?

>> **Claudia Rossbacher:** Das Anders-Machen habe ich wie gesagt schon mit meinen Thrillern abgehakt. Außerdem schreibe ich zwischendurch auch Reisebücher mit Steiermark-Bezug. „Lieblingsplätze in der Steiermark" etwa. Gemeinsam mit Sabine Flieser-Just, damals noch Präsidentin des steirischen Sommelier-Vereins, habe ich die „Genuss-Spur Steiermark" mit vielen kulinarischen Tipps und Rezepten veröffentlicht. Ich esse und trinke sehr gerne. Auch deshalb lebe ich in der Steiermark.

> **Meine Bücher sind Zeitdokumente, in denen man auch später noch nachlesen können wird, dass damals Corona, eine Energiekrise oder was auch immer war. So fiktiv meine Kriminalfälle sind, so realistisch möchte ich das Rundherum zeichnen."**

Sie sind bei Ihren Recherchen viel im Land unterwegs, kennen die Steiermark besser als viele Einheimische. Was ist gut, was ist nicht so gut, wo können wir besser werden?

>> **Claudia Rossbacher:** Was ist gut am Land? Da wüsste ich jetzt gar nicht, wo ich anfangen und wo ich aufhören soll. Ich habe mir die Steiermark selbst ausgesucht und lebe freiwillig hier als bekennende Wahlsteirerin. Besonders gut gefällt mir die vielgepriesene Herzlichkeit. Die Ausprägung variiert zwar von Region zu Region, aber grundsätzlich trifft es schon zu, dass die Steirer ausgesprochen herzliche Leute sind, die anpacken können und fleißig sind. Sie können aber auch sehr gut feiern. Ich mag auch, dass sie mit ihrer Meinung nicht hinterm Berg halten und sich nicht einschleimen, aber hinterrücks schimpfen. Zumindest empfinde ich es so. Ausnahmen gibt es natürlich immer. Aber von der Mentalität her sind mir die Steirer schon sehr, sehr nahe. Besser machen könnte man

immer etwas. Die Bodenversiegelung ist zum Beispiel ein großes Thema, da muss man etwas tun. Und es gibt einige andere Themen, die ich dann in meine Krimis einbaue, wenn sie in die Region passen. Aber ich könnte jetzt nicht sagen, dass mich etwas an der Steiermark stört. Mir ist jedenfalls noch nichts untergekommen.

Wenn Sie Freunden die Steiermark beschreiben müssten, wie würden Sie es anlegen?
>> **Claudia Rossbacher:** Ich würde sagen, das ist ein wunderschönes, sehr vielseitiges Land. Das vielseitigste in Österreich, es heißt ja nicht umsonst vom Gletscher zum Wein. Die Landschaften sind völlig unterschiedlich. Und dann bin ich schon wieder bei der Herzlichkeit der Leute, Kulinarik und beim Wein. Die hohen Berge sind für mich persönlich weniger reizvoll, ich bin nicht so der Bergfex und auch keine Wintersportlerin mehr. Aber wer Berge liebt, der findet sie hier. Dafür mag ich die lieblichen Landschaften, die Weinhügel und den Wald. Das ist meins. Und ich liebe es, bäuerliche Produkte aus der Region oft auch direkt beim Bauern kaufen zu können. Das ist in Wien kaum möglich. Die Landwirtschaft, die Bauern und ihre Produkte gehören für mich zur steirischen Lebensqualität.

> 99 **Die Steiermark ist ein wunderschönes, sehr vielseitiges Land. Das vielseitigste in Österreich, es heißt ja nicht umsonst vom Gletscher zum Wein."**

Was würden Sie Menschen zeigen, die noch nie in der Steiermark waren?
>> **Claudia Rossbacher:** Ich würde ihnen zuerst einmal die Süd- und Weststeiermark zeigen. Die Weinregionen eben. Natürlich auch Graz als Stadt, die ich wirklich sehr gerne mag. Für mich hat Graz die perfekte Größe, größer muss eine Stadt nicht sein. Wien ist ein solcher Moloch geworden! Ich darf das sagen, ich bin ja gebürtige Wienerin. Graz hat noch diesen Charme, dass jeder jeden kennt. In der Steiermark kennt man immer jemanden, der einem weiterhelfen kann, wenn man etwas braucht. Ich bin gerne von der großen weiten Welt hierhergezogen und wurde herzlich aufgenommen. Es hätte ja auch sein können, dass die Steirer sagen, eine Wienerin kann doch keine Steirerkrimis schreiben. Das Gegenteil war der Fall, dafür bin ich sehr dankbar.

Wein ist ein fixer Bestandteil Ihres literarischen Werks, haben Sie schon einmal daran gedacht, selber Wein zu machen?
>> **Claudia Rossbacher:** Ich kann mir gut vorstellen, eines Tages Wein zu machen. Aber nicht alleine. Das könnte durchaus noch einmal ein Zukunftsprojekt werden.

Wie ist Ihr persönlicher Zugang zum Wein, was wird getrunken, zu welchen Anlässen?
>> **Claudia Rossbacher:** Zu regelmäßig, würde der Arzt sagen. Also zumindest nicht in homöopathischen Dosen. Ich hoffe, ich bin keine Alkoholikerin (lacht). Nein. Ich habe einiges von der Expertise meiner Freundin Sabine Flieser-Just gelernt, die Jahre lang die Präsidentin des steirischen Sommelier-Vereins war. Wenn wir zusammen essen gehen, lasse ich immer sie die Weine aussuchen. Und da passiert dann viel Spannendes, was ich noch nicht gekannt habe. Am meisten hat sich mein Horizont bei der Recherche

für „Steirerrausch" erweitert, damals bin ich in die Welt der biodynamischen Weine eingetaucht. Aber es gibt immer wieder Neues zu entdecken. Die jungen steirischen Weinbauern finde ich großartig. Sie sind kreativ, packen an und sind dabei, den Wein noch einmal neu zu erfinden.

> „Ich mag Riesling aus dem Sausal sehr, sehr gerne. Und Grauburgunder aus Straden. Nicht zu vergessen den Schilcher, der sich wahnsinnig gewandelt hat."

Was oder wer ist Ihr Wein-Favorit?
>> Claudia Rossbacher: Ich mag Riesling aus dem Sausal sehr, sehr gerne. Und Grauburgunder aus Straden. Nicht zu vergessen den Schilcher, der sich wahnsinnig gewandelt hat. Der Wein muss halt passen, zum Essen, zur Laune und Stimmung.

Sie haben Tourismusmanagement studiert. Welches Konzept würden Sie der Südsteiermark empfehlen? Oder besser gesagt: verordnen?
>> Claudia Rossbacher: Das ist schwierig. Ich glaube, gerade der Süden der Steiermark ist eh schon wahnsinnig bekannt. Diese Region hat eher das Problem zu vieler Touristen. Man sollte sich vielleicht auch noch andere Standbeine für die Zwischensaisonen suchen. Im Winter ist ja fast alles hochgeklappt. Aber ich finde es reicht, die Südsteiermark ist gut versorgt mit Touristen. Ich würde mir auch nicht wünschen, dass die Steiermark so überrannt wird, dass man sich nicht mehr wohlfühlen kann. Das will doch keiner. Hier ist Fingerspitzengefühl gefragt. Es ist aber von Region zu Region sehr unterschiedlich. Man kann das Schilcherland mit der Südsteiermark nicht wirklich vergleichen. Die gehören touristisch jetzt zwar zusammen, aber es sind doch zwei unterschiedliche Regionen, die ganz andere Voraussetzungen und Bedingungen haben.

Die Steiermark ist die bevorzugte Urlaubsdestination der Wiener, speziell die Weingegend gilt für die Wiener Feinspitze als

> „Es läuft halt immer wieder auf die Herzlichkeit hinaus, die es einem leicht macht, sich hier ganz besonders wohlzufühlen."

Hot Spot. Als gebürtige Wienerin müssen Sie es wissen: Wie ist generell der Blick der Menschen aus der Bundeshauptstadt auf die Steiermark? Und warum mögen die Wiener die Steirer?
>> Claudia Rossbacher: Ich glaube, dass nicht nur die Wiener die Steirer mögen, sondern alle die sie kennen. Ich weiß von Lesungen, die ich ja in ganz Österreich (und auch in Deutschland) halte, dass fast jeder Österreicher einen Bezug zur Steiermark hat. Man kennt das Land vom Urlaub, vom Skifahren in Schladming oder am Kreischberg, von Weinreisen in der Südsteiermark oder von Wellnessaufenthalten in den steirischen Thermen. Viele haben hier auch Verwandte, die Steirer sind ja über alle Bundesländer verstreut. Die Steirer in Wien bilden bekanntlich die zweitgrößte steirische Stadt nach Graz. Es läuft halt immer wieder auf die Herzlichkeit hinaus, die es einem leicht macht, sich hier ganz besonders wohlzufühlen. Und das hängt eben mit den Menschen zusammen. ■

Wordrap
Claudia Rossbacher

Ihr Motto?
Augen auf und durch.

Irdisches Glück?
Liebe.

Hauptcharakterzug?
Aufgeschlossenheit.

Gab oder gibt es ein Vorbild?
Nein.

Ihr größter Fehler?
Ungeduld.

Welche Gabe möchten Sie haben?
Gelassenheit.

Lieblingsessen?
Variabel, momentan Wild.

Lieblingsmusik?
Querbeet.

Lieblingsbuch?
Steirerkrimis – was sonst?

Lieblingsmaler?
Hannes Rossbacher.

Lieblingsrestaurant?
Einige (nachzuschlagen im Buch „GenussSpur Steiermark")

Was ist typisch steirisch?
Herzlichkeit, Direktheit, Sturheit.

Hans Roth
„Durch Vielfalt ein toller Standort"

„Saubermacher" ist der größte private Entsorger Österreichs, Hans Roth ihr Gründer. Im Gespräch erzählt der umtriebige Unternehmer über Abfall, den er lieber Wertstoff nennt, die Lust an der Arbeit, Kunst und soziales Engagement.

Fotos: STG/Jesse Streibl, Popp-Hackner

Vor mehr als 40 Jahren sind Sie mit „Saubermacher" angetreten, um einen täglichen Beitrag für eine lebenswerte Umwelt zu leisten. Konnten Sie diesen Anspruch erfüllen?
>> Hans Roth: Ich hätte vielleicht mehr machen können, aber im Großen und Ganzen ist es ganz gut gelungen.

Wer hat eigentlich diesen sehr einprägsamen Firmennamen erfunden?
>> Hans Roth: In Wahrheit waren es mehrere. Meine Gattin und Heribert Schurz waren hier federführend dabei. Wir wollten diesen Bereich nicht mit dem Namen der Familie Roth verbinden. Das hatte wirtschaftspolitische Gründe in der Südoststeiermark. Und so haben wir halt einen Namen gesucht, der dem entspricht, was wir tun. Sehr entscheidend war damals schon der Zusatz „Für die lebenswerte Umwelt". Das war damals vielleicht nur ein Slogan, aber er hat uns sehr bedeutend beeinflusst.

Acht Länder, 1.600 Gemeinden, knapp 4.000 Mitarbeiter. Wie funktioniert das?
>> Hans Roth: Nachdem wir von drei Mitarbeitern „step by step" gewachsen sind, haben wir auch die Organisation dem angepasst. Es funktioniert ganz gut, indem wir Länderorganisationen haben, viele Matrix-Organisationen. Es ist ganz gut gelungen, da wir immer nur Schritt für Schritt gewachsen sind.

Ihre Vision heißt „Zero Waste". Das bedeutet, Sie wollen künftig möglichst alles verwerten und keinen Abfall mehr hinterlassen. Wann schlägt diese Stunde?
>> Hans Roth: Unser Ziel ist es, so wenig Abfall wie möglich beseitigen zu müssen. Dem ordnen wir alles unter. Da gibt es verschiedene Dinge wie etwa Recycling-Anlagen. Das letzte, das wir organisierten, ein Recycling-Werk für Gipsplatten. Unser Anspruch lautet: Abfall ist Rohstoff am falschen Platz. Es gibt noch jede Menge Rohstoffe, die im Abfall sind. Es ist unser großes Ziel, und dem kommen wir – zumindest hier in Österreich, in der Steiermark – schrittweise näher.

> **„Wenn man berücksichtigt, dass in der grauen Restmülltonne immer noch zwei Drittel Rohstoffe sind, etwa Bioabfall, Papier, Kunststoff, dann ist noch einiges zu tun."**

Wie gut funktioniert Mülltrennung in unseren Breiten?
>> Hans Roth: Wir sind in Europa, neben Deutschland, den skandinavischen Ländern und Holland, spitze. Aber wenn man berücksichtigt, dass in der grauen Restmülltonne immer noch zwei Drittel Rohstoffe sind, etwa Bioabfall, Papier, Kunststoff, dann ist noch einiges zu tun. Das ist wertvoller Rohstoff, der in der Restmülltonne nichts verloren hat. Da liegen noch ziemliche Aufgaben vor uns.

Was ist der wertvollste Abfall, was der Gefährlichste?
>> Hans Roth: Gefährlich sind derzeit vor allem Lithium-Batterien, gerade wenn sie gelagert werden. Sie sind aber auch der wertvollste Abfall, weil Lithium momentan einen sehr hohen Wert hat. Mir persönlich ist der Bioabfall fast am sympathischsten, weil dort Kreislaufwirtschaft am schönsten gezeigt wird. Man wirft etwas in die braune Tonne und könnte sich theoretisch nach einigen Wochen eine Erde aus dem Produkt kaufen, das man weggeworfen hat. Hier sieht man, was Positives geschehen kann.

Ihr Unternehmen wird immer wieder für sein Nachhaltigkeitsengagement international ausgezeichnet. Die Liste der Preise und Ehrenzeichen, die Sie persönlich erhalten haben, ist noch länger. Wie stolz macht Sie das?
>> Hans Roth: Das macht einen natürlich stolz. Auf der anderen Seite ist es aber ein Zeichen der Wertschätzung, das ich nicht nur für mich, sondern insbesondere für meine Mitarbeiter entgegen nehme. Drei Dinge begleiten mich für eine lebenswerte Umwelt: Die Menschen, die Kunden, denen wir alles zu verdanken haben. Dann die Mitarbeiter, die großartiges geleistet haben in dieser Wachstumsphase. Vor allem die jungen Menschen in unserem Haus. Und schließlich, für die Gesellschaft da zu sein.

Bleiben wir im privaten Bereich. Sie sind unverändert hochaktiv. Keine Lust auf Rente? Hält „unternehmen" geistig und körperlich fit?
>> Hans Roth: Auf jeden Fall. Ich bin immer gefordert. Ich brauche vielleicht etwas länger für das, was mir früher leichter von der Hand gegangen ist. Ich bin sehr dankbar, dass ich meinen Beitrag im Unternehmen und für die Gesellschaft leisten darf. Das ist nicht so selbstverständlich.

Sie engagieren sich stark im sozialen Bereich. Wie nehmen Sie Armut im Land wahr?
>> Hans Roth: Wir gehören zu den reichsten Ländern in Europa. Den Menschen geht es auch sehr gut. Ich stelle fest, dass sich viele

bei uns mit den Armen solidarisieren. Ich glaube, in Österreich fällt niemand durchs Netz. Vor allem in der Steiermark sind die sozialen Einrichtungen gut organisiert. Und wenn diese nicht mehr helfen, dann gibt es auch noch das Marienstüberl, das Vinzi-Dorf und viele andere Dinge, die wir unterstützen. Es gibt die Armut, ich respektiere sie, aber Gott sei Dank hält sie sich in Grenzen, wenn man so will.

Thema Kunst. Sie haben unter anderem die „Saubermacher Sammlung", welche junge steirische Talente fördert, ins Leben gerufen. Wie groß ist die Sammlung mittlerweile?
>> Hans Roth: Grundsätzlich hat meine Frau Magret die „Styrian Art Foundation" initiiert. Hier ist ein Teil der Sammlung zu sehen. Das sind rund 400 Kunstwerke, vor allem von weniger bekannten, steirischen Künstlern. Jeder Mitarbeiter von uns kann sich im Internet ein Bild aussuchen, das dann in dessen Büro aufgehängt wird. Ich kenne auch viele Künstler persönlich, frage sie, warum sie das so oder so gemacht haben.

Zur Steiermark. Ein guter Wirtschaftsstandort oder sehen Sie Verbesserungsbedarf?
>> Hans Roth: Die Steiermark ist durch ihre Vielfältigkeit ein toller Standort. Zahlreiche höchst erfolgreiche Unternehmen haben eigene Intelligenz-Abteilungen, wo geforscht wird und wunderbare Erfindungen herauskommen. Die Landwirtschaft, die Weinbauern, die Kulinarik. Die ausgezeichneten Universitäten und Fachhochschulen, die ja teilweise bereits von Erzherzog Johann gegründet wurden. Ich glaube, all das ist das Fundament dafür, dass es wirtschaftlich verhältnismäßig gut läuft. Ich würde mir von der

> „Ich gehe gerne rund um den Stubenbergsee oder oben am Schöckl eine Runde."

Politik, die ja grundsätzlich zum Wirtschaftsstandort steht, wünschen, dass etwa Genehmigungen konsequenter umgesetzt werden. Hier könnte man noch effizienter und wirkungsvoller sein.

Wir wissen, Sie sind überzeugter Steirer. Was wünschen Sie dem Land?
>> Hans Roth: Ich wünsche dem Land nur das Beste. Dass es diese Dynamik beibehält. Ich hoffe, dass viele junge Menschen in die Steiermark kommen, um hier zu studieren und womöglich hier auch zu bleiben. Und dass diese unglaublich vielfältige Form mit vielen fleißigen, bodenständigen Menschen, vom Grenzland bis zum Dachstein bewahrt wird.

Wo in der Steiermark können Sie am besten entspannen?
>> Hans Roth: Ich kann mich überall entspannen, etwa an der Weinstraße. Vielleicht hängt es auch damit zusammen, mit wem ich unterwegs bin. Ich gehe gerne rund um den Stubenbergsee oder oben am Schöckl eine Runde.

Was haben Sie noch alles vor?
>> Hans Roth: Ich habe in meinem Leben mehr erreicht, als ich mir jemals gewünscht hätte. Ich habe ein tolles Umfeld, wunderbare Menschen um mich. Ich wäre sehr dankbar, wenn diese Kontinuität sowohl beruflich als auch privat anhalten würde. Wie lange, das weiß der liebe Gott. ■

Wordrap
Hans Roth

Ihr Lebensmotto?
Korrekt und geradlinig durch das Leben zu gehen.

Irdisches Glück?
Dass meine innere Zufriedenheit mit meinem Äußeren übereinstimmt.

Hauptcharakterzug?
Ich bin sehr gewissenhaft, diszipliniert und möchte viel Gutes tun.

Ihr größter Fehler?
Vielleicht zu wenig zielstrebig und zu kompromissbereit.

Gab es je ein Vorbild?
Marco Polo und Alexander von Humboldt.

Welche Gabe möchten Sie haben?
Ich bin zufrieden mit dem, was ist.

Lieblingsmaler?
Österreicher wie Herbert Brandl oder Erwin Wurm aber auch alte Meister wie Vincent van Gogh.

Lieblingsessen?
Backhendl mit einem guten Kartoffelsalat, aber auch eine schmackhafte Forelle.

Lieblingswort im steirischen Dialekt?
Griass di.

Typische steirisch?
Unsere Bodenständigkeit, unsere Freundlichkeit.

Das Grüne Herz bedeutet für mich …?
Identität – verbinde ich mit meiner Heimat.

Fotos: STG/Jesse Streibl, GEPA pictures/Hans Simonlehner

Rudi Roth
„Steirermen san very good"

Roth ist eine steirische Dynastie, Konsul Rudi Roth eine vielseitige und schillernde Persönlichkeit. Der Gründer des einst größten steirischen Handelsunternehmens tanzt auf vielen Hochzeiten – vom Öl bis zu Sport und Kultur. Ein Gespräch über Anfänge, Fußball-Leidenschaft und soziales Engagement.

Herr Konsul Roth, zum Aufwärmen: Wie wird man Millionär?
>> **Rudi Roth:** Ja, da müsste man eigentlich Bill Gates fragen. Aber höchstwahrscheinlich mit einer guten Idee, Hartnäckigkeit, Fleiß und viel Arbeit. Ich bin seit 40 Jahren jeden Tag zwischen 8 und 9 Uhr im Büro.

„In Öl oder Immobilien sollten Sie machen" war der Rat eines Professors während Ihres Studiums in den USA. Ein offensichtlich weitblickender Mann. Haben Sie die Entscheidung jemals bereut?
>> **Rudi Roth:** Nein! Obwohl ich damals, als er mir das gesagt hatte, nur Kernöl kannte. Als ich dann wieder in Österreich war, habe ich eigentlich bei Null begonnen in den Bereichen Heizöl und Tankstellen. Es war also doch ein Erfolgsmodell.

Wie stolz macht Sie ihr Spitzname „Ölbaron"?
>> **Rudi Roth:** Das ist eine eigene Geschichte. Als die Ölfirma schon größer war, hat ein steirisches Magazin über die „Ewings von Gnas" („Ewings" aus der TV-Serie „Dallas" – Anm. d. Red.) geschrieben. Wobei mein Vater gefragt hat, ob „Ewings" was Gutes oder was Schlechtes ist. Und daraus ist dann der „Ölbaron" entstanden.

> **" Der Klimawandel ist nicht zu leugnen. Wir investieren daher derzeit in E-Fuels und in synthetische Treibstoffe, um CO_2-freies Benzin und Gasöl herzustellen."**

Fossile Treibstoffe stehen auf der Abschussliste. Wie sehen Sie Luftverschmutzung und Klimawandel?
>> **Rudi Roth:** Der Klimawandel ist nicht zu leugnen. Wir investieren daher derzeit in E-Fuels und in synthetische Treibstoffe, um CO_2-freies Benzin und Gasöl herzustellen. Damit werden wir sicher einen sehr großen Beitrag gegen die Luftverschmutzung leisten.

Wenn die Wirtschaft nicht funktioniert, funktioniert gar nix, ist das Credo eines sehr bekannten steirischen Magnaten. Sehen Sie das auch so?
>> **Rudi Roth:** Ich sehe das auch so. Es gibt ja dieses Motto „Geht's der Wirtschaft gut, geht's den Menschen gut". Ich glaube, das wichtigste ist, dass die Leute Arbeit haben. Dafür ist die Wirtschaft hauptsächlich verantwortlich. Mit ihren Steuern und Abgaben finanziert eigentlich die Wirtschaft einen Großteil unseres Staates.

Sind wir zukunftsfähig? Oder anders gefragt: Wie beurteilen Sie den Wirtschaftsstandort Steiermark?
>> **Rudi Roth:** Nur positiv. Aber wir müssen auch rechtzeitig in neue Technologien und in Technologie-Offenheit investieren. Das sieht man ja etwa bei Magna schon sehr gut.

Tue Gutes und rede darüber: Sie gelten als Förderer und Gönner, sind oft zur Stelle, wenn es irgendwo brennt. Ihr Selbstverständnis?
>> **Rudi Roth:** Dankbarkeit ist für mich der Schlüssel für ein glückliches Leben. In diesem Sinne habe ich immer gesagt: „Alles, was man Gutes tut, bekommt man doppelt und dreifach zurück!" Das ist ein Grundsatz für mich und daher möchte ich helfen, wo ich kann.

Sie sind seit mehr als 30 Jahren Honorarkonsul von Ungarn. Warum dieses Engagement?
>> **Rudi Roth:** Ich war immer ein Kosmopolit. Ich habe in Amerika studiert. Ich hatte dann auch Büros in Moskau, in Budapest, in Zagreb und in Belgrad. Aus dieser Motivation heraus habe ich dann das Konsulat von Ungarn angenommen, um eben auch dort Menschen

> **" 2001 übernahm ich beim GAK die Präsidentschaft. Wir sind erstmals österreichischer Fußballmeister geworden. Auch Cup-Sieger und Super-Cup-Sieger. Also tolle Erfolge."**

zu helfen. Viele Leute aus dem ehemaligen Ostblock wollen hier bei uns in Österreich studieren. Aus diesem Grund habe ich mein Stipendium ins Leben gerufen, mit dem ich bereits mehr als 200 jungen Menschen helfen konnte.

Hat es Sie selbst nie in die Politik gezogen?
>> **Rudi Roth:** Ich hatte seinerzeit Angebote. Aber das war nichts für mich, da hätte ich mich zu sehr eingeengt gefühlt.

Kommen wir zu Ihrem liebsten Hobby. Das ist doch der Fußball, oder?
>> **Rudi Roth:** Eigentlich ist es kein Hobby, es ist eine Leidenschaft.

In den 70ern standen Sie sechs Jahre im Tor des GAK. Wenn Sie zwischen den Pfosten standen, verlor der GAK kein Derby gegen Sturm. Stolz?
>> **Rudi Roth:** Meine Profikarriere beim GAK neben meinem Studium ist eines der wenigen Dinge, die mich wirklich stolz machen. Das können nicht einmal die Neider ignorieren.

Ich bin mit dem GAK 1975 in die Bundesliga aufgestiegen, habe im Europacup gespielt und in sieben Derbys gegen Sturm Graz keines verloren. Das lässt einen Grazer ruhig schlafen.

Spukte irgendwann eine internationale Karriere in Ihrem Kopf herum?
>> **Rudi Roth:** Nein, eigentlich nicht. Ich war zwar öfters im österreichischen Amateur-Nationalteam, aber aufgrund meiner Firma wollte ich Graz nicht verlassen.

Der GAK ist Ihre Lebensliebe. Und bei Lieben gibt's ja auch Aufs und Abs. Gegen den Klub und auch Sie persönlich wurden über viele Jahre staatsanwaltliche Ermittlungen geführt, die letztendlich im Sand verlaufen sind. Wie hart hat Sie das getroffen?
>> **Rudi Roth:** Nach meiner sportlichen Karriere war ich mit über 20 Jahren der bisher längstdienende Sponsor des GAK. 2001 übernahm ich dort die Präsidentschaft. Wir sind erstmals österreichischer Fußballmeister geworden. Auch Cup-Sieger und Super-Cup-Sieger. Wir haben das einzige Cup-Finale in der Geschichte gegen Sturm gewonnen. Also tolle Erfolge. Deswegen haben mich dann diese Anschuldigungen schon enttäuscht und schmerzhaft getroffen. Noch dazu ist der GAK erst acht Jahre nach meinem Abgang und fünf Präsidenten später in Konkurs gegangen. Im Endeffekt haben wir alle nur gegeben. Alle 20 Personen, die damals unter Beschuss standen, wurden freigesprochen, die Verfahren eingestellt.

Wofür muss man die Steiermark lieben?
>> **Rudi Roth:** Die Steiermark muss man für die wunderschöne Gegend und die Menschen, die hier leben, einfach lieben. „Steirermen san very good".

> **Die Steiermark muss man für die wunderschöne Gegend und die Menschen, die hier leben, einfach lieben."**

Wo ist die Steiermark am schönsten?
>> **Rudi Roth:** Natürlich in der Oststeiermark, wo ich herkomme. Gnas ist die Hauptstadt vom Tatschkerland.

Unsere Inselfrage: Was aus der Heimat würden Sie dorthin mitnehmen? Bitte drei Dinge.
>> **Rudi Roth:** Ein steirisches Kernöl, Zotter-Schokolade und natürlich Muskateller vom Kodolitsch.

Welchen Traum möchten Sie sich noch erfüllen?
>> **Rudi Roth:** Ich möchte mit meiner Familie gesund und glücklich alt werden. Und in Frieden leben. Das wäre für mich das Schönste. ■

Wordrap
Rudi Roth

Ihr Lebensmotto?
Frieden kannst du nur haben, wenn du ihn gibst.

Irdisches Glück?
Eine gesunde und glückliche Familie.

Hauptcharakterzug?
Dankbarkeit.

Ihr größter Fehler?
Ich vertraue den Leuten oft zu viel, weil ich in jedem immer nur das Gute sehe.

Hatten Sie je ein Vorbild?
Dino Zoff.

Welche Gabe möchten Sie haben?
Fliegen können.

Lieblingsmaler?
Derzeit Gottfried Helnwein.

Lieblingsmusik?
Udo Jürgens und „Immer, immer wieder geht die Sonne auf."

Letztes Buch?
Stephan Schäfer „25 letzte Sommer" – Bitte lesen.

Lieblingsessen?
Steirisches Backhendl.

Lieblingswort im steirischen Dialekt?
Griass di, i hob di gern.

Typisch steirisch?
Steirerbluat is ka Himbeersoft.

Das Grüne Herz bedeutet für mich …
Heimat. Es ist auf all meinen Wegen und Auslandsreisen immer dabei.

Liebeserklärungen an die Steiermark

Friedrich Santner
„Das Grüne Herz ist Zuhause und Heimat"

Knapp 4.000 Menschen beschäftigt Anton Paar in Graz und in 100 Ländern am Globus. Friedrich Santner, der visionäre Chef des Weltmarktführers in Sachen Messtechnik, über das Mirakel seiner Profession, wieso es Messtechnik für Ketchup braucht oder warum er stolzer Beutesteirer ist. Und dass Bildung als Multiplikator die Steiermark weiterbringen wird und vor allem welche Freude er empfindet, aus der Welt „heim" zu kommen.

Herr Santner, Sie machen Messtechnik, das ist so ein abstrakter Begriff, unter dem man sich schwer etwas vorstellen kann. Mögen Sie uns kurz beschreiben, was Sie machen und vor allem auf welche Bereiche des täglichen Lebens sich die Anton-Paar-Produkte auswirken?
>> **Friedrich Santner:** Wir machen Messgeräte für alle Produkte, denen Sie täglich begegnen – das fängt an beim Zähneputzen. Da stellen wir sicher, dass die Zahnpaste aus der Tube kommt, aber nicht von der Zahnbürste runterrinnt. Wir sorgen dafür, dass das Ketchup, das Sie zu Mittag verwenden, sauber aus der Tube fließt. Es geht hin bis zum Kaugefühl von Gummibärlis und dem Verhalten von Haarshampoo. Bei fast jedem Getränk, das Sie konsumieren, haben wir sichergestellt, wieviel Prozent davon z. B. Zucker, Stammwürze, Farbe oder Alkohol enthält. Sie begegnen uns täglich.

> „Wir machen Messgeräte für alle Produkte, denen Sie täglich begegnen – das fängt an beim Zähneputzen."

Vor 100 Jahren gegründet, sind Sie heute globaler Marktführer in Ihrer Branche, beschäftigen rund 4.000 Mitarbeiter. Was braucht es für solchen Erfolg?
>> **Friedrich Santner:** Das allerallerwichtigste sind gute Mitarbeiterinnen und Mitarbeiter. Der beste Plan hilft nichts, wenn man nicht die geeigneten Leute dafür hat. Was das internationale Geschäft betrifft, gibt es eigentlich nur ein Rezept – man muss hinaus. Man hat die Welt noch nie vom Schreibtisch aus erobert, man muss in die Regionen gehen, in andere Länder, dort etwas aufbauen. Es ist ein großer Vorteil für uns, dass wir weltweit tätig sind, weil das Risiko dadurch sehr gut gestreut wird.

In wie vielen Ländern ist Anton Paar präsent?
>> **Friedrich Santner:** Wir sind in über 100 Ländern der Welt präsent, also defacto überall, wo es Menschen gibt, gibt es auch Anton Paar.

Wie hoch ist die Forschungs- und Entwicklungsquote in Ihrem Unternehmen?
>> **Friedrich Santner:** Wir haben hier am Standort über Jahrzehnte ungefähr 20 Prozent unseres Umsatzes in Forschung und Entwicklung investiert. Aufgrund des großen Wachstums ist der Umsatz stärker gestiegen als die Forschungsquote in Prozent. Aber es sind immer noch 15 bis 16 Prozent im Jahr, die wir investieren.

Dürfen wir ein bisserl persönlich werden? Sie sind in Oberösterreich geboren, wann und wie sind Sie in die Steiermark gekommen?
>> **Friedrich Santner:** Ich bin ein geborener Gmundner und in einem SOS-Kinderdorf aufgewachsen. Zuerst in Kärnten in Moosburg und mit acht Jahren bin ich in die Steiermark gekommen. Und seither bin ich ein stolzer Beutesteirer.

Sie haben in Psychologie und Pädagogik promoviert, wie passt dieses Studium in die Job-Description eines Spitzenmanagers?
>> **Friedrich Santner:** Meine Lebensplanung war völlig anders, ich wollte eigentlich Kinderpsychotherapeut werden. Ich war mit meiner Ausbildung beinahe fertig und bin dann aus familiären Gründen in dieses Unternehmen gekommen. Dann bin ich noch einmal zurück auf die Universität, wo ich einige Ausbildungen gemacht habe, die ich hier in der Arbeit brauchen kann. Aber auch mein Studium kann ich eigentlich täglich gut gebrauchen.

Mit 65 ist Schluss, für das Management gibts eine Altersobergrenze. Auch mit dem Argument, sicherzustellen, dass Sie selbst nicht den Zeitpunkt verpassen, ein paar Schritte zurückzutreten. Können Sie mit dieser Selbstfesselung gut leben? Sie schauen ja aus wie das blühende Leben ...
>> **Friedrich Santner:** Danke für das Kompliment! Ich habe diese Altersgrenze selbst eingeführt, weil ich denke, es ist wichtig, dass man diese Diskussion dann nicht führen muss. Oft ist man ja auch nicht mehr in der Lage, sie zu führen. Bei uns im Haus ist das so geregelt, dass in operativen Managementfunktionen, also als Geschäftsführer, mit 65 die letzte Bestellung möglich ist. In den nichtoperativen Managementfunktionen, also Stiftungsvorstand, Aufsichtsrat, dann mit 70 Jahren. Und damit ist festgelegt, wie das abläuft und das ist, denke ich, auch eine Erleichterung für die nächste Generation.

Und Sie haben auch genug anderes zu tun. Aufsichtsratsfunktionen in der Styria Medien AG, bei der Steiermärkischen Sparkasse, der Erste Group oder beim Katholischen Medienverein. Wie bringt man das alles unter einen Hut?
>> **Friedrich Santner:** Schlecht. Ich sage Ihnen ganz offen, hin und wieder ist es zu viel. Auf der anderen Seite sind es lauter Aufgaben, die hochinteressant und spannend sind. Es sind Dinge, die mich interessieren. Und bei Dingen, die man gerne macht, tut man sich dann auch leichter. Aber ich habe im Haus den Luxus, dass die nächste Generation schon da ist, mich sehr aktiv entlastet und immer mehr Aufgaben übernimmt. Und für die nicht in allzu weiter Ferne winkende Pension ist es ja gut, einige dieser Tätigkeiten zu haben, damit man geistig und körperlich nicht ganz verrostet.

Das heißt, man lernt auch in diesen Funktionen dazu, man bekommt einen Blick auf andere Sparten und Unternehmungen?
>> **Friedrich Santner:** Eine wichtige Erfahrung meines Lebens ist – alles, was man tut und alles, was man lernt, ist hilfreich. Ich habe als Jugendlicher das Schulgebäude ausgemalt, auch das war wichtig für die weitere Entwicklung.

Wie sieht die Zukunft von Anton Paar aus? Welche Pläne gibt es und wo sehen Sie sich selbst in – sagen wir einmal – fünf Jahren?
>> **Friedrich Santner:** Also ich persönlich werde mich in fünf Jahren aus der Geschäftsführung zurückgezogen haben. Ich werde dann im Aufsichtsrat und in der Holding tätig sein. Die Zukunft wird weiterhin darin bestehen, dass wir uns mit der Entwicklung und Produktion von wissenschaftlichen Messgeräten beschäftigen. Wir versuchen, messtechnisch Probleme zu lösen, die noch niemand gelöst hat. Das interessiert uns, das freut uns und das ist auch im Wesentlichen das, was uns antreibt. Die Neugier und die Lust an der permanenten Innovation ist für mich wichtiger als die Frage, ob wir wachsen oder kleiner werden. Das Wichtigste ist, dass wir Dinge tun, die wir gerne machen.

Zum 100-Jahr-Jubiläum haben Sie Mitarbeiter und Kunden aus der ganzen Welt für ein Wochenende eingeladen. Wie waren die Reaktionen, wie sahen Gäste, die zum ersten Mal da waren, die Heimat Ihres Unternehmens?
>> **Friedrich Santner:** Ich habe von einem renommierten Trachtenmodengeschäft in der Grazer Innenstadt gehört, dass sie innerhalb von drei Tagen den Umsatz von mehreren Monaten gemacht haben. Wir haben aus der ganzen Welt Mitarbeiterinnen und Mitarbeiter hier gehabt. Und ich kann nur bestätigen, dass eines der größten Assets von Anton Paar der Standort hier ist. Die Leute kommen gerne zu uns, sie lieben die Gegend hier, sie lieben das Essen, sie lieben die Menschen. Und das ist ein wesentlicher Katalysator für die Entwicklung unseres Geschäftes.

> **„Eines der größten Assets von Anton Paar ist der Standort hier. Die Leute kommen gerne zu uns, sie lieben die Gegend hier, sie lieben das Essen, sie lieben die Menschen."**

Ihre Verbundenheit und Begeisterung für den Fußball haben Sie mit der Entwicklung der Marke „skills.lab" in Wundschuh manifestiert. Die Anton Paar SportsTec GmbH vertreibt die modernsten Hightech-Trainingssysteme im Weltfußball. Bleiben Sie da weiter am Ball?
>> **Friedrich Santner:** Wir bleiben da auf alle Fälle am Ball. Ich war beim FC Bayern München, unserem renommiertesten Kunden für dieses System. Die haben eine gesamte Akademie rund um dieses „skills.lab"-Fußballtrainingssystem aufgebaut. Und es war interessant zu sehen, wie die Technologie, die Vermessung der fußballerischen Fähigkeiten bei einem Klub wie dem FC Bayern eingesetzt wird. Und die Rückmeldung zu bekommen, dass das System die Trainingsleistung tatsächlich verbessert und das Scouting wesentlich erleichtert, freut einen schon.

Sie sind ein Visionär, wohin soll oder sagen wir sogar „muss" sich das Land entwickeln?
>> **Friedrich Santner:** Das Land Steiermark hat, meiner Meinung nach, eine gute Entwicklung genommen. Und viel davon ist den guten Bildungseinrichtungen in diesem Land zu verdanken, den Schulen, den Fachhochschulen, den Universitäten. Und hier ist es das Wichtigste, nicht nachzulassen und weiter auszubauen. Bildung ist der Multiplikator für fast alles in unserem Leben. Und wenn wir diesen Bereich gut gestalten, visionär weiterentwickeln, dann wird sich auch das Land gut weiterentwickeln.

Was mögen und schätzen Sie persönlich in und an der Steiermark? Gibt es einen Lieblingsplatz?
>> **Friedrich Santner:** Es gibt einige Lieblingsplätze. Wenn ich die Steiermark beschreiben müsste, dann erinnere ich mich an einen Herbstnachmittag im Gastgarten von Pichler-Schober, mit jungem Wein und Kastanien, mit steirischer Musik. Das ist unschlagbar.

Steirische Menschen essen und trinken gern, wir sind der Feinkostladen Österreichs. Wie halten Sie es damit, was schmeckt besonders?
>> **Friedrich Santner:** Ich war acht Jahre lang in einem katholischen Internat, ich bin kulinarisch gesehen relativ belastbar. (lacht) Ich liebe an der Steiermark natürlich auch das gute Essen, den guten Wein. Es ist das Wesentlichste, dass Knödel dabei sind. Wenn Knödel dabei sind, ist es relativ egal, was es sonst noch dazu gibt.

Als weitgereister Mensch sind Sie viel auf der ganzen Welt unterwegs. Was vermissen Sie am meisten aus der Heimat, wenn Sie im Ausland sind?
>> **Friedrich Santner:** Ich bin viel unterwegs und freue mich eigentlich immer sehr, wenn ich wieder zurückkomme. ■

Wordrap
Friedrich Santner

Ihr Motto?
Freedom is just another word for nothing left to lose!

Irdisches Glück?
Meine zehn Enkelkinder.

Hauptcharakterzug?
Konsequenz.

Was schätzen Sie an Freunden am meisten?
Loyalität.

Ihr größter Fehler?
Ungeduld.

Wer hätten Sie gerne sein mögen?
Ich selbst.

Lieblingsmusik?
Alles an steirischer Volksmusik.

Lieblingsbuch?
Medea von Christa Wolf.

Lieblingsmaler?
Gauguin.

Lieblingsessen?
Knödel.

Lieblingswein?
Sauvignon Blanc.

Das Grüne Herz bedeutet für mich …
Zuhause und Heimat.

Fotos: STG/Jesse Streibl, GEPA pictures

Nicole Schmidhofer
„Heimat, das Wichtigste, was man haben kann"

Nicole „Nici" Schmidhofer zählte über viele Jahre zu den besten und erfolgreichsten alpinen Skirennläuferinnen. Der Weltmeisterin aus dem Lachtal gelang nach einer schweren Knieverletzung ein viel beachtetes Comeback. An ihrem 34. Geburtstag verkündete sie ihren Abschied vom Weltcup-Zirkus. Wir sprachen mit der Obersteirerin über Glücksmomente, Tiefschläge und ein Leben nach dem Sport.

Liebeserklärungen an die Steiermark

Sie haben 174 Weltcuprennen bestritten, waren Weltmeisterin und Weltcup-Gesamtsiegerin in der Abfahrt. Wie schwer ist Ihnen der Rücktritt gefallen? Und: Zu welchem Zeitpunkt trifft man so eine Entscheidung?

›› Nicole Schmidhofer: Das ist keine Entscheidung, die man von heute auf morgen trifft. Das ist ein Reifeprozess. Vom wirklich ersten Gedanken, als ich mich einmal hinterfragt habe, ob ich das noch will, bis es dann so weit war, hat es ein gutes Jahr gedauert. Dazwischen waren super Trainingstage, wo ich gewusst habe, nein, ich lebe für das Skifahren, ich brenne dafür, ich will das weitermachen. Im Jänner ist aber dann wirklich der Vorhang gefallen, wo ich gemerkt habe, wenn ich Richtung Netz fahren muss und wenn halt gewisse Situationen auf mich zukommen, wo es finster ist, wo ich mir schwertue, dass ich nicht mehr bereit bin, 100 Prozent zu geben. Und der endgültige Knackpunkt war dann in Cortina die Qualifikation für die Abfahrt. Es war sehr schlechte Sicht. Und ich habe bei den zwei Sprüngen komplett rausgenommen und davor richtig abgebremst, weil ich mir gedacht habe „Nein, das ist es nicht mehr wert." Meinem Knie und meinem Körper geht es ziemlich gut. Skifahren ist etwas Schönes, aber anscheinend sind mein Körper und ich bereit für etwas Neues.

Ihre Karriere war geprägt von zahlreichen Höhepunkten, aber auch von Tiefschlägen. Woraus lernt man mehr?

›› Nicole Schmidhofer: Meistens aus den Rückschlägen, weil sie ein bisschen präsenter sind. Ich bin sehr schnell sehr groß geworden, sage ich jetzt einmal unter Anführungszeichen. Das ist, wie wenn du in der ersten Hauptschulklasse total viel kannst und dann gleich in der vierten Klasse weitermachst. In dieser Zeit ist mir ein bisschen der Lernprozess abgegangen. Und dann sind natürlich so kleine Rückschläge gekommen, als ich dann einmal nicht im Kader war. Da habe ich mich dann gefragt „Will ich eigentlich Skifahren, ist es das, was ich wirklich will?". Es hat sich dann für mich herausgestellt, ja, ich probiere das noch einmal, ich gebe alles dafür. Und es hat sich, wie man gesehen hat, ausgezahlt. Im Nachhinein war das Jahr für mich ganz wichtig, weil ich gelernt habe, was es bedeutet, Skifahrerin zu sein, welches Privileg es ist. Es

> „Skifahren ist etwas Schönes, aber anscheinend sind mein Körper und ich bereit für etwas Neues."

war auch wichtig, abzuschätzen, wer es ehrlich mit mir meint und wer nur im Erfolg da ist. Die wenigsten sind da, wenn es nicht läuft. Ich habe aus den Rückschlägen viel mitgenommen, damit ich mit dem Erfolg auch umgehen kann. Man braucht Erfolg und Niederlagen, um gesattelt im Leben zu sein.

Sie sind eine Downhill-Legend, eine Speed-Queen. Mut konnte man Ihnen nie absprechen. Bei der Speedski-WM knackten Sie eine Schallmauer und halten immer noch den österreichischen Rekord mit 217 km/h. Wo liegen für Sie die Grenzen der Vernunft, wo hat das Risiko ein Ende?

›› Nicole Schmidhofer: Ja, damals habe ich nicht gar so viel Vernunft gehabt (lacht). Viele haben mir abgeraten, den Speed-Rekord zu versuchen. Ich glaube, dass das damals der perfekte Zeitpunkt dafür war. Ich war in einer sehr guten Form, ich war mental bereit dafür. Zuvor hatte ich die Abfahrts-Weltcup-Kugel gewonnen. Ich war zwar ein bisschen müde von der Saison, aber in einer Bombenform. Ja, es ist ein Hochrisikosport, aber es ist einfach so ein wahnsinniges Gefühl, da hinunterzufahren. Das war es auf jeden Fall wert.

An Ihr Abschiedsrennen in Andorra wird man sich noch lange erinnern. Sie schwangen stilvoll mit Lederhose, Steirerjacke und Zipfelhaube ab. Eine Hommage an Ihre Heimat?

›› Nicole Schmidhofer: Selbstverständlich. Da ist alles ein bisserl dabei. Die Zipfelhaube in Grün gehalten wegen der Steiermark. Es gab früher einmal einen Physiotherapeuten, der sagte immer „Schmid-Zwerg" zu mir. Als ich dann das erste Mal im Weltcup auf das Podest gefahren bin, war dann die Titelseite „Schmid-Zwerg ganz groß". Und dann die Lederhose. Ich bin sehr gerne in Tracht unterwegs, das verbindet mich mit der Heimat. Damit schaut man immer gut aus. Mit einem Dirndl oder einer Lederhose ist man gleich einmal gut angezogen. Und es ist doch schön, wenn man die Heimat auf der ganzen Welt vertreten darf.

Was werden Sie nach vielen Jahren Weltcup-Zirkus nicht vermissen?

›› Nicole Schmidhofer: Was ich nicht vermissen werde, ist Leistung auf Knopfdruck abrufen zu müssen und den Druck, der dahintersteht. Das geht einmal gar nicht ab.

Schon eine endgültige Lebensplanung für die Zeit nach dem Rennsport? Sie wollen dem Skisport erhalten bleiben, heißt es. Vielleicht als TV-Expertin mit Helmkamera?

›› Nicole Schmidhofer: Es gibt viele Ideen. Beim ORF kommentieren mache ich schon, auch Kamerafahrten. Vielleicht noch einmal Speed-Skifahren gehen. Ein Bereich, in dem ich unbedingt etwas machen möchte, ist Reha. Das ist aber derzeit etwas aufgeschoben. Ich habe da sehr viel gesehen, als ich selbst in Tobelbad in der Klinik war. Ich würde gerne dort Vorträge halten, weil ich glaube, dass ich den Leuten extrem viel mitgeben kann. Man muss selbst sieben, acht Wochen dort sein, um zu sehen, wie das ist. Man muss lernen, die Leute einzuschätzen und kennenzulernen.

Auch das Podcast-Projekt „Wos dahinter steckt" mit Ihrer ehemaligen Zimmerkollegin Conny Hütter möchten Sie weiter entwickeln. Sie sind kompetent und goschert, sagen die Leut'. Ein Erfolgsrezept?
>> Nicole Schmidhofer: Kann sein. Ich bin ein Gasthauskind und habe das Glück, dass ich ganz gut reden kann. Mit der Conny gemeinsam ist das für mich sehr einfach, weil wir uns wirklich gut ergänzen. Wir wollen damit sehr viele Dinge, die im Hintergrund laufen, nach vorne bringen.

> **Man hat in den letzten Jahren gesehen, dass sich alles ein bisschen nach hinten hinausschiebt und dass man ein wenig in die Höhe gehen muss. Aber Skifahren wird es vor allem in Österreich immer geben."**

Stichwort Klimakrise: Machen Sie sich eigentlich Sorgen um den Skisport?
>> Nicole Schmidhofer: Nein, eigentlich wenig, weil ich denke, dass es Skifahren immer geben wird. Es kann sein, dass sich die Art und Weise verändert. Die Zeiten, wann die Rennen stattfinden. Man hat in den letzten Jahren gesehen, dass sich alles ein bisschen nach hinten hinausschiebt und dass man ein wenig in die Höhe gehen muss. Aber Skifahren wird es vor allem in Österreich immer geben. Wir leben davon, in unserem Land ist es ein großer touristischer Faktor.

Was würde Sie abseits von Skipisten noch reizen? Lizz Görgl singt, Michaela Kirchgasser tanzt, Anna Veith modelt.
>> Nicole Schmidhofer: Ja, und die Nici Schmidhofer macht einen Podcast und würde gerne die Reha-Sachen machen. Ich würde gerne für Leute Ansprechpartner sein, würde gerne jungen Athletinnen weiterhelfen. Wirtin mach' ich nicht, das macht meine Schwester schon sehr gut.

Hat die Redaktion von Dancing Stars schon angerufen?
>> Nicole Schmidhofer: Ich habe schon einmal eine Anfrage bekommen, ja. Aber ich musste absagen, weil ich bin ja noch skigefahren. Das war eine witzige Geschichte. Ich habe den Danilo Campisi kennengelernt und der hat gesagt „ja, wir tanzen einmal". Da habe ich Nein gesagt. Er hat mich aber trotzdem vorgeschlagen. Auf die Mail habe ich dann zurückgeschrieben „Danke, aber ich bin noch aktiv." Mit meinem Knie und meiner Vorgeschichte wird Dancing Stars ganz, ganz schwierig werden.

Sie sind Schlagzeugerin beim Musikverein Schönberg-Lachtal. Schon einmal daran gedacht, in einer Rock-Band zu trommeln?
>> Nicole Schmidhofer: Rock-Band jetzt einmal nicht, aber mit einer Freundin, der Chrissi Neubauer, bin ich ein bisschen unterwegs und wir machen Akustik-Musik. Sie spielt auf der „Quetschn" und ich mit den „Löffln" dazu. Wir spielen auch moderne Sachen. Braucht man auch ein bisschen zum Ausgleich, das passt gut.

Wenn Sie eine berühmte Band für einen Song hinter das Schlagzeug bitten würde, welcher wäre es?
>> Nicole Schmidhofer: Bon Jovi, „Living on a prayer". Der geht immer, der ist der Beste.

Sie sind tief mit Ihrer Heimat verwurzelt und den Menschen der Region verbunden. Hätten Sie jemals woanders als im Lachtal leben wollen?
>> Nicole Schmidhofer: Ich habe einmal eine Zeit lang in Salzburg gelebt. Dreieinhalb Jahre lang, aber immer nur im Sommer, weil ich war dort beim Bundesheer stationiert. Das war trainingstechnisch die beste Lösung für mich. Ich konnte es mir dann aber nicht mehr leisten, weil ich nicht mehr im Kader war. Ich bin dann wieder zurück nach Hause und habe festgestellt, dass ich hier eigentlich auch alles habe. Also ich habe die Berge um mich, ich habe im Sommer alle Trainingsmöglichkeiten.

Aus diesem Grund hat sich die Frage dann gar nicht mehr gestellt. Am meisten daheimgehalten haben mich die Familie und der Musikverein. Auch als ich im Sommer in Salzburg gelebt habe, bin ich jedes Wochenende heimgekommen.

> **Du hast hier eigentlich alles. Du hast von der Ruhe am Berg über den See bis zum actionreichen Spielberg oder dem „Nocky-Flitzer" auf der Turrach alles abgedeckt."**

Was macht die Region Murau-Murtal aus?
>> Nicole Schmidhofer: Du hast hier eigentlich alles. Du hast von der Ruhe am Berg über den See bis zum actionreichen Spielberg oder dem „Nocky-Flitzer" auf der Turrach alles abgedeckt. Bei uns kannst du super Golfen, Mountainbiken, Radfahren, Schwimmen. Wir sind eine sehr vielseitige Region. Und eine Gegend, die noch nicht so überlaufen ist, wo man noch sehr gut runterkommen kann und die sehr familienfreundlich ist.

Wenn Sie Gäste zu Besuch hätten, die noch nie in der Steiermark waren, was sollten sie im Land sonst noch gesehen haben außer dem Lachtal?
>> Nicole Schmidhofer: Das ist eine schwierige Frage, weil es so viele schöne Sachen gibt und ich selbst noch nicht alles gesehen habe, was ich gerne sehen würde. Ich würde mich da nicht auf eine Region beschränken. Ich glaube, dass jede Region für sich Spezialitäten hat, die sehenswert sind. Ihr müsst einfach öfter kommen, damit ihr alles gesehen habt.

Was hat die Steiermark, was andere Bundesländer nicht haben?
>> Nicole Schmidhofer: Das ist eine gute Frage. Vom Gletscher bis zum Wein eigentlich alles. Du kannst am Dachstein langlaufen, wir haben sehr guten Wein, wir haben super Schokolade. Wir haben das Kürbiskernöl. Wir sind sehr gastfreundlich und aufgeschlossen, würde ich sagen. In Österreich ist es allgemein

schön, Urlaub zu machen, aber wir sind nicht umsonst das Grüne Herz Österreichs. Es ist für jeden etwas dabei.

Worauf freuen Sie sich?
>> Nicole Schmidhofer: Auf die vielen Sachen, bei denen ich in den letzten 15 Jahren immer gesagt habe „Wenn ich einmal nicht mehr Ski fahre, dann mache ich das". Das versuche ich, jetzt alles nachzuholen. Am meisten freue ich mich auf viel Freizeit mit der Familie und mit Freunden. ■

> „Ich glaube, dass jede Region in der Steiermark für sich Spezialitäten hat, die sehenswert sind. Ihr müsst einfach öfter kommen, damit ihr alles gesehen habt."

Wordrap

Nicole Schmidhofer

Ihr Motto?
Sei dankbar für das, was du hast, während du dafür arbeitest, was du willst.

Irdisches Glück?
Ganz etwas Wichtiges.

Hauptcharakterzug?
Ehrgeiz.

Ihr größter Fehler?
Überstürztes Handeln.

Hatten Sie je ein Vorbild?
Nein.

Welche Gabe möchten Sie haben?
Unsichtbar sein.

Lieblings-Weltcupstrecke?
Gibt es viele. Kann ich keine Einzelne nennen.

Lieblingsmusik?
Von Mozart bis zu Tsching-Bum.

Lieblingsessen?
Steak.

Lieblingswort im steirischen Dialekt?
Oida.

Typisch steirisch?
Kürbiskernöl.

Das Grüne Herz bedeutet für mich …?
Meine Heimat. Und das ist das Wichtigste, was man haben kann.

Gregor Seberg
„Die Steiermark – eine kleine, perfekte Welt"

Gregor Seberg ist Schauspieler, Kabarettist, Regisseur und Autor. Bekannt wurde er als Oberstleutnant Helmuth Nowak, den er über zehn Jahre in der TV-Serie „Soko Donau" gab. Wir sprachen mit dem in Wien lebenden gebürtigen Grazer über neue Herausforderungen, seinen Hang zum Naturforscher und warum er glaubt, dass der GAK schon bald die Champions League gewinnen wird.

Lieber Herr Seberg, eine kleine Schleimspur zum Einstieg: Das Feuilleton hat Sie einen „schlagfertigen, frechen Schelm" getauft. Zufrieden mit dieser Beschreibung?

>> Gregor Seberg: Sehr zufrieden. Nicht ganz zufrieden. Was sie vergessen haben ist naiv, patschert und leicht belämmert. Aber sonst trifft es hoffentlich zu.

Sie verbrachten ihre Kindheit in einer wenig schmuckvollen Gegend in Graz – in der Triestersiedlung. In einem sehr berührenden Porträt schildern Sie eine Lebensschule in einer prägenden Gegend – was war prägend und lehrreich?

>> Gregor Seberg: Ich glaube die Mischung. Also ich erinnere mich, dass wir glücklichste Kinder waren. Da war so ein kleiner Abhang und dort stand eine Trauerweide und wir sind ganz hoch geschwungen. Und 5.000 Meter unter uns waren Brennesseln, da sind wir dann reingeflogen. Dann haben wir gleich so Tests gemacht, wie man durch Brennesseln gehen kann. Dann haben wir irgendwelche Dinger abgepflückt, die konnten wir rauchen. Und unsere „Feinde" haben wir nackt ausgezogen und an den Baum gebunden. Das war die höchste Strafe. Und Brennessel und Schnecken draufgeben und gehen – und hoffen, dass du am nächsten Tag nicht selbst drankommst. Das war die eine Seite. Die andere Seite war, dass das halt eine Gegend war – heute würde man sagen, wo das Prekariat zu Hause ist. Es gab dort viele Menschen mit geringem Grundeinkommen. Aber so in der Rückschau ist es dann eigentlich klasse, durch diese Art von Schule gegangen zu sein. Und weil die Wohnungen so klein waren, waren alle draußen. Es war eigentlich so ein „Little Italy", immer alle auf der Straße, eine Art von Zusammenhalt. Das Lustige dabei war, dass die, die tagsüber zusammengehalten haben am Abend dann ins Auto eingebrochen sind, von dem, mit dem sie tagsüber geredet haben. Das erdet natürlich.

„Zwangsübersiedelt" seien Sie mit 14 nach Wien geworden, haben Sie einmal gemeint. Das ist jetzt ein Vorgriff auf unsere Steiermark-Fragen. Könnten Sie sich vorstellen, wieder in Graz zu leben?

>> Gregor Seberg: Ich habe das sogar ernsthaft vor. Es könnte sein, dass mir Wien irgendwann – darf man ordinär reden hier – so auf'n Arsch geht, dass ich sage, ich will wieder nach Graz, weil es für mich schöner ist, weil es näher am Meer ist. Das ist übrigens das einzige Manko in der Steiermark, dass wir kein Meer haben. Die Lebensqualität ist einfach hier größer. Also ich könnte es mir wirklich vorstellen. Lange Zeit konnte ich das nicht, da habe ich mir gedacht, ich kann in Österreich nur in Wien leben. Alles andere ist mir viel zu eng und viel zu klein. Aber jetzt habe ich es eh gesehen. Und Meer haben sie auch keines.

Ihre Rolle als Oberstleutnant Nowak in „Soko Donau" hat wesentlich zu Ihrer Popularität beigetragen. Dort hätten sie locker in Pension gehen können, aber sie sind ausgestiegen, weil sie schauen wollten, was es sonst noch gibt. Was haben sie gesehen?

>> Gregor Seberg: Ja das, wonach ich immer suche. Die Vielfältigkeit. Ich habe so ein unfassbares Glück, dass ich beinahe alle Facetten meines Berufes ausüben darf. Ich kann drehen, ich kann Theater spielen, ich mache Kabarett, ich mache liebend gerne Lesungen. Ich habe ein Musikprogramm. Die Zeit bei Soko möchte ich nicht missen, es war super, aber mein Leben war natürlich irgendwann sehr eingeschränkt. Und jetzt habe ich wieder diese Vielfalt. Ich kann jetzt mehr Gerichte von der Speisekarte kosten als vorher.

> **„Ich bin der Meinung, es geht nicht ohne Humor. Ich würde sogar das Lachen in die Verfassung schreiben."**

Sie gelten als Raubein und Querkopf und auch als begnadeter Schmähführer. Geht Ihnen, in Zeiten wie diesen, auch manchmal der Schmäh aus? Oder anders gefragt, wie kann man beim Blick auf unsere Welt noch lustig sein?

>> Gregor Seberg: Also mir geht mehrfach täglich der Schmäh aus. Schon das erste Mal in der Früh, wenn ich Nachrichten schaue ist der Schmäh kurz weg. Und dann tagsüber. Also, ich bin der Meinung, es geht nicht ohne Humor. Ich würde sogar das Lachen in die Verfassung schreiben. Außerdem, wer lacht und Witze macht ist ein bisserl weniger zähmbar. Ich finde, dass die Mächtigen auch ausgelacht werden sollen. Bist selber schuld, wennst mächtig bist wirst ausgelacht. Das halte ich für sehr, sehr wichtig.

Sind Sie Opti- oder Pessimist?

>> Gregor Seberg: Ich bin Optimist. Wenn ein Tropfen Wasser im Glas ist, ist es für mich fast voll. Weil es ist ja noch ein Wasser drin. Also ich bin Optimist.

> **„Diese Verbundenheit mit der Steiermark wächst wieder. Ich könnte sie gar nicht genau in Worte fassen."**

Sie leihen der renommierten ORF-Serie „Universum" ihre Stimme. Wohl auch, weil sie einmal gesagt haben, wenn sie groß sind, werden sie Naturforscher. Dazu gehören auch Wurzeln. Wie tief sind die noch in die Steiermark?

>> Gregor Seberg: Also, wenn ich ein Baum wäre, oder ein Gebüsch, dann habe ich lange Zeit versucht, nach oben zu wachsen und viele Blätter zu entwickeln. Jetzt wachse ich nach unten, momentan wachsen die Wurzeln. Diese Verbundenheit mit der Steiermark wächst wieder. Ich könnte sie gar nicht genau in Worte fassen. Meine Mutter, meine Schwester, meine Nichte wohnen hier, die besuche ich natürlich. Mit dem Land Steiermark selber – ich könnte nicht erklären, was es ist. Vielleicht entwickelt man wieder so eine Erdverbundenheit, weil schon der Sensenmann winkt. Nein, er winkt ja nicht. Es wird mir eigentlich immer bewusster, dass ich von da komme. Es ist ein Gefühl von Liebe.

Sie ecken ja nicht ungern an, auf der anderen Seite beschreiben Sie sich als harmoniebedürftig – wie geht denn das zusammen?

>> Gregor Seberg: Das hat unmittelbar miteinander zu tun, weil ich so harmoniebedürftig bin. Und weil das nicht immer geht, muss ich anecken, damit Harmonie entsteht. Wenn ich jetzt 20 wäre, dann würde ich mich auf

> **Mit Kumpels würde ich durch eine der ganz engen Gassen von Graz gehen, die von der Herrengasse wegführen. Und wenn sie dann die Augen zumachen glauben sie, sie wären in Italien."

die Straße kleben, nicht nur mit der Hand, sondern mit dem ganzen Körper. Aber eine Hand würde ich freilassen, damit ich denen in die Gosch'n hauen kann, die mich wegtragen wollen. So in etwa.

> **Einfach gesagt: Die große Welt hält hier in der Steiermark im Kleinen ihre Probe ab. Die Steiermark ist so vielfältig, sie ist schön."

Was macht denn die Steiermark aus ihrer Outside-Perspektive aus?
>> **Gregor Seberg:** Einfach gesagt: Die große Welt hält hier in der Steiermark im Kleinen ihre Probe ab. Die Steiermark ist so vielfältig, sie ist schön. Sie hat viel Industrie, viel Technologie. Die berühmtesten Österreicher weltweit kommen aus der Steiermark. Sie ist so eine kleine, perfekte Welt, das macht für mich die Steiermark aus. Natürlich gibt es andere schöne Bundesländer auch. Aber die Steiermark ist so komplett.

Wie verfolgen Sie die Geschehnisse in ihrer Heimatstadt Graz, wie nehmen sie die Steiermark wahr?
>> **Gregor Seberg:** Wirklich ganz genau kenne ich mich nicht mehr aus, weil einfach so viel passiert. Ich kenne jetzt eher die Wiener Politik. Allerdings durfte ich zum Thema „40 Jahre Rechnungshof" sprechen. Ich war der erste Redner, und ich habe denen gesagt, ihr habt eh zwei Fehler gemacht. Erstens mich als erstes und zweitens ohne Zeitbeschränkung und ohne Themenvorgabe reden zu lassen. Hinter dem Sprecherpodium ist so eine kleine Kantine, und da bin ich rausgegangen, weil ich schnell aufs Klo musste. Und dann kam ich nicht mehr rein, weil da sind so Sicherheitsschleusen – war alles zu. Und das Handy hatte ich auch nicht dabei. Und da habe ich mir gesagt, da drinnen sagt jetzt sicher gerade jemand, und jetzt kommt Herr Seberg. Der kommt aber nicht, weil der steht ja draußen. Und dann habe ich einfach alle Türen probiert und bin irgendwie wieder reingekommen. Und das liebe ich an der Steiermark: Sie haben zwar schon Schleusen, aber einen Seiteneingang gibt es immer.

Wie würden Sie einem Blinden die Steiermark erklären?

>> **Gregor Seberg:** Die Steiermark schaut aus dem Weltall aus wie ein Schwein mit Klumpfuß. Aber das Schwein ist ein Glücksbringer. Und das ist wieder die Vielfältigkeit der Steiermark. Sie ist eigentlich ein Glücksbringer, aber ein bisschen hatscht sie manchmal.

Die steirische Mundart haben sie ja sicher noch drauf: Dürfen wir um eine Kostprobe bitten?

>> **Gregor Seberg:** Reiss ob Hawi, a Suppn ohne Maggi is Wossa.

Apropos Maggi. Sterz mit Kaffee und viel Maggi dazu, ist ja ein außergewöhnlich Geschmackskombination, die Sie mögen. Was schmeckt denn sonst noch?

>> **Gregor Seberg:** Gibt es noch andere Sachen außer Maggi? (lacht). Zum Beispiel Fritattensuppe, die ist wahnsinnig super. Ansonsten bin ich eher nicht so, dass ich sage, das habe ich gerne. Aktuell finde ich Fisch super. Was ich nicht mag, das sind so fettige Sachen. Lange Zeit galt die Meinung, dass ich mich ausschließlich von steirischem Wurzelfleisch ernähren will. Und daher habe ich es ständig bekommen. Das hat dann schon Mühlgang-ähnliche Reflexe in mir ausgelöst, wenn ich es gesehen habe. Aber ich mag es schon noch gerne. Ich bin ja Jung-Papa und seither koche ich total viel. Viel, ob ich gut koche, weiß ich nicht. Aber viel und gern und frisch. Mein Sohn mag auch Fisch, aber wahrscheinlich nur, weil ich ihn dazu gezwungen habe.

Wohin geht's, wenn Sie wieder einmal in Graz sind?

>> **Gregor Seberg:** Leider Gottes komme ich kaum wohin, da ich immer nur kurz in Graz bin. Dann besuche ich meine Mutter, die südlich von Graz wohnt oder ich bin bei meiner Schwester und gehe mit dem Hund spazieren. Heuer zu Weihnachten sind wir in der Innenstadt herumspaziert und das war so schön. Wenn ich mehr Zeit hätte würde ich sicher auf den Glockenspielplatz gehen, in die Sporgasse und dann natürlich in die Triester Siedlung, schauen, was sich getan hat. Mein Freund und ich wollten ja das Hochhaus verhindern. Jetzt kann ich es ja sagen, weil jetzt ist es verjährt. Wir haben sicher 10.000 Fensterscheiben eingeschlagen, weil wir der Meinung waren, wenn wir die Scheiben immer kaputt machen werden sie das Hochhaus nicht fertigbekommen und irgendwann aufgeben. Haben sie aber nicht …

> „**Die Steiermark schaut aus dem Weltall aus wie ein Schwein mit Klumpfuß. Aber das Schwein ist ein Glücksbringer. Und das ist wieder die Vielfältigkeit der Steiermark.**"

Und wenn Sie mit ein paar Kumpels hier unterwegs sind, was würden Sie denen gerne zeigen?

>> **Gregor Seberg:** Dann würde ich mit ihnen durch eine der ganz engen Gassen von Graz gehen, die von der Herrengasse wegführen. Und wenn sie dann die Augen zumachen glauben sie, sie wären in Italien.

Sie sind GAK-Anhänger. Und sind angeblich der Meinung, dass die Roten schon bald die Champions League gewinnen werden. Woraus schöpfen sie diesen Optimismus?

>> **Gregor Seberg:** Vielleicht wenn uns die Champions League ein bisschen entgegenkommt und es außer gutem Fußball auch andere Kriterien gäbe. Nein, es ist so. Der Mensch muss an irgendetwas glauben. Und je unmöglicher der Wunsch, umso schöner ist es, wenn er dann in Erfüllung geht. Ich glaube, irgendwann gewinnt der GAK die Champions League, vielleicht wenn diese gar nicht mehr existiert.

Wovon träumen Sie sonst noch?

>> **Gregor Seberg:** Dass ein Komet auf die Erde trifft, der irgendwelche außerirdischen Stoffe mit sich trägt. Und die verteilen sich auf alle kriegswütigen, depperten Männer – und mit einem Schlag werden die wieder normal. ∎

Wordrap
Gregor Seberg

Ihr Lebensmotto?
Es wird schon irgendwie gehen.

Irdisches Glück?
Glückliche Kinder.

Hauptcharakterzug?
Wo ist die Wand, durch die es gehen könnte.

Gab oder gibt es ein Vorbild?
Nein.

Ihr größter Fehler?
Sehr ausgeprägte Schlampigkeit und Schusseligkeit in Verbindung mit Gedankenlosigkeit und Vergesslichkeit.

Welche Gabe möchten Sie haben?
Ich würde gerne ohne Sauerstoffgerät mit Fischen im Meer schwimmen können.

Lieblingsbuch?
Owen Meany von John Irving.

Lieblingsmusik?
Beinahe jede Musik, aber hauptsächlich Stones.

Lieblingsmaler?
Die Holländer – Rembrandt, Van Gogh, das finde ich schön.

Typisch steirisch?
Dass die Steirer beim Reden singen.

Das Grüne Herz bedeutet für mich …
… dass ich mich eingeladen fühle.

> „Ich glaube, dass die Mundart die Muttersprache, die Ausdrucksmöglichkeiten, von Kindheit an prägt. Das ist der Urausdruck, das ist die erste Kommunikation."

Johannes Silberschneider

Johannes Silberschneider
„Graz – eine architektonische Brettljause"

Johannes Silberschneider ist einer der gefragtesten, schillerndsten und vielseitigsten Künstler im deutschsprachigen Raum. Der im obersteirischen Mautern geborene Schauspieler, der seine Karriere als Johnny Silver startete, arbeitet an allen wesentlichen Theatern und war bisher in mehr als 100 Fernsehproduktionen und Kinofilmen zu sehen. Seiner Heimat ist der in München lebende Steirer so eng verbunden, dass er den Menschen medial sogar die steirische Mundart näherbringt.

Herr Silberschneider, wir haben Ihre Filmografie angeschaut. Bis zu sechs Filme oder Fernsehproduktionen pro Jahr, dazu Theater, Hörspiele, Lesungen. Sind Sie ein Arbeitstier?
>> **Johannes Silberschneider:** Nein, eigentlich nicht. Das hat sich irgendwie so ergeben. Ich glaube, das war so eine Voraussetzung für den Beruf, dass ich mir gedacht habe, jetzt probierst einmal alles aus, was dir angeboten wird. Weil ich mich eh nicht ausgekannt habe. Ich bin in diesen Beruf als völliger Frischling vom Land hineingekommen. Ich glaube, ich war vorher nicht einmal im Theater – außer ein Schultheater, das ich einmal gesehen habe. Das hat sich so ergeben. Der Paulus Manker hat während eines Seminars einmal gesagt, wer nach fünf Jahren den Beruf noch ausübt, der hat gute Chancen, dass er das bis zum Lebensende macht. Da habe ich mir gedacht, musst halt schauen, dass du die ersten fünf Jahre wenigstens bewältigst. Obwohl ich nie fest engagiert war, das ist das Lustige. Ich glaube, das gehört auch zum Steirer dazu, eine gewisse Freiheit, er will Erkundungen machen. Ein bisschen Erzherzog-Johann. Er will auf alle Berge rauf, er will ein paar Almhütten haben, wo er einkehren darf. Er braucht so ein paar Punkte, aber ich glaube, er muss nicht festsitzen.

Sie haben schon neben Penelope Cruz oder Ben Kingsley gespielt – wie sehr juckt Hollywood?

>> **Johannes Silberschneider:** Nein, ich glaube, das wäre sich mit mir nie ausgegangen. Wir waren einmal mit „Copy Shop" für den Oscar nominiert und da waren wir drüben. Das war witzigerweise so ein Film, wo eigentlich nur ich vorgekommen bin. So ein Vervielfältigungsfilm. Total interessant. Ein digitaler Film der analogisiert wurde. Und da hat der Regisseur Virgil Widrich damals schon gesagt, dieser Film könnte zu hundert Festivals eingeladen werden – Oscar ist auch möglich. Und die Einladungen haben gestimmt. Das war sehr interessant, da war ich damals das erste Mal drüben in diesem „Kodak-Theater". Das war nach 9/11. Und das war alles nicht realistisch für mich. Plötzlich ist man angekommen, wir haben beim österreichischen Botschafter wohnen dürfen. Und da sind wir mit einer Limousine hingefahren. Das war ein bisschen wie Plastik-Art-Déco oder wie bei einer Vieh-Versteigerung in der Leobener Oberlandhalle. Oder bei einem Band-Wettbewerb. Da waren Tribünen aufgebaut und da waren die Reporter und eingekaufte Leute die geschrien haben, wenn du vorbeigegangen bist. Du hast halt Leute getroffen, die du gekannt hast – den Ben Kingsley auch. Und dann hat das so lange gedauert. Und man muss ja aufs Klo auch einmal gehen. Und wenn du rausgehst, dann werden „Sit-in-Doubles" reingeholt mit Nummern. Nix da, kein Buffet – nur ein Grüppchen ist im Vorraum beieinandergestanden. Und da habe ich mir gedacht, mah, das sind so alte

> „Ich glaube, die Steiermark ist so reich an Plätzen, dass man nur irgendwo hinfahren und sich ein bisschen umschauen muss, und man ist in einer völlig anderen Welt."

Damen, die sich da unterhalten. Und dann bin ich vorbeigegangen und dann waren das der Woody Allen und der Paul McCartney. Und meine Agentin hat gesagt, du musst zu einer berühmten Agentin, da bin ich am nächsten Tag hin. Und dann hat sie gesagt „So, you were nominated for the oscar" – ja, „Do you want to move to hollywood?" Dann habe ich gesagt – nein. „Do you want to make TV, Michael Sheen also did." Da habe ich mir gedacht, nein. Und das letzte, was sie gefragt hat, war: „In which language was the movie?" Und dann habe ich gesagt: „It was a silent movie."

Sie leben in München, sind aber auch gern in Ihrem Geburtsort Mautern. Was macht den Ort aus?
>> **Johannes Silberschneider:** Ich glaube, das ist dasselbe wie mit der Sprache, mit der Landschaft. Man wird sozialisiert, dort wo man herkommt. Für mich ist die kindlich-seelische Sozialisierung Mautern, meine pubertäre ist

Eisenerz. Es ist alles ziemlich der gleiche Rahmen. Mautern war für mich das kindliche Dorf, die Umwelt, die Geborgenheit im Kleinen. Das erste Sozialgefüge. Eisenerz ist für mich ein Weltmodell geworden, das war damals noch ein Stadtgefüge mit 14.000 Einwohnern. Mit Industrie, mit parteilichen Aufsplitterungen, mit allen sozialen Schichten, mit allen Möglichkeiten im Kleinen. Und ich glaube, das ist in mir verwurzelt wie eine Struktur, die mein Leben geprägt hat.

Sie sind offensichtlich sehr verwurzelt, haben in einer ORF-Serie sogar steirische Mundart erklärt. Aus Spaß, oder weil man Steirisch als Kulturgut pflegen muss?
>> **Johannes Silberschneider:** Ja, davon bin ich absolut überzeugt. Ich glaube, dass die Mundart die Muttersprache, die Ausdrucksmöglichkeiten, von Kindheit an prägt. Das ist der Urausdruck, das ist die erste Kommunikation. Die Sprache ist der Urbeginn der Sozialisierung.

Sie haben einmal gesagt, Graz war die Traumstadt Ihrer Jugend. Was war bzw. was ist so besonders an der Landeshauptstadt?
>> **Johannes Silberschneider:** Ja, weil das eine Art Schmuckschachtel war, die nicht so geplant ist wie Salzburg. Salzburg ist richtig eine Bonboniere und Graz war wie eine architektonische Brettljause. Das war ein unglaublich schönes Gebilde von Architektur und Sozialstruktur, wo alles gelebt hat, wo alle Schichten gelebt haben. Ich habe Graz immer als Kulturstadt bewundert. Nicht umsonst hat sich hier auch sprachlich so viel getan. Und architektonisch. Weil das immer ganz toll verwachsen war, miteinander. Das war wie ein Schatzkästchen.

Als Johnny Silver haben Sie einmal den Grazer Bandwettbewerb gewonnen. Welche Rolle in Ihrer Karriere spielte rückblickend die musikalische Phase, was hat die Figur aus Ihnen gemacht?
>> **Johannes Silberschneider:** Also wenn es je etwas eigenes gegeben hat in meinem Leben, dann war das die Entdeckung des Rock'n'Roll für mich. Das hat an einem letzten Ferientag begonnen. Und der hat immer gleich ausgeschaut. Da ist man in der Früh als Ministrant noch zu einer Schuleröffnungsmesse mitgepilgert. Und dann sind wir mit den roten Falken von der anderen Partei auf die Tollinghöhe gefahren. Und dort war ein Sommerausklangsfest. Und da habe ich das erste Mal eine Schlag-Gitarre gehört, also eine elektrische Gitarre mit einem Schlagblattl – das hat super geklungen. Und als ich heimgekommen bin, war im Fernsehen – bei den Nachbarn durfte ich schauen – eine Filmsendung. „Der Film für Dich" hat das geheißen. Und dort haben sie die Vorschau für den Film „American Graffiti" vom George Lukas gespielt. Da habe ich das erste Mal einen alten Rock'n'Roll gehört. Chuck Berry – Almost Grown. Ja und da war ich fertig.

Vor einigen Jahren krönten Sie mit ihrem Gastauftritt ein Stub'nblues-Jubiläumskonzert in den Gamlitzer Weinbergen. Wie viel Rock'n'Roll steckt heute noch in Johannes Silberschneider? Und mit wem würden Sie gerne auf der Bühne stehen?

> **Man wird sozialisiert, dort wo man herkommt. Für mich ist die kindlich-seelische Sozialisierung Mautern, meine pubertäre ist Eisenerz."**

>> **Johannes Silberschneider:** Ich glaube mein ganzes Leben ist sicher 75 Prozent Rock'n'Roll, der Rest ist steirische Heimatpflege und Religion oder irgend so etwas.

Mögen Sie uns ihre Lieblingsplätze im Land verraten?
>> **Johannes Silberschneider:** Neun Schätze, neun Plätze. Das ist immer etwas sehr Schweres. Das ändert sich bei mir immer mit der Zeit. Aber meine Lieblingsplätze liegen halt alle so in der Eisenwurzen, in dem Gebiet, wo ich aufgewachsen bin. Später habe ich für mich den Turracher Bereich und Mariazell entdeckt. Aber auch die Weststeiermark, der Koralpe zu. Aber ich glaube, die Steiermark ist so reich an Plätzen, dass man nur irgendwo hinfahren und sich ein bisschen umschauen muss, und man ist völlig in einer anderen Welt.

Wir Steirer sind ja bodenständiger Kulinarik grundsätzlich nicht abgeneigt. Was mögen Sie am liebsten? Oder anders gefragt, was geht Ihnen aus der Steiermark in München am meisten ab?
>> **Johannes Silberschneider:** Frische Schwammerl. Panierte Pilze mit einem warmen Erdäpfelsalat. Eierschwammerlgulasch

Liebeserklärungen an die Steiermark

Wordrap
Johannes Silberschneider

Ihr Lebensmotto?
Habe ich keines.

Irdisches Glück?
Pah, des woas i ned. Nix. Aus.

Hauptcharakterzug?
Offenheit.

Ihr größter Fehler?
Offenheit.

Hatten Sie je ein Vorbild?
Viele. Oder gar keines.

Welche Gabe möchten Sie haben?
Furchtbar, keine Ahnung.

Lieblingsmaler?
Zu viele. Matthäus Loder.

Lieblingsmusik?
Alles außer wilden Heavy Metal und wilden Free Jazz. Und keine wilde Elektronik.

Lieblingsessen?
Panierte Pilze mit einem warmen Erdäpfelsalat.

Das Grüne Herz bedeutet für mich …
Das ist die Subsumtion von Einwohner, Landschaft, seelischer Prägung von Aktivität von Lebenskraft und Erhaltung.

> „Ich glaube mein ganzes Leben ist sicher 75 Prozent Rock'n'Roll, der Rest ist steirische Heimatpflege und Religion oder irgend so etwas."

– frisch gepflückt aus dem Wald – mit einem Semmelknödel. Das schmeckt mir am besten. Ich glaube, ich habe mit 17 Jahren mein erstes Fleisch gegessen. Weil ich auf einem Bauernhof groß geworden bin und weil mir gegraust hat vom Sau-Abstechen. Ich bin nie auf die Idee gekommen, dass ich das esse. Aber mit so Schwammerl und Gemüse war ich immer sehr gut bedient.

Was würden Sie dem Land für die Zukunft wünschen?
Politiker, die das Land lieben und es ebenso pfleglich behandeln, wie sie pfleglich behandelt werden wollen.

Zuletzt: welchen Traum wollen Sie sich noch unbedingt erfüllen?
>> **Johannes Silberschneider:** Ein Traum von mir war immer sowohl als Sänger als auch als Schauspieler, dass alle Medien versagen. Also dass es keine Speichermedien mehr gibt und so. Und dass ich der Einzige bin, der die ganzen Geschichten und Lieder aus der alten Zeit noch kennt. Und dass dann noch die Leute sagen „Geh, Süberl, spü a bisserl was für uns, mei kannst nicht noch einmal …". Ich glaube, das wäre der Traum, dass man so eine ewige Music-Box ist, die man verinnerlicht hat und zu jeder Zeit sozial abrufbar, human, analog, menschenvermittelnd die Geschichten erzählen kann, die einen geprägt haben. ∎

Peter Simonischek †
„Eine warme Manteltasche mit Maroni ist eine wunderschöne Kindheitserinnerung"

Ziegenberg bei Ilz in der Oststeiermark. Der „Garten Österreichs", wie Touristiker einen trefflichen Slogan für das stimmige Hügelland erfunden haben. Unter einem mit Weinreben bewachsenen Vordach mit zwitschernden Vögeln und weitem Blick ins Land waren wir Gast beim gefeierten Schauspieler Peter Simonischek und sprachen mit ihm über Beruf und Berufung, das Schwammerlsuchen, Heimatverbundenheit und überhaupt seine besondere Beziehung zur Steiermark. Es sollte eines der letzten Interviews mit dem großen Schauspieler Peter Simonischek sein. Im Frühsommer 2023 erlag der beliebte Künstler einer schweren Krankheit.

> "Ich war immer am Theater, das habe ich als meine Heimat begriffen und den Film sozusagen als Liebschaft im besten Fall."

Herr Simonischek, einige Karriere-Highlights im Schnelldurchlauf: Ehrenmitglied des Burgtheaters, Grimme-, Nestroy-, Ernst-Lubitsch-Preis, Deutscher- und Europäischer Filmpreis, Ehrendoktorat der Kunsthochschule Graz, umjubelter Jedermann in Salzburg, verehrt auf der Berliner Schaubühne und überhaupt in der deutschsprachigen Theater- und Filmszene. Mehr geht nicht, was macht das mit einem? Wie behält man da die Bodenhaftung?
>> **Peter Simonischek:** Ja, das ist eine gute Frage. Die Bodenhaftung zu behalten war nie mein Problem. In unserem Beruf ist wichtig, dass sich der notwendige Ehrgeiz mit der Eitelkeit die Waage hält. Immer wenn die Eitelkeit größer wird und der Ehrgeiz zu sehen ist, wird es problematisch. Diese Diskrepanz war bei mir immer gut verteilt, ich hatte nie das Problem, die Bodenhaftung zu verlieren. Vielleicht kommt es auch daher, dass ich jemand bin, der nicht aus allen Wolken fällt, wenn er einen derartigen Preis erhält. Ich habe da auch aufgrund meines Alters einen nüchternen Blick darauf. In einem gewissen Alter kommen, wenn man Erfolg hat, eben ein paar Preise zusammen. In meiner Jugend musste ich eigentlich dauernd darauf verzichten. Ich hatte ziemlich viele Dankesreden vorbereitet, die habe ich nie gebraucht. Aber es gibt schon einige, die mir wirklich große Freude machen. Der Ehrendoktor der Kunstuniversität Graz etwa. Mit welch' gemischten Gefühlen und Ängsten ich dort als Student im Hof oft auf und ab gegangen bin und dann werde ich dort mit Fanfaren und Posaunen empfangen.

Ein Ihnen sehr vertrauter Journalisten-Freund sagt, dass er außer Schwarzenegger niemanden kennt, der eine so hohe Heimatverbundenheit hat. War die immer da oder ist sie mit zunehmendem Alter gewachsen?
>> **Peter Simonischek:** Sie ist größer geworden. Denn Heimatverbundenheit ist ja auch ein Teil der Jugend, an die man sich gerne erinnert. Für mich sind die Ingredienzien der Heimatverbundenheit meine Kindheit im Kuhstall und als Ministrant und mit dem Nachbarbuben beim Hütten bauen im Wald und beim Schwarzbeeren suchen. Kindheitserinnerungen, das ist es, was das Heimatgefühl ausmacht. Es ist aber auch eine heikle Angelegenheit, denn puh, was wird mit Heimatgefühl und Nationalismus für Schindluder getrieben. Ich freu mich, wenn ich sowas höre, wie dass die Steiermark auf ihre Wälder achtet. Kürzlich gab es in den Nachrichten lauter miese Neuigkeiten. Eine gute Nachricht aber war, dass in Österreich der Waldbestand jedes Jahr um soundso viel Prozent steigt. Das ist doch wunderbar, da kann man doch stolz sein. Und dass davon die Steiermark das grünste Land ist, ist doch auch schön zu wissen.

Sie haben Ihren Hauptwohnsitz in Wien, sind aber auch in der Steiermark und in Griechenland sesshaft. Die Hütte auf der Teichalm ist ein Erbstück des Vaters, aber wie hat es Sie nach Ziegenberg verschlagen, hierher, wo wir gerade sitzen?
>> **Peter Simonischek:** Als ich 1984 meine erste Rolle bei den Salzburger Festspielen gespielt habe, das war der Torquato Tasso, da stand halt so ein bisschen eine Gage in Aussicht. Da sagte ich zu meinem Vater, dass ich das Bedürfnis habe, ein Stückchen Land zu besitzen, eine Wiese oder ein Stück Wald. Frag doch einmal bei deinen Patienten rum. Das hat er ernst genommen und irgendwann hat er das Grundstück hier am Ziegenberg vorgeschlagen. Das habe ich damals gekauft, es war gar nicht so teuer. Meine Freunde wollten wissen, was ich mit der darauf befindlichen „Keischn" will, das Haus war ja teilweise aus Lehm und Stroh gebaut. Ich habe es dann stehen lassen, an heißen Tagen wie heute ist es dort angenehm kühl.

> "In unserem Beruf ist wichtig, dass sich der notwendige Ehrgeiz mit der Eitelkeit die Waage hält. Immer wenn die Eitelkeit größer wird und der Ehrgeiz zu sehen ist, wird es problematisch."

Wo fühlen Sie sich in der Steiermark am wohlsten?
>> **Peter Simonischek:** Im Winter ist es die Teichalm, weil man dort Skifahren kann, im Sommer ist es der Ziegenberg. Ich habe hier auch gewohnt, als ich am Grazer Schauspielhaus gespielt habe. Ich hatte dort ja zwei Produktionen gemacht in der Ära Anna Badora. Ich habe hier gewohnt und bin jeden Tag hin und her gefahren, das war wunderbar, ich habe das sehr genossen.

Sie sind in Graz geboren, in Markt Hartmannsdorf aufgewachsen. Dort sind Sie Ehrenbürger, mit dem Peter-Simonischek-Literaturbrunnen besitzt der Ort eine kulturelle Attraktion. Zusammen mit ihrer Frau,

der Schauspielerin Brigitte Karner, initiierten sie den Literaturpreis „Wortschatz". Sie sind ein Star zum Angreifen, wie gehen die Leut' mit ihnen um, empfinden Sie ihren Beruf nicht ein bissl exotisch?
>> **Peter Simonischek:** Ursprünglich hat man meinen Wunsch Schauspieler zu werden nicht nur hier in der Gegend als extrem exotisch empfunden sondern selbst in meiner Familie. Es gab ja bis dahin keinen. Im Sommer kam ich manchmal her. Ich war damals am Theater in Deutschland und in der Schweiz. Ich hatte das Bundesheer aufgeschoben, ich durfte daher nicht allzu lange in Österreich verweilen. Es war keine Fahnenflucht, aber ich konnte eben wegen der Meldung beim Heeresersatzkommando nicht mehr länger als 22 Tage hier sein. Es gab da auch eine kabarettistische Begebenheit an einer Tankstelle. Ich fuhr einen Golf GTI. Ich wurde von Bekannten gefragt, was ich da so mache, ah Schauspieler, haben wir eh gehört im Radio, Du, kann man davon auch leben? Habe ich gesagt, najo und er, na ich seh eh, hast ja einen Golf (lacht). Zweifel hatten ja nicht nur die Menschen in der Umgebung. Mein Vater hat dann gesagt, ich habe dich ja nicht die Matura machen lassen, dass du dann in einer Dachkammer verhungerst. Das waren die ganz normalen Befürchtungen und Ängste, die man hatte nach dem Krieg, wenn man sich etwas aufgebaut hatte und damit leben musste, dass der Sohn nicht in die Fußstapfen tritt. Ich hatte jedoch selbst in den größten Auseinandersetzungen mit meinem Vater Verständnis für seine Position.

Dabei wollte ihr Vater ja, dass Sie wie er Mediziner werden, Sie haben sich offensichtlich mit Erfolg dagegen gesträubt. Wie wichtig ist Widerstand, besonders für junge Menschen?

>> **Peter Simonischek:** Die Frage ist, Widerstand wogegen? Ich finde, dass es im Moment bei der Jugend nicht an Trägheit am Widerstand krankt, sondern eher an Fundamenten im Wissen, in der Bildung, die sie für ein demokratisches Verhalten geeignet macht. Das finde ich im Moment viel wichtiger. Weil Widerstand ist ja über jeden zweiten Algorithmus im Internet zu haben. Das ist ein Verhängnis.

> **Mir gefällt der Herbst auf der Teichalm wahnsinnig gut. Wenn dann die Ebereschen mit den roten Früchten drauf ganz gelbe Blätter haben."**

Ein fixer Heimat-Besuch in Hartmannsdorf ist für Sie Allerheiligen. Erinnern Sie die Maroni immer noch an Ihre Kindheit?
>> **Peter Simonischek:** Hier in der Region ist es ein Ritual, dass man sich an Allerheiligen um 14 Uhr am Friedhof trifft. Da steht dann an jedem Grab die Familie, das wird schon registriert, ob man hier steht. Ich mag dieses Ritual. Ich habe immer versucht, wenn es irgendwie ging, am Grab meiner Eltern zu stehen. Ich habe wahnsinnig gerne diese Maroni, die waren in meiner Kindheit ja immer in Zeitungspapier-Stanizel eingewickelt. Graz etwa war für mich zum Beispiel immer eine typische Maronistadt. Eine warme Manteltasche mit Maroni drinnen ist eine wunderschöne Kindheitserinnerung.

Wie würden Sie einem Blinden die Steiermark erklären?
>> **Peter Simonischek:** Ich würde ihn Waldesrauschen hören lassen, das Gemurmel eines Baches, das Balzen eines Auerhahns und im September das Röhren eines Hirschen. Und damit das Gleichgewicht stimmt, das Brummen der Autos bei der Formel 1 in Spielberg.

Wenn sie jemand darum bittet, ihm fünf Sehenswürdigkeiten zu nennen: wie würden Ihre Empfehlungen lauten?
>> **Peter Simonischek:** Als erstes fällt mir natürlich als gebürtiger Grazer der Uhrturm ein. Dann das schöne Ausseerland, die Obersteiermark, in der Nudelsuppe spiegelt sich die Dachsteingruppe. Dann gibt es schöne Schwammerlwälder, die ich niemandem verraten würde. Ich bin ja permanent auf der Jagd nach Plätzen, denn die aus meiner Jugend gibt es ja leider nicht mehr. Um 5 Uhr früh ist der Nachbar schon losgegangen und mit den größten Steinpilzen heimgekommen, da bin ich vor Neid erblasst. Einmal, meine Frau und ich haben uns gerade aufgemacht zum Schwammerlsuchen, hat mich an der Kassa des Supermarktes eine Frau gefragt, ob sie ein Autogramm bekommt. Dann habe ich geantwortet, nur, wenn sie mir einen Schwammerlplatz verrät (lacht). Nein hat sie gesagt, na dann gibt es kein Autogramm. Dann hat sie mir doch einen verraten. Wir sind dann mit einem großen Korb voll Schwammerl nach Hause gekommen.

Gibt es für Sie in der Steiermark eine bevorzugte Jahreszeit?
>> **Peter Simonischek:** Mir gefällt der Herbst auf der Teichalm wahnsinnig gut. Wenn dann die Ebereschen mit den roten Früchten drauf ganz gelbe Blätter haben. Wenn sich die steirischen Laubwälder verfärben ist das traumhaft schön, da kann man sich nicht sattsehen. Im Frühling, so Anfang April, habe ich immer eine Münze in der Hosentasche. Wissen Sie warum? Wenn man den ersten Kuckuck hört, muss man eine Münze in der Tasche haben, sonst verarmt man im kommenden Jahr. Im Sommer bin ich dann aber auch sehr gerne am Meer in Griechenland.

Zurück auf die Bühne. Sie sind der Jedermann, der am öftesten am Domplatz gespielt hat, wenn's stimmt, inklusive Generalproben genau 100 Mal aufgetreten. War der Jedermann die Rolle ihres Lebens, oder gibt es überhaupt eine?
>> **Peter Simonischek:** Es gibt immer wieder Rollen, mit denen man sich leichter und mehr identifizieren kann als mit anderen. Manche Schauspieler sind ja große Versteller, wie

etwa Gert Voss, den ich sehr geschätzt und mit dem ich sehr gerne gespielt habe. Immer wenn er auf die Bühne gekommen ist, hat er sich verwandelt. Dann gibt es andere wie den Hans Moser, der ist immer der gleiche. Ein wunderbarer Schauspieler aber eben immer gleich. So ist immer die Frage, wo ist die Figur, in der man sich am besten, am freiesten bewegen kann. Was interessiert uns auf der Bühne, was interessiert unsere Zuschauer? Der Moment, der nicht vorherberechnet ist, an dem man sich und das Publikum überrascht. Der Moment, wo wir Schauspieler genau wissen – jetzt hat er's. Der Jedermann war für mich durchaus so eine Rolle. Ich zögere immer zu sagen, eine Rolle, denn er ist mehr als eine Rolle. Die Figur auf der Bühne kann man, wenn man möchte, leben. Das war mein Streben und ich bin heute noch der Meinung, dass ich es in diesem Punkt weit gebracht habe.

Wie sehr hat Sie eigentlich Hollywood gejuckt? Mit Toni Erdmann waren Sie vor fünf Jahren für den Auslands-Oscar nominiert.

>> Peter Simonischek: Wenn Du Schauspieler wirst, ist es immer ein Running Gag: Hollywood hat angerufen (lacht). Ein von mir geschätzter Kollege, Heiner Lauterbach, hat gesagt: Wie soll mein Sohn heißen? Also ich habe es leid auf ihn zu warten, ich nenne ihn Oscar. Damit er einen Oscar sicher hat. (lacht). Ob man will oder nicht, den Oscar hat jeder im Hintergrund. Bei manchen Sachen möchte man gern dabei sein. Ich könnte mir aber nicht vorstellen, in Hollywood zu leben. Ich hatte auch Angebote, für Serien wie „Better Call Saul", die ich sehr schätze. Aber da hätte ich monatelang irgendwo in der mexikanischen Wüste sein müssen, und das konnte ich gar nicht, da ich immer zweigeleisig – sprich Theater und Film – gefahren bin. Ich war immer am Theater, das habe ich als meine Heimat begriffen und den Film sozusagen als Liebschaft im besten Fall. Arnold Schwarzenegger habe ich einmal bei einem Rennen in Schladming getroffen. Als ich wegen der Nominierung zum Auslands-Oscar in L. A. war, wurde mir ein Treffen mit dem Arnie zum Essen angeboten. Leider musste er an diesem Tag zum Begräbnis von Altlandeshauptmann Josef Krainer nach Graz. Also ging ich mit Christoph Waltz essen, was auch sehr nett war.

Das beste Essen ihres Lebens?
>> Peter Simonischek: Ein gutes Backhendel.

Ihr Lieblings-Restaurant/Gasthaus in der Steiermark?
>> Peter Simonischek: Hier in der Steiermark orientiert man sich an der Familie Reitbauer und am Pogusch. Das ist das Mekka. Da kommt diese sympathische und nachhaltige Verantwortung für Qualität her. Das nötigt jedem, der seinen Beruf liebt, Respekt ab. Dort treffen sich alle. Dort treffen sich der Top-Schauspieler, der Top-Sänger, der Top-Gastronom. Meine besten Happen, wo ich am meisten gestaunt hab, genoss ich am Pogusch.

> **„Hier in der Steiermark orientiert man sich an der Familie Reitbauer und am Pogusch. Das ist das Mekka."**

Kochen Sie auch selbst?
>> Peter Simonischek: Ja, aber immer weniger, weil meine Frau immer besser kocht. Von Mahl zu Mahl.

Was mögen Sie gar nicht?
>> Peter Simonischek: Zu weich gekochte Nudeln und zu weich gekochtes Gemüse. Ich hab sogar schon Heuschrecken in einem australischen Restaurant in Wien gegessen.

Zu welchem Essen können Sie nicht nein sagen?
>> Peter Simonischek: Zu einer guten Leberkäs-Semmel, zu Palatschinken obwohl ich nicht unbedingt ein Süßer bin. Oder zu einem guten Backhenderl oder Wiener Schitzel, Rindfleisch oder steirischem Wurzelfleisch.

Drei ess- und trinkbare Sachen aus der Steiermark, die Sie auf die berühmte einsame Insel mitnehmen würden?
>> Peter Simonischek: Ein guter Sauvignon oder Weißburgunder. Wenn ich eine gute Jause mitbringen dürfte, dann einen Welschriesling. Auf jeden Fall einen guten Wein. Die Bücher von Peter Rosegger, aber die kann man ja leider nicht essen. Eine gute Buschenschankjause mit einem köstlichen Käferbohnensalat. ∎

Wordrap
Peter Simonischek

Was bedeutet das Grüne Herz für Sie?
Die Steiermark, das grüne Herz von Österreich. Kennt jeder, habe ich hier immer im Knopfloch.

Ihr Lebens-Motto?
Bereit sein ist alles.

Irdisches Glück?
Im Moment leben!

Ihr Hauptcharakterzug?
Ich wollte es wäre anderes, aber es ist leider ein bisschen der Zweckpessimismus. Aber eigentlich nur zu dem Zwecke, dass er Lügen gestraft wird.

Was schätzen sie an Freunden?
Aufrichtigkeit und Treue.

Welche Reform bewundern Sie?
Da gibt es leider in der letzten Zeit nicht so viel zu bewundern, weil ja nicht wirklich welche stattfinden. Im Grunde natürlich klarerweise die Freiheit des Menschen – Freiheit, Gleichheit, Brüderlichkeit – nach den Maximen der französischen Revolution. Auflösung der Leibeigenschaften, das Ende des unterdrückten Menschen. Ich kann mir ja gar nicht vorstellen, dass es heute immer noch Regime gibt, die das zum Ziel haben. Unfassbar.

Lieblingsmaler?
Jean Honoré Fragonard.

Lieblingsbuch:
Raubfischer in Hellas.

Lieblingsmusik:
Beethoven und Stones, Beatles, sprich alles was in meiner Jugend so angesagt war.

> „Auf jeden Fall musst du einfach cool bleiben und den Kontakt zu jüngeren Kollegen suchen. Weil die verjüngern dich ja selbst am meisten."

Thomas Spitzer

Thomas Spitzer

„Warum ist der Most so stoak, in der Oststeiermoak?"

Ob „Ist der Massa gut bei Kassa" oder „Märchenprinz. Die Musikwelt verdankt 100e unvergessliche Hits EAV-Mastermind Thomas Spitzer. Und dazu wunderbare Comics, großartige Kostüme. Alles was die EAV, das politischste Musikkabarett im deutschen Sprachraum, so auf die Bühne brachte stammt vom genial-kreativen Steirer, der zwischen Kenia und Österreich pendelt. Ein Gespräch über Erfolg, politische Realitäten, und Heimatverbundenheit.

Die EAV war die politischste Band im deutschen Sprachraum, schmerzt in der Rückschau die Punze „Blödlband", die vor allem das Feuilleton gestempelt hat?
>> **Thomas Spitzer:** Ja natürlich tut so etwas weh. Auf der anderen Seite ist man ja teilweise als Texter und Komponist a bissl mitverantwortlich. Aber es gelang uns gerade mit den letzten drei Alben – was mich besonders freut – dass wir nach langer Verbannung wieder auf den Kulturseiten der Süddeutschen Zeitung und der FAZ nicht nur beiläufig genannt wurden, sondern wo bereits in einem Kulturartikel der Süddeutschen stand, wir müssen uns bei der EAV entschuldigen. Sie ist politischer denn je. Hab ich gesagt, Burschen, jetzt können wir aufhören (lacht).

Hätten Sie sich vor 40 Jahren gedacht, dass eine solche Gratwanderung – Gassenhauer plus politische Botschaft – funktionieren kann?
>> **Thomas Spitzer:** Eigentlich wurde uns von allen Plattenfirmen gesagt, ihr seid ein gutes Kleinkunstkabarett, aber euch kann man nicht verkaufen. Und im Endeffekt haben wir auch während unseres Studiums gemeint, ist uns wurscht, das machen wir jetzt, weil es Spaß macht. Und sind einigermaßen unverbogen geblieben. Auf der anderen Seite ist es dann natürlich auch so, dass die EAV ja nie unpolitisch war. Man kann sich alle Alben anschauen. Nur, was wird im Radio gespielt bei der Frühstückssendung? Das harmlose, das unterhaltsame. Mich hat immer geärgert, dass die EAV dann in den Verruf kam, eine Faschingscombo zu sein. Warum hören sich die Leute nicht das ganze Album an? Wenngleich wir aber durch die vielen Hits auch die Möglichkeit hatten, ein breites Publikum anzusprechen. Ein Hit ist ein Segen und ein Fluch zugleich. Aber er füllt die Schatulle.

> 99 **Eigentlich wurde uns von allen Plattenfirmen gesagt, ihr seid ein gutes Kleinkunstkabarett, aber euch kann man nicht verkaufen."**

Die politische Realität stellt ja alles was Kabarett vermag, in den Schatten. Sehen Sie das auch so?
>> **Thomas Spitzer:** Das ist ja auch der Grund, warum ich vor eineinhalb Jahrzehnten gesagt habe, es hat keinen Sinn mehr, kabarettistische Einlagen zu machen, weil viele Politiker sind nicht mehr zu überzeichnen. Das heißt, die karikieren sich selbst dermaßen gut, dass ich sage – Nein. Stimmt, die Realität hat das boshafteste Kabarett längst überholt.

Texte, Kostüme, Bühnenbild, Musik – alles vom Spitzer. Nur die Bühnenkante hat Sie nie interessiert. Warum?
>> **Thomas Spitzer:** Nein, ist in meinem bescheidenen Wesen verankert. Ich weiß zwar, das Beste was mir je passiert ist, bin ich, aber eigentlich bin ich eher lieber in der zweiten Reihe und lasse wirklichen Rampensäuen den Vortritt. Und ich glaube, das war auch gut so.

Gibts einen Spitzer-Lieblingssong vom Spitzer?
>> **Thomas Spitzer:** Ja – „Coole, alte Sau". Da habe ich dem Eberhartinger vor Erscheinen des Albums vor drei oder vier Jahren gefragt: Ich hätte da ein Lied, magst es singen? Der liest drei Zeilen und sagt: Gehört schon Dir (lacht). Deshalb durfte ich in den letzten Jahrzehnten die eine oder andere Nummer auch singen, weil der Klaus gesagt hat, für deine Krankheiten kann ich nix.

Wie wird man eine „coole, alte Sau"?
>> **Thomas Spitzer:** Die Grundbedingung, eine Sau zu werden, ist relativ einfach: Man muss trotz hohen Alters – ich bezeichne mich ja als Me-Toosalem – sehr Frauen zugetan – nein Blödsinn. Auf jeden Fall musst du einfach cool bleiben und den Kontakt zu jüngeren Kollegen suchen. Weil die verjüngern dich ja selbst am meisten. Bei dem Weihnachtsalbum vor eineinhalb Jahren war es dann so, dass dann sieben Interpreten – weil der Klaus wieder einmal gesagt hat, für deine Krankheiten kann ich nichts – mitgemacht haben. Und da habe ich erst gesehen, mit welchem Enthusiasmus und welcher Freude und positiver Energie die Jungen da mitmachen. Also, mit Gleichaltrigen sollte man sich nicht allzu sehr abgeben.

Wie waren die letzten Minuten bei der Abschiedsshow?
>> **Thomas Spitzer:** Fürchterlich. Noch Sehfähige haben gemeint, dass ich nah am Wasser gebaut sei. Die Abschiedstournee dauerte ja fast 100 Konzerte. Und bis zum vorletzten Konzert – ja rennt ja noch. Beim allerletzten Konzert habe ich dann gesagt – Kruzifix, 42 Jahre EAV, das ist doch ein kleiner Teil deines Lebens. Das hat weh getan.

Noch einmal kurz zurück in die Vergangenheit. Sie haben mit dem Gert Steinbäcker „Mephisto" gegründet. Da gab es das legendäre Konzert im steirischen Poppendorf. Welche Erinnerungen haben Sie daran?
>> **Thomas Spitzer:** Davor war ja Woodstock. Und ich bin damals in der Pause gegenüber von der Kunstgewerbeschule immer ins Kino rein. Weil da musste ich keinen Eintritt zahlen. Und das hat immer mit „Going home" angefangen. Also die zweite Hälfte. Und das wir beim steirischen Woodstock auftreten dürfen und als einzige Band im Fernsehen waren, das war ein Ritterschlag. Da waren wir natürlich fürchterlich stolz. Allerdings habe ich vor einigen Jahren diese Aufnahme – damals vom ORF – wiedergesehen. Der Gert hat ein Englisch gesungen, dass es bis heute nicht gibt. Aber wir waren jung und unbesiegbar. Sehr schön.

Kann es eine Auferstehungstour geben? Sie hatten ja schon Titel dafür gefunden. „Rückkehr der Mumien" oder „Lazarus-Tour".
>> **Thomas Spitzer:** Nein, normalerweise heißt es ja dem Filmtitel entsprechend „Sag niemals nie". Aber in dem Fall sind sich Klaus und ich absolut einig. Das war eine wunderbare Zeit. Und wir wollten uns nicht wie manch andere Künstler in Bierzelten mit unseren fünf Hits – nein es sind glaub ich zehn, wenn nicht zwölf (lacht) – ins Jenseits tingeln. Wir haben gesagt, wir wollen mit Würde aufhören. Und ich glaube, es war ein guter Zeitpunkt. Da muss ich mich als Seher loben. Weil die Tour hätte eigentlich 2020 stattfinden sollen.

Ich habe gesagt – Nein, wir drücken es 2019 durch. Und dann – wie wir alle wissen – kam Corona. Es war genau cool so.

Was kommt noch, schreiben Sie für andere, vielleicht ein böses Spitzer-Schundheftl oder ein Soloprojekt?
>> **Thomas Spitzer:** Ja bezüglich Solo-Projekt quält mich meine liebe Nora schon seit zehn Jahren. Mein Fundus ist übervoll. Ja, ich werde ein Solo-Album machen. Allerdings unter Zuhilfenahme von wirklichen Sängern. Teilweise eben – also ein paar werde ich schon selbst brümmeln. Wie man gesehen hat, das EAV-Lied „Gegen den Wind", das der Lemo gesungen hat, das funktioniert ja super. Mit dem Paul (Pizzera) muss ich eines machen, weil es nicht anders geht. Und da arbeiten wir eh schon dran. Ich arbeite gerne mit jüngeren Kollegen und gebe gerne meinen „Spitzer-Senf" dazu.

> **„Was nimmt ein Steirer mit, wenn er auf einen anderen Kontinent fährt? Drei Liter Kernöl und fünf Krenwurzen."**

Je weiter man weg ist, desto schärfer wird der Blick auf's Land. Wie ist es – aus Ihrer Sicht – um die Steiermark bestellt?
>> **Thomas Spitzer:** Die Steiermark ist – auch wenn man dieses Wort mit Vorsicht genießen muss – meine Heimat. Aus, fertig. Und sie ist sowohl kulturell als auch landschaftlich wunderbar. Ich freue mich immer, wenn ich wieder herkomme. Auf der anderen Seite: Nachdem es in einem Dritte-Welt-Land wie Kenia ein Plastiksackerl-Verbot gibt, bei uns aber noch immer kein Flaschenpfand-Dings, glaube ich, dass im Sinne des Umweltschutzes noch ein bisschen Nachholbedarf besteht.

Speziell habe ich jetzt vernommen, dass der Rechnungshof prognostiziert hat, dass die Klimaziele nicht erreicht werden. Und das würde uns dann bis zu 9 Mrd. Euro kosten. Graz macht ja als Vorreiter eine gute Figur mit seinen Vorhaben, bis 2040 klimaneutral zu sein. Aber eine Stadt ist noch kein Land. Ich glaube, man müsste das regional einfach ernst nehmen. Und weil es „Die grüne Mark" heißt – noch ist sie wunderschön grün, müsste die grüne Steiermark eine Vorreiterfunktion haben. Für die nachfolgenden Generationen wäre das sehr wichtig und ich glaube, dass man da noch ein bisserl Gas geben kann. Und dass man vor allem jetzt das Geld, das man sonst zahlen müsste, in neue Technologien und Alternativ-Projekte investiert.

Wie sehr setzen Sie sich noch mit der Kulturszene hier auseinander? Ihr „Ziehsohn" Paul Pizzera, feiert aktuell große Erfolge. Gibt's da Tipps von Ihnen?
>> **Thomas Spitzer:** Ich bin bekannt dafür, dass ich jedem Tipps gebe. Nur dem Paul gebe ich keine Tipps, weil der Paul weiß jetzt bereits zumindest gleich viel wie ich. Ich kenne natürlich die Musikszene nicht so, weil ich halt die wenigste Zeit in Österreich verbringe. Aber ich kann allen Musikschaffenden – ob das Bands sind oder Einzelkünstler – nur empfehlen, nicht auf Medien zu hören, nicht auf Trends hören – schon gar nicht auf Plattenfirmen und deren Meinungen. Sondern einfach unerbittlich das eigene Ding durchziehen. Mit Besessenheit, denn nur so kann etwas Gutes und Unvergleichbares daraus werden.

Wie tief wurzeln Sie noch in der Steiermark?
>> **Thomas Spitzer:** Zu tief, als dass man einen alten Baum wie mich nach Vorarlberg oder Salzburg versetzen könnte.

Liebeserklärungen an die Steiermark

Dürfen wir auch ein bissl romantisch werden? Ihre Frau hat Sie zum runden Geburtstag mit einem Buch – „Herz auf Reisen" – beschenkt. Briefe, die Sie in anderen Beziehungen an Lieben geschrieben haben. Ihre Frau muss ein großes Herz haben.

>> Thomas Spitzer: Sie hat einen guten Geschmack muss ich in aller Bescheidenheit sagen. Nein, ich war eigentlich nicht dafür. Sie hat in unzähligen Kisten gekramt und diese Liebesbriefe zutage gefördert. Die habe ich damals immer gefaxt, ergo waren die ganzen Originale noch hier. Erst dachte ich, das ist peinlich, mich so derartig verletzbar zu zeigen. Auf der anderen Seite habe ich mir gedacht, die Zeit des Paradeblödlers mit der EAV ist vorbei, und warum nicht auch einmal zu dem stehen, wie man auch sein kann. So wie es etwa der Paul mit seinem Therapiebuch „König der Möwen" macht. An meinem Geburtstag habe ich es mir das erste Mal angeschaut und ich muss sagen – Gut is er schon der Spitzer, wenn auch ein bisserl weinerlich, wenn es um die Liebe geht.

Was aus der Steiermark – lebensmitteltechnisch – nehmen Sie nach Kenia mit?

>> Thomas Spitzer: Diese Frage war eigentlich unnötig. Weil was nimmt ein Steirer mit, wenn er auf einen anderen Kontinent fährt? Drei Liter Kernöl und fünf Krenwurzen.

Haben Sie Lieblingsplätze in der Steiermark?

>> Thomas Spitzer: Als gebürtiger Grazer ist das für mich der Glockenspielplatz. Dort gab es damals nur drei Lokale. Die Schnapsbude Haring, wo sich alle Granden der Literatur fest die Kraft gaben – nicht die Schaffenskraft. Dann den Glockenspielkeller und gegenüber den Würstel-Sepp. Über Letzterem hat eine meiner engsten Freundinnen gelebt. Die Rickie Hinterleitner. Die ist einfach heute noch so ein loyaler, wunderbarer Mensch. Die nächste Versumper-Hölle war der Glockenspielkeller, wo ich das Glück hatte, im ersten EAV-Jahr mit der wilden Sonja Tschernoschek liiert zu sein. Wer das überlebt, hat den ersten Schritt zur Unsterblichkeit getan. Und der dritte Grund: Die Stammkneipe vom Paul Pizzera ist die Gamlitzer Weinstube. Und da zieht es mich irgendwie auch hin. Wenn ich den Paul dort treffe, fahre ich selten mit dem Auto heim. Dann das Café Fuchs am Hauptplatz in Feldbach, aber nur, wenn die Hannerl dort ist. Der Franziskushof in Unterlamm, den mein Sohn mehr als seine Spielzeug-Tiere liebt, dort gibt es von Kamelen über Affen alles. Familienfreundlich und empfehlenswert. Coronabedingt habe ich das Joglland, das Teichalmgebiet kennengelernt. Habe wunderbare Zeichnungen gemacht, das habe ich bis dato nicht gekannt. In das habe ich mich mit meiner Familie absolut verliebt. Die Steiermark ist schon ok.

Mögen Sie einem Blinden die Steiermark beschreiben?

>> Thomas Spitzer: Ich glaube leichter würde es mir fallen, ein Lied über die Steiermark zu machen. Habe ich noch nicht gemacht. Die Steiermark ist sowohl landschaftlich als auch kulturell wunderschön. Ich würde sagen ein Traumland. Für Biertrinker ein Schaumland, ich sage nur drei Worte: Gösser, Puntigamer, Murauer. Die Südsteiermark ist ein Traubenland, wer einmal dort war, weiß das zu schätzen. Sowohl visuell als auch … genau. Die Obersteiermark ist ein Taubenland, weil vor der Erfindung des Skis sind sie ja mit Fass-Tauben gefahren. Konfessionsbedingt ist es ein Glaubensland, von dem ich irgendwie ein bisschen abgewichen bin. Und was die Toleranz Fremden gegenüber betrifft – ich mein jetzt aber nicht die zahlenden Urlauber – sondern Flüchtlinge aus Kriegsgebieten. Für die kann das in manchen Fällen hin und wieder zum Albtraumland werden. Aber man kann sich immer verbessern.

Und zum Schluss vielleicht einen Spitzer-Spontanreim zur Steiermark?

>> Thomas Spitzer: Warum is da Most so stoak in da Oststeiermork? (lacht) ∎

Wordrap
Thomas Spitzer

Ihr Lebensmotto?
Überleben.

Irdisches Glück?
Meine zwei Kinder, meine geliebte Anna und mein Jungspross Gino.

Hauptcharakterzug?
Liebenswert egoistisch.

Ihr größter Fehler?
Meine vertane Zeit in vielen sinnlosen Nächten.

Hatten sie je ein Vorbild?
Ja, Frank Zappa und Udo Lindenberg.

Welche Gabe möchten Sie haben?
Alle Grenzen dieser Erde abzuschaffen und die Menschen vor ihren zwei tödlichsten Krankheiten zu heilen – die da wären Krieg führen und die Gier.

Lieblingsmaler?
Pablo Picasso und ich.

Lieblingsmusik?
Foo Fighters und Rammstein.

Lieblingsessen?
Bis vor kurzem noch Schweinsbraten, jetzt schon mehrfach indische, vegane Linsengerichte.

Lieblings-Cartoon-Figur?
Fritz the Cat.

Typisch steirisch?
Die Trinkfestigkeit.

Das Grüne Herz bedeutet für mich …
Wo i her kum, g'hör i hin.

Frank Stronach
„Steirer haben Hausverstand und sind zuverlässig"

Frank Stronach zählt zu den großen und schillernden österreichischen Unternehmer-Persönlichkeiten. Der gebürtige Oststeirer wanderte nach Abschluss seiner Lehre zum Werkzeugmacher in der Elin Weiz nach Kanada aus und schuf von dort aus einen Weltkonzern mit 180.000 Mitarbeitern. Wir sprachen mit Magna-Gründer Frank Stronach über Manager, Visionen und was es ihm bedeutet, Ehrenbürger seiner Heimatstadt Weiz zu sein.

Sie sind in jungen Jahren mit einem Koffer in der Hand und 200 Dollar in der Tasche ausgewandert und haben in Übersee Ihr Glück versucht. Können Sie sich noch an das Ankommen in Kanada erinnern?
>> **Frank Stronach:** Natürlich, es war für mich ein monumentaler Augenblick, als ich mit meinem kleinen Koffer in der Hand in Quebec City vom Bord des Schiffes gegangen bin und kanadischen Boden betreten habe. Der Emigration Officer hat gesagt „Keine Verwandten? Dann geh nach Montreal." Dann bin ich mit dem Zug nach Montreal, bin durch die Straßen gezogen und habe mir eine Unterkunft gesucht, für eine Monatsmiete von 20 Dollar.

Sie schrieben die Erfolgsstory vom Werkzeugmacher zum Milliardär. Sprachen aber von Entbehrungen und Hunger in den Anfängen. Hat Sie diese Zeit geprägt?
>> **Frank Stronach:** Ich hatte tatsächlich nur 200 Dollar in der Tasche und die waren rasch aufgebraucht. Es ist schlimm, wenn man hungrig ist, aber kein Geld hat, um sich etwas zu Essen zu kaufen. Ich bin dann zum Arbeitsamt gegangen. Diese Tage werde ich nicht vergessen, sie haben sich eingebrannt.

> „Ein guter Manager muss ein Gefühl für die Leute haben, er muss sie motivieren können. Ich habe immer gesagt: Es gibt keine schlechten Arbeiter, aber Manager, die nicht erfahren genug sind."

In Ihrer Zeit als Konzernchef holten Sie Dutzende Landsleute nach Kanada, Ihre engsten und wichtigsten Manager stammten stets aus der Steiermark. Was können die Steirer, was andere nicht können?
>> **Frank Stronach:** Ich habe stets Kontakt zur Heimat gehalten und wusste aus eigener Erfahrung um die gute Ausbildung. Die Steirer haben Hausverstand und sind zuverlässig.

Was macht einen guten Manager aus? Was war Ihnen bei Ihrer Auswahl wichtig?
>> **Frank Stronach:** Ein guter Manager muss ein Gefühl für die Leute haben, er muss sie motivieren können. Ich habe immer gesagt: Es gibt keine schlechten Arbeiter, aber Manager, die nicht erfahren genug sind.

> „Ich bekam eines Tages eine Einladung von der österreichischen Botschaft in den USA. Die habe ich angenommen und dort traf ich den damaligen Bundeskanzler Franz Vranitzky, der mich fragte, ob ich nicht auch eine Fabrik in Österreich bauen wolle."

Sie haben mit Magna einen Weltkonzern gegründet, engagierten sich im Fußball, versuchten sich in der Politik, Sie sind einer der größten Pferdezüchter der Welt, betreiben Pferderennbahnen, Gestüte, Golfplätze, Hotels, Restaurants und Landwirtschaften. Was treibt Sie an?
>> **Frank Stronach:** Die ständigen evolutionären Veränderungen. Neugierde, Spirit. Und Wertschätzung: Mir ging es stets darum, was ich tun muss, damit mich die Arbeiter respektieren.

Sie gelten als ewiger Visionär, verfolgten oft spektakuläre Projekte. Sind Sie auch ein Weltverbesserer?
>> **Frank Stronach:** Ich bin laufend am Denken. Ich bin gesund und habe ein gutes Hirn. Dabei spielt es keine Rolle, wie gescheit Du bist. Wenn die Sterne nicht passen, hilft alles nichts.

Wie kein anderer Unternehmer haben Sie in Ihrer alten Heimat investiert und sind zum größten Arbeitgeber der Steiermark geworden. Was hat Sie seinerzeit dazu bewogen, hier Fabriken zu bauen?
>> **Frank Stronach:** Ich bekam eines Tages eine Einladung von der österreichischen Botschaft in den USA. Die habe ich angenommen und dort traf ich den damaligen Bundeskanzler Franz Vranitzky, der mich fragte, ob ich nicht auch eine Fabrik in Österreich bauen wolle. So ist es passiert. Aber natürlich hat auch meine Verbundenheit zur Heimat dazu beigetragen.

Sie leben seit über 70 Jahren in Kanada. Wie viel Steiermark steckt noch in Frank Stronach?
>> **Frank Stronach:** Ich bin in der Steiermark aufgewachsen, dort sind meine Wurzeln. Hin und wieder lese ich Peter Rosegger, in seinen Büchern liegt viel Wahrheit.

In ihrer Jugend waren sie ein leidenschaftlicher Schwammerlsucher, sagten Sie einmal. Würden Sie in Ihrer Heimat ihre Lieblingsplätze heute noch finden?
>> **Frank Stronach:** Ich denke schon. Ich bin von Weiz aus immer Richtung Puch losgezogen, da hatte ich meine bevorzugten Plätze.

Sie stammen aus dem oststeirischen Weiz. Sie sind Ehrenbürger der Stadt, im Weizer Kunsthaus ist ein Saal nach Ihnen benannt. Was bedeutet es Ihnen? Welchen Bezug haben Sie noch zu der Stadt?
>> **Frank Stronach:** Es ist die Stadt, in der ich meine Jugend verbracht habe. Und wenn man dann zum Ehrenbürger der Stadt ernannt wird, dann ist das schon ein sehr emotionaler Moment.

> „Wenn die Wirtschaft nicht funktioniert, dann funktioniert gar nichts. Ich habe schon den Eindruck, dass sich die Steiermark gut entwickelt hat."

Wie sehen Sie aus der Distanz die Entwicklung der Steiermark? Was ist gut, was kann besser werden?
>> **Frank Stronach:** Wenn die Wirtschaft nicht funktioniert, dann funktioniert gar nichts. Ich habe schon den Eindruck, dass sich die Steiermark gut entwickelt hat, auch wenn noch genug Luft nach oben ist. Es gilt vor allem, sich in der globalen Welt die Wettbewerbsfähigkeit zu erhalten.

Sie sind ein vermögender Mann, können sich alles leisten. Was ist Ihr größter Luxus?
>> **Frank Stronach:** Gesundheit. Arbeitsplätze schaffen. Aber auch Armut verhindern zu können.

Gibt es etwas, auf das Sie rückblickend richtig stolz sind?
>> **Frank Stronach:** Auf die Kultur, die ich bei Magna geschaffen habe.

Worauf kommt es im Leben an?
>> **Frank Stronach:** Glücklich zu sein. Wobei es leichter ist, glücklich zu sein, wenn man Geld hat.

Was haben Sie noch alles vor?
>> **Frank Stronach:** Ich halte viele Vorträge an Universitäten. Ich beschäftige mich schon lange mit der Frage, welches Mandat eine Universität hat. Und was die Struktur für eine ideale Gesellschaft ist. Ich habe eine kanadische Wirtschaftsverfassung geschrieben. Es geht um neue Bewegungen und nicht um Parteien. ∎

Wordrap
Frank Stronach

Ihr Lebensmotto?
KISS – keep it simple and stupid. Mache es so einfach wie möglich.

Irdisches Glück?
Die Kinder.

Hauptcharakterzug?
Ich bin ein korrekter Mensch.

Gab es je ein Vorbild?
Gleich drei: Martin Luther King, Nelson Mandela, Mahatma Gandhi.

Wie definieren Sie Erfolg?
Wenn man sich selbst erhalten kann.

Ihr größter Fehler?
Ich war einmal zu vertrauensvoll.

Lieblingsmusik?
Klassische spanische Gitarrenmusik.

Lieblingswort im steirischen Dialekt?
Do hast aber a Sau g'hobt.

Lieblingsessen?
Ein guter steirischer Schweinsbraten.

Das Grüne Herz bedeutet für mich …
Grüne, intakte Natur.

Aglaia Szyszkowitz

„Alles, was man braucht, aber nicht verbraucht – die Steiermark"

Auch wenn der Job (und die Liebe) sie ins Ausland transferiert hat, ist sie im Herzen Steirerin geblieben. Aglaia Szyszkowitz, Schauspielstar aus Graz hat eine innige Bindung zu Land und Leuten. Die Herzlich- und Freundlichkeit, die gäbe es nur hier. Vom Hochschwab bis zu den sanften Hügeln der Süd- und Oststeiermark singt Szyszkowitz das hohe Lied der Heimatliebe.

Wenn ich so durch die TV-Programme zappe, sind sie ja in fast jedem Sender präsent. Arbeitssüchtig?
>> **Aglaia Szyszkowitz:** Ja, ich würde sagen, ich bin arbeitssüchtig. Ich arbeite einfach wahnsinnig gerne, dass ich, wenn ich ein gutes Angebot kriege, nicht nein sagen kann. Es muss ein gutes Buch sein, es muss ein guter Regisseur sein, es müssen gute Partner sein. Es muss eine Figur sein, der ich etwas Neues abgewinnen kann. Und wenn dann noch der Fall ist, dass es in Österreich ist, wo es viel lustiger ist zu drehen als in Deutschland, dann bin ich dabei.

Woran arbeiten Sie sonst noch so?
>> **Aglaia Szyszkowitz:** Mein erstes Buch „Von der Rolle" ist fertig und zum Glück ein Bestseller geworden. Ich habe eine Zeit hinter mir, die besonders war, da ich durch Rückenprobleme gezwungen worden war, nicht mehr zu arbeiten. Ich musste eine Pause machen. Und diese Zeit hat meine Sicht aufs Leben verändert. Nachdem ich ja in dieser Arbeitswut viele Jahre lang ein Projekt nach dem anderen gemacht habe, bin ich durch diese Pause zum Nachdenken gekommen. Ich werde in Zukunft mein Leben anders gestalten. Nicht mehr dieses atemlose Hetzen. Ich möchte einfach mehr Pausen machen, bewusster mein Leben gestalten, bewusster die Zeit gestalten. Ich habe eine Läuterungszeit hinter mir, würde ich sagen.

Sie haben mit vielen Großen gedreht, John Malkovich etwa, gibt's einen Lieblingskollegen/eine Lieblingskollegin?
>> **Aglaia Szyszkowitz:** Der John war schon ein Highlight. Ich glaube, wenn jemand wirkliche Größe hat, dann muss er überhaupt nicht mehr betonen, wie wichtig er ist. So habe ich das erlebt. Und der John ist mir wirklich in einer Art und Weise begegnet, die mir so viel Platz gelassen hat, zu agieren. Der hat sich eigentlich zurückgelehnt und mir zugeschaut. Und das ist totaler Luxus. In Österreich würde ich wahnsinnig gerne mehr mit Adele Neuhauser machen. Mit ihr hatte ich schon einige Projekte. Mit dem Harry Krassnitzer, mit dem Thomas Stipsits – also es gibt viele Kollegen – z.B. die Uschi Strauss, mit der ich sehr gerne wieder einmal vor der Kamera stehen würde.

Gibt es eine Rolle des Lebens?
>> **Aglaia Szyszkowitz:** Nein, die gibt es nicht. Ich hätte gerne bei den Sissi-Verfilmungen mitgemacht, da ich Historisches gerne mag. Ich würde gerne in ein anderes Jahrhundert springen und dort eine Figur spielen. Da bin ich gerade am Recherchieren, um einen Vorschlag zu machen. Ich finde, wenn Du komplett auch in deinem Äußeren dein momentanes Sein verlässt – eine andere Frisur hast, ein anderes Kleid, eine andere Sprache, einen anderen Gang – das hilft schon mal sehr. Der Kern der Schauspielerei ist ja die Verwandlung. Ich finde, nur wenn man sich verwandeln kann, ist man auch ein guter Schauspieler, eine gute Schauspielerin. Und ich würde gerne mehr in andere Zeiten springen.

99 **Der Kern der Schauspielerei ist ja die Verwandlung. Ich finde, nur wenn man sich verwandeln kann, ist man auch ein guter Schauspieler, eine gute Schauspielerin."**

Wie sehr sind Sie tatsächlich noch mit Graz und der Steiermark verbunden?
>> **Aglaia Szyszkowitz:** Sehr tief. Und jetzt im reifer werden wird mir das bewusster, wie sehr ich auch an der Stadt und am Land hänge. Meine Eltern leben ja beide hier, deshalb komme ich sowieso regelmäßig. Aber ich merke auch so, ich bin immer irgendwie anders, wenn ich da bin. Ich erinnere mich dann an früher und treffe die Leute von früher wieder. Ich bin irgendwie anders drauf. Aber momentan merke ich, es schießt irgendwie so von ganz früher eine Urkraft in mich, wenn ich herkomme. Das tut mir gut.

Das klingt ja sehr nach Heimatverbundenheit. Aber Heimat ist ja auch ein Begriff, der oft ein bisserl Geruch hat. Wie würden Sie den Begriff definieren?
>> **Aglaia Szyszkowitz:** Heimat ist dort, wo die Menschen leben, die ich liebe. Heimat ist für mich ein Platz, wo ich mich hinsetzen und wo ich sitzenbleiben kann. Dass ich mich wo hinsetze und dort ausatme und in Ruhe sitzen bleiben kann, ohne dass ich das Gefühl habe, dass ich irgendwo etwas verpasse. Das ist für mich Heimat.

99 **Ich bin ein Käferbohnen-Fan, ich nehme mir die auch immer auf Reisen mit. Und ich schätze die Maroni, die hier anders gebraten werden."**

Was mögen Sie denn ganz besonders an der Steiermark?
>> **Aglaia Szyszkowitz:** Ich liebe die Küche. Ich bin so ein Käferbohnen-Fan, ich nehme mir die auch immer auf Reisen mit. Ich schätze die Maroni, die hier anders gebraten werden. Irgendwie sind die angebrannter, die schmecken einfach anders hier. Ich liebe den steirischen Wein. Ich liebe die steirische Fleischküche. Dann liebe ich die Ruhe. Hier kommt man viel besser zur Ruhe. Du hast viele einsame Ecken, Almen, Wälder – man kann wahnsinnig gut wandern. Für mich ist es so ein entlegenes Winkerl. Das kann man vielleicht jemanden, der hier arbeitet, nicht sagen, für den ist es wahrscheinlich ein Quatsch. Und diese ruhigen Wälder, diese Buschenschanken und Gasthäuser oder auch Kirchen und Marterl – du hast hier die Möglichkeit, zur Ruhe zu kommen. Das liebe ich sehr an der Steiermark. Und ich liebe es, dass es eine Grenzregion ist. Ich finde es schön, dass wir hier die Grenzen zu Slowenien und Ungarn haben. Du hast hier das Gefühl, mitten im Herzen Europas zu sein. Man ist schnell am Balkan, man ist so am Sprung nach Südeuropa. Das mag ich auch sehr.

Eine unserer – zugegeben schwierigen – Standardfragen: Wie würden Sie einem Blinden die Steiermark beschreiben?
>> **Aglaia Szyszkowitz:** Also ich würde ihn bitten, sich erst einmal hinzusetzen und sich einen steirischen Wein einschenken zu lassen und den zu schmecken. Dann einen steirischen Kernöl-Salat zu essen. Da kriegt er schon einmal eine Ahnung von der Steiermark. Dann würde ich ihm sagen, dass er hier spazieren gehen und die Natur erleben

Liebeserklärungen an die Steiermark

sollte. Ich würde ihm ein herbstliches Kürbisfeld beschreiben, wo die Kürbisse noch so vor sich hin warten, bis sie geerntet werden. Ich war da letztens in Bad Radkersburg. Das hat so eine unglaubliche Ruhe. Ich würde ihm sagen, dass man hier viel ursprüngliche Natur erleben kann. Man kann die Natur noch erlauschen, da es hier nicht so viele Seilbahnen gibt wie in anderen Ländern. Ich würde ihn nach Graz einladen und ihm die Renaissance-Innenhöfe beschreiben.

> **Besonders gern bin ich im Café Rosenhain, wo man den Blick über die Stadt hat. Ich finde diesen Blick über Graz, wenn die Sonne, untergeht besonders schön."**

Wenn Sie einmal hier sind, wo gehen Sie besonders gerne hin, was unternehmen Sie?
>> Aglaia Szyszkowitz: Also besonders gern ins Café Rosenhain, wo man den Blick über die Stadt hat. Mein Elternhaus ist ja am Fuße des Rosenberges. Ich finde diesen Blick über Graz, wenn die Sonne untergeht, besonders schön. Ich bin auch gerne am Schöckl, mein Vater hat uns immer die Trasse raufgehetzt. Beim Stubenberghaus wurde dann etwas getrunken. Ich mag total gerne diese steile Treppe auf den Schlossberg – den Franzosensteig. Den Blick vom Uhrturm auf die alten Dächer finde ich wahnsinnig schön. Ich gehe auch gerne ins Café Promenade, schaue auf die Burg, das Burgtor und zum Stadtpark. Im Park war ich schon mit meinem Großvater Eichkatzerl füttern.

Fünf Lieblingsplätze in der Steiermark, die Sie Ihren Freunden empfehlen würden?
>> Aglaia Szyszkowitz: Ich würde mit ihnen an die südsteirische Weinstraße fahren und einen guten Weißburgunder trinken. Starten würde ich mit einem Brut Rosé von Polz, in dem könnte ich baden. Dann würde ich ihnen die Grenze zu Slowenien, wo man so rüber hüpfen kann, zeigen. Dann nach Altaussee, da drehen wir ja jedes Jahr für Servus TV. Da wandere ich mit ihnen eine Runde um den Altausseer-See. Dann ins Ennstal, wir waren als Kinder immer in Donnersbachwald. Dort würde ich auf der Riesneralm mit ihnen Skifahren. Runterfahren zur Märzbachhütte in so ein wildes Tal. Dann auf dem Dachstein wandern oder vielleicht sogar auf den Hochschwab, weil es dort noch einsamer ist. Ich habe in der Oststeiermark in Freiberg bei Gleisdorf geheiratet. Diese Region, die ja etwas ruhiger ist, würde ich ihnen auch noch zeigen. Vielleicht zur Riegersburg oder beim Zotter Schokolade essen.

Was lieben Sie an Ihrem Beruf?
>> Aglaia Szyszkowitz: Dass ich mich in jemand anderen verwandeln und in dieser anderen Figur Menschen berühren kann. Ich werde sehr oft angesprochen und die Leute sagen „Mah, ich seh sie so gern, ich mag das so gern, wenn sie spielen." Ich finde, dass man mit diesem Beruf berühren kann. Und mir gefällt die Abwechslung, in jeder Rolle bist du wo anders, hast mit anderen Menschen zu tun. In jeder Rolle entdeckst du wieder eine andere Seite von dir selbst. Der Beruf ist eine Reise zu sich selbst, und das finde ich schön.

Sie drehen auch immer wieder in der Steiermark. Was macht die Steiermark als Filmland aus?
>> Aglaia Szyszkowitz: Ich glaube auch das Unverbrauchte, das Stille. In Bayern, in München, in Tirol sind die Leute oftmals schon total genervt, wenn irgendwelche Film-Teams kommen. Wir haben hier in Graz die Stadtkomödie gedreht. Die Leute freuen sich noch wirklich. Sie nehmen Anteil daran, kommen zum Set und machen Fotos. Und es gibt ganz viele Schätze hier, schöne Architektur, schöne Landschaften. Ich könnte sofort einen Film schreiben, wo ich die verschiedenen Locations in der Steiermark vor Augen habe. Von den Bergen im Norden bis zur Weinstraße, von den Kürbisfeldern bis zu den Wäldern. Es hat alles, was man braucht, aber es ist nicht verbraucht.

Wenn es ein Wunschkonzert wäre. Gibt es international noch jemanden, mit dem sie gerne vor der Kamera stehen würden?
>> Aglaia Szyszkowitz: Meryl Streep – die hat eine tolle Karriere hingelegt und ist dabei immer so authentisch geblieben. Die hat den gleichen Mann, hat mehrere wunderbare Kinder. Sie hat so eine Bodenhaftung behalten und trotzdem oder deswegen so unterschiedliche Rollen gespielt. So mutige Charaktere verkörpert. Ich überlege mir auch wirklich, ob ich noch einmal rüberfliege und versuche, sie kennen zu lernen. Das wünsche ich mir schon lange. Die Frau ist einfach ganz besonders.

Würde Sie die Buhlschaft reizen?
>> Aglaia Szyszkowitz: Die Buhlschaft würde mich reizen, wenn ich einen guten Regisseur oder eine Regisseurin und einen guten Jedermann habe. Sonst nicht. Es ist eine Herausforderung, diese Rolle so zu machen, dass sie spannend ist. Aber die Herausforderung würde ich gerne annehmen. ∎

> "Ein herbstliches Kürbisfeld, wo die Kürbisse noch so vor sich hin warten, bis sie geerntet werden. Ich war da letztens in Bad Radkersburg. Das hat so eine unglaubliche Ruhe."

Wordrap
Aglaia Szyszkowitz

Ihr Lebensmotto?
Schau ma' mal, dann sehg'n ma scho.

Irdisches Glück?
Zur Ruhe kommen und genießen.

Hauptcharakterzug?
Neugierde.

Ihr größter Fehler?
Ungeduld.

Gab es je ein Vorbild?
Viele.

Welche Gabe möchten sie haben?
Zaubern können.

Wie definieren Sie Erfolg?
Mit dem Geld verdienen, was man wirklich gerne macht.

Lieblingsmaler?
Egon Schiele.

Lieblingsmusik?
Ruhiger Jazz.

Lieblingsessen?
Käferbohnensalat mit Kernöl.

Das Grüne Herz bedeutet für mich …?
Nach Hause kommen.

Manfred Tement

„Wein schmeckt am besten an den Weinstraßen"

Manfred Tement ist seit drei Jahrzehnten die Galionsfigur unter den steirischen Weinbauern. Als Leitwolf prägt der charismatische Winzer aus Berghausen die Szene und trug wesentlich zur Erfolgsgeschichte der steirischen Weinwirtschaft bei. Wir sprachen mit dem erfolgreichen Weinbauern über den „Höhenflug der Steirer" und die Herausforderungen der Zukunft.

Fotos: STG/Robert Sommerauer

> „Der steirische Wein ist sehr frisch. Er hat eine sehr gute Fruchtigkeit, er hat Mineralität und Struktur."

Ohne Manfred Tement wäre der steirische Wein nicht dort, wo er heute ist. Sagen Leute, die es wissen müssen. Wie sehr ehrt Sie das?
>> **Manfred Tement:** Es ehrt mich natürlich. Aber wie auch alle wissen, kann das nie eine einzelne Person sein. Es waren mehrere Kollegen, die mit mir gemeinsam begonnen haben. Im Wesentlichen sind es die heutigen STK-Weingüter oder Winzer, die hier am gleichen Strang gezogen haben.

Vor mehr als 30 Jahren nahm der Höhenflug des Steirer-Weins seinen Anfang. Was war der Auslöser, wie ist das Weinwunder passiert?
>> **Manfred Tement:** Der Auslöser war eigentlich noch früher, ich würde da etwa 40, 45 Jahre zurückgehen. Das Erste, was wir gemacht haben, war, dass wir von der Liter- und Zwei-Liter-Flasche unbedingt wegwollten. Denn das hätte den steirischen Wein umgebracht, wir hätten da nichts verdienen können. Und dann, dass wir mit der Qualitätsweinproduktion begonnen haben. Und da war der Weinskandal. Da waren wir in den richtigen Startlöchern, da hatten wir uns mit den richtigen Weinen schon positioniert. Trockener Ausbau, säurebetont. Das waren die ehrlichen Weine. Und der Konsument hat sich dann auf unsere Weine gestürzt.

Der steirische Wein steht heute im Ruf, Weltspitze zu sein. In den exklusiven Restaurants aller Herren Länder stehen die besten Tropfen der Steiermark auf der Karte. Wie sehen Sie die steirischen Weine im internationalen Vergleich?
>> **Manfred Tement:** Es wird auch immer gerne übertrieben. Natürlich gibt es Weine, die Weltspitze sind. Es werden auch immer mehr. Aus meiner Sicht ist hier noch viel zu tun. Es gibt noch Potenzial. Aber es geht in die richtige Richtung, wir können uns international schon messen.

Was zeichnet den steirischen Wein aus?
>> **Manfred Tement:** Dass er sehr frisch ist. Er hat eine sehr gute Fruchtigkeit, er hat Mineralität und Struktur. Und im Wesentlichen, dass der Wein im Alter besser schmeckt als in der Jugend.

Wie würden Sie die Kunst des Weinmachens beschreiben, was braucht es, um Weine zu keltern, die begeistern?
>> **Manfred Tement:** Man braucht einmal einen besonderen Weinberg. Man muss in der richtigen Zone sein. Da ist die Südsteiermark optimal. Begünstigt sind Kalkböden. Dann sollten die richtigen Sorten draufstehen. Bei uns ist das der Sauvignon. Und dann die Arbeit im Weinberg. Dann geht es darum, den richtigen Lesezeitpunkt zu finden. Schonende Verarbeitung der Trauben. Und später den Wein dann selbst arbeiten lassen.

> „Für mich ist es ein großer Wein, wenn er nicht nur in der Jugend gut schmeckt, sondern seine höchste Qualität im Alter bekommt."

Was ist ein großer Wein?
>> **Manfred Tement:** Ja, da sprechen alle davon. Für mich ist es ein großer Wein, wenn er nicht nur in der Jugend gut schmeckt, sondern seine höchste Qualität im Alter bekommt. Das ist ein großer Wein.

Welche Sorten sind typisch steirisch?
>> **Manfred Tement:** Da müsste man heute mit dem Sauvignon beginnen. Dann der Morillon, der Muskateller, Weißburgunder und Welschriesling – das wären die wesentlichen Sorten.

Sie zählen zu den international erfolgreichsten Winzern, ihre Sauvignons aus der Paradelage Zieregg sind ein Monument. Was macht sie so speziell?
>> **Manfred Tement:** Ich glaube, Sauvignon ist die zweitwichtigste Sorte auf der Welt. Also von der Verbreitung her. Natürlich werden Sauvignons in erster Linie vordergründig erzeugt und vielfach auch als Billig-Wein verkauft. Wir haben uns vor etwa 40 Jahren dafür entschieden, den Sauvignon verstärkt anzubauen. Speziell auf der Lage Zieregg stehen 85 % Sauvignon. Uns ist es gelungen, nicht die Sorte in den Vordergrund zu stellen, sondern den Weinberg Zieregg in den Wein zu bringen. Das ist das einzigartige daran.

Mit ihren Kindern Armin und Stefan ist schon die Nachfolge-Generation in der Verantwortung. Wie schwierig war oder ist es für ihre Söhne, die großen Fußstapfen des Patriarchen zu füllen?
>> **Manfred Tement:** Ich würde es eher umgekehrt sehen. Also meine Söhne haben sich da nichts gedacht dabei. Sie haben begonnen und gesagt, wir machen das besser. Sie haben den Betrieb auf Biobewirtschaftung umgestellt. Es war teilweise auch für mich schwierig, aber ich habe versucht, das zu begleiten. Auch für manche Kunden war es ein bisserl eine Umstellung. Aber ich glaube, wichtig ist, dass ein Weinbauer das macht, was er für richtig hält. Und dass er das macht, was ihm selbst schmeckt. Letzten Endes einen großen Wein.

Der steirische Wein zählt zu den kraftvollsten Marken der Steiermark. An welchen Schrauben kann man bei der Vermarktung noch drehen?
>> **Manfred Tement:** Ich glaube, dass die steirischen Weinbauern sehr viel richtig gemacht haben. Vor allem die Einführung des Herkunfts-DACs war ein ganz wichtiger Schritt. Man könnte die einfachen Weine vielleicht vermehrt weglassen und noch wertigere erzeugen. Ich glaube, es wäre auch nicht notwendig, den steirischen Wein im Lebensmittelhandel zu verkaufen, sondern man sollte eher an mehr Export denken, an wichtige Händler, an wichtige Gastronomen, Restaurants auf der Welt.

> „Ich glaube, dass die steirischen Weinbauern sehr viel richtig gemacht haben. Vor allem die Einführung des Herkunfts-DACs war ein ganz wichtiger Schritt."

Die steirischen Weinbauregionen sind aber längst auch ein touristischer Hotspot. Der Wein-Tourismus boomt, speziell an der südsteirischen Weinstraße entstehen laufend neue Projekte. Kritische Stimmen beklagen einen Ausverkauf. Worauf ist zu achten, dass die Weinstraße nicht Kitzbühel wird?
>> **Manfred Tement:** Also da habe ich jetzt nicht so die Angst davor. Ich denke, es gibt auch nicht die Liegenschaften, die frei wären und zu kaufen sind. Wir haben das Glück, dass

wir funktionierende Weinbauern haben, die ihre Anwesen selbst bewirtschaften. Auf der anderen Seite brauchen wir natürlich Projekte, also da könnten schon einige kommen. Aber wichtig ist, dass die Bauern, die Gastronomen, die Buschenschänker das selbst in die Hand nehmen. Also, ein gewisser Ausbau ist sicher notwendig.

Früher drehten die Winzer im November das Licht ab. Geht der Trend generell in Richtung Ganzjahrestourismus?
\>\> **Manfred Tement:** Wichtig ist, dass die Betriebe in der Region vieles selbst machen. Dass sie quasi nicht nur ihren Wein erzeugen, sondern sich auch kulinarisch entwickeln. Dass sie gute Beherbergung anbieten. Es wird noch eine Zeit brauchen, bis wir eine Ganzjahresdestination sind. Ich glaube, die Leute sind noch nicht so weit. Aber man sollte das natürlich starten. Ich könnte mir vorstellen, im Winter spezielle Pakete anzubieten. Weinverkostungen, Degustationsmenüs etc.

Reden wir noch über die Herausforderungen der Zukunft. Auf der einen Seite ist es der Klimawandel und die damit verbundenen dramatischen Niederschläge, die Kopfzerbrechen machen. Wie rüstet man sich dafür?
\>\> **Manfred Tement:** Prinzipiell haben wir vom Klimawandel, von der Klimaerwärmung sehr profitiert. Also vor 20, 30 Jahren hat es in zehn Jahren zwei große Jahrgänge gegeben. Jetzt ist es umgekehrt. Jetzt haben wir in zehn Jahren acht große Jahrgänge und zwei sind durchschnittlich. Die massiven Niederschläge, die damit auch einhergehen, sind ein großes Problem. Allerdings ist der steirische Weinbau hier ziemlich gut gerüstet, die Weinberge sind alle tiefenentwässert. Und an der Oberfläche hat man Begrünungen, sodass die Erosion im Großen und Ganzen in den Griff zu bekommen ist.

99 **„Prinzipiell haben wir von der Klimaerwärmung sehr profitiert. Vor 20, 30 Jahren hat es in zehn Jahren zwei große Jahrgänge gegeben. Jetzt ist es umgekehrt."**

Auf der anderen Seite ist es der steigende Wettbewerbsdruck, aber auch die Tatsache, dass weniger Wein getrunken wird und die Jugend auf Natural Wine abfährt. Welche Antworten haben Sie darauf?
\>\> **Manfred Tement:** Naja, das ist schon richtig. Diese Vieltrinker, die gibt es kaum mehr. Früher hat es Personen gegeben, die in der Buschenschank drei bis fünf Flaschen Wein getrunken haben. Heute haben wir Wein-Genießer, die wenig Wein trinken, aber dafür immer besseren. Die Natural Wines machen einen sehr kleinen Anteil aus. Da stürzen sich eher die jungen Leute drauf. Ich sehe das positiv, sonst würden sie etwas anderes trinken. So trinken sie Wein und werden vielleicht irgendwann auch zum klassischen Wein kommen.

Verraten Sie uns fünf Lieblingsorte in der Steiermark, an denen sich der steirische Wein besonders gut genießen lässt?
\>\> **Manfred Tement:** Das ist sehr schwierig. Ich kann keine fünf Orte nennen, weil es gibt viel, viel mehr. Da muss man alle Gastronomen loben, die sich mit steirischem Wein beschäftigen. Und das gilt zum Glück für die gesamte Steiermark. Und dort soll man ihn auch trinken. Am besten schmeckt er natürlich an den Steirischen Weinstraßen. ■

Wordrap
Manfred Tement

Ihr Lebensmotto?
Das Erreichte verbessern.

Irdisches Glück?
Meine Familie, meine Frau, meine Söhne.

Hauptcharakterzug?
Konsequenz bei allem, was Wein betrifft.

Ihr größter Fehler?
Den Jaglhof nicht zu erwerben.

Welche Gabe möchten Sie haben?
Ich würde gerne Arbeit besser delegieren können.

Hatten Sie je ein Vorbild?
Mein Vater, der mir den Weitblick und den Lebensgenuss gelehrt hat.

Was treibt Sie an?
Das Potenzial der Südsteiermark.

Lieblingswort im steirischen Dialekt?
Weinzerl.

Lieblingswein?
International der weiße Burgunder, in der Steiermark der Sauvignon.

Lieblingsessen?
Topfentascherlsuppe.

Typisch steirisch?
Brettljause mit einem Welschriesling.

Das Grüne Herz bedeutet für mich …
… die Mitte Europas. Wald, Wiesen, wandern, Wein.

Swen Temmel

„Das Grüne Herz erzählt alles"

Swen Temmel will hoch hinaus: Der in Graz geborene Sohn einer bekannten Unternehmerfamilie ist drauf und dran, in Hollywood groß Karriere zu machen. Wir plauderten mit der steirischen Schauspielhoffnung über das Leben in Kalifornien, seine steirischen Wurzeln, die Traumfabrik Hollywood und den Oscar.

Sie sind in Graz geboren, leben aber seit Ihrem sechsten Lebensjahr an der amerikanischen Westküste. Wie viel Steiermark steckt da noch in Ihnen?

>> Swen Temmel: Die Steiermark steckt zu 100 % in mir. Ich lebe zwar schon seit meinem sechsten Lebensjahr in Amerika, aber ich bin ein Steirer. Das Grüne Herz wird immer in mir sein. Das ist sehr wichtig für mich, weil die Steiermark ist meine Heimat. Für meine Eltern war es immer sehr wichtig, dass ich Kontakt zur Heimat habe.

Dem Vernehmen nach war Ihr erster Berufswunsch Fliesenleger. Wie und wann ist Ihnen die Schauspielerei in den Sinn gekommen?

>> Swen Temmel: Der erste Wunsch war Fliesenleger, ich glaube der zweite war Pilot. Der Wunsch Schauspieler kam dann, als ich drüben mit der High-School fertig war. Da sollte ich die Entscheidung treffen, ob ich weiter in die Hotelfachschule gehe oder Kellner lerne. Oder ob ich in Richtung Schauspielerei gehe. So entschied ich mich fürs „Lee Strasberg Theatre & Film Institute" in Hollywood, wo ich zwei Jahre lang intensiv studiert habe. Danach ging ich nach London zur „Royal Academy of Dramatic Arts".

Durch Ihren Vater, der viele Jahre das Restaurant „Schatzi" von Arnold Schwarzenegger in Santa Monica führte, kamen Sie früh mit den Hollywood-Größen in Kontakt. Wie sind die Erinnerungen an die ersten Begegnungen mit den Stars?

>> Swen Temmel: Naja, das war eigentlich der erste Schritt für mich in Hollywood. Als ich ein kleiner Bub war, kamen der Arnold (Schwarzenegger), der Bruce (Willis) und andere ins „Schatzi". Das war etwas Außergewöhnliches. Ich habe mir im Kino die Filme angeschaut. Und du weinst, du lachst, sie reißen dich mit. Das hat mich begeistert und ich dachte mir, wenn die das machen können, dann kann ich das auch.

Sie haben alle Voraussetzungen für eine große Karriere in Hollywood: Sie sind jung, blendend ausgebildet, hochbegabt und gut aussehend. Was kann Sie aufhalten?

>> Swen Temmel: Es kann mich nichts aufhalten. Im Endeffekt ist es so, dass wenn man hart arbeitet, dann kommt man auch zu etwas. Und ich arbeite wirklich sehr hart. Ich bin jeden Tag dran, ich pflege meine Kontakte. Und meine Eltern, die mir auch einen „Arsch-Tritt" verpassen, wenn es notwendig ist.

Wie lebt es sich in Los Angeles und Hollywood? Was fasziniert, was ist Klischee?

>> Swen Temmel: Hollywood selbst ist Klischee. Man sieht einfach den „Glitz & Glam" in den Filmen, in den Bildern. Aber es ist schon auch beinhart, es schenkt dir keiner etwas. Es ist nicht so, dass du dort ankommst, und sie rollen den roten Teppich vor dir aus. Sie sagen nicht „Super, jetzt ist der Swen Temmel da, jetzt ist alles perfekt". So ist es nicht. Aber das Tolle an Hollywood, an Los Angeles, sind die vielen Möglichkeiten. Wenn man es dort schafft, dann schafft man es auf der ganzen Welt.

Wann hat man es geschafft?

>> Swen Temmel: Geschafft hat man es eigentlich nie. Man arbeitet immer an neuen Zielen, an neuen Sachen. Hollywood lässt dich schneller fallen, als du es geschafft hast.

> **Hollywood selbst ist Klischee. Man sieht einfach den „Glitz & Glam" in den Filmen, in den Bildern. Aber es ist schon auch beinhart."**

Was macht einen guten Schauspieler aus?

>> Swen Temmel: Dass man hart arbeitet, dass man pünktlich ist. Dass du deinen Dialog kennst und gut mit deinem Regisseur auskommst. Weil wenn du an den Set kommst und du kennst deinen Dialog nicht, dann wird es schwierig.

Sie haben mit Bruce Willis gedreht, mit Sylvester Stallone, Mel Gibson, Robert De Niro, Al Pacino und John Travolta. Wie ist die Arbeit mit diesen Kalibern, was kann man von Ihnen lernen?

>> Swen Temmel: Es war eine Ehre für mich, mit solch großen Leuten zu arbeiten. Das sind die Größten der Größten. Sie sind ja schon jahrelang im Geschäft. Man kann vor allem Strebsamkeit lernen. Der Al Pacino ist ein cooler Typ. Von ihm habe ich gelernt, wie man sich mit Natürlichkeit in einen Charakter hineinversetzt.

Die Bilder wurden von Swen Temmel zur Verfügung gestellt und stammen aus dem Film „Killing Fields" mit Bruce Willis.

Lust, auch einmal in Österreich vor der Kamera zu stehen?
>> **Swen Temmel:** Unbedingt. Es sollte aber eine amerikanische Produktion sein. Ich lebe seit mehr als 20 Jahren in Los Angeles. Ich rede daher meistens Englisch, ich habe englisch studiert. Daher tu ich mir als Schauspieler natürlich in dieser Sprache leichter. Den steirischen Dialekt habe ich aber nie verlernt.

> **„Die Steiermark ist grün, wir haben die wunderschönen Berge, das Skifahren, ein super Essen. Meiner Meinung nach auch die feschesten Frauen."**

Reden wir über die Steiermark. Wie ist aus der Distanz der Blick auf die Heimat, wie nehmen Sie die Entwicklungen im Land noch wahr?
>> **Swen Temmel:** Ich komme immer wieder gerne für ein, zwei Wochen nach Hause. Natürlich hat sich sehr viel verändert, seit ich ein Kind war. Es ist viel gewachsen, neue Gebäude, breitere Straßen. Politisch mische ich mich nicht ein. Ich bin Schauspieler und fokussiere mich auf meine Sache.

Wenn Sie in Kalifornien jemanden die Steiermark erklären müssten – was sagen Sie ihm?
>> **Swen Temmel:** Ich würde sagen, dass das Grüne Herz alles erzählt. Die Steiermark ist grün, wir haben die wunderschönen Berge, das Skifahren, ein super Essen. Meiner Meinung nach auch die feschesten Frauen. Unsere Herzlichkeit und Freundlichkeit sind einfach etwas Außergewöhnliches. Es ist wirklich ein wunderbares Land, es ist nicht schwer, die Steiermark zu verkaufen.

Wenn Sie auf Heimatbesuch sind: Wohin zieht es Sie?
>> **Swen Temmel:** Wenn ich aus dem Flieger steige, ist natürlich das Erste, was ich mache, das beste Eis der Welt zu essen – das „Charly Temmel Eis". Dann natürlich in die Grazer Innenstadt, in die Herrengasse, weiter zum „Kastner & Öhler". Danach auf den Schlossberg hinaufgehen. Einfach die frische Luft genießen. Und natürlich Zeit mit der Familie verbringen, das steht ganz oben auf der Liste.

Zurück nach Hollywood: Wer in der Traumfabrik Karriere macht, der will auch einen Oscar gewinnen. Das erklärte Lebensziel?
>> **Swen Temmel:** Man muss im Leben immer große Ziele haben. Wenn man keine Ziele hat, dann erreicht man nichts. Mein großes Ziel ist es, einen goldenen Oscar zu gewinnen. Und das wird heute oder morgen passieren. Ich erreiche meine Ziele. In meiner Dankesrede würde ich mich als erstes bei Mama und Papa für deren tolle Unterstützung bedanken. Das hat mich dorthin gebracht, wo ich heute bin.

Was würden Sie sich als Rolle ihres Lebens wünschen?
>> **Swen Temmel:** Die Rolle meines Lebens wäre natürlich „Wolverine". Wenn Hugh Jackmann zur Seite tritt, würde ich gerne übernehmen. ■

Wordrap
Swen Temmel

Ihr Lebensmotto?
Hart arbeiten.

Irdisches Glück?
Eine super Familie.

Hauptcharakterzug?
Strebsamkeit.

Welche Gabe möchten Sie haben?
Fliegen können.

Wie definieren Sie Erfolg?
Wenn man dann oben ist.

Ihr größter Fehler?
Habe ich noch nicht gemacht.

Hatten Sie je ein Vorbild?
Meinen Papa.

Was schätzen Sie an Freunden?
Ehrlichkeit.

Größter Schauspieler aller Zeiten?
Al Pacino.

Lieblingsfilm?
Raging Bull („Wie ein wilder Stier") mit Robert De Niro.

Lieblingsmusik?
Classic-Rock.

Lieblingsessen?
Wiener Schnitzel.

Lieblingswort im steirischen Dialekt?
Serwas.

Typisch steirisch?
Das Grüne Herz.

Das Grüne Herz bedeutet für mich …
Heimat.

Fotos: STG Jesse Streibl

Lisa-Lena Tritscher
„Steiermark – das ist für mich ausspannen."

Lisa-Lena Tritscher zählt zu den kraftvollsten österreichischen Schauspielerinnen. Aufgewachsen in Trofaiach studierte sie erst Germanistik und Dramaturgie an der Kunstuniversität und danach an der Schauspielschule Krauss in Wien, wo sie auch seit vielen Jahren lebt. Wir sprachen mit der vielseitig begabten Künstlerin über Heimweh, Hollywood und ihre Begeisterung für das Gesäuse.

Theater, Film, Fernsehen, Regie: Sie sind gut gebucht. In welche Richtung geht's künftig, wo liegen Ihre Präferenzen?
>> Lisa-Lena Tritscher: Gute Frage. Das verändert sich ständig. Man macht ein Projekt, man lernt Leute kennen und dann kommt man wieder in eine gewisse Richtung. Ich habe vor einiger Zeit bei Ö1 begonnen zu moderieren und bin dann irgendwie ein bisschen in die Moderationsschiene hineingekippt. Ich habe gemerkt, dass mir das total taugt. Ich habe begonnen, mich intensiv mit klassischer Musik zu beschäftigen und habe da innerhalb meines Spektrums wieder etwas Neues entdeckt, was mir gefällt und was ich noch weiter ausbauen möchte. Aber wenn es jetzt ein Wunschkonzert ist, dann möchte ich mich in den nächsten Jahren schon auf Film und Fernsehen konzentrieren. Und später einmal mehr auf den Bereich Regie.

In der österreichischen Krimi-Serien-Szene sind Sie omnipräsent: Cop-Stories, Soko Kitzbühel und Soko Donau, Altaussee-Krimi, Schnell ermittelt, Blind ermittelt, Landkrimi. Sind die Ausdrucksmöglichkeiten von Rollen im oft Düsteren und Abgründigen herausfordernder?
>> Lisa-Lena Tritscher: Wenn Sie wüssten, wie viele Krimis in Österreich gedreht werden. Es werden tatsächlich viel mehr Krimis gedreht als alles andere. Ich weiß nicht, wie viele Komödien ich gedreht habe – zwei vielleicht. Man sagt ja, dass die Komödie die Königsdisziplin ist. Also, ich empfinde Komödie schon als etwas extrem Herausforderndes.

Unvermeidliche Frage: Hat Hollywood schon angerufen?
>> Lisa-Lena Tritscher: Bis jetzt noch nicht. Aber jetzt habe ich das Handy ausgeschaltet, vermutlich rufen sie in der Minute an (lacht).

Sie stehen als Model auch für Designer und Werbekampagnen vor der Kamera. Ein zusätzliches Standbein?
>> Lisa-Lena Tritscher: Ich habe das tatsächlich während meiner Studienzeit intensiv gemacht. Eben als Zuverdienst. Und mittlerweile ist es so, dass ich mit einigen Designern befreundet bin und dass mir Mode und Fotografie irrsinnig viel Spaß machen. Für mich ist das auch ein künstlerischer Ausdruck. Erst kürzlich habe ich von einem tollen österreichisch-türkischen Designer eine Charity-Modenschau moderiert. Und ich bin auch das erste Mal seit 10 Jahren wieder am Laufsteg mitgelaufen. Aber grundsätzlich liegt jetzt nicht der Fokus darauf. Ich mag einfach

> **Für mich bedeutet Steiermark ausspannen und Heimat. Also, wenn ich drei Tage frei habe, dann fahre ich in die Steiermark."**

Fotografie als eigene Kunstform. Ich mache immer wieder mit befreundeten Fotografen Projekte für Magazine.

Für wen oder für was würden Sie niemals werben?
>> Lisa-Lena Tritscher: Für etwas, das ich politisch nicht vertreten kann. Für Fleisch und Tierprodukte würde ich auch nicht werben, ich bin Vegetarierin.

Sie sind fit und sehr sportlich. Kleiner Auszug aus den Disziplinen, die Sie angeblich beherrschen: Klettern, Laufen, Schwimmen, Boxen, Badminton, Fechten, Yoga. Welche Sportkarriere würde Ihnen taugen?
>> Lisa-Lena Tritscher: Als Jugendliche bin ich sehr viel geschwommen. Auch bei Wettkämpfen. Ich mochte dieses Unter-Wasser-Sein irrsinnig gern. Da bekomme ich auch jetzt noch meinen Kopf frei. Schwimmen ist für mich etwas Meditatives. Also ich glaube, es wäre Schwimmen.

Auch einige Dialekte haben Sie drauf: Wienerisch, Schweizerisch, Tirolerisch, Kärntnerisch. Steirisch sowieso. Was ist Ihr ursteirisches Lieblingswort?
>> **Lisa-Lena Tritscher:** Das ist lustig, weil ich spielte auf steirisch beim Theatersommer Haag. Die Figur, die ich darstellte, kommt eigentlich aus Sparta. Und wir haben gesagt, die muss natürlich anders reden. Und dann habe ich gesagt, ok, ich rede untersteirisch. Mein Partner verarscht mich immer damit, wenn ich etwas auf steirisch sage. „Kunntat i wenn i wulltat, gö?" Und ich so – Aha. Und tatsächlich ist das der erste Satz, den ich im Stück sage. Mir wird eine Frage gestellt und ich gebe zur Antwort „Kunntat i wenn i wulltat."

Eine Begabung leben Sie auch beim Tanz aus: Bühnentanz, Choreografie, Flamenco, Hip-Hop, Tango. Könnten Sie auch beim Aufsteirern mitmischen? Mit einem Landler zum Beispiel?
>> **Lisa-Lena Tritscher:** Nein. Also wenn ich einen Tag Zeit habe und mich vorbereiten kann, dann vielleicht, aber jetzt so auf die Schnelle nicht.

Hängt ein Dirndlkleid in Ihrem Kleiderkasten?
>> **Lisa-Lena Tritscher:** Seit dem „Altaussee-Krimi" ja, weil da wurde mir eines geschenkt. Das habe ich noch. Ich ziehe es aber nur selten an, muss ich zugeben, da mir der Anlass fehlt. Hätte ich einen Anlass, würde ich es anziehen.

Vor einiger Zeit lieferten Sie ein Heimspiel und feierten in Leoben mit der Tragikkomödie „Donna Annas Gebiss" ihr Regiedebüt. Lust auf mehr?
>> **Lisa-Lena Tritscher:** Ich habe davor ja schon zwei Stücke inszeniert. Und das war quasi das Letzte, das ich inszeniert habe. Das war eine wahnsinnig tolle Erfahrung. Günther Freitag, der mein Deutschlehrer im Leobener Gymnasium war, hat dieses Stück geschrieben und mir freie Hand gelassen. Und im Stadttheater Leoben habe ich meine ersten Gehversuche am Theater gemacht. Als ich dort angekommen bin, hieß es „Da haben'S den Schlüssel und bitte das Licht abdrehen, wenn Sie fertig sind mit den Proben." Ah gut, das ist das Theater, ich kann machen, was ich will. Es war eine super Erfahrung. Ich war mit dem Ergebnis sehr zufrieden, die Zusammenarbeit mit dem Team war cool. Also wenn Regie-Arbeit so ausschaut, dann bitte mehr davon.

> **„Ich mag das Rostfest in Eisenerz wahnsinnig gerne. Und auch den Reiting muss man gesehen haben."**

Sie leben seit zehn Jahren in Wien. Wie ist aus der Distanz ihr Blick auf die Steiermark? Wie entwickelt sich das Land?
>> **Lisa-Lena Tritscher:** Freundlich. Für mich bedeutet Steiermark ausspannen und Heimat. Also, wenn ich drei Tage frei habe, dann fahre ich in die Steiermark. Und geh dann auf den Berg. Egal, welches Eck der Steiermark. Sei es das Gesäuse, sei es die Südsteiermark. Oder sei es hier im Bezirk Leoben, wo ich herkomme. Ich mag's.

Wohin geht's, wenn Sie das Heimweh packt? Wo fühlen Sie sich in der Steiermark besonders wohl?
>> **Lisa-Lena Tritscher:** Eigentlich hauptsächlich im Gesäuse. Ich bin oft dort.

Wenn Sie jemand fragt, was man in der Steiermark gesehen haben muss – welche Empfehlungen würden Sie abgeben?
>> **Lisa-Lena Tritscher:** Auf alle Fälle den Leopoldsteinersee. Ich mag das Rostfest in Eisenerz wahnsinnig gerne. Und auch den Reiting muss man gesehen haben.

Was ist das Besondere an Ihrer Heimatregion Erzberg Leoben?
>> **Lisa-Lena Tritscher:** Für mich vor allem die Natur. Das ist das, was ich irrsinnig genieße, wenn ich da bin.

Was haben Sie noch so alles vor?
>> **Lisa-Lena Tritscher:** Im Leben? Der Wunsch wäre, in den nächsten Jahren einen Roman zu schreiben. Eine fiktive Geschichte über die Branche. ■

Wordrap
Lisa-Lena Tritscher

Ihr Lebensmotto?
Zufriedenheit, Genuss.

Irdisches Glück?
Familie.

Hauptcharakterzug?
Ungeduld.

Ihr größter Fehler?
Auch Ungeduld.

Hatten Sie je ein Vorbild?
Die Ruhe meines Hundes ist mein Vorbild. Die Gelassenheit meines Windhundes.

Welche Gabe möchten Sie haben?
Die Gelassenheit, Dinge, die ich nicht ändern kann, zu akzeptieren.

Lieblingsfilm?
Four Rooms.

Lieblingsmusik?
Bluegrass.

Lieblingsessen?
Italienisch.

Lieblingswort im steirischen Dialekt.
Höllaböllagraumpanschölla.

Typisch steirisch?
Käferbohnensalat.

Das Grüne Herz bedeutet für mich …
Sicherheit.

Christian Wehrschütz
„Die Steirische Küche ist schon verdammt gut"

Christian Wehrschütz, überzeugter Steirer, ist ein gefragter Mann. Der renommierte ORF-Korrespondent und Balkan-Experte ist die Stimme aus dem Kriegsgebiet in der Ukraine und wurde für seine außergewöhnliche journalistische Arbeit und persönlichen Einsatz mit einer „Romy" gewürdigt. Wir sprachen mit dem vielsprachigen, studierten Juristen und Miliz-Offizier aus Graz über seine gefährliche Arbeit, seinen Buch-Besteller und wie man zum besten Großvater überhaupt wird.

Liebeserklärungen an die Steiermark

> "Die Steiermark nehme ich über Sturm Graz wahr. Weil ich bin Mitglied des Sturm-Kuratoriums."

Ihr Buch „Mein Journalistenleben zwischen Darth Vader und Jungfrau Maria" war Bestseller in Österreich, Sie haben sogar besser verkauft als Prinz Harry. Ist dieses immense Interesse nicht erstaunlich?

>> Christian Wehrschütz: Ja, es war jedenfalls unerwartet. Denn als wir den Vertrag unterschrieben haben, sind wir von einer Startauflage von 3.000 Stück ausgegangen. Wenn man Wolodymyr und Wladimir als PR-Agentur hat – so unerfreulich das auch ist – dann hat das natürlich auch zu diesem „Run" geführt. Wobei ich glaube, dass es noch einen weiteren Grund gibt: Das Buch ist keine schwere Kost. Ich habe ja auch Sachbücher über Jugoslawien und die Ukraine geschrieben, das ist schon etwas, wo man sich viel stärker konzentrieren muss. Wenn das Buch ein Wein wäre, dann würde ich sagen, das ist ein süffiger. Man kann es so zwischendurch lesen und es zeigt die Geschichte, die hinter der Geschichte ist, damit der Leser auch den Einblick bekommt, dass ein Journalist nicht nur einer ist, der 30 Sekunden vor der Kamera steht, sondern dass dahinter viel mehr steckt.

In der Ukraine sind Ihnen die Schrapnelle um die Ohren gepfiffen – die bedrohlichste Situation in ihrem Kriegsreporter-Leben?

>> Christian Wehrschütz: Eine der bedrohlichsten Situationen. Das Schlimmste war eigentlich der Beschuss unseres Hotels in Nikopol. Da hatten wir großes Glück, dass die Zimmer nicht getroffen wurden. Das größte Glück hatte mein Fahrer, weil 50 cm vor dem Eingang zu seinem Zimmer sind die Schrapnelle durch das Dach gegangen. Das Dach, das Auto waren schwer, die Zimmer spürbar beschädigt, aber wir sind heil geblieben. Aber ganz generell: Wenn sie in einer Stadt sind, in der es Artilleriebeschuss gibt, dann können sie immer zum falschen Zeitpunkt am falschen Ort sein. Man ist immer einer Bedrohung ausgesetzt, die bei den heutigen Waffensystemen nicht greifbar ist. Ich hatte auch sehr brenzlige Situationen am Balkan. Der Mazedonien-Konflikt 2001, da wollte ein Albaner eine Handgranate in einen Checkpoint, in dem wir gerade waren, werfen. Er wurde vorher erschossen. Aber auch Demonstrationen können gefährlich sein. Wir waren im Herbst 2000 mit Vojislav Kostunica im Wahlkampf durch Serbien. Ich war im Kosovo vor der Bühne und jemand hat einen Stein geworfen. Ich konnte mich gerade noch bücken, aber der Mann hinter mir hatte ein blutiges Schienbein.

> „Wenn sie in einer Stadt sind, in der es Artilleriebeschuss gibt, dann können sie immer zum falschen Zeitpunkt am falschen Ort sein."

Wie geht es der Familie mit solchen Szenarien?

>> Christian Wehrschütz: Das ist die Frage, die die Familie am meisten hasst. Auch wenn sie so oft gestellt wird, dass ich mittlerweile eine Standardantwort habe. Also meine Frau hat schon die Einstellung, wonach dir das Schicksal oder der Tod durch eine gewisse Lebensuhr bestimmt ist. Wir sind alles keine Hasardeure oder potenzielle Selbstmörder. Aber ich gebe ihnen ein Beispiel. Nehmen sie den Michael Schumacher. Sieben Mal Formel-1-Weltmeister, dann geht er Skifahren, stürzt an einer leichten Stelle und ward seitdem nicht mehr gesehen. Natürlich ist die Wahrscheinlichkeit, dass einem in Graz ein Dachziegel auf den Kopf fällt geringer, als dass sie in der Ost-Ukraine mit Artillerie beschossen werden. Aber sagen wir einmal so – das Schicksal kann sie überall treffen.

Der Buch-Titel „Mein Journalistenleben – Zwischen Darth Vader und Jungfrau Maria, wie sind Sie darauf gekommen?

>> Christian Wehrschütz: Das war bei der Besprechung im Verlag auch deswegen, weil es Ukraine und Balkan abdeckt. Darth Vader war bei der Parlamentswahl der Spitzenkandidat der Internetpartei in der Ukraine 2015. Der ist tatsächlich in der Uniform von Darth Vader aufgetreten. Jungfrau Maria führt nach Bosnien, in die Herzegowina nach Medjugorje. Wir hatten dort einen Beitrag zu machen mit einer der Damen, die angeblich vor Jahrzehnten eine Marien-Erscheinung hatten. Wenn sie dort ist, verfällt sie immer in Trance und bekommt dann angeblich eine Botschaft der Gottesmutter, die ein junges Mädchen aufschreibt. Ich bin davon überzeugt, dass ich der Einzige bin, der sagen kann, dass er je eine Botschaft der Gottes-Mutter vom Kroatischen ins Deutsche übersetzt und im ORF auf Sendung gebracht hat.

Sie sind der Kriegserklärer der Nation – wie schwierig ist es, diese komplizierten Inhalte so herunterzubrechen, dass die Leute das auch verstehen?

>> Christian Wehrschütz: Es ist eine Gabe, komplizierte Sachverhalte erklären zu können. Und je komplexer das Thema ist, umso größer ist die Gabe, die sie haben müssen. Ich versuche immer, mir vorzustellen, was könnte eine Frage sein, die entweder meine Enkelin stellt oder die jemand stellt, der eigentlich weder ein Militärspezialist noch

> „Ich bin sozusagen am Grazer Franziskaner Platz 13 sozialisiert worden. Dort war auch das Geschäft meiner Mutter. Die Franziskaner Kirche ist für mich die Kirche, wo ich mich wirklich am wohlsten fühle."

sonst irgendetwas ist. Ich versuche, es plastisch und klar zu erklären und offensichtlich gelingt mir das gut. Wobei ich sagen muss, es handelt sich hier um etwas sehr Komplexes, weil so viele Variablen dabei sind. Ich vergleiche das immer mit der Berichterstattung über einen Autounfall. Auch ein Lokaljournalist, der über einen Autounfall berichtet, macht im Grund nichts anderes als ich. Du hast zwei Konfliktparteien, in der Regel ist einer schuld, der andere weniger. Aber auch der weniger schuld ist, muss nicht immer die Wahrheit sagen. Das wäre sozusagen dann das Kriegsopfer. Es kommt dazu, dass wir nicht wissen, was der Putin gerade mit dem chinesischen Präsidenten oder Joe Biden mit dem Scholz bespricht. Es ist halt komplex. Journalisten leiden darunter – und das ist eine Tendenz, die immer stärker wird – dass sie glauben, sie müssen auf der Seite des Guten stehen. Das schöne am Leben ist sowohl am Balkan als auch in der Ukraine, dass es in der Regel immer mehr oder weniger Böse gibt. Das ist jetzt keine Abschwächung der Aggression, die Putin vom Zaun gebrochen hat. Aber es gibt diese Grautöne. Ich bemühe mich klarzustellen, das ist nicht mein Krieg und ich versuche den Österreichern die Möglichkeit zu geben, nach dem, was ich sage, ihre Meinung zu bilden. Das verstehe ich unter Journalismus.

Sie schreiben, dass man im Krieg immer in „Gottes Hand" ist. Wie halten Sie es mit Gott? Oder anders gefragt: Sind Sie gläubig?
» Christian Wehrschütz: Ich bin sehr stark durch die katholische Kirche und insbesondere durch den Franziskaner Orden geprägt, weil dort habe ich ministriert. Ich bin sozusagen am Grazer Franziskaner Platz 13 sozialisiert worden. Dort war auch das Geschäft meiner Mutter. Wir sind dann immer hinten hinein gegangen ins Kloster und zur Franziskaner Kirche. Sie ist für mich die Kirche, wo ich mich wirklich am wohlsten fühle. Dort bin ich irgendwie heimisch. Ich würde sagen, ich halte Gott für möglich, ich halte ihn auch für wünschenswert. Real gesehen bin ich eher Agnostiker. Aber wie heißt es so schön, „die Not lernt beten". Eigentlich bete ich vor dem Einschlafen immer, und da insbesondere um meine Kinder und meine Enkeltochter.

Sie gelten als standhaft, unerschrocken und wehrhaft – was ist Ihr journalistisches Prinzip?
» Christian Wehrschütz: Leopold von Ranke, der Historikerpapst, hat einmal gesagt, was die Aufgabe der Geschichtsschreibung ist. Zu beschreiben, wie es gewesen ist. Unsere Aufgabe ist es, zu beschreiben, wie es ist. Das heißt nicht, dass wir keine moralischen Prinzipien haben, aber zuerst geht es einmal darum, was ist Sache, was ist passiert. Und wir haben nicht Richter, Henker, Staatsanwalt in einer Person zu sein.

Haben Sie eigentlich bald genug von diesen gefährlichen Teilen der Welt? Oder würden Sie gerne auch einmal von anderswo her berichten – wenn Ja, von wo?
» Christian Wehrschütz: Es gäbe natürlich ein Land, das mich sehr interessiert. Aber das wäre zu weit weg. Die Mongolei. China kommt nicht in Frage, weil die Sprache erlerne ich nicht mehr. Es gilt hier generell das Prinzip „Lieber der Erste im Dorf als der Zweite in Rom". Und der Balkan ist für Österreich wichtig, die Ukraine ist für Österreich wichtig und Österreich ist für den Balkan wichtig, mit einer gewissen Einschränkung ist Österreich auch nicht unwichtig für Teile der Ukraine. Wir haben historisch, kulturell eine enge Verzahnung. Wenn es meine Kraft erlaubt, dann möchte ich auch am Balkan und in der Ukraine in Pension gehen.

Sie besitzen ein Haus auf der Teichalm. Ein Kraftort?
» Christian Wehrschütz: Ja. Die Teichalm ist zutiefst mit meiner Kindheit verbunden. Ich habe dort Skifahren gelernt. Meine Kinder haben dort ihre ersten Schi-Erfahrungen gemacht. Erst kürzlich – leider bei wenig Schnee – hat meine Enkelin damit begonnen. Ich hoffe, dass diese Beziehung, die ich zur Teichalm habe, auch auf meine Enkelin übergeht. Es ist einfach eine wunderschöne Gegend und wirklich ein Ort, wo man sagen kann, du kannst dich entspannen. Meine Enkelin liebt das Almhaus deswegen, weil sie dort mit dem Posthorn von meinem Urgroßvater herumblasen kann und kein Nachbar regt sich auf. Also, das hat schon sehr große Vorteile.

Wohin verschlägt es sie sonst noch, wenn sie im Land sind?
» Christian Wehrschütz: Ganz generell ist natürlich die Weinstraße genauso schön wie das Skifahren in Haus im Ennstal. Die Steiermark ist überhaupt ein schönes Bundesland. Aber ganz generell: Für mich ist es dort am Schönsten, wo meine Familie ist, meine Frau, meine beiden Töchter und ihre Ehemänner und meine Enkelin. Die Thermen sind auch toll. Was mich sehr stolz macht ist, dass meine Enkelin mit dem Opa schon zweimal ganz

Liebeserklärungen an die Steiermark

unten im Katerloch war. Lurgrotte und Grassl-Höhle haben wir noch nicht angeschaut. Das sind Sachen, die wahnsinnig verbinden.

Sie sind in Graz geboren. Gibt es prägende Erinnerungen?
\>\> **Christian Wehrschütz:** Oh ja. Wir galten im Marien-Institut in der Grazer Kirchengasse ja als die unerziehbarste Klasse, die es seit Jahrzehnten gegeben hat. Was ja gestimmt hat, wir hatten ein sehr enges Verhältnis zum Schulwart. Weil damals haben Haushaltsversicherungen Glasbruch noch problemlos bezahlt. Wir haben in jeder Pause im Gang mit dem Tennisball Fußball gespielt, da ist es häufig dazu gekommen. Es ist aus sehr vielen meiner Kommilitonen etwas Interessantes geworden, wir sind als „Alte-Herren-Gruppe" bis heute in Kontakt. In Erinnerung ist mir auch der Burggarten geblieben, wo ich in der Regel für mein Studium gelernt habe. Der Schloßberg mit dem Hackher-Löwen natürlich. Die einmalige Doppelwendeltreppe in der Grazer Burg. Eine Erinnerung ist mir auch aus meiner Schulzeit geblieben. Wir haben am 6. Juni 1980 maturiert. Und ich stand vor dem Schuleingang, und da kam ein älterer Herr auf mich zu und hat gefragt, wo es zur Direktion geht. Und ich sag es ihm und frage, warum er das wissen will. Und er sagte, er habe vor 40 Jahren hier die Kriegsmatura gemacht. Damals dachte ich mir: 40 Jahre, das kann ich mir gar nicht vorstellen, dass das bei mir einmal ist. Ich habe jetzt auch schon vor 40 Jahren maturiert.

Sie waren damals schon neugierig.
\>\> **Christian Wehrschütz:** Ich war immer neugierig, das gehört dazu.

Sie beherrschen acht Sprachen. Haben Sie das Stoasteirisch noch drauf?
\>\> **Christian Wehrschütz:** Naja, das weiß ich nicht so richtig. Aber es gibt einen Punkt, über den ich öfter nachdenke, nämlich die Grundproblematik der steirischen Sprache: Heißt es Motorbooooot oder Motooooorboot. Ich weiß nur, dass es da einen wunderbaren Schlager gibt. Motorbooot, Motorbooot, nicht? Ich habe nie richtig gebellt, weil in Graz ist das nicht so. Aber ich bin froh, wenn Leute einen Dialekt sprechen, weil das ist das, was sie mit ihrer Heimat verbindet.

Als Journalist ist die Welt ihr Betätigungsfeld, aber gibt es Seitenblicke auf die Vorgänge in der Heimat? Wie nehmen sie die Steiermark wahr? Alles in Ordnung?

\>\> **Christian Wehrschütz:** Ja klar, die Steiermark nehme ich über Sturm Graz wahr. Weil ich bin Mitglied des Sturm-Kuratoriums. Und der Landeshauptmann wohnt in Passail, und dieser Ort ist nicht weit weg von der Teichalm. Ich glaube bei allen Problemen und Herausforderungen kann man in der Steiermark zufrieden sein. Nach oben gibt es immer Luft. Aber wenn ich mir anschaue, wo ich oft tätig bin, dann ist die „Grüne Mark" noch immer ein richtiges Refugium.

> **„Wenn ich mir anschaue, wo ich oft tätig bin, dann ist die „Grüne Mark" ein richtiges Refugium."**

Die Steiermark gilt – vom Dachstein bis zu den Weinhügeln – als einzige Genussregion. Was lieben Sie hier kulinarisch besonders?
\>\> **Christian Wehrschütz:** Wir machen dieses Interview ja im „Sorger-Hof" in Frauental an der Lassnitz. Ich darf keine Werbung für bestimmte Produkte machen, aber ich bin schon als Kind mit einer gewissen Sorte von Extrawurst aufgewachsen, weil es die im Geschäft meiner Mutter gab. Dann kommen natürlich der Käferbohnen-Salat, das Verhackerte, der steirische Tommerl dazu. Ich würde mich noch viel mehr dazu hinreißen lassen, wenn die Herausforderung nicht so groß wäre, dass ich dann noch eine Kleidergröße mehr brauche. Der steirische Wein natürlich und Kernöl sowieso. Das ist etwas, was ich auch immer wieder hergeschenkt habe. Also die steirische Küche ist schon verdammt gut.

Sie haben angekündigt, mit 65 in Pension zu gehen und der beste Großvater zu werden, den man sich vorstellen kann. Wie wird man bester Großvater?
\>\> **Christian Wehrschütz:** „Bester Großvater" ist ein tägliches Arbeiten. Und auch ein bisserl draufkommen, dass es manchmal besser ist, auf einen Live-Einstieg zu verzichten als auf einen Tag im Schwimmbad mit der Enkelin. Das ist auch ein Lernprozess. Ich bin dankbar für den Spruch, dass „Enkel Gottes zweite Chance" sind. Ich bemühe mich, auf sie einzugehen. Ich habe da auch ein Vorbild. Mein Schwiegervater war zum Beispiel ein fantastischer Großvater. Es kommt auch dazu, dass man eine gewisse Altersweisheit und Toleranz bekommt. Unsere Enkelin ist bei uns genauso zu Hause wie bei ihren Eltern. ∎

Wordrap
Christian Wehrschütz

Ihr Lebensmotto?
Nütze den Tag.

Irdisches Glück?
Mit der Familie zusammen sein.

Hauptcharakterzug?
Wer immer strebend sich bemüht, den können wir erlösen.

Gab es je ein Vorbild?
Ja, Otto von Bismarck.

Wer hätten Sie gerne sein mögen?
Perry Rhodan, der Mann der auf die Außerirdischen trifft am Mond.

Welche Gabe möchten Sie haben?
Besser Klavierspielen zu können.

Wie definieren Sie Erfolg?
Als Ergebnis harter Arbeit.

Ihr größter Fehler?
Ich esse zu gerne.

Lieblingsbuch?
Hagen von Tronje von Wolfgang Hohlbein.

Lieblingsmusik?
Richard Wagner.

Lieblingsessen?
Alles, was österreichische Küche betrifft.

Lieblingsrestaurant?
Meine Frau.

Das Grüne Herz bedeutet für mich…
Meine Heimat.

Carina Wenninger
„Ich bin ein Mega-Kernöl-Fan"

Die Fußballerin Carina Wenninger stammt aus Thal. Nach langer Zeit beim FC Bayern München kickte sie beim legendären AS Roma und im österreichischen Frauen-Nationalteam. Aktuell engagiert sich Wenninger beim ÖFB.

Frau Wenninger, Sie sind ja bereits mit 16 Jahren nach München gezogen und haben dort 15 Jahre gelebt. Danach kam Rom. Dürfen wir noch Steirerin sagen oder doch besser bayrische Italo-Steirerin. Wie fühlen Sie sich?
>> **Carina Wenninger:** Eindeutig als Steirerin.

Zwischen Bayern und der Steiermark gibt es ja eine besondere Nähe. Können Sie das bestätigen?
>> **Carina Wenninger:** Ich glaube, diese österreichische Gemütlichkeit, die wir so haben, findet man in Deutschland am ehesten in Bayern. Und auch kulturell gesehen würde ich schon sagen, dass wir uns sehr ähnlich sind.

Wie sind Sie Steirerin geblieben, gibt es da Geheimnisse?
>> **Carina Wenninger:** Ich glaube, ich bin so ein Mensch, der einfach immer so ist wie er ist. Ich bin auch keine, die jetzt hier sprachlich gesehen bestimmte deutsche Wörter angenommen hat. Ich muss aber auch sagen, dass wir in Deutschland am Anfang eine richtig große Runde Österreicherinnen waren. Das hat wahrscheinlich auch geholfen, automatisch den österreichischen Dialekt weiterzusprechen.

Gab es in dieser Zeit eine Formel so nach dem Motto „einmal im Monat muss ich in die Heimat fahren". Oder geht das gar nicht in diesem Job?
>> **Carina Wenninger:** Ich glaube, es gibt da keine Formel. Es gibt ein Gefühl, das man sehr gerne in die Heimat kommen möchte. Es war leider viele Jahre nicht so möglich, wie ich es mir vorgestellt hätte. Aber sicher hat es sich immer wieder einrichten lassen. Ich bin stets sehr gerne daheim gewesen.

Was hat Ihnen am meisten gefehlt?
>> **Carina Wenninger:** Familie und Freunde. Ich habe natürlich Glück gehabt, weil mein Papa am Anfang mit dabei war in München. Und auch die

Liebeserklärungen an die Steiermark

Vicky, eine sehr gute Freundin von mir. Was hat gefehlt? Unsere Küche ist ja überragend. Ich bin ein Mega-Kernölfan. Ein bisserl ein Problem hatte ich auch mit dem deutschen Kaffee, der ist nicht ganz mit unserem vergleichbar. Und sonst ist schon fast jeder Gast auch mal mit einem Packerl „Manner Schnitten" zu Besuch gekommen.

Ihr Heimatort Thal hat laut Wikipedia zwei EhrenbürgerInnen. Die eine sind Sie, den anderen, Arnold Schwarzenegger, haben Sie noch nicht getroffen. Wann ist es soweit?
>> Carina Wenninger: Poah, ich glaube es liegt weniger an meinem Zeitplan (lacht). Für mich wäre es jedenfalls einmal cool, ihn zu treffen, ich würde mich sehr freuen. Falls er das hier sieht, vielleicht geht der Wunsch ja in Erfüllung.

Kurzer Rückblick in die Kindheit. Sie haben ja sicher immer mit den Jungs gemeinsam gekickt. Lernt man da besser, sich durchzusetzen oder entwickelt man gerade deshalb einen besonderen Ehrgeiz?
>> Carina Wenninger: Ich glaube der Ehrgeiz war immer schon da, ich bin ein sehr zielstrebiger Mensch. Fußball war immer schon meine große Leidenschaft. Ich hatte damals auch gar nicht so die Wahl, da es nicht so viele Mädels-Mannschaften gegeben hat. Die Burschen in Thal haben mich extrem gut aufgenommen. Und im Nachhinein glaube ich schon, dass mir das gutgetan hat, weil es einfach körperlich, athletisch noch einmal ein ganz anderes Level war.

Gab es damals ein Vorbild?
>> Carina Wenninger: Ja, eigentlich immer männliche Fußballer. Ich war ein großer Fan von Zinédine Zidane, auch Edgar Davids war super. Es hat auch immer wieder gewechselt in den Jahren. Ich glaube, dass vor allen Christiano Ronaldo und Lionel Messi den Fußball in der Vergangenheit extrem geprägt haben.

Die Italiener lieben ja den Genuss, wir Steirer auch. Sehen Sie hier Parallelen?
>> Carina Wenninger: Ja schon, einfach generell. Die Leidenschaft zur Kulinarik. Die Italiener sind hier schon ganz extrem. Also Pasta machen, da habe ich einen Crash-Kurs bekommen. Da haben wir Österreicher Bedarf. Sowohl Italiener als auch Steirer können sehr gut genießen. Das bedeutet für uns Lebensqualität.

> **Sowohl Italiener als auch Steirer können sehr gut genießen. Das bedeutet für uns Lebensqualität."**

Wenn Sie die Wahl haben zwischen Apfelstrudel und Tiramisu, zwischen Olivenöl und Kernöl und zwischen Steirerkas und Parmesan. Was nehmen Sie?
>> Carina Wenninger: Schwierig, das tut vielleicht jetzt weh, aber bei ersterem wähle ich das Tiramisu. Dann natürlich unser Kernöl. Steirerkas habe ich schon lange keinen gehabt, hier hält sich bei mir die Waage.

Für welche Mannschaft drücken Sie eigentlich in Graz die Daumen?
>> Carina Wenninger: Für den SK Sturm Graz.

Wohin zieht es Sie eher. In den Petersdom oder in die Ernst-Fuchs-Kirche in Thal?
>> Carina Wenninger: Der Vergleich ist etwas schwierig. Der Petersdom in Rom ist schon ein Wahnsinn. Ich habe natürlich auch bei der Kirche in Thal schöne Erinnerungen, aber der Petersdom ist einfach so imposant.

Wenn Sie Ihren Mitspielerinnen von der Steiermark erzählten. Womit wurde Heimatgefühl geweckt?
>> Carina Wenninger: Ich glaube ich sprach über die Leute, unsere Mentalität. Ich denke, wir sind so ein bisserl zwischen Deutschland und Italien, nicht nur geographisch. Vielleicht nicht immer so offen wie die Italiener, aber auch nicht so verschlossen wie die Deutschen. Wir sind zwar leidenschaftlich, aber nicht ganz so emotional wie die Italiener. Wir haben einen guten Schmäh und sind extrem herzlich.

Was ist für Sie eine typisch österreichische Speise?
>> Carina Wenninger: Wenn die Frage kommt, ob ich was typisch Österreichisches machen kann, dann läuft es meistens auf den Kaiserschmarrn hinaus.

Rom, München oder Graz. Wo soll das künftig am besten sein?
>> Carina Wenninger: Eindeutig Graz. ∎

Wordrap
Carina Wenninger

Was schätzen Sie an Ihren Freunden am meisten?
Dass ich ihnen immer vertrauen kann.

Ihr größter Fehler?
Ungeduld.

Ihr Vorbild?
Serena Williams.

Lieblingsrestaurant?
Schwierig – weiß ich jetzt nicht.

Lieblingsessen?
Kaiserschmarrn.

Lieblingsmusik?
Adele.

Lieblingsbuch?
The happiest man on earth von Eddie Jaku.

Das Grüne Herz bedeutet für mich …
Heimat.

Christina Wilfinger
„Glückliche Teilzeit-Steirerin"

Christina Wilfinger ist Österreich-Geschäftsführerin des internationalen Tech-Konzerns SAP. Im oststeirischen Pöllau aufgewachsen, absolvierte sie ein Studium für Wirtschaftsingenieurwesen an der TU Wien. Wir sprachen mit der Top-Managerin über Führungsqualitäten, ihre Liebe zur Musik und ihre alte Heimat.

Es heißt, es hätte Sie als hochbegabte Pianistin und Saxofonistin beinahe in die Musikbranche verschlagen. Was gab den Ausschlag für die Technologie?
>> **Christina Wilfinger:** Ob es wirklich die Hochbegabung war, das kann ich nicht so beurteilen. Aber ich glaube, Technik und Musik sind unglaublich verbindende Elemente und das hat mich seit frühester Kindheit begleitet. Ich habe mit fünf Jahren mit dem Klavier begonnen. Rechte, linke Gehirnhälfte, Noten-, Bass- und Violinschlüssel lesen, Notenlehre – das hat sehr viel mit Mathematik zu tun. Und die Begabung in der Mathematik hat sich sehr früh herausgestellt. Die Musik wird immer in meinem Herzen bleiben, aber ich bin schon sehr froh, dass es dann doch die Technik geworden ist.

Als Kind wollten Sie angeblich auch Astronautin werden. Stimmt das?
>> **Christina Wilfinger:** Das war auch ein Berufswunsch in jungen Jahren. Hat wahrscheinlich mit dem ersten Österreich im All, Franz Viehböck, zu tun. Auch da spiegelt sich die Leidenschaft zur Technik und neue Dinge auszuprobieren, sehr deutlich wider. Das hat sich bei mir schon in der Kindheit ziemlich durchgesetzt.

Ihr Karriereweg ist beeindruckend. Lief immer alles nach Plan?
>> **Christina Wilfinger:** Definitiv nicht. Egal, wie man jetzt Erfolg oder Karriere definiert, ich kenne kaum Personen, die das wirklich geplant haben. Was sich aber schon durch meinen bisherigen Lebensweg durchzieht, ist eine Zielstrebigkeit und auch der innere Drang, Verantwortung zu übernehmen. Und ich glaube, das hat dann von einem zum nächsten Schritt geführt. Ein bisschen gehört es auch dazu, zum richtigen Zeitpunkt am richtigen Ort zu sein.

Als Geschäftsführerin der Softwareschmiede SAP tragen Sie hohe Verantwortung. Vor welchen großen Herausforderungen steht Ihre Branche?
>> **Christina Wilfinger:** Natürlich geht es sehr stark darum, die richtigen Mitarbeiter zu finden. Nicht nur für uns als der einzige europäische Softwarekonzern in dieser Dimension, sondern insbesondere für unsere Kunden, die sich quer über die Industrien, vor allem aber in den letzten zehn Jahren im Mittelstand wiederfinden. Es geht darum, die richtigen Ressourcen zu erhalten, damit diese auch ihren Digitalisierungsherausforderungen nachkommen können. Wir können die Software dazu liefern, aber am Ende des Tages ist es bei aller KI-Diskussion schon sehr wichtig, die richtigen Ressourcen zu finden. Da geht es nicht nur um die absoluten Techniker, sondern es geht auch darum, dieses technische Verständnis zu haben. Das ist, glaube ich, die große Herausforderung für uns als Konzern, damit wir auch unsere Kunden optimal servicieren können.

> **99 Natürlich geht es sehr stark darum, die richtigen Mitarbeiter zu finden. Nicht nur für uns als der einzige europäische Softwarekonzern in dieser Dimension, sondern insbesondere für unsere Kunden ..."**

Wie ist Österreich generell in der digitalen Transformation unterwegs?
>> **Christina Wilfinger:** Ich würde einmal sagen, es ist noch deutlich Raum für Verbesserung da. Ich bin aber Grundsatz-Optimistin und sage, es gibt viele, viele hervorragende Initiativen, die auf unterschiedlichsten Ebenen, ob jetzt von Wirtschaftstreibenden, von kleineren Unternehmen aber auch im Bildungsbereich gestartet worden sind. Nur wir könnten ein bisschen mutiger sein. Und wir könnten uns vor allem ein bisschen am Speed orientieren, denn wir sind einfach zu langsam.

Sie stehen einem Unternehmen mit Mitarbeitern aus 27 Nationen vor. Wie würden Sie Ihren Führungsstil bezeichnen?
>> **Christina Wilfinger:** Es wurde über mich gesagt, dass ich „hart, aber herzlich" bin. Ich glaube, das trifft es ganz gut.

Am Dach des Firmensitzes in Wien züchtet SAP sogar Bienen. Wohin fließt der Honig?
>> **Christina Wilfinger:** Wir würden gerne etwas mehr produzieren, aber wir sind schon froh, dass unsere Bienen mit den zwei Stöcken, die wir haben, sehr glücklich sind und ganz brav produzieren. Der Honig ist dann ein nettes Geschenk für Mitarbeiter und Kunden. Wenn man bei uns am Dach ist, vermutet man nicht, dass die Bienen hier so einen großen Lebensraum vorfinden, aber der Wiener Prater ist nicht weit weg. Dort haben sie sehr viele Grünflächen und eine große Vielfalt – und deshalb wachsen und gedeihen sie ganz gut. Wenn wir ein paar Stöcke mehr hätten, würden wir vielleicht sogar für den Verkauf produzieren können (lacht).

Frauen in Top-Positionen sind immer noch rar gesät, speziell in Österreich. Warum ist das so?
>> **Christina Wilfinger:** Meine persönliche Beobachtung zeigt, dass insbesondere der DACH-Raum einen Aufholbedarf hat. Und das nicht nur in Österreich. Gerade wenn wir uns immer mit den viel zitierten nordischen, aber auch mit den osteuropäischen Ländern vergleichen, ist es ein vielschichtiges Thema. Das beginnt bei einer flächendeckenden Kinderbetreuung, da geht es um den gesellschaftlichen Stellenwert. Ist es anerkannt, dass man trotz kleiner Kinder Vollzeit arbeiten geht? Ich denke, hier ist noch ein gesellschaftlicher Ruck notwendig. Da haben wir noch einen Weg vor uns.

> **99 Da geht es um den gesellschaftlichen Stellenwert. Ist es anerkannt, dass man trotz kleiner Kinder Vollzeit arbeiten geht? Ich denke, hier ist noch ein gesellschaftlicher Ruck notwendig."**

Wie leicht oder schwierig ist für Sie der Spagat zwischen Top-Businessfrau und Familie zu bewältigen?
>> **Christina Wilfinger:** Klar, es ist eine tägliche Herausforderung. Ich habe meine berühmt-berüchtigte „80/20-Regel". 80 Prozent – man kann sehr viel planen. Ich bin ein sehr analytischer und gut durchgeplanter Mensch – sowohl im Berufs- als auch im Privatleben. Wenn man so möchte Familienmanagement. Und die restlichen 20 Prozent sind Improvisation. Das gehört einfach dazu.

Man kennt Sie als leidenschaftliche Oststeirerin. Ein ewiger Sehnsuchtsort?
>> **Christina Wilfinger:** Wieder geworden. Ich darf mich jetzt wieder als glückliche

Teilzeit-Steirerin betrachten. Wir haben seit einiger Zeit hier in der Oststeiermark, im Pöllauertal, ein Wochenendhaus. Nach der Matura zieht es einen immer in die Ferne, ich glaube, das können einige unterschreiben. Mit fortschreitendem Alter weiß man dann aber die Heimat immer mehr zu schätzen. Der Bezug war immer da, aber natürlich nicht in dieser Intensität. Aber gerade jetzt genieße ich es sehr, die Wochenenden oder wenn längere Urlaube möglich sind, diese jetzt von der Oststeiermark aus zu gestalten.

Wie würden Sie einem blinden Menschen ihre Heimat erklären?
>> **Christina Wilfinger:** Das ist nicht ganz einfach. Vielleicht die Kombination aus der sanften Hügellandschaft und sehr viel Grün mit bunten Farben. Ich glaube, das trifft es am besten.

Was macht die Steiermark aus?
>> **Christina Wilfinger:** Unglaubliche Vielfalt. Nicht nur hier in der Oststeiermark. Auch von der Obersteiermark übers Ennstal in Richtung Grazer Becken, mit der unglaublichen kulturellen Vielfalt bis hinunter ins steirische Weinland. Da könnten wir jetzt wahrscheinlich Stunden damit verbringen, die vielen Beispiele aufzuzählen.

Wohin würden Sie Gäste führen, die noch nie in der Steiermark waren? Was muss man sehen haben?
>> **Christina Wilfinger:** Es ist extrem schwierig, hier einen Ort oder ein Erlebnis herauszupicken. Ich glaube, ich würde versuchen, die Gäste auf eine 14-tägige Steiermark-Tour mitzunehmen. Also ich würde in der

> „Ich würde die Gäste auf eine 14-tägige Steiermark-Tour mitnehmen. Ich würde in der Obersteiermark beginnen und diese Reise in der Südsteiermark mit einem netten Glaserl Sauvignon ausklingen lassen."

Obersteiermark beginnen und in der Südsteiermark diese Reise mit einem netten Glaserl Sauvignon ausklingen lassen.

Wie sehen Sie die wirtschaftliche Entwicklung der Steiermark, ist das Land technologisch zukunftsfit?
>> **Christina Wilfinger:** Die steirischen Vorzeigebetriebe, die nicht nur international einen unglaublichen Wettbewerbsvorteil mit sich bringen, kennen wir alle. Sie spiegeln nicht nur die Innovationskraft, sondern auch die unglaubliche Vielfalt in der geistigen Fähigkeit, in den Ausbildungsstätten, den Universitäten und Fachhochschulen wider. Was aber wahrscheinlich noch ein unterschätzter Bereich ist, ist der steirische Mittelstand. Auch hier gibt es ganz viele Unicorns, die international ihresgleichen suchen. Auch hier können wir schon einiges bieten. Wir sind als Wirtschaftsstandort sehr attraktiv.

Worum geht es im Leben?
>> **Christina Wilfinger:** Am Ende des Lebens sind es Gesundheit, Familie und gute Freunde.

Was haben Sie noch alles vor?
>> **Christina Wilfinger:** Ich bin jetzt, wenn man so möchte, in der Mitte meines Lebens. Man weiß nie genau, wo einen die Reise hinführt. Aber wenn es Aufgaben gibt, die mit Verantwortung, mit Vielfalt, mit Einfallsreichtum zu tun haben, dann ergibt sich dort sicherlich etwas für mich. ∎

Wordrap
Christina Wilfinger

Ihr Lebensmotto?
Meine 80/20-Regel.

Irdisches Glück?
Gesundheit, Familie und gute Freunde.

Hauptcharakterzug?
Durchsetzungsfähigkeit.

Ihr größter Fehler?
Dass ich nie ein Auslandssemester gemacht habe.

Hatten Sie je ein Vorbild?
Unzählige, es ist schwierig, eines herauszuheben.

Welche Gabe möchten Sie haben?
Ich möchte mich gerne „beamen" können.

Lieblingsmaler?
Wassily Kandinsky.

Lieblingsmusik?
Von Klassik bis Jazz.

Letztes Buch?
„Melody" von Martin Suter.

Lieblingsessen?
Schwierig, aber nachdem die Spargel-Saison bevorsteht, freue ich mich schon sehr darauf.

Lieblingswort im steirischen Dialekt?
Ganz klar: Kernöl.

Typisch steirisch?
Käferbohnensalat mit Kernöl.

Das Grüne Herz bedeutet für mich ...
Heimat.

Fotos: STG/Jesse Streibl

Erwin Wurm

„Grüner See, der Süden und das Salzkammergut – Traum-Gegenden"

Eine der weltweit erfolgreichsten Gegenwartskünstler ist Steirer. Erwin Wurm, gebürtiger Brucker. Auch wenn der Kunst-Star mittlerweile rund um den Globus daheim ist und die alte Heimat nur mehr aus der Ferne wahrnimmt – es gibt Platzerln, an die er sein Herz verloren hat. Grüner See, Südsteiermark und das Salzkammergut.

HERZ-BOTSCHAFTEN

Wie fühlt es sich an, einer der erfolgreichsten Gegenwartskünstler der Welt zu sein?
>> **Erwin Wurm:** Naja, also ganz gut eigentlich. Es läuft gut, ich bin zufrieden.

Riesengurken, FAT-Cars, geschrumpfte Häuser, oder – inszeniert für die Vogue – Supermodel Claudia Schiffer mit Besenstil – wie reagieren die Leute auf Ihre Kunst?
>> **Erwin Wurm:** Die Leute reagieren sehr unterschiedlich. Grundsätzlich muss ich sagen, sehr positiv. Tatsache ist, dass ich auf der ganzen Welt zu Ausstellungen eingeladen werde, z.B. Israel, Amerika, England, Korea – überhaupt viel in Asien. Es ist unglaublich schön, dass ich die Möglichkeit habe, mit meinen Skulpturen überall zu sein und dass meine Skulpturen quasi die Welt bereisen und ich darf mitkommen. Wunderbar, was gibt es Schöneres. Also für mich ist es unglaublich toll.

> **„Es ist unglaublich schön, dass ich die Möglichkeit habe, mit meinen Skulpturen überall zu sein und dass meine Skulpturen quasi die Welt bereisen und ich darf mitkommen. Wunderbar, was gibt es Schöneres."**

Wie wichtig ist Ihnen Erfolg?
>> **Erwin Wurm:** Das angenehme und tolle am Erfolg ist, dass ich meine Arbeiten wirklich überall auf der Welt zeigen und dass ich von meiner Arbeit gut leben kann. Und dass ich eine Gruppe von Mitarbeitern habe, mit denen ich wirklich viel realisiere. Und dass der ganze Betrieb super läuft. Das ist etwas Herrliches, ein tolles Gefühl.

Apropos Team: Mit offensichtlich einem steirischen Gießer?
>> **Erwin Wurm:** Nicht nur der Gießer ist aus der Steiermark, wir haben auch einen Scanner und einen Fräser aus der Steiermark. Diese Firma ist aus der Nähe von Stainz.

Wie viel Idealismus steckt in Erwin Wurm?
>> **Erwin Wurm:** Ohne Idealismus geht es überhaupt nicht. Er ist das Wichtigste. Wenn man anfängt, sich mit Kunst zu beschäftigen denkt man nicht einmal annähernd daran, ob man Erfolg damit hat oder ob das anderen gefällt oder ob man vielleicht einmal davon leben kann. Das kommt erst viel, viel später. Am Anfang ist zuerst einmal die Leidenschaft, sich dem Thema hingeben zu dürfen, dann sich die Zeit zu nehmen und zu können, um das zu realisieren. Das ist der Anfang, und dann wächst das immer mehr. Man merkt dann – hoppala, das kann ich vielleicht ausstellen und das kann ich vielleicht verkaufen und das finden Leute toll – andere finden es weniger toll. Also da ergibt sich so ein großes Konglomerat aus verschiedenen Erlebnissen und Realitäten, die wunderbar sind.

Wie läuft so ein typischer Wurm-Tag arbeitstechnisch ab? Wie kann man sich das vorstellen?
>> **Erwin Wurm:** Also aufstehen, dann dreimal in der Woche Training. Da kommt einer her, ich habe unten so ein kleines Fitness-Studio. Das ist ganz wichtig. Und dann beginne ich zu arbeiten. Ich arbeite eigentlich wie ein Maurer, Arbeiter oder Handwerker bis zu Mittag, dann eine Stunde Pause und weiter am Nachmittag bis fünf. Also „9 to 5" – ich brauche diese Regelmäßigkeit, ich brauche die Ruhe. Und ich bin sehr diszipliniert, ich arbeite immer. Und ja, ich genieße es aber auch, für mich ist es eine Freude, es ist das Schönste, wenn ich im Atelier bin und neue Dinge entwickeln kann. Die Alten interessieren mich nimmer, das Neue interessiert mich.

Wie entsteht aus der Idee ein Kunstwerk, wo nehmen Sie die Inspiration her? Donald Duck, haben Sie einmal in einem Interview gesagt, hätte sie inspiriert – inwiefern?
>> **Erwin Wurm:** Erstens einmal ist das ein Comic, der zu meiner Generation passt. Die haben zwar schon früher angefangen, aber in den 50er-Jahren war es so richtig groß und das hat sich dann so weitergezogen. Der Donald Duck, der ewige Looser, der eigentlich nichts erreicht hat, und trotzdem ungeheuer faszinierend, spannend und toll ist – das hat mir eigentlich immer gefallen. Im Gegensatz zu Dagobert Duck, seinem Onkel, der im Geld schwimmt. Also ich fand den Donald immer als den Spannenderen.

Sie malen auch?
>> **Erwin Wurm:** Ich male auch. Ich wollte ursprünglich ja Maler werden. Ich habe an der Akademie versucht, die Aufnahmsprüfung

für Malerei zu machen aber da haben sie mich nicht genommen. Aber jetzt male ich seit zwei Jahren. Also ich nenne es nicht Malerei, es heißt flache Skulpturen. Weil meine Skulpturen quasi programmatisch aufgebaut sind, ich bearbeite ja den Skulpturenbegriff und untersuche das alles schon seit vielen Jahrzehnten. Zweidimensionalität, Haut, Hülle, Form, Masse, Volumen, Zeit – all das. Und plötzlich kam es – in Griechenland war mir fad – da hab ich mir gemeinsam mit einem Freund Leinwände und Hobby-Ölfarben gekauft und ich hab dann zum Malen begonnen. Zuerst aus Freude und dann bin ich so hineingeschlittert. Da kommt sicher noch was.

> **Und dann gibt es auch immer wieder Arbeiten, bei denen ich mir vorstelle, dass sie gut werden und ich mir etwas aufzeichne und durchdenke und durchplane und dann werden sie aber nichts."**

Sie experimentieren viel, schmeißen Sie auch viel weg, wenn etwas nicht passt?
>> **Erwin Wurm:** Ja, das ist wichtig. Ich experimentiere viel, versuche immer wieder, neue Wege zu gehen. Und dann geht einer gut und die anderen gehen nicht gut. Das muss ich dann wieder revidieren, wieder zurücknehmen. Und dann gibt es auch immer wieder Arbeiten, bei denen ich mir vorstelle, dass sie gut werden und ich mir etwas aufzeichne und durchdenke und durchplane und dann werden sie aber nichts. Dann sehe ich sie bzw. mache sie und komme am nächsten Tag wieder und denke mir „Wow, was ist denn da jetzt passiert?" Und dann werfe ich auch viel weg, ja. Das gehört dazu. Die schlechten sind dann wie Treibholz, die kommen immer wieder zurück zu einem. Die tauchen dann in Aktionen auf oder sonst wo, die kommen immer zurück und das will man ja eigentlich nicht.

Im Grazer Pädak-Archiv sucht man heftig nach frühen Arbeiten des Studenten Erwin Wurm, ist aber nicht fündig geworden. War unter den Professoren vielleicht ein „Wurm-Fan"?
>> **Erwin Wurm:** Ich habe dort zwei Professoren gehabt, die mich fasziniert haben. Der eine war der Rudolf Szyszkowitz und der andere war der Harald Wallisch. Die haben mich auch geprägt in gewisser Weise.

Ist Österreich eigentlich der richtige Ort für einen internationalen Künstler oder ist es eher ein Handicap?
>> **Erwin Wurm:** Also Handicap ist es keines. Es kommt darauf an, wie die Politik läuft. Als damals die Wenderegierung war im Jahr 2000 von Schüssel und Haider habe ich tatsächlich Absagen bekommen aus Kanada und Amerika. Da habe ich mir gedacht, Moment einmal, was habe ich damit zu tun? Was habe ich mit Schüssel und Haider zu tun – genau nix. Aber da gibt es dann so eine Sippenhaftung und da wurden zwei Ausstellungen abgesagt. Und dann war ich in Burma, in Myanmar, wo man sich denkt, das ist wirklich weit weg und nicht so fortgeschritten wie es die restlichen asiatischen Länder sind. Und da gab es Leute in kleinen Spelunken, die haben gesagt „Austria – Haider – How is Austria, how is it there?" Da denkst du dir schon, Wow, wie kommt man zu dieser zweifelhaften Ehre, darauf angesprochen zu werden. Österreich ist toll, es gibt tolle Leute hier, es gibt tolle Künstler, Sportler, Wissenschaftler, Theatermacher, Wirtschaftsleute.

Man kann getrost sagen, sie sind ein großer Sohn der Steiermark, geht das Land würdig mit Ihnen um?
>> **Erwin Wurm:** Ich habe einmal einen Orden bekommen. Und mit dem neuen Landeshauptmann bin ich in Kontakt, weil er ja für Kultur zuständig ist. Den kenne ich, der war mich auch einmal besuchen. Das ist alles ok, das ist alles gut.

Sie leben und arbeiten in einem Schloss in Niederösterreich. Hätte es in Ihrem Geburtsland Steiermark keinen Platz gegeben, an dem Sie gerne gearbeitet hätten?
>> **Erwin Wurm:** Schon auch, die Steiermark gefällt mir auch gut. Aber als Künstler musste man damals, als ich hergezogen bin, in Wien sein. Weil die großen Kuratoren, die großen Museumsleute sind alle nach Wien gekommen und haben sich das angeschaut, was hier ist. Das hat sich mittlerweile verändert, jetzt gibt es Internet, soziale Medien usw. Die Leute haben auch ein anderes Reiseverhalten und sehen die Dinge auch anders. Mittlerweile wäre es auch in der Steiermark möglich, aber jetzt bin ich schon so lange hier, ich bin sozialisiert. Und hier am Land gibt es natürlich auch viele Künstler.

> **Die Steiermark gefällt mir auch gut. Aber als Künstler musste man damals, als ich hergezogen bin, in Wien sein. Weil die großen Kuratoren, die großen Museumsleute sind alle nach Wien gekommen."**

Wie ist ihr Blick auf das Kulturgeschehen in der Steiermark? Wie nahmen Sie daran teil?
>> **Erwin Wurm:** Ganz ehrlich? Ganz marginal aus der Ferne. Ich nehme aber auch nicht mehr wirklich am Kulturgeschehen in Wien teil, weil ich bin meistens mit meiner eigenen Arbeit beschäftigt und je älter man wird, umso mehr ist man zurückgezogen. Früher war ich auch in Klubs und bin zu Eröffnungen gegangen, das mache ich alles nicht mehr. Ich schaue mir schon gezielt Ausstellungen an, aber ganz anders als früher. Als ich jung war hat es mich immer interessiert, wo die Alten wie Arnulf Rainer usw. sind – jetzt weiß ich, die sind nicht mehr gekommen, weil es sie nicht mehr so richtig gefreut hat, wo hin zu gehen.

Wenn sie jemand bittet, ihm drei Plätze in der Steiermark zu verraten, die man gesehen haben muss: wie lautet ihre Empfehlung?
>> **Erwin Wurm:** Der Grüne See – den kennen Sie? Die Südsteiermark ganz klar, unglaublich schön. Und natürlich das Salzkammergut.

Gibt es in der Steiermark einen Ort, an dem sie sich besonders wohl fühlen?
>> **Erwin Wurm:** An diesen drei Orten, die ich jetzt genannt habe, fühle ich mich wohl. Ich fühle mich aber auch in Graz-Umgebung, wo meine Eltern das Haus hatten, wohl. Das Elternhaus, das die gebaut haben, ist ja dann mein Narrow-Haus geworden, mein enges Haus, das ich nachgebaut habe. ■

> "Meine Skulpturen sind quasi programmatisch aufgebaut, ich bearbeite ja den Skulpturenbegriff und untersuche das alles schon seit vielen Jahrzehnten. Zweidimensionalität, Haut, Hülle, Form, Masse, Volumen, Zeit – all das."

Wordrap
Erwin Wurm

Ihr Lebensmotto?
Freude.

Irdisches Glück?
Familie.

Hauptcharakterzug?
Ungeduldig.

Ihr größter Fehler?
Ungeduld.

Hatten sie je ein Vorbild?
Es gibt einige Künstler, die Vorbilder sind, z. B. Pablo Picasso.

Welche Gabe möchten Sie haben?
Geduld.

Lieblingsessen?
Japanisch – Sushi.

Lieblingsmusik?
Unterschiedlich – Klassik, Hip Hop.

Lieblingsmaler?
Pablo Picasso.

Das Grüne Herz bedeutet für mich …
Ein grünes Herz – Steiermark.

Josef Zotter

„Die Steiermark schmeckt nach Kürbis und Wein"

Josef Zotter zählt zu den außergewöhnlichsten und kraftvollsten österreichischen Unternehmern. Der gelernte Koch und Konditormeister aus der Oststeiermark hat die Schokoladen-Kultur und deren Genuss neu interpretiert und führt im oststeirischen Bergl eine der weltbesten Schokoladen-Manufakturen. In seinem „Schoko-Theater" sprachen wir mit dem Chocolatier über gutes Marketing, Qualität und die beste Schokolade seines Lebens.

Fotos: STG Jesse Streibl

Josef Zotter, sagen die Leut', ist: andersdenkend, innovativ, neugierig, unerschrocken, überraschend, herzerfrischend genial. Haben wir was überhört?
>> **Josef Zotter:** Ja, vielleicht noch visionär.

Plan A war Kochen und Konditoreien, hat nicht geklappt. Plan B war dann offensichtlich sehr erfolgreich. Warum?
>> **Josef Zotter:** Ja, weil ich natürlich beim Plan B gelernt habe. Ich habe zwei Unternehmerleben. Beim ersten war ich sehr schnell erfolgreich und habe dann – wie soll ich sagen – eine Pleite hingelegt. Ich rede da auch sehr offen darüber. Und im zweiten Unternehmerleben hatte ich einen Vorteil, dass mir die Bank kein Geld mehr gegeben hat. Und dann habe ich zu wirtschaften gelernt. Und deswegen ist das heute so wie es ist.

Wer bei Zotter anruft, hat sofort den Chef in der Leitung, der sagt: gleich verbinden wir sie zu den besten, nein, allerbesten Mitarbeitern der Welt. Stolz, als bester Arbeitgeber der Steiermark ausgezeichnet worden zu sein?
>> **Josef Zotter:** Ja natürlich, ich habe schon relativ früh erkannt, dass es ohne beste Mitarbeiter erstens nicht geht bzw. jetzt in die Zeit transformiert, dass es einfach die einzige Möglichkeit ist, ein innovatives Unternehmen, wo es um Qualität geht, wo du Menschen brauchst, überhaupt zu führen.

Kurz zurück zu den Anfängen. Sie sind gelernter Koch, waren Küchenchef im Hilton in Wien und arbeiteten auch in New York. Wie ist Ihnen die Schokolade passiert?
>> **Josef Zotter:** Ja, das ist tatsächlich passiert. Ich hatte von einer Dame eine Bestellung für 500 Tafeln Schokolade und das war damals ein Riesenauftrag. Und dann ist ein Unglück passiert. Die Bestellung ist verschwunden. Und einen Tag vor dem Liefertermin hat die Sekretärin angerufen und gefragt, ob das mit der Schokolade eh alles klappt. Dann ist mir bewusst geworden, dass ich das nicht habe und dass ich das auch nicht von einem Tag auf den anderen produzieren kann. Und dann bin ich zum Kika gefahren und habe Vorhangstangerl gekauft, habe mir überlegt, ich mache jetzt eine ganz schnelle Variante. Ich schichte einfach verschiedene Geschmäcker übereinander, schneide das

> **,,** Ich habe schon relativ früh erkannt, dass es ohne beste Mitarbeiter nicht geht bzw. jetzt in die Zeit transformiert, dass es einfach die einzige Möglichkeit ist, ein innovatives Unternehmen, wo es um Qualität geht, wo du Menschen brauchst, überhaupt zu führen."

zurecht und dann packe ich es ein. Und ich dachte, ich liefere das ab, im Bewusstsein, dass das jetzt eine Reklamation wird und dass ich dafür nichts verlangen kann. Ich bin dann in die Schwarzl-Halle gefahren und habe das beim Hintereingang reingeschoben. Und bin sofort wieder gefahren, weil ich mir gedacht habe, wenn die das am Montag reklamieren, ist das auch noch früh genug. Am Montag haben wir dann das Geschäft geöffnet und dann kam die Dame. Sie kommt rein und fällt mir fast um den Hals und sagt „Herr Zotter, diese Schokolade war ein Wahnsinn. Die Leute sind so begeistert". Ich habe halt so Kürbiskerne mit Gewürzen und Milchschokolade übereinandergeschichtet. Da ist mir dann das Wort „handgeschöpft" eingefallen, weil das ja von der Büttenpapier-Erzeugung kommt. Heute ist das unser Leitprojekt, wir produzieren derzeit 60.000 bis 100.000 Tafeln am Tag. Also, das hätte mir damals echt geholfen.

Sie haben rund 500 unterschiedliche Schokoladensorten im Sortiment, verfügen über 4.000 Vertriebsstellen weltweit und haben auch eine Produktionsstätte in Shanghai. Hat China auf Zotter-Schokolade gewartet?
>> **Josef Zotter:** Nein, die haben nicht auf die Zotter-Schokolade gewartet. Aber trotzdem habe ich mir eingebildet, sie brauchen uns. Ist eh logisch. Also ich war vor 15 Jahren tatsächlich von dieser globalen Entwicklung beseelt und habe natürlich auch alles darangesetzt, dass wir das auch schaffen, wir haben damals schon 60% unseres Umsatzes im Ausland gemacht. Auch in China. Jetzt hat sich das alles wieder gedreht, jetzt gibt es – wie man weiß – geopolitische Veränderungen. Es gibt Krieg, China verändert sich sehr stark. Wir sind in China jetzt auf Sparflamme.

Mit ihrem Spirit sind sie ein Festmahl für Journalisten, als Podiumsgast verehrt man sie für ihre Frische und den ansteckenden Optimismus. Ist an ihnen ein Entertainer verloren gegangen?
>> **Josef Zotter:** Das haben Unternehmer schon so an sich, dass sie ewig optimistisch sind. Manchmal bin ich aber auch traurig. Als Corona gekommen ist, habe ich mir gedacht, jetzt habe ich schon 34 Jahre Unternehmensgeschichte hinter mir und was ist denn jetzt, so eine Themenstellung haben wir noch nie gehabt. Und siehe da: Wir sind mit einem Wachstum aus der Coronazeit gekommen. Und jetzt wird behauptet, dass die Welt einstürzt wegen Inflation etc., und trotzdem geht es weiter, es läuft gut, die Besucher kommen zu uns. Und das Unternehmen wächst weiter.

> **,,** Diese Innovationen sind halt dauernde Versuche, und wenn du hundert Versuche machst, dann sind zwei dabei, die sind genial."

Woher kommt die Inspiration für immer neue Sorten? Es gibt ja schon mehr als 400, wenn unsere Recherche stimmt?
>> **Josef Zotter:** Ja gut, wenn man Spaß an dem hat, was man tut und wenn man sein Talent ausüben darf. Ich kritisiere ja manchmal das Bildungssystem, weil man dauernd versucht zu nivellieren und mittelmäßig zu sein. Natürlich will niemand mittelmäßig sein. Aber wenn man immer von Sicherheit ausgeht, dann wird man mittelmäßig. Diese Innovationen sind halt dauernde Versuche, und wenn du hundert Versuche machst, dann sind zwei dabei, die sind genial. Da kann ich dann aber auch nichts dafür.

Erinnern Sie sich noch an ihre erste Tafel? Was war das?
>> **Josef Zotter:** An die erste Tafel? Ich habe ja ursprünglich das klassische Konzept gemacht, also wie man es eh kennt. Also Tafelform mit etwas drinnen und etwas drauf. Ich weiß es nicht mehr genau, aber damals wird es wahrscheinlich eine Kürbiskernschokolade gewesen sein.

> "Da bin ich schon sehr stolz, dass sich das Thema Kulinarik in der Region gut durchgesetzt hat und zum Tourismus-Projekt geworden ist."

Sie sind Pionier der Nachhaltigkeit. Was waren die Gründe in diese Richtung zu entwickeln und wie definieren Sie für sich selbst den Begriff?
>> Josef Zotter: Ja natürlich, um jeden Preis. Weil was sollen wir denn sonst. Wenn wir jetzt nicht bald anfangen, darüber nachzudenken, wie man die Welt vielleicht retten kann. Ich kann sie natürlich auch nicht alleine retten. Aber es ist schon tatsächlich das Gebot der Stunde.

Als überzeugter Steirer: Wohin würden Sie Geschäftsfreunde im Land führen? Haben Sie fünf Plätze für uns?
>> Josef Zotter: Ah, da gibt es gerade in der Ost- und Südoststeiermark sehr viel rund um die Kulinarik. Natürlich die Burgen und Schlösser – die Riegersburg ist sensationell. Direkt bei mir in der Nähe gibt es eine kleine Sektkellerei. Oder die Fromagerie, wo Käse affiniert wird. Da bin ich schon sehr stolz, dass sich das Thema Kulinarik in der Region gut durchgesetzt hat und zum Tourismus-Projekt geworden ist. Die Leute fahren zum Gölles, kommen zu uns, schauen sich die Fromagerie an oder gehen zum Vulcano oder gehen in ein gutes Weingut. Neumeister und wie sie alle heißen. Da sind ganz viele, die sich auch gegenseitig befruchten.

Was muss in einer Schokolade drinnen sein, die nach der Steiermark schmecken soll?
>> Josef Zotter: Das ist ganz klar. Kürbiskern und Wein. Die gibt es auch bei mir, die ist genauso aufgebaut. Die Steiermark hat natürlich viel mehr zu bieten, aber wenn man so von außen kommt und von der Steiermark erzählt, dann ist es tatsächlich der Kürbis und der Wein.

Wie sehen sie die Entwicklung der Steiermark? Fühlen Sie sich gut aufgehoben im Land?
>> Josef Zotter: Ich fühle mich sehr gut aufgehoben. Ich muss da wirklich auch eine Lanze brechen. Das Engagement der Behörden ist einfach lässig, wie wir das gebaut haben, den ganzen Tiergarten gemacht haben. Es wird immer so viel geschimpft über die Bürokratie, dass alles so schwer sei. Das kann ich wirklich nicht bestätigen, es ist nicht so. Es gibt schon eine Bürokratie und manchmal könnte man auch etwas weglassen, das ist schon richtig. Aber es ist auch da wie im fairen Handel. Es kommt darauf an, wie du auf die Leute zugehst. Wenn du zu einem Beamten gehst und sagst „Ich fordere dich auf, du hast das zu machen wie ich will weil ich 100 Arbeitsplätze schaffe" dann wird der Beamte ein Problem haben. Besser ist es, den Beamten ins Boot zu holen, zu fragen, was habt ihr für Ideen. Manchmal sind da gute Ideen dabei, weil die haben ja auch Erfahrung.

Sie sind auch Landwirt und versuchen sich neuerdings auch im Weinbau. Was erwartet uns da?
>> Josef Zotter: Das klingt jetzt blöd, aber ich mache ja das Thema Fleisch auch, die ganze artgerechte Tierhaltung. Deswegen werde ich immer wieder als Bauernhof-Romantiker bezeichnet. Das ist für mich jetzt schon ein sehr lobender Begriff, weil es ja auch tatsächlich so ist. Und das gleiche versuche ich jetzt auch beim Wein umzusetzen. Mein Vater hat mir Monokultur gepredigt und ich bin ein Öko-Mensch geworden, weil ich genau das Gegenteil sein wollte.

Haben sie die beste Schokolade ihres Lebens schon gemacht oder kommt sie erst?
>> Josef Zotter: Ja wenn ich das wüsste. Ich hoffe, sie kommt erst. Aber: Es waren schon viele gute dabei.

Zum Schluss: Welchen Luxus gönnen Sie sich?
>> Josef Zotter: Wenn ich in ein Lokal essen gehe, nicht mehr rechts schauen müssen, sondern nur links. Also links stehen die Speisen und rechts die Preise. Da geht es nicht um so viel. Aber ich möchte mir einfach das aussuchen, wo ich mir denke, das schmeckt gut, das ist sensationell – das hat jetzt nichts mit Ferienhäusern und Luxusyachten oder so zu tun. ■

Wordrap
Josef Zotter

Ihr Lebensmotto?
Immer weiter.

Irdisches Glück?
Meine Familie.

Hauptcharakterzug?
Ewig an das Gute glaubend.

Ihr größter Fehler?
Zu schnell gewachsen zum Beginn.

Welche Gabe möchten Sie haben?
In die Zukunft schauen.

Lieblingsbuch?
Ich komme derzeit nicht zum Lesen.

Lieblingsmaler?
Andreas Gratze.

Lieblingsessen?
Tintenfisch.

Typisch steirisch?
Kürbiskern-Nougat.

Das Grüne Herz bedeutet für mich …
Heimat, daheim sein, gutes Essen.